Buchwissenschaftliche Forschungen

der Internationalen Buchwissenschaftlichen Gesellschaft   10

Herausgegeben von Wolfgang Schmitz

Harrassowitz Verlag · Wiesbaden · 2011

Quo vadis Kinderbuch?

Gegenwart und Zukunft der Literatur für junge Leser

Herausgegeben von Christine Haug und Anke Vogel

Harrassowitz Verlag · Wiesbaden · 2011

Bibliografische Information der Deutschen Nationalbibliothek
Die Deutsche Nationalbibliothek verzeichnet diese Publikation
in der Deutschen Nationalbibliografie; detaillierte bibliografische
Daten sind im Internet über http://dnb.d-nb.de abrufbar.

Bibliographic information published by the Deutsche Nationalbibliothek
The Deutsche Nationalbibliothek lists this publication in the Deutsche
Nationalbibliografie; detailed bibliographic data are available in the internet
at http://dnb.d-nb.de.

Informationen zum Verlagsprogramm finden Sie unter
http://www.harrassowitz-verlag.de

ISSN 1616-3613
ISBN 978-3-447-06473-6

Inhalt

10. Jahrestagung der Internationalen Buchwissenschaftlichen Gesellschaft vom 24. bis 26. September 2009

„Quo vadis, Kinderbuch?"

Vorwort der Herausgeberinnen

Christine Haug und Anke Vogel

Wie ist es in Deutschland um das Kinder- bzw. Jugendbuch bestellt? Kommt der potenzielle junge Leser, der ja auch in der Zukunft die ökonomische Basis für die Verlage darstellen soll, noch an das Medium Buch, oder ist es – in Konkurrenz mit anderen Freizeitaktivitäten – auf dem Weg, ins Hintertreffen zu geraten? Wie positioniert sich das Kinder- und Jugendbuch im Kontext der neuen Medien, welche Herausforderungen, welches Innovationspotenzial bergen die neuen Medien für dieses Marktsegment? Wie ist das Marktphänomen der All-Age-Literatur zu bewerten, und welchen Stellenwert haben Literaturpreise und die Literaturkritik im Kinder- und Jugendbuchbereich?

Diesen Fragen waren bereits Wissenschaftler sowie Vertreter des Jugendbuch-Literaturbetriebs im Rahmen einer Vortragsreihe der Münchner Buchwissenschaft im Wintersemester 2008/2009 nachgegangen. Die Vortragsreihe wurde seinerzeit in Kooperation mit Dr. Renate Grubert (Random House) konzipiert. Eng eingebunden in die Münchner Veranstaltung war das buchwissenschaftliche Hauptseminar „Aspekte des Kinder- und Jugendbuches" an der Universität Erlangen-Nürnberg, seinerzeit geleitet von Prof. Dr. Christoph Bläsi. Die Vortragsreihe schloss mit einer mit Autoren und Branchenvertretern besetzten Podiumsdiskussion, die zahlreiche interessante Forschungsfragen aufwarf.

Die lebhafte Resonanz, welche die Vortragsreihe „Quo vadis, Kinderbuch?" erfuhr, regte die Idee an, dieses hochaktuelle Thema in einem anderen Rahmen ein weiteres Mal aufzugreifen und zu vertiefen. Die Gelegenheit bot sich ein Jahr später, als die Internationale Buchwissenschaftliche Gesellschaft (IBG) die Frage nach dem Entwicklungspotenzial des Kinder- und Jugendbuchmarkts aufgriff und der Münchner Buchwissenschaft die Ausrichtung ihrer 10. Jahrestagung im Jahr 2009 übertrug. Ein wichtiges Anliegen der Veranstalter war die enge Verflechtung von Theorie und Praxis, also die Zusammenführung von Wissenschaftlern und Branchenvertretern, Initiatoren von Leserförderungsprojekten sowie Literaturkritikern.

Die Entscheidung, die Jahrestagung der IBG in den Räumen der Deutschen Nationalbibliothek in Leipzig stattfinden zu lassen, war schnell getroffen, weil das Deutsche Buch-
und Schriftmuseum im Jahr 2009 sein 125-jähriges Jubiläum feierte. Das Museum war
1884 als Deutsches Buchgewerbemuseum gegründet worden und gehört heute zu den
bedeutendsten Museen der europäischen Buchkultur. Anlass genug, dieses Jubiläum mit
einer großen Abendveranstaltung und der Präsentation der Festschrift *Zeichen Bücher Wissensnetze. 125 Jahre Deutsches Buch- und Schriftmuseum der Deutschen Nationalbibliothek*
zu begehen.[1] Die 10. Jahrestagung der IBG zum Thema „Quo vadis, Kinderbuch?" vom
24. bis 26. September 2009 fand somit in einem würdigen Rahmen in der Deutschen
Nationalbibliothek statt. Hier diskutierten zahlreiche Wissenschaftler und Verlagsprakti-
ker über die gegenwärtige Situation des Kinder- und Jugendbuchmarkts und seine Markt-
potenziale.[2]

Der vorliegende Sammelband gliedert sich in vier Rubriken, welche die Themenfelder
des Phänomens Crossreading, Literaturtrends und Marketinginstrumente aufgreifen sowie
nach den Verkaufserfolgen von Longsellern und Kultbüchern im Kinder- und Jugendbuchbereich fragen. Eine vierte Rubrik widmet sich der Präsentation von Leseförderungsinitia-
tiven und Leseprojekten für Kinder. Diese vier Rubriken versuchen eine Gesamtschau
anzubieten, freilich ohne Anspruch auf Vollständigkeit. Es galt, die zahlreichen Facetten
des Kinder- und Jugendbuchmarktes, die vom Marktpotenzial des Kinder- und Jugendbuchs als Verlagsprodukt über neue Marktphänomene wie die All-Age-Literatur bis hin zu
Longsellern des Kinder- und Jugendbuchmarkts (z. B. Otfried Preußler oder Waldemar
Bonsels) sowie zu den verschiedenen Spezialmärkten (z. B. Manga, Graphic Novels) reichen, angemessen zu entfalten und Impulse für weiterführende Diskussionen zu setzen.

Hans-Heino Ewers (Universität Frankfurt am Main) nimmt sich dem schwierigen
Phänomen des Crossreadings und der All-Age-Literatur an und versucht, die häufig auftre-
tende Mehrfachadressierung bei Kinder- und Jugendbüchern einzugrenzen. Ewers unterscheidet dabei die expliziten von den impliziten Leserrollen. Eine explizite Leserrolle
nimmt – folgt man Ewers – ein konkreter Adressat ein, an den ein Werk gerichtet ist.
Hinweise hierfür können ein Titel und Untertitel, Prolog und Epilog sowie das Erscheinen des Werkes in einer bestimmten Reihe oder einem Verlagsprogramm sein. Auch
zielgruppenorientierte Vermarktung zählt Ewers zur Kategorie des expliziten Lesers. Als
implizit wertet er hingegen eine Lesergruppe, die u. a. entsprechend ihren Neigungen und
Interessen, aber auch in ihrer Funktion als Literaturvermittler zu Kinder- und Jugendbüchern greifen, ohne dass diese Werke explizit an sie gerichtet sind. Mittlerweile hat der All-
Age-Trend eine Erweiterung erfahren, weil sich Kinder- und Jugendliteratur inzwischen
auch explizit an Erwachsene ohne konkreten Vermittlungsauftrag richtet. Ewers diskutiert
in seinem Beitrag weiterführende Fragen nach der Zukunft des Kinder- und Jugendbuchs:
Wie funktioniert die Vermarktung bei Mehrfachadressierungen? Wie kann ein Buch den

---

1   Jacobs, Stephanie (Hrsg.): Zeichen Bücher Wissensnetze. 125 Jahre Deutsches Buch- und Schrift-
    museum der Deutschen Nationalbibliothek. Göttingen: Wallstein 2009.
2   Zu Tagungsbericht und Tagungsprogramm vgl.
    URL: http://www.buchwiss.de/files/bericht_zur_10._jahrestagung_der_ibg_in_leipzig.doc.

Ansprüchen verschiedener Leserrollen gerecht werden, wenn die Werke und ihre Bedeutung von den Lesergruppen unterschiedlich interpretiert werden können?

Anke Vogel (Universität Mainz) beschäftigt sich mit der neuen Qualität im Bereich der All-Age-Literatur und mit den unterschiedlichen Zugangsweisen aus medienwissenschaftlicher Sicht. Nach einem Blick auf die aktuellen Bestsellerlisten stellt sie unterschiedliche Definitionsansätze vor, die versuchen, das All-Age-Phänomen auch begrifflich fassbar zu machen. Erkenntnisse der Mediennutzungsforschung werden herangezogen, um nachzuvollziehen, warum Erwachsene Bücher für Kinder und Jugendliche lesen oder junge Leser Titel, die sich eigentlich an eine erwachsene Zielgruppe richten. Abgerundet wird der Beitrag durch einen Blick auf die Marketingaktivitäten der Verlage und Buchhändler: Die Vermarktung von All-Age-Büchern stellt die Akteure der Buchindustrie vor neue Herausforderungen, bietet gleichzeitig aber auch neue Chancen.

Gabriele von Glasenapp (Universität Frankfurt am Main) setzt sich in ihrem Beitrag „Grenzüberschreitungen. Kinderliteratur und ihre erwachsenen Leser" mit dem Phänomen des „Nostalgischen Lesers" auseinander. Die Lektüre dieses Lesertypus umfasst Titel, die in der eigenen Kindheit gelesen wurden. Durch die Re-Lektüre versuche der „Nostalgische Leser" eine Re-Evokation des kindlichen Leseeindrucks herbeizuführen und eine kindliche Lesehaltung einzunehmen. Doch beschränkt sich diese Art der Rezeption nicht nur auf das Buch, sondern stellt zugleich eine intermediale Entwicklung dar, die sich auf verschiedene Medien wie beispielsweise DVD, Film und Radio erstrecken kann.

Ernst Seiberts Beitrag „Paradigmen, ihre Wechsel und ihre Folgen. Einsichten ins österreichische Kinderbuch" öffnet den Blick auf den österreichischen Kinder- und Jugendbuchmarkt und die Forschungslage. Seibert reflektiert den in der Forschung konstatierten Paradigmenwechsel in der Kinder- und Jugendbuchliteratur in den 1970er-Jahren vor dem Hintergrund der österreichischen Kinder- und Jugendbuchforschung und stellt fest, dass die Situation in Österreich um 1970 eine fundamental andere war. Ein Paradigmenwechsel fand gleichwohl statt und wurde 1955 von Richard Bambergers *Jugendlektüre* eingeleitet.

Bärbel G. Renner (Duale Hochschule Baden-Württemberg, Stuttgart) fokussiert in ihren Ausführungen „Kommunikationspolitik von Kinderbuchverlagen im Kontext des Marketing-Mix" den ökonomischen Aspekt des Kinder- und Jugendbuchmarkts. Ihren Anteil von 14 Prozent am Gesamtumsatz halten die Kinder- und Jugendbuchverlage in den letzten Jahren konstant. Um ihre Marktposition stabil zu bewahren, bedienen sich die Verlage verschiedener Instrumente der Kommunikationspolitik im Verbund mit einem klugen Marketing-Mix. Für die Zukunft prognostiziert Renner verstärkte Aktivitäten in Richtung Endkunde, crossmediale Produkt- und Kommunikationskonzepte und eine Intensivierung der Markenbildung und -führung.

Christoph Kochhan und Jennifer Bannert vom Börsenverein des Deutschen Buchhandels verorten in ihrem Beitrag das Buchnutzungsverhalten von Kindern und Jugendlichen innerhalb des übrigen Freizeitverhaltens, das zunehmend von elektronischen Medien geprägt ist. Eine Betrachtung des Marktes für Kinder- und Jugendbücher gibt ergänzend dazu Auskunft, wie sich der Medienklassiker Buch weiterhin bei jungen Lesern behaupten kann. Daran anschließend stellen die Autoren die unterschiedlich ausgeprägte Affinität zu

Büchern in verschiedenen Lebenswelten dar, um soziale Einflüsse im Rahmen der Lesesozialisation zu verdeutlichen, bevor sie dediziert auf den Stellenwert von Kinder- und
Jugendbüchern in unterschiedlichen Milieus eingehen. Insbesondere für die Frage, wie junge Leser zukünftig im Kontext digitaler Medien mit dem Buch umgehen werden, erscheint die Analyse des Buch- und Mediennutzungsverhaltens auch der Eltern- und Großelterngeneration in den jeweiligen Milieus prognostischen Wert zu besitzen.

Philipp Schreiber und Rossi Schreiber (Schreiber & Leser, München), Inhaber des Verlags Schreiber & Leser mit Schwerpunkt Comics, greifen die Entwicklung von Spezialmärkten auf und berichten aus Verlegersicht über das Marktsegment „Graphic Novels –
kleine Nische mit großer Strahlkraft". Wesentliche Kriterien der Graphic Novels sind eine
abgeschlossene Handlung, eine grafisch anspruchsvolle Gestaltung, ein buchhandelsfreund-
liches Format. Da in den Buchhandlungen nur selten ein eigener Platz für diese Nischen-
produkte vorgesehen ist, kooperieren die Anbieter von Graphic Novels hinsichtlich Marketing und Vertrieb mit anderen Verlagen. Die Strategie umfasst u. a. professionelle
Internetauftritte, Guerilla-Marketing-Aktionen, Sticker, Flyer und Buchhändlerseminare.

Bernd Dolle-Weinkauf (Universität Frankfurt am Main) untersucht den Einfluss von
Manga auf junge Leser in Deutschland. Manga sind japanische Comics, die seit 1997 in
Deutschland einen regelrechten Boom erlebten. Der Erfolg von Manga gerade bei Lesern
unter 26 Jahren ist vor allem auf Fremdheitsmerkmale der Gattung zurückzuführen. So
werden die im Taschenbuch erscheinenden Manga etwa von hinten nach vorn sowie von
rechts oben nach links unten gelesen. Die Covergestaltung setzt auf englische Titel in
Kombination mit japanischen Schriftzeichen, die sich von amerikanischen und europäischen Comics dezidiert abgrenzen. Piktorale Zeichnungen werden durch symbolische
Zeichen ergänzt, die an japanische Schriftzeichen angelehnt sind. Manga-Leser sind Vielleser mit einer ausgeprägten Sammelleidenschaft.

Ein wichtiges, aber in der Kinder- und Jugendbuchforschung längst noch nicht ausreichend bearbeitetes Themenfeld ist sicherlich das der Literaturkritik. Dieser Fragestellung
wendet sich Christine Knödler in ihrem Beitrag „Endlich erwachsen? – Möglichkeiten
und Grenzen der Kinder- und Jugendliteraturkritik" zu. Die Kritik von Kinder- und Jugendliteratur nimmt eine besondere Stellung ein, denn sie dient einerseits dem Schutz der
Kinder und soll andererseits Erwachsene für bestimmte Bücher gewinnen. So versucht sie,
eine literarische Öffentlichkeit zu erreichen und Orientierung im Bücherdschungel zu geben, wird aber von den Verlagen zugleich bevorzugt als Werbeform genutzt. Eine weitere
Besonderheit ist die Ansprache von unterschiedlichsten Zielgruppen wie Eltern, profes-
sionellen Vermittlern sowie berufsbedingten Lesern – nur nicht der eigentlichen Leser, der
Kinder und Jugendlichen. Wichtig bei der Kinder- und Jugendliteraturkritik sind daher
Altersangaben, eine realitätsnahe und gut verständliche Beurteilung und ein Fokus auf die
Leseförderung („Behüte-Charakter"). Knödler plädiert dafür, Bücher nicht allein wegen
pädagogischer Gesichtspunkte zu rezensieren und Kinder- und Jugendbücher kritisch zu
besprechen. Die Kinder- und Jugendbuchkritik tendiert häufig dazu, Bücher als pädagogisch sinnvoll zu bewerben, was dem Selbstverständnis des Literaturkritikers im Grunde
zuwiderläuft.

Die Beiträge von Nicola Bardola, Constanze Drumm und Sven Hanuschek beschäftigten sich mit dem Thema Longseller des Kinder- und Jugendbuchmarkts und fragen nach den Ursachen dieser anhaltenden Marktpräsenz verschiedener Werke, die sich bis heute einer ungebrochenen Nachfrage erfreuen. Nicola Bardola eröffnet die Rubrik mit dem Thema „Longseller in der Kinder- und Jugendliteratur" und fragt nach den Voraussetzungen für die Herausbildung von Longsellern. Ein Problem ist sicherlich, dass bei der hohen Zahl von Neuerscheinungen nicht erkennbar ist, welche Titel zu einem Longseller mutieren. Es bleibt eine Herausforderung, ein Qualitätsgefühl zu entwickeln und besondere Kriterien für Longseller festzulegen. Bardola geht diesen Fragen am Beispiel des *Schellen-Ursli* von Alois Carigiet und Selina Chönz nach, eines Kinderbuchs, das erstmals 1945 erschien. Constanze Drumm wiederum wendet sich Otfried Preußlers *Krabat* zu und fragt in ihrem Beitrag „Macht, Gewalt und Eskapismus" nach der Positionierung dieses populären Kinderbuchs zwischen politischem Kinderbuch und All-Age-Titel. Handelt es sich bei *Krabat* um Gewaltverherrlichung, wie es die Literaturkritik zum Zeitpunkt des Erscheinens unterstellte, oder vielmehr um Realitätsflucht?

Sven Hanuschek (Ludwig-Maximilians-Universität München) wendet sich dem literarischen Werk von Waldemar Bonsels zu, dessen Buch über die Abenteuer der Biene Maja zu den Longsellern des Kinderbuchs gehört. Hanuschek bietet zunächst wichtige Einblicke in Leben sowie Wirken des Autors und fokussiert dann den Erfolgsroman *Biene Maja*, dessen Rezeption und die vielfältigen Bearbeitungen des Stoffes für andere Medien. Zudem sucht er nach Erklärungen für die Marginalisierung des Autors in der heutigen Zeit. Dabei berücksichtigt er auch Bonsels' Rolle im nationalsozialistischen Deutschland sowie die völkisch-nationalen, antisemitischen Tendenzen in seinen Werken, die es noch aufzuarbeiten gilt.

Eine abschließende Rubrik ist der aktiven Leserförderung und den vielen Initiativen und Projekten gewidmet, die Kinder und Jugendliche an das Buch heranführen. Birgit Schulze Wehninck (Buchkinder Leipzig e. V.) stellt in ihrem Beitrag „Kinder machen Bücher – ein Kind, das schreibt, liest" ein spannendes Projekt vor, das in Leipzig seinen Anfang nahm und längst über diese Stadt hinaus hohe Akzeptanz erfahren hat. Buchkinder Leipzig e. V. verfolgt ein Konzept, wonach Kinder durch eigenständiges Arbeiten mit der Materie Buch an Literatur herangeführt werden. In der Buch- und Schreibwerkstatt können Kinder zwischen 4 und 18 Jahren eigene Erzählungen und Bildergeschichten gestalten und in ein gedrucktes Buch überführen. Die Philosophie der Buchkinder folgt vier Regeln: (1) Bild und Text sind eine Einheit, (2) es wird so wenig wie möglich vorgeschrieben oder korrigiert (z. B. Orthografie), (3) den Kindern wird eine Plattform geboten, um sich und ihr Werk zu präsentieren, z. B. auf den Buchmessen in Leipzig oder Frankfurt, und (4) ein Buch braucht Zeit. An mittlerweile elf Standorten in Deutschland wird dieser Idee Raum gegeben, und so können seit 2001 bis zu 220 Kinder pro Woche, betreut von 20 festen und zahlreichen ehrenamtlichen Mitarbeitern, ihre eigenen Werke kreieren, die schließlich in Kleinstauflagen von 15 bis 20 Stück gedruckt werden. Der Verein finanziert sich u. a. mithilfe von Sponsoren, Stiftungen, Landes- und Projektförderungen sowie durch die Einnahmen aus den verkauften Büchern.

Sarah Rickers von der Stiftung Lesen in Mainz stellt mit dem Projekt „Lesescouts" eine Variante der Leseförderung vor, bei der sich nicht Erwachsene, sondern Kinder und Jugendliche als glaubwürdige Fürsprecher für das Lesen betätigen. Wo z. B. Eltern nicht mehr als Lesevorbilder dienen, kann der Peergroup-Effekt helfen, schlummernde Lesepotenziale zu wecken: Während Lehrkräfte weniger als Gesprächspartner gewünscht werden, können niedrigschwellige Angebote der Lesescouts Anschlusskommunikation über Bücher evozieren und somit auf die Lesemotivation wirken. Das hohe Maß an Eigenständigkeit, das den Kindern und Jugendlichen zugestanden wird, macht die Angebote besonders attraktiv. Am Ende des Beitrags wird es praktisch: Sarah Rickers stellt eine Auswahl der mittlerweile vielfältigen Lesescout-Aktivitäten vor.

Die 10. Jahrestagung der IBG hat Impulse gesetzt. Intention der Tagung war es, den gegenwärtigen Kinder- und Jugendbuchmarkt und dessen Entwicklungspotenzial darzulegen sowie eine Verbindung zwischen Theorie und Praxis herzustellen und Forschungsperspektiven zu entwickeln. Die wissenschaftliche Fortführung einzelner Forschungsprojekte, die auf der Tagung thematisiert worden waren, gelang z. B. bei Waldemar Bonsels. Hier fördert die Bonsels-Stiftung inzwischen ein Tagungs- und Ausstellungsprojekt zum Namensgeber ihrer Stiftung, die in München von Sven Hanuschek in Zusammenarbeit mit dem Literaturhaus München vorbereitet wird. Die Zusammenarbeit zwischen dem Institut für Jugendbuchforschung in Frankfurt am Main und der Buchwissenschaft in München hat sich über diese Tagung ebenso intensiviert wie jene mit dem Mainzer Institut für Buchwissenschaft. Es wurden außerdem mehrere Diplomarbeiten angestoßen, und aus Referenten wurden inzwischen Dozenten. Die Herausgeberinnen bemühten sich darum, das Themenspektrum zu erweitern, indem sie weitere Beiträge aufnahmen. So ist es gelungen, mit Constanze Drumm (Universität Klagenfurt) und Ernst Seibert (Wien) auch die Kinder- und Jugendbuchforschung in Österreich einzubinden.

Die Herausgeberinnen wollen an dieser Stelle nicht versäumen, ein weiteres Mal den Gastgebern Dr. Elisabeth Niggemann und Michael Fernau sowie Dr. Stephanie Jacobs (Leiterin des Deutschen Buch- und Schriftmuseums) für ihre Gastfreundschaft herzlich zu danken. Dank auch an Gabriele Netsch (Deutsche Nationalbibliothek), die in einem Nebenraum Kinderkünstlerbücher aus den Beständen der Bibliothek präsentierte, und an Lothar Poethe, der die Tagungsteilnehmer durch das Grafische Viertel Leipzigs führte. Bei der Buchhandlung Hugendubel bedanken wir uns dafür, dass sie mit der Lesung von Juma Kliebenstein (aus *Tausche Schwester gegen Zimmer*) in ihrem Leipziger Haus eine interessante Abendveranstaltung beisteuerte.

Unser Dank gilt auch Dr. Franziska Mayer, Michael Dannhauer und Alexander Strathern (Buchwissenschaft München), welche die Veranstalter bei der Organisation und Durchführung maßgeblich unterstützten.

Bei Karin Steinbach Tarnutzer bedanken wir uns für das umsichtige Lektorat dieses Bandes.

München und Mainz, im Herbst 2010

Christine Haug
Anke Vogel

Von der Zielgruppen- zur All-Age-Literatur
Kinder- und Jugendliteratur
im Sog der Crossover-Vermarktung

Hans-Heino Ewers

Die seit einiger Zeit geführten Diskussionen über Crossover- und All-Age-Literatur[1] beziehen sich auf eine Vielzahl von Phänomenen, die auf verschiedenen Ebenen angesiedelt sind. Es kann sich dabei um die Ebene des Marketings, die der Buchaufmachung oder die des literarischen Werkes als solches handeln, um nur einige zu nennen. Die Kinder- und Jugendliteraturwissenschaft hat eine Reihe von Kategorien und Unterscheidungen entwickelt, die dazu beitragen können, die in der Diskussion befindlichen Erscheinungen genauer zu erfassen.[2]

Adressierung und zielgruppenorientiertes Marketing

Als Erstes sollte zwischen der Adressierung eines literarischen Werkes an bestimmte Lesergruppen und dem aus dem Werk selbst hervorgehenden idealen Leser unterschieden werden. Vage Formulierungen wie „ein Werk ist gerichtet an bzw. bestimmt für" lassen offen, welche der beiden Möglichkeiten gemeint ist. Was die Kategorie der Adressierung angeht, wird hier eine engere Fassung vorgeschlagen: Verstanden wird darunter zunächst eine von Produzenten oder Vermittlern vorgenommene Handlung, die sich auf ein bestimmtes literarisches Werk, teils auch auf eine literarische Gattung bezieht und diese bestimmten Zielgruppen zuordnet. Diese Handlung kann dem jeweiligen literarischen Werk äußerlich bleiben, es gewissermaßen gar nicht tangieren; sie betrifft dann lediglich dessen Vermittlungswege, steuert allein dessen Verbreitung. Die Adressierung kann aber auch einen Niederschlag im Werk selbst bzw. in dessen Umfeld finden. Im letzteren Fall geht aus der Handlung der Adressierung eine Werkeigenschaft hervor: Die Adressierung ist dem Werk dann gewissermaßen auf den Leib geschrieben. Diese Doppelung entspricht dem alltäglichen Sprachgebrauch: Adressierung meint sowohl eine Handlung, die vorgenommen werden kann, wie auch eine Eigenschaft – die etwa eines Briefs, der eine Adressierung aufweisen kann.

---

1 Diese Diskussionen werden nicht nur in der kulturellen Öffentlichkeit, sondern auch auf der Ebene der akademischen Forschung geführt. Vgl. Kümmerling-Meibauer 2003, S. 248–270; Blume 2005; Beckett 2009; Falconer 2009; Blümer 2009.

2 Vgl. Ewers 2009.

Traditionell schlägt sich die Adressierung eines literarischen Werks an eine bestimmte Zielgruppe in dessen – von Gérard Genette[3] so genannten – Paratexten nieder: Oft findet sich in der Titelei – zumeist im Untertitel – eine Adressatennennung, die aber auch im Klappentext, im Vor- oder Nachwort erfolgen kann. Es kann auch die Reihenzugehörigkeit eine Zielgruppenorientierung implizieren, was ebenso für die Platzierung in einem zielgruppenspezifischen Verlagsprogramm zutrifft. Das Erscheinen eines literarischen Werks in einem Verlag, der ausschließlich für eine bestimmte Zielgruppe – etwa die der Kinder und Jugendlichen – publiziert, ist ebenfalls Indiz für eine Adressierung. Zu guter Letzt wäre die Aufmachung, insbesondere die Covergestaltung, zu nennen, die oft einen zielgruppenspezifischen Zuschnitt aufweist. So sind etwa Kinderbücher in den meisten Fällen bereits an ihrer Aufmachung zu erkennen. All diese die Adressierung eines Werkes betreffenden Signale sind dessen Buchpublikation zu entnehmen (Untertitel, Vor- oder Nachwort, Reihentitel, Programmlogo, Verlagsnennung oder Covergestaltung); Genette sprich hier vom „Peritext".

Adressierungen finden sich jedoch auch in Organen, die die Publikation und Verbreitung eines Werkes flankieren; Genette hat hierfür den Terminus des „Epitextes" parat. Infrage kommen hier Auswahl- bzw. Empfehlungslisten für bestimmte Zielgruppen wie auch Buchbesprechungen, Rezensionen und Kritiken, sofern diese Aussagen über denkbare Adressaten machen. Auch die Buchwerbung kann auf eine Adressierung hinauslaufen, sofern sie auf bestimmte Zielgruppen ausgerichtet ist. Anzeigen etwa in Publikumszeitschriften speziell für Frauen, für Ältere oder für Jugendliche bedeuten stets auch eine Adressierung des betreffenden literarischen Werks. Diese Adressierungen sind gerade im letzten Fall nicht ausschließlicher Natur; die Buchwerbung ist vielmehr bestrebt, möglichst viele Zielgruppen zu avisieren.

Zur Sprache gebracht ist mit dem bisher Entwickelten etwas, was im Grunde genommen jedem geläufig ist. Diese Vorgänge entgehen jedoch einer auf reine Textwissenschaft sich einschränkenden Literaturwissenschaft – selbst dann, wenn sie die Rezeptionsgeschichte mit einbezieht. Zwischen der Hervorbringung eines literarischen Werkes und dessen Rezeption durch Literaturkritiker und -wissenschaftler wie auch durch nichtprofessionelle Leser liegt dessen Vermarktung. Es scheint durchaus angebracht zu sein, die Adressierung eines literarischen Werks als einen wesentlichen Teil seiner Vermarktung zu bezeichnen. Für den Vorgang der Vermarktung von Literatur und deren historischen Wandel aber fühlt sich die akademische Literaturwissenschaft in der Regel nicht zuständig.[4] Anders verhält es sich mit der Kinder- und Jugendliteraturwissenschaft, die ihren Gegenstand nur auf der Ebene der Adressierung, der zielgruppenspezifischen Vermarktung einzugrenzen vermag. Dabei hat sie es nur zu oft mit der Vermarktung von Werken für Kinder und Jugendliche zu tun, die ursprünglich nicht für diese Zielgruppe gedacht waren. Generell ist die Geschichte der Vermarktung von Literatur voller Umlenkungen und Umadressierun-

---

3 Genette 1992.
4 Die Annahme, dass die Vermarktung eines literarischen Werks letztlich ohne Einfluss auf bzw. ohne Bedeutung für dessen Rezeption ist, ist in meinen Augen eine wohlgefällige Selbsttäuschung.

gen, voller Grenzüberschreitungen – kurz und gut: ein Tummelplatz von Crossover-Phä-nomenen.

Crossover-Marketing

Die ursprüngliche Adressierung eines literarischen Werkes – anders gesagt: seine erste zielgruppenspezifische Vermarktung – ist nämlich alles andere als sakrosankt. Auf dem Feld der Kinder- und Jugendliteratur treten die Schwenks in der Vermarktung literarischer Werke besonders deutlich hervor. Anzutreffen sind hier sowohl Ausweitungen wie Ein-schränkungen der ursprünglichen Adressierung, aber auch vollständige Umwidmungen bzw. Umadressierungen. Werke der Erwachsenenliteratur wurden in späteren Epochen auch Kindern und Jugendlichen zur Lektüre empfohlen, teilweise sogar für diese neu hin-zutretende Zielgruppe eigens publiziert – oft in gekürzter und bearbeiteter Form.[5] Umge-kehrt wurde Werken und Gattungen, die als Kinder- und Jugendlektüre anerkannt waren, diese Eignung wieder abgesprochen und eine entsprechende Adressierung rückgängig ge-macht.[6] Schließlich wurden Werke und Gattungen der Erwachsenenliteratur von einem bestimmten Zeitpunkt an nur noch an Kinder und Jugendliche adressiert.[7]

Im Zentrum der aktuellen Diskussionen stehen allerdings Grenzüberschreitungen in umgekehrter Richtung: Literarische Werke bzw. Buchpublikationen aus Kinder- und Jugendbuchverlagen werden mehr und mehr auch als Erwachsenenlektüre vermarktet. In besonders auffälliger Weise geschah dies bereits in den 1970er-Jahren mit zwei Werken Michael Endes: Gemeint sind die Fantasy-Romane *Momo* und *Die Unendliche Geschichte*, die später auch im Erwachsenentaschenbuch erschienen. Mittlerweile kann verlagsüber-greifend konstatiert werden, dass sich die Aufmachung von Büchern für Jugendliche und junge Erwachsene aus Kinder- und Jugendbuchverlagen nicht mehr von der für Erwach-senenbücher typischen Gestaltung unterscheidet. Dies gilt insbesondere für Fantasy-Romane, für historische und zeitgeschichtliche Romane wie für Kriminalromane und Thriller. Die halbjährlichen Programmankündigungen der meisten Kinder- und Jugendbuchverlage ha-ben sich – insbesondere in der Präsentation der Saisonschwerpunkttitel – denjenigen der großen Publikumsverlage aus dem Erwachsenenbuchbereich angeglichen, sowohl in der monumentalen Aufmachung wie in der pompösen Ausstattung. Einzelne Titel aus Kin-der- und Jugendbuchverlagen werden in Zeitungen und Zeitschriften als Erwachsenenlek-türe beworben. Erfolgreiche Titel werden in getrennten Ausgaben für Jugendliche und Er-wachsene auf den Markt gebracht wie im Fall der *Harry-Potter*-Romane von Joanne K. Rowling und Philipp Pullmans Fantasy-Trilogie *His Dark Materials*. Auf den Bestseller-listen des *Spiegel* nehmen Titel aus Kinder- und Jugendbuchverlagen immer häufiger die obersten Plätze ein. In den Buchhandlungen werden zunehmend Titel aus Kinder- und

---

5   Cervantes *Don Quijote*, Defoes *Robinson Crusoe* und Swifts *Gullivers Travels* sind hierfür die wohl bekanntesten Beispiele.

6   Zu denken wäre hier etwa an das Feenmärchen, aber auch an Grusel- und Gespenstergeschichten, die von den Pädagogen der Aufklärung als für Kinder ungeeignet angesehen und entsprechend bekämpft wurden.

7   Beispiele hierfür wären der Bilderbogen und die Bildgeschichte, die Fabel und die Tiergeschichte, teilweise auch das sogenannte Volksmärchen.

Jugendbuchverlagen auf den Tischen für Erwachsenen-Bestseller ausgelegt. Man ist geneigt zu fragen, ob man es überhaupt noch mit Jugendbüchern zu tun hat und ob so mancher Verlag zu Recht noch als Kinder- und Jugendbuchverlag bezeichnet werden kann.[8]

Es ist tatsächlich die Befürchtung geäußert worden, dass hier eine Enteignung der primären Adressaten, eine Art feindlicher Übernahme von Kinder- und Jugendliteratur durch die Erwachsenen, vorliegen würde.[9] Dem wäre zu entgegnen, dass sich viele dieser Crossover-Titel, allen voran die *Harry-Potter*-Serie, weiterhin erfolgreich als Kinder- und/oder Jugendlektüre behaupten. Wir haben es in den meisten Fällen also nicht mit einer Umadressierung, sondern mit einer Ausweitung der avisierten Zielgruppe zu tun. Man kann hier von einer Mehrfachadressierung sprechen, einer Vermarktung sowohl für Kinder und Jugendliche als auch für erwachsene Leser. Dies schließt nicht aus, dass es in Einzelfällen zu einer vollständigen Umwidmung kommt. So manche anspruchsvollen Bilderbücher der Gegenwart wie auch Bilderbücher-Reprints früherer Epochen werden mehr oder weniger ausschließlich als Liebhaber- und Sammlerstücke für Erwachsene vermarktet. In jedem Fall aber scheint das Crossover-Marketing von Kinder- und Jugendbüchern wesentlich für die Umsatzsteigerung in diesem Buchmarktsegment verantwortlich zu sein, die sich laut einer Presseerklärung des Börsenvereins des Deutschen Buchhandels vom 19. März 2010 im Jahr 2009 auf 11,1 Prozent belief. Entscheidend daran beteiligt war eine Untergruppe, die vor nicht allzu langer Zeit absatzmäßig Schwächen zeigte. Der Bereich des Jugendbuchs ab 12 Jahren, in dem die sogenannten All-Age-Bücher mitgezählt werden, erlebte ein Umsatzplus von 44 Prozent und erhöhte damit seinen Anteil am Kinder- und Jugendbuchsegment auf 33 Prozent.

Überzogene Vermarktung

Entspricht nun der ausgeweiteten Vermarktung und der Ausdehnung ihres Adressatenkreises auf erwachsene Leser eine Veränderung der Kinder- und Jugendliteratur an sich? Lässt sich ein kinder- und jugendliterarischer Themen-, Formen- und/oder Funktionswandel ausmachen, der die neuen Marketingstrategien womöglich angestoßen hat? Zwischen einem literarischen Werk und dessen Vermarktung besteht keineswegs immer eine Kongruenz; beide können im Einzelfall ziemlich auseinanderdriften. Gewiss sollte man erwarten dürfen, dass die einem literarischen Werk zugewiesenen Adressaten, die mit ihm

---

8   In einer Presseerklärung des Börsenvereins des Deutschen Buchhandels vom 19. März 2010 äußert sich der Vorsitzende der Arbeitsgemeinschaft von Jugendbuchverlagen AvJ Ulrich Störiko-Blume wie folgt: „Kinder- und Jugendbuchverlage wachsen in ihrer Bedeutung, denn sie bieten heute Lesestoffe für alle Schichten und Altersklassen der Gesellschaft. [...] Vom Bilderbuch [...] bis zum Jugendbuch, das als All-Age-Buch inzwischen auch Erwachsene fesselt, [bieten] Kinder- und Jugendbuchverlage für jeden etwas."

9   Vgl. Spreckelsen 2009. Hierin heißt es u. a.: „Wenn Kinder- und Jugendliteratur, anders als inhaltlich definierte Genres wie Lyrik, historische Romane oder Biographien, rein auf das Alter der Leser bezogen ist – müsste man den Begriff nicht in dem Moment aufgeben, da Erwachsene sie für sich entdecken, ohne die geringste Absicht, sie mit der anvisierten Zielgruppe zu teilen? Und vor allem: Kann das alles an der Substanz der Texte vorbeigehen? [...] Entsteht dabei nicht zwangsläufig eine Literatur, sie sich nur scheinbar an Kinder richtet, in Wahrheit aber nach dem Erwachsenen schielt?"

avisierten Lesergruppen sich von diesem Werk auch angesprochen fühlen. Die auf der Ebene der Vermarktung ins Auge gefassten Zielgruppen sollten das betreffende Werk als eine zu ihnen passende, mit ihren Fähigkeiten und Interessen grundsätzlich übereinstimmende Lektüre erfahren. Die Adressaten sollten sich mit anderen Worten in der im Werk selbst eingeschriebenen Leserrolle wiederfinden, sich mit dessen implizitem Leser zumindest teilweise identifizieren können. Ein erfolgreiches Marketing beruht also sowohl auf einer angemessenen Bewertung des Produkts als auch auf einer zutreffenden Einschätzung der avisierten Zielgruppen.

Woraus aber resultieren dann die zwischen Werk und dessen Vermarktung immer wieder auftretenden Inkongruenzen, die hier ja nur insoweit interessieren, als sie die Festlegung der jeweiligen Zielgruppe(n) betreffen?[10] Das Marketing hat weitere, bislang nicht erwähnte Faktoren zu berücksichtigen. Außer Acht gelassen werden sollen an dieser Stelle die erforderlichen Rücksichtnahmen auf Öffentlichkeit, Gesellschaft und Politik, die Beachtung einschlägiger Tabus und dergleichen mehr. Nachhaltiger dürften sich für das Marketing die betriebswirtschaftlichen Vorgaben erweisen. Unter der Voraussetzung, dass das Verlegen von Büchern eine Angelegenheit von Privatunternehmen ist, ergibt sich als weitere Zielvorgabe für das Marketing, dass es nicht nur literarische Werke angemessen vermarkten und einem passenden Publikum nahebringen soll, sondern darüber hinaus auch dem Unternehmensziel, der Erzielung von Gewinn wie der Steigerung des Ertrags, zu dienen hat. Ein zentrales Mittel der Gewinnmaximierung stellt die Umsatzsteigerung durch Erhöhung der Verkaufszahlen dar. Unter privatwirtschaftlichen Bedingungen zielt Marketing auch – wenn nicht gar vorrangig – darauf ab, den Absatz zu steigern.[11]

Es sind diese ökonomischen Vorgaben, die das Marketing andauernd dazu verleiten, zu viel zu versprechen. In der Absicht, die Absatzchancen eines literarischen Werkes zu erhöhen, neigt es dazu, dessen potenziellen Leserkreis auszudehnen und dabei die vom Werk selbst gesetzten Grenzen zu überschreiten – ein innerhalb des Kinder- und Jugendbuchsegments häufig zu beobachtendes Phänomen. In der Regel ist die Kinder- und Jugendliteratur selbst noch einmal nach Altersstufen unterteilt, was die Absatzchancen zusätzlich verringert. Aus diesem Grund finden sich oft Altersangaben, die als überzogen zu bezeichnen sind. Dabei geht es zumeist um das Einstiegsalter, das gern so niedrig wie möglich angesetzt wird. Viele moderne Jugendromane werden als Lektüre ab zwölf, so manche Werke aus dem Bereich Fantasy gar als Lesefutter ab zehn Jahren ausgegeben, obwohl sie von Jugendlichen dieses Alters nicht im Entferntesten zu bewältigen sind. Das Paradebeispiel ist Michael Endes *Unendliche Geschichte*, bei der es sich um einen schwierigen philosophischen Roman handelt und der ungeachtet dessen für Leser im Alter des kindlichen Helden empfohlen wurde. Erleichtert wird diese überzogene Vermarktung von literarischen Werken im Kinder- und Jugendbuchsegment dadurch, dass wir es zu einem erhebli-

---

10 Die die literarischen Qualitäten eines Werkes betreffenden Übertreibungen der Buchwerbung bleiben hier unberücksichtigt.

11 Diesen Aspekt verfolgt die Studie von Barbara Renner: Kommunikationspolitik im Kinderbuchmarkt. Eine empirische Untersuchung zu den kommunikationspolitischen Maßnahmen von Kinderbuchverlagen im Kontext des Marketing-Mix (siehe Renner 2006).

chen Teil mit Geschenkliteratur zu tun haben. Diese wird von Erwachsenen erworben, die sich oft kein eigenes Urteil über die Altersangemessenheit eines Werkes bilden können und deshalb auf die Altersangaben der Verlage angewiesen sind.

Dass die aktuelle Crossover-Vermarktung von Kinder- und Jugendbüchern nicht zuletzt auch ökonomisch bedingt ist, dürfte auf der Hand liegen; die Absatzzahlen im Segment Jugendbuch/All-Age-Bücher sprechen da eine klare Sprache. Einer Reihe von Kinder- und Jugendbuchverlagen dürfte sie ein beträchtliches Umsatzplus beschert haben. Der überwältigende Erfolg dieser Marketingstrategie lässt allerdings den Schluss zu, dass wir es hier nicht in jedem Fall mit einer überzogenen Vermarktung zu tun haben. Denn bei den hinzugewonnenen Käufern handelt es sich um Erwachsene, die diese Titel aus eigenem Antrieb erwerben und damit ein persönliches Leseinteresse bekunden. Käufer und Leser fallen hier nicht auseinander. Gewiss mag der eine oder andere Erwachsene von der Lektüre der eigenen Kinder angesteckt worden sein und will nun selbst herausfinden, was die jungen *Harry-Potter-* oder *Bis(s)*-Bücher-Fans so begeistert.[12] Doch dürfte dies allein den Erfolg der Crossover-Titel nicht erklären. Offenbar besitzen diese Bücher ganz unabhängig davon eine Attraktivität für eine nennenswerte Zahl erwachsener Käufer. Aber war nicht die Kinder- und Jugendliteratur in gewissem Umfang immer schon eine anziehende Lektüre auch für Erwachsene?

Kinder- und Jugendliteratur als Erwachsenenlektüre

Tatsächlich ist die Crossover-Vermarktung von Kinder- und Jugendbüchern nicht erst ein Phänomen unserer Tage.[13] Bereits im 18. Jahrhundert wurden neben Kindern und Jugendlichen oft auch andere Lesergruppen avisiert – eine Mehrfachadressierung, die in der Regel bereits im Untertitel zum Ausdruck kam. Im Verlauf des 19. Jahrhunderts wurde die Adressatennennung „Für Jugend und Volk" zu einer gebräuchlichen Formel. Mit angesprochen waren in diesen Fällen erwachsene Lesergruppen aus weniger gebildeten Schichten und Berufen. Oft erfuhren Sachbücher eine solche gleichzeitige Vermarktung für jugendliche und erwachsene Lesergruppen. Unterstellt war dabei, dass sich die jugendlichen und die avisierten erwachsenen Lesergruppen hinsichtlich ihrer Lesekompetenz wie auch ihres Wissensstands bzw. Bildungsgrads auf demselben Entwicklungsniveau befanden. Gestützt wurde diese Praxis zusätzlich durch die weiterverbreitete ideologische Annahme, dass Kinder und Erwachsene aus dem „einfachen Volk" von ein und derselben Geistesart seien.[14] In jedem Fall glaubte man, diese unterschiedlichen Zielgruppen mit ein und demselben literarischen Angebot bedienen zu können.[15]

---

12 Vgl. Bak 2004; Karg/Mende 2010; Bardola 2009.
13 Vgl. zum Folgenden Ewers 2009, Kapitel 5: Children's Literature as Reading Material for Adults, S. 43 ff.
14 Noch heute sind einige Literaturkritiker der Auffassung, erwachsene Leser von All-Age-Titeln würden auf ein kindliches Niveau regredieren. Sie sind deshalb um die Zukunft der Lesekultur besorgt. Vgl. Löffler 2009.
15 Vgl. Ewers 2009, S. 46, wo für diese Fälle der Terminus „monosemic multiply addressed children's literature" (mehrfachadressierte einsinnige Kinderliteratur) vorgeschlagen wird.

Daneben entwickelte sich bereits um 1800 eine Kinderliteratur, die gleichzeitig auch ein Angebot für erwachsene Leser aus gebildeten Schichten und Berufen zu sein beanspruchte. Es wurde dazu allerdings auf eine Form von Literatur zurückgegriffen, die mehrdeutig war, die zwei Bedeutungsebenen besaß. Prototypisch hierfür waren einzelne Werke der Romantik, die sowohl an Kinder als auch an (gebildete) Erwachsene gerichtet waren. Zu denken wäre hier beispielsweise an die *Italienischen Märchen* von Clemens Brentano, an einzelne Märchennovellen von Ludwig Tieck, Karl Wilhelm Salice-Contessa, E. T. A. Hoffmann und H. C. Andersen, aber auch an die *Kinder- und Hausmärchen* der Brüder Grimm.[16] Werke dieser Art wiesen eine exoterische und eine esoterische Bedeutungsebene auf: Erstere war vornehmlich auf die kindlichen Leser abgestimmt, während die Zweite nur dem Erwachsenen zugänglich sein sollte. Beide Zielgruppen sollten diesen Werken also eine jeweils andere Botschaft entnehmen. Für eine solche mehrfachadressierte und zugleich mehrdeutige Kinderliteratur eigneten sich besonders allegorische und parabolische Dichtungsformen, also Bilddichtungen im weiten Sinn des Begriffs. Die kindlichen Leser sollten auf der Bildebene verharren, ohne diese freilich als solche wahrzunehmen und nach deren hintergründigem Sinn, nach deren eigentlicher Bedeutung zu fragen. Letzteres sollte den erwachsenen Lesern vorbehalten bleiben, denen zugetraut wurde, die verborgene Botschaft des Textes zu entdecken. In anderen, nicht bildhaften Dichtungsformen könnte ein Hintersinn durch Anspielungen erzeugt werden, die allein vom erwachsenen Leser erkannt und verstanden, von den kindlichen Lesern dagegen überlesen werden würden.[17]

Eine solche mehrdeutige oder doppelsinnige Kinderliteratur ist vielfach auch entsprechend vermarktet worden. E. T. A. Hoffmanns Kindermärchen *Nußknacker und Mausekönig* und *Das fremde Kind* beispielsweise erschienen zuerst in einem Kinderbuch[18] und wurden später in den Novellenzyklus *Die Serapionsbrüder* aufgenommen, der sich an erwachsene Leser wandte. Bei Tiecks Märchennovelle *Die Elfen* verhielt es sich umgekehrt: Sie erschien zunächst im *Phantasus*, einem Novellenzyklus für Erwachsene, um wenig später dann in eine Kinderanthologie aufgenommen zu werden.[19] Bei den *Kinder- und Hausmärchen* zeigte sich die doppelte Vermarktung im Nebeneinander von großer und kleiner Ausgabe. Letztere erschien 1825; sie enthielt eine Auswahl für Kinder und war mit Illustrationen ausgestattet. In allen drei Fällen handelt es sich um mehrfachadressierte bzw. Crossover-vermarktete und im Fall der Märchennovellen zugleich mehrdeutige bzw. doppelsinnige Kinderliteratur.[20]

---

16 Auf die Mehrdeutigkeit dieser Werke habe ich bereits am Beginn meiner wissenschaftlichen Beschäftigung mit der Kinder- und Jugendliteratur hingewiesen. Vgl. Ewers 1986.

17 Christian Kölzer spricht statt von Kindern und Erwachsenen von unerfahrenen und erfahrenen Lesern: „Es scheint angesichts der Begrenztheit der […] Begrifflichkeit von ‚erwachsen' und ‚jugendlich' hilfreich, stattdessen von ‚erfahrenen' und ‚unerfahrenen' Leserinnen und Lesern zu sprechen, da dies den Grad ihres für eine optimale Erschließung des Textes notwendigen Spezialwissens ebenso zum Ausdruck bringt wie ihre Erfahrung bei der Lektüre literarischer Texte, etwa im Umgang mit verschiedenen Genres und anderen literarischen Konventionen." Kölzer 2004, S. 18.

18 In den 1816/17 erschienenen *Kinder-Mährchen* (siehe o. V. 1816/17).

19 Dittmar 1822, S. 166–210.

20 Vgl. Ewers 2009, S. 47: „bisemic multiply addressed children's literature".

Wenn man sich als älterer Leser kinderliterarischen Werken aus Gegenwart und Vergangenheit zuwendet – und zwar gerade auch solchen, die nicht den Anspruch erheben, eine Lektüre auch für Erwachsene zu sein –, wird man durchweg auf Dinge stoßen, von denen man sich nicht vorstellen kann, dass kindliche oder jugendliche Leser sie jemals wahrgenommen und verstanden haben könnten. Was Kinderbücher direkt oder indirekt über ihre Zeit aussagen, etwa über die in ihr herrschenden Kindheits-, Erziehungs- und Familienauffassungen, dürfte sich erst dem literatur- und kulturhistorisch informierten Erwachsenen erschließen. Wenn es gar um Kinderbücher geht, die man selbst als Kind gelesen hat, wird man überrascht sein, was einem bei der damaligen Lektüre alles entgangen ist. Jede private Literaturrezeption ist bis zu einem gewissen Grade selektiv; einige Signale werden intensiv wahrgenommen, andere eher beiläufig, andere wiederum gänzlich überlesen. Abhängig ist dies von den Voreinstellungen, dem Vorwissen und den Erwartungen, die bei Lesergruppen unterschiedlichen Alters recht verschieden ausfallen dürften.

Kinder- und jugendliterarische Werke von heute sind – von Ausnahmen wie Peter Härtlings mehrperspektivischer Erzählung *Oma* (1975) einmal abgesehen – zumeist aus der Perspektive ihrer kindlichen bzw. jugendlichen Protagonisten geschrieben. Erwachsene Leser könnten sich bei der Lektüre dieser Werke darin üben, sich in Kinder und Jugendliche hineinzuversetzen und die Welt mit deren Augen zu sehen. Doch ertappt man sich bei der Lektüre von Kinder- und Jugendbüchern gelegentlich dabei, deren perspektivischer Vorgabe nicht Folge zu leisten und stattdessen das Geschehen aus der Warte der erwachsenen Figuren, der Eltern oder Großeltern beispielsweise, zu verfolgen und zu bewerten, mögen diese auch noch so sehr am Rande stehen. Mehrperspektivische Romane, die die Sichtweise von Kindern und Erwachsenen miteinander konfrontieren, werden von vielen Verlagen als problematisch und unverkäuflich eingestuft, weshalb ihre Zahl begrenzt ist. Es besteht für erwachsene Leser dennoch ausreichend Gelegenheit, kinder- und jugendliterarische Werke gegen den Strich zu lesen und aus ihnen eigene Schlussfolgerungen zu ziehen. In diesem Sinne sind weitgehend alle einigermaßen niveauvollen kinder- und jugendliterarischen Werke mehrdeutig bzw. doppelsinnig. Sie alle sind für Erwachsene auf eigene Weise lehrreich und unterhaltend, wenn auch die Lektüre das eine Mal mehr, das andere Mal weniger lohnend sein mag. Das Marketing schöpft hier das in der Kinder- und Jugendliteratur steckende Crossover-Potenzial vielfach nicht aus; es sollte nachhaltiger und breiter als bisher Kinder- und Jugendbücher als gewinnbringende Lektüre für all die Erwachsenen herausstellen, die mit Kindern und Jugendlichen beruflich und privat zu tun haben.

Crossover-Marketing und Fantasy

Die von Kinder- und Jugendbuchverlagen aktuell praktizierte Crossover-Vermarktung ist besonders oft bei Titeln anzutreffen, die dem Genre der Fantasy angehören.[21] Tatsächlich markiert der rasante Aufstieg dieser Gattung ab Mitte/Ende der 1990er-Jahre den Anbruch einer neuen kinder- und jugendliterarischen Epoche. Fantasy hat sich zur Leitfigur

---

21 Vgl. Bonacker 2004 und Bonacker 2007. In den Beiträgen dieser Sammelbände geht es unter anderem um die doppelte Leserschaft von Tolkien, Rowling und Pullman.

dieses Literatursegments entwickelt und damit einen weitreichenden kinder- und jugendliterarischen Themenwandel ausgelöst. Was ein Kennzeichen bisheriger Kinder- und Jugendliteratur war, die Thematisierung nämlich von Kindheit, Jugend und Adoleszenz, wird mit dem Aufstieg der Fantasy an den Rand gedrängt. Fantasy ist weit davon entfernt, eine Kindheit und Jugendalter thematisierende Dichtung zu sein – und zwar auch dort, wo sie mit kindlichen und jugendlichen Hauptfiguren aufwartet. Mit ihrer Ausbreitung auf dem kinder- und jugendliterarischen Feld werden Kindheits- und Jugendthemen zurückgedrängt und durch allgemeine, generationenübergreifende Themen ersetzt.[22] An die Stelle von psychologisch-realistischen Kinder- und Jugendfiguren treten Heroen- und Herrscherfiguren, Fabelwesen und mythische Gestalten. Es geht nicht mehr um die Eroberung von kindlichen und jugendlichen Freiräumen und die Bewältigung altersspezifischer Probleme, sondern um nichts Geringeres als die Errichtung von Staats- bzw. Weltordnungen und die Abwehr feindlicher Mächte, um die Rettung der Erde vor Katastrophen kosmischen Ausmaßes und dergleichen mehr.

Es hat den Anschein, als habe angesichts der fortschreitenden Liberalisierung von Familie und Schule der kindliche und jugendliche Alltag als Schauplatz von bewegenden Konflikten ausgedient, womit er auch literarisch uninteressanter geworden wäre. Wie atemberaubend nimmt sich dagegen etwa der Kampf gegen die Zerstörung unserer natürlichen Lebensgrundlagen durch feindliche Mächte und gegen die von diesen ausgelösten Umweltkatastrophen aus! Die Fantasy darf aufgrund dieser ihrer allgemeinpolitischen thematischen Ausrichtung mit Fug und Recht als eine All-Age-Literatur bezeichnet werden. Auf ihrem Feld gibt es keine thematische Barriere mehr zwischen Kinder- und Jugendliteratur auf der einen, Erwachsenenliteratur auf der anderen Seite.[23] Dank ihrer eindrücklichen Bildsprache ist sie auch jüngeren Lesern zugänglich. Als Literatur der monumentalen Kämpfe und Schlachten entspricht sie einer dauerhaft erregten katastrophischen Mentalität, die im Zeitalter der Globalisierung, des weltweiten Informations- und Nachrichtenflusses und der informationstechnologischen Vernetzung nicht bloß die Erwachsenen, sondern auch die Kinder und Jugendlichen ergriffen hat. In Fantasy-Romanen kann diese bei Jung und Alt anzutreffende angespannte Mentalität anscheinend am nachhaltigsten ausagiert und abreagiert werden.

Literatur

Bak, Sandra: Harry Potter. Auf den Spuren eines zauberhaften Bestsellers. Frankfurt am Main: Lang 2004.

Bardola, Nicola: Bestseller mit Biss. Liebe, Freundschaft und Vampire – alles über die Autorin Stephenie Meyer. München: Heyne 2009.

---

22 In gewissem Ausmaß hat dies immer schon für das Märchen gegolten, das auch als Genre der Kinderliteratur thematisch eher auf Allgemeinmenschliches zielte.

23 Die wenigen Beispiele einer Fantasy für Grundschulkinder, die alle in der Tradition der *Jim-Knopf*-Bücher von Michael Ende stehen, spielen für die hier erörterten Crossover-Phänomene nur eine marginale Rolle. Dass auch auf dieser Ebene große Themen verhandelt werden können, ist erst jüngst nachgewiesen worden. Vgl. Voss 2009.

Beckett, Sandra: Crossover Fiction. Global and Historical Perspectives. London/New York: Routledge 2009.

Blume, Svenja: Texte ohne Grenzen für Leser jeden Alters. Zur Neustrukturierung des Jugendliteraturbegriffs in der literarischen Postmoderne. Freiburg: Rombach 2005.

Blümer, Agnes: Das Konzept Crossover – eine Differenzierung gegenüber Mehrfachadressiertheit und Doppelsinnigkeit. In: Kinder- und Jugendliteraturforschung 2008/2009. Frankfurt am Main u. a.: Peter Lang 2009, S. 105–114.

Bonacker, Maren (Hrsg.): Peter Pans Kinder. Doppelte Adressiertheit in phantastischen Texten. Trier: WVT 2004 (= Studien zur Anglistischen Literatur- und Sprachwissenschaft, Bd. 20).

Bonacker, Maren (Hrsg.): Das Kind im Leser. Phantastische Texte als all-ages-Lektüre. Tagungsband zum wissenschaftlichen Symposium „Pinocchios Freunde". Trier: WVT 2007 (= Studien zur Anglistischen Literatur- und Sprachwissenschaft, Bd. 30).

Dittmar, Heinrich (Hrsg.): Der Mägdlein Lustgarten. Erster Theil. Erlangen: Palm & Enke 1822.

Ewers, Hans-Heino: Die Kinderliteratur – eine Lektüre auch für Erwachsene? Überlegungen zur allgemeinliterarischen Bedeutung der bürgerlichen Kinderliteratur seit dem ausgehenden 18. Jahrhundert. In: Wirkendes Wort, 36 (1986), H. 6, S. 467–482.

Ewers, Hans-Heino: Fundamental Concepts of Children's Literature Research. Literary and Sociological Approches. New York/London: Routledge 2009.

Falconer, Rachel: The Crossover Novel. Contemporary Children's Fiction and its Adult Readership. London/New York: Routledge 2009.

Genette, Gérard: Paratexte. Das Buch vom Beiwerk des Buches. Frankfurt am Main: Campus 1992.

Karg, Ina/Mende, Iris: Kulturphänomen Harry Potter. Multiadressiertheit und Internationalität eines nationalen Literatur- und Medienevents. Göttingen: V&R unipress 2010.

Kölzer, Christian: Warum Erwachsene „Jugendbücher" lesen dürfen – und andersherum! Dual address in Philip Pullmans Fantasy-Trilogie *His Dark Materials*. In: Bonacker, Maren (Hrsg.): Peter Pans Kinder. Doppelte Adressiertheit in phantastischen Texten. Trier: WVT 2004 (= Studien zur Anglistischen Literatur- und Sprachwissenschaft, Bd. 20), S. 16–26.

Kümmerling-Meibauer, Bettina: Kinderliteratur, Kanonbildung und literarische Wertung. Stuttgart/Weimar: Metzler 2003.

Löffler, Sigrid: Das All-Age-Phänomen. In den Bestsellerlisten dominieren Jugendbücher, die Grenzen zur Erwachsenenliteratur verschwimmen. Die Verkindlichung der Gesellschaft – Ein Essay. In: Börsenblatt, 11/2009, S. 32–34.

O. V.: Kinder-Mährchen. 2 Bde. Berlin: Reimer 1816/17.

Renner, Barbara: Kommunikationspolitik im Kinderbuchmarkt. Eine empirische Untersuchung zu den kommunikationspolitischen Maßnahmen von Kinderbuchverlagen im Kontext des Marketing-Mix. München: Peniope 2006.

Spreckelsen, Tilmann: Feindliche Übernahme. Warum die Kinder- und Jugendliteratur sich endlich von ihren erwachsenen Lesern emanzipieren muss: Plädoyer für einen Befreiungsschlag. In: FAZ, Feuilleton, 7. 8. 2009.

Voss, Julia: Darwins Jim Knopf. Frankfurt am Main: S. Fischer 2009.

Crossreading – publikumszentrierte Ansätze zur Erklärung des All-Age-Booms im Buchmarkt

Anke Vogel

Einleitung

Bei einem Blick auf die Bestsellerlisten lässt sich ein Boom leicht erkennen: Ein großer Teil der Plätze[1] wird derzeit von Titeln aus dem Jugendbuchsegment belegt. In den Jahresbestsellerlisten 2008 und 2009 war zum Beispiel die *Bis(s)*-Reihe von Stephenie Meyer ebenso wie die *Tintenwelt*-Trilogie von Cornelia Funke gleich mit mehreren Teilen vertreten, 2010 ist Suzanne Collins mit mehreren Bänden der *Tribute von Panem* dazugekommen – und das, obwohl Jugendbücher üblicherweise nicht auf den Belletristiklisten geführt werden. Der Name Bestsellerliste rechtfertigt jedoch deren Aufnahme bei entsprechend hohen Verkaufszahlen: Liegen sie in der gleichen Höhe wie die von „Erwachsenen-Bestsellern", können auch Jugendbücher Eingang in die Liste finden.[2] Vor dem Hintergrund, dass sie erwiesenermaßen immer häufiger auch von Erwachsenen gelesen werden, erscheint ihre Listung folgerichtig – der Markt erzwingt sie gleichsam. Joanne K. Rowlings *Harry Potter und der Orden des Phönix* wurde 2003 vom Carlsen Verlag mit einer Startauflage von 2 Millionen Exemplaren produziert[3], *Tintentod,* der letzte Band der *Tintenwelt*-Trilogie, vom Cecilie Dressler Verlag mit 500.000 Exemplaren. International sind die Titel von Cornelia Funke sehr erfolgreich: Bis 2007 wurden im englischsprachigen Raum bereits mehr als 7 Millionen Exemplare der beiden ersten *Tintenwelt*-Romane verkauft.[4]

Das Erreichen einer Listenplatzierung ist für Verlage und Buchhandel von großer Bedeutung und strahlt auf das übrige Programm aus: Etwa ein Drittel der verkauften belletristischen Bücher stammte 2007 von den Top-100-Bestsellerautoren. Das Marktforschungsunternehmen GfK rechnete sogar mit einer Steigerung der Bestsellerorientierung der Kunden.[5] Die Entwicklungen im Filialbuchhandel – eine stärkere Ausrichtung hin auf Selbstbedienung und Abbau fachkundigen Personals – stützten diese Prognose. In den Jahren 2007 bis 2009 hat sich der Marktanteil der 50 meistverkauften Titel tatsächlich von 5,7 auf 10,1 Prozent erhöht. Der *Buchreport* führt dies u. a. auf die Bestseller Meyers zurück und vermutet im Umkehrschluss, dass der Rückgang des Marktanteils der Top 50

---

1   Auf der Spiegel-Jahresbestsellerliste Hardcover Belletristik 2008 etwa die Hälfte, 2009 etwa ein Viertel. Vgl. Buchreport online,
     URL: http://www.buchreport.de/bestseller/jahresbestseller/hardcover.htm [17. 4. 2010].
2   Vgl. Heidtmann 1993.
3   Vgl. Beyer 2003, S. 183.
4   Vgl. Schloemer 2007.
5   Vgl. Schulte 2007.

im ersten Quartal 2010 auf 7,3 Prozent damit zusammenhängt, dass die platzierten Titel (etwa die Stieg-Larsson-Bände) nicht ausreichend Zugkraft entwickelt hätten.[6]

Inwiefern sich diese These bestätigt, bleibt zu überprüfen. Mitte 2010 erschien ein neuer Titel aus der *Bis(s)*-Reihe, der es wiederum auf den ersten Platz der Bestsellerliste schaffte. Wie stark Jugendbuchverlage auf lange Sicht auf den Listen vertreten sein werden, muss abgewartet werden – das Jahr 2008 stellt einen vorläufigen Höhepunkt dar. Die Listenplatzierung von Jugendbüchern ist jedoch kein ganz neues Phänomen: Bereits in den 1970er- und 1980er-Jahren landete Michael Ende sowohl mit *Momo* wie auch mit *Die unendliche Geschichte* national wie international auf den Bestsellerlisten. Beide Romane Endes haben sich millionenfach verkauft und sind in zahlreiche Sprachen übersetzt worden. Die Geschichte um Bastian Balthasar Bux belegte 113 Wochen ununterbrochen den ersten Platz der *Spiegel*-Bestsellerliste.[7]

Auch ältere Beispiele für All-Age-Bestseller können gefunden werden – abhängig davon, wie der Begriff definiert wird. Aktuell lässt sich jedoch eine neue Qualität erkennen: Seit *Harry Potter* sind durchgängig Titel von Jugendbuchverlagen auf der Liste vertreten. Auf die entsprechende Warengruppe im Buchhandel hat dies deutliche Auswirkungen. Im Jahr 2008 war sie mit 14,6 Prozent und 2009 sogar mit 15,7 Prozent am Gesamtumsatz mit Büchern beteiligt.[8] Auf die Kategorie „Jugendbücher ab 12 Jahren", zu der die meisten All-Age-Bücher von Jugendbuchverlagen gehören, entfielen dabei 25,4 Prozent des Kinder- und Jugendbuchumsatzes, gegenüber dem Vorjahr wuchs das Segment um 44,2 Prozent.[9]

Bücher für alterslose Leserkreise? Definitionsansätze zum Begriff All-Age

Im Rahmen des 20. Praxisseminars der Arbeitsgemeinschaft von Jugendbuchverlagen e. V. (avj) wurde 2009 eine *Gebrauchsanweisung „All-Age-Bücher"* zusammengetragen. Dort ist zu lesen, dass die Zielgruppe aus „Lesefähige[n] und -freudige[n] Menschen beiderlei Ge-

---

6   Plattgedrücktes Sahnehäubchen. Bestseller schwächeln auf dem deutschen Markt. In: Buchreport online vom 13. 4. 2010,
     URL: http://www.buchreport.de/nachrichten/bestseller/bestseller_nachricht/datum/2010/04/13/plattgedruecktes-sahnehaeubchen.htm [17. 4. 2010].

7   Vgl. Die Geschichte des Thienemann Verlags,
     URL: http://cms.thienemann.de/index.php?option=com_content&view=article&id=66&Itemid=94 [24. 6. 2010]. Vgl. außerdem den Beitrag von Hans-Heino Ewers in diesem Band.

8   Vgl. Börsenverein des Deutschen Buchhandels: Tabellenkompendium zum Wirtschaftspressegespräch 2010,
     URL: http://www.boersenverein.de/sixcms/media.php/976/Tabellenkompendium_Wirtschaftspressegespraech_2010.pdf [29. 7. 2010].

9   Vgl. Börsenverein des Deutschen Buchhandels: Branchen-Monitor BUCH: Der Markt der Kinder- und Jugendbücher in Deutschland (Trendbericht Kinder- und Jugendbuch), S. 4–6,
     URL: http://www.boersenverein.de/sixcms/media.php/976/Digitale_Pressemappe_Trendbericht.pdf [29. 7. 2010].

schlechts im Alter bis mindestens 99 Jahre" besteht. Gekennzeichnet seien All-Age-Titel dadurch, dass sie Kinder, Jugendliche und Erwachsene ansprechen können, trendfähig und auf mehreren Ebenen erschließbar sind, unterschiedliche Deutungsmöglichkeiten für unterschiedliche Lesergruppen bereithalten, mindestens einen jugendlichen Held mit Identifikations- und Entwicklungspotenzial und eine zeitlose Message enthalten. All-Age-Titel wirken nach Ansicht der Teilnehmer des Praxisseminars milieu- und generationenübergreifend und erzeugen durch Emotionen und Spannung ein fesselndes Leseerlebnis. Die Geschichten müssen entsprechend gut konstruiert und in einer angemessenen Sprache erzählt sein. Die Themen sind zeitlos und von universeller Größe. Cover und Ausstattung sind stimmig und ohne Altersbezug gestaltet.[10] Die Vorsitzende des Arbeitskreises für Jugendliteratur, Regina Patnos, führt in einem Statement zum *Trendbericht Kinder- und Jugendbuch 2010* des avj aus: „Der Begriff ‚All-Age-Bücher' legt die Vermutung nahe, dass es sich um Bücher für Menschen von 0 bis 99 handelt. Das ist jedoch ein Trugschluss. Es geht in der Regel um Bücher für Jugendliche und junge Erwachsene, etwa um die Altersgruppe von 12 bis 30."[11] Diese Einschätzung deckt sich mit dem bereits dargestellten Wachstum im Segment Jugendbuch. Zur Klärung der Frage, was denn nun All-Age-Bücher tatsächlich sind, hilft das jedoch nur wenig weiter. Zielführender erscheinen in diesem Zusammenhang die Ausführungen von Sandra L. Beckett, die auf eine Besonderheit der deutschen Begriffsverwendung hinweist, die starke Fokussierung auf das Genre Fantasy:

> Fantasy has always been appreciated by a broad spectrum of readers, but all ages fantasy is now a widespread global trend. In Germany, the anglicized term „All-Age-Fantasy" is used to designate this category of crossover fiction. In the minds of many, crossover literature is synonymous with fantasy. [...] Fantasy is a very flexible genre that easily bridges the young adult and adult markets, and, in many cases includes younger children as well, as the Harry Potter books clearly demonstrated. [...] Fantasy readers tend to be very loyal fans and children who become addicted to the genre at a young age often remain fantasy readers as adults.[12]

Der Begriff „Crossover literature" beschreibt nach Beckett Literatur, die die Grenzen von einem kindlichen hin zum erwachsenen Publikum überschreitet oder auch andersherum von einem erwachsenen zu einem kindlichen.[13] Der Definitionsversuch für All-Age-Bücher, den Dorette Peters (Vertriebsleiterin bei Random House) liefert, weist in die gleiche Richtung: „Es sind Titel, die entgegen der Absicht von Verlagen, Autoren und Buchhand-

---

10 Vgl. Reichstein/Müller 2010.
11 Statement von Regina Pantos (Vorsitzende des Arbeitskreises für Jugendliteratur) zum Trendbericht Kinder- und Jugendbuch 2010. „All-Age-Bücher dominieren: Bleibt das Kinderbuch auf der Strecke?",
    URL: http://www.jugendliteratur.org/pressemitteilung-25-trendbericht_kinder_und_.html
    [05. 6. 2010].
12 Beckett 2009, S. 135.
13 Vgl. ebd., S. 4.

lungen von Lesern unterschiedlicher Altersstufen gekauft und gelesen werden."[14] Belletristik für Erwachsene, die von Jugendlichen gelesen wird, wird davon also genauso erfasst.

Bettina Kümmerling-Meibauer sieht im Crosswriting einen neuen Trend in der deutschen Kinder- und Jugendliteratur.[15] Allgemein sei international eine Verschiebung der Grenzen zwischen Kinder- und Jugendliteratur sowie Erwachsenenliteratur auszumachen:

> The term „crosswriting" (or „crossover writing") has been widely adopted in recent years to refer to the phenomenon of authors who write for both children an adults (separately) and also the phenomenon of children's books that are directed at an implied audience comprising both children and adults. Children's literature now reflects dominant trends in adult literature, and a wide range of previously taboo subjects and complex narrative strategies – including composite genres, deviations from chronological, linear order, fragmentation and gaps, absence of closure, irony, intertextuality – transgress the traditional demarcations separating children's from adult literature (Kümmerling-Meibauer 2003).[16]

Bereits 1984 äußerte Michael Ende gegenüber dem *Spiegel*, er „habe sich ‚durch das Kinderzimmer in die Erwachsenen-Literatur' emporgeschrieben".[17] Viele Autoren streben laut Kümmerling-Meibauer danach, Texte mit einer Mehrfachadressierung zu versehen. Insbesondere in Skandinavien und Deutschland sind in diesem Zusammenhang neue Begriffe geprägt worden wie „allåderslitteratur" (All-Age-Literatur) oder „Literatur für Leser von 8 bis 80".[18]

Crossreading – Warum Erwachsene zu Jugendbüchern und Jugendliche zu Belletristik für Erwachsene greifen

Will man den derzeitigen Trend analysieren, bieten sich aus einer buch- und medienwissenschaftlichen Perspektive unterschiedliche Zugangsweisen an. Medienbotschaften sind in der Regel gekennzeichnet von einer Polysemie[19] (Mehrdeutigkeit) und können daraufhin analysiert werden, welche Möglichkeiten der Interpretation sie bieten. Damit in engem Zusammenhang steht ein kommunikationswissenschaftliches Verständnis, das den Rezipienten als aktives Subjekt ansieht. Frühe Modelle (z. B. das Shannon-Weaver-Modell) haben sich überwiegend an der als linear modellierten (technischen) Vermittlung von Symbolen orientiert. Es wurde angenommen, dass ein Signal, eine Information, ausgehend von einem Sender, unidirektional über einen Transmitter an einen Empfänger übermittelt wird. Aus heutiger Sicht stellt sich dieser Ansatz jedoch als sehr verkürzend dar. Tatsächlich handelt es sich weder um eine Übertragung (der Sender gibt nichts von sich weg, was dann beim Empfänger ankommt), noch ist davon auszugehen, dass eine Information

---

14 20. avj-Praxisseminar 2009: „All Age" – Die Entdeckung einer Zielgruppe. Bericht zum Praxisseminar vom 8.–10. Mai 2009, S. 2.
15 Kümmerling-Meibauer 2008, S. 7.
16 Ebd., S. 9.
17 Das Millionen-Märchen ohne Ende. In: Der Spiegel, 14/1984, S. 277.
18 Vgl. Kümmerling-Meibauer 2008, S. 10.
19 Vgl. Schenk 2007, S. 660–661.

unverändert übermittelt werden kann. Da der Empfänger nicht passiv bleibt, hat der Sender nur bedingt Einfluss darauf, wie seine Botschaft entschlüsselt wird. Eine rezipientenorientierte Analyse des All-Age-Booms, die das Crossreading in den Blick nimmt, kann hieran anknüpfen. Zusätzlich erscheint es lohnend, ergänzend die an der Produktion und Distribution beteiligten Institutionen wie Verlage und Buchhandel sowie ihre Strategien zu betrachten, mit denen sie auf die Rezipienten einwirken möchten.

Elihu Katz und David Foulkes haben bereits 1960 mit der Frage: „Was machen die Menschen mit den Medien?" einen Grundstein für die moderne Rezeptionsforschung gelegt. Medienangebote werden also nicht auf bloße Inhalte reduziert, sondern eröffnen vielmehr, wie es der Mediensoziologe Tillmann Sutter formuliert, einen „Raum unterschiedlicher Bedeutungsmöglichkeiten, die von Subjekten und Gruppen aktiv genutzt werden können".[20] Die Art der Nutzung wird im Wesentlichen von den Bedürfnissen der Rezipienten bestimmt. Die Gratifikationsforschung innerhalb der Rezeptionsforschung beschäftigt sich mit „sozialen und psychologischen Ursprüngen von Bedürfnissen, die Erwartungen an die Medien und andere (nicht-mediale) Quellen erzeugen. Die Erwartungen führen zu verschiedenen Mustern der Medienexposition (oder zu anderen Aktivitäten), woraus Bedürfnisbefriedigung und andere Konsequenzen resultieren."[21] Die erfolgte Bedürfnisbefriedigung wird mit dem Begriff Gratifikation bezeichnet. In der Literatur sind verschiedentlich Typologien erarbeitet worden, anhand derer die der Mediennutzung zugrunde liegenden Bedürfnisse erfasst werden sollen. In empirischen Studien wurde der Frage nachgegangen, warum sich Menschen überhaupt Büchern zuwenden. Vergleicht man die Ergebnisse dieser Untersuchungen, lassen sich drei Bedürfnistypen identifizieren, nämlich die kognitiven, die affektiven und die sozialen Bedürfnisse. Die Zuwendung zu Büchern kann zum einen erfolgen, um Informationen aufzunehmen und das eigene Wissen zu erweitern und damit einen gewissen Grad an Kontrolle gegenüber der Umwelt zu erlangen. In diesem Fall dient sie der Befriedigung kognitiver Bedürfnisse. Heinz Bonfadelli, Angela Fritz und Renate Köcher ermittelten, dass sie öfter Vielleser und formal höher gebildete Personen zur Buchnutzung motivieren als Wenigleser und formal niedriger gebildete.[22] Wenn unabhängig von der tatsächlichen Nutzung nach den Gratifikationsleistungen gefragt wird, die Bücher erbringen können, lässt sich jedoch ablesen, dass das Buch gerade bei Personen mit niedriger Lesefrequenz das Image eines Informationsmittels oder einer Wissensquelle hat. Saxer erklärt dies damit, dass das Spektrum der erhältlichen Gratifikationen mit zunehmender Lesefrequenz steigt. Bei Weniglesern bleibt jedoch lediglich die Erinnerung an das Buch als Lernmittel haften.[23]

---

20 Sutter 2001, S. 7.
21 Vgl. Schenk 2002, S. 631–632.
22 Vgl. Bonfadelli/Fritz 1993, S. 175–177.
23 Vgl. Saxer 1993, S. 345–347.

Spannend und nicht von dieser Welt:
Motivieren affektive Bedürfnisse zum Crossreading?

Der zweite Bedürfnistyp, die affektiven Bedürfnisse, ist besonders wichtig für die Beschäftigung mit dem Phänomen All-Age-Bücher. In diese Kategorie fallen das Bedürfnis nach Entspannung, die Spannungssuche, das Stimmungsmanagement und auch der sogenannte Eskapismus. Dieser soll hier jedoch nicht mit einer negativen Konnotation als gesellschaftlich dysfunktionale Wirklichkeitsflucht verstanden werden, sondern als Möglichkeit der Kompensation, als Chance also, kurzfristig aus den ansonsten geltenden Normen und Forderungen der Gesellschaft auszubrechen. Im Rahmen der Internationalen Lesestudie wurde 1994 festgestellt, dass in Deutschland mehr als ein Drittel der Leser Bücher zu eskapistischen Zwecken benutzt. 38 Prozent der Befragten stimmten der Aussage „Ich liebe es, mit einem Buch in eine ganz andere Welt abzutauchen" zu.[24] Bei einer Untersuchung zum Leseverhalten von Kindern und Jugendlichen kamen Heinz Bonfadelli und Angela Fritz (1999) zu dem Ergebnis, dass knapp die Hälfte der Befragten Medien unter anderem auch aus eskapistischen Gründen nutzt. Inwiefern die Mediennutzung bei Kindern tatsächlich als Ausbrechen aus dem Alltag aufgefasst werden kann oder ob sie nicht mit einer in dieser Lebensphase natürlichen Affinität zu Traum- und Fantasiewelten treffender zu charakterisieren ist, kann kritisch hinterfragt werden. Bei jüngeren Knaben scheint eine derartige Buchnutzung besonders stark ausgeprägt zu sein: Die Lektüre ist bei ihnen an actionreichen Inhalten, ähnlich denen des Fernsehens, orientiert. Der Rückzug aus der Realität wird durch das Erleben von Spannung und Abenteuer begünstigt.[25] Um ein Buch zum Abschalten benutzen zu können, erscheint es wichtig, dass der Rezipient die Lektüre als amüsant und leicht zu lesen empfindet.[26] In der Börsenvereinsstudie *Kinder- und Jugendbücher* aus dem Jahr 2007 wurde Spannung als ein besonders wichtiges Auswahlkriterium vor allem in der Altersgruppe bis 19 Jahre identifiziert.[27] Im Rahmen der Studie wird mit der Orientierung am Spannungsgehalt auch eine verstärkte Hinwendung zu Reihen in Zusammenhang gebracht, da der Leser aufgrund seiner Erfahrungen mit einzelnen Bänden bereits Erwartungen bezüglich Stil und Spannungsgehalt entwickelt hat. Es erscheint jedoch fraglich, die Orientierungsfunktion, die ein Reihencharakter bietet, derart eingeschränkt zu betrachten. Vielmehr wird an dieser Stelle ein grundsätzlicher Mechanismus im Umgang mit dem Erfahrungsgut Buch deutlich. Ob es sich nun um spannende Jugendbücher, Krimis oder Liebesschnulzen handelt: Reihen erleichtern es dem Rezipienten, die realisierbaren Gratifikationen abzuschätzen.

Thomas Zirnbauer vom Deutschen Taschenbuch Verlag sieht ein Erfolgsrezept für All-Age-Bücher in großen, „durch keine Zwänge des Realismus" eingeschränkten Bildern.[28] Sein Kollege Wolfgang Steigner vom Gerstenberg Verlag betont, dass Jugendbücher in der Regel sehr spannend geschrieben sein müssen, um Jugendliche an die Lektüre zu

---

24 Vgl. Institut für Demoskopie Allensbach 1994, S. 19–24.
25 Vgl. Bonfadelli/Fritz 1993, S. 135–137 und 177.
26 Vgl. Bonfadelli 1999, S. 121.
27 Börsenverein des Deutschen Buchhandels in Zusammenarbeit mit Sinus und GfK 2007, S. 30.
28 Das „Potter-Syndrom". In: Focus online vom 27. 8. 2007.

fesseln, und genau das ist es auch, was viele Erwachsene seiner Meinung nach ebenfalls zur Lektüre motiviert. Die Literaturwissenschaftlerin Falconer beschreibt ihre Leseerlebnis bei der Lektüre von *Harry Potter* folgendermaßen: „I began to read the novel and by page three, I was hooked. I had become the child-reader I once was: voracious, oblivious to time, suspended by words in an attic room of excitement, fun, friendship and bravery."[29] Sie weist damit auf das Phänomen hin, dass erwachsene Leser sich in die Rolle des kindlichen Lesers zurückversetzen (vgl. dazu den Beitrag Gabriele von Glasenapp in diesem Band). Die Befunde der aktuellen Käufer- und Leserforschung decken sich mit den Einschätzungen der Verlagsmitarbeiter: Unterhaltung und Entspannung werden auch von Erwachsenen als wichtigste Motive für die Buchnutzung, noch vor der Information, identifiziert. 83 Prozent der befragen Personen gaben in der Studie *Buchkäufer und Leser 2008* an, dass sie Bücher zur Unterhaltung oder Entspannung lesen.[30] Im Vergleich zu 2005 blieb dieser Wert stabil. Anders jedoch die Werte für die Motive Information, Allgemeinbildung etc., die von weniger als drei Viertel der befragten Personen genannt wurden, aber Bedeutung verloren haben. Damit korrespondiert ein Befund der ARD/ZDF-Langzeitstudie zur Mediennutzung und -bewertung, dass gerade kognitive Nutzungsmotive bei der Zuwendung zum Internet eine große Rolle spielen. 2005 wurden diese Motive von etwa 90 Prozent aller Befragten quer durch alle Altersstufen genannt.[31]

Klaus Hurrelmann hat im Rahmen der Jugendforschung darauf hingewiesen, dass die „konventionelle Vorstellung vom Erwachsenen als unabhängig und selbstständig in ökonomischer, privater, sozialer, kultureller und politischer Beteiligung [...] im Schwinden begriffen" ist und zunehmende Unsicherheiten, biografische und berufliche Brüche auch für sie eine aktive Lebensführung, wie sie bisher für die „Jugend" charakteristisch war, notwendig machen.[32] Hierin könnte ein Hinweis darauf gesehen werden, warum auch Erwachsene sich zunehmend aus eskapistischen Motiven dem Medium Buch zuwenden. Möglichweise drückt sich also im All-Age-Boom eine Funktionsverschiebung des Mediums Buch aus: Während kognitive Motive weniger stark zur Buchnutzung motivieren, wird die eskapistische Funktion in der Relation bedeutsamer.

Auch umgekehrt lässt sich feststellen, dass die „Zielgruppe der älteren jugendlichen Leser [...] jünger geworden" ist. Der Begriff Jugend hat also an Konturierung verloren, was eine Erklärung dafür liefern kann, weshalb auch die Abgrenzung eines jugendliterarischen Feldes gegen ein allgemeines literarisches Feld schwieriger geworden ist.[33] Die Bezeichnung „Jugendroman" ist in den Augen Jugendlicher, die sich selbst schon früh für erwachsen halten oder sich doch zumindest an Erwachsenen orientieren möchten, defizitär[34] und daher in der Produktkommunikation nicht immer vorteilhaft. Im internationalen Vergleich fällt übrigens auf, dass Klassifikationen unterschiedlich angewendet werden. *Sofies Welt* wurde z. B. in den USA nicht explizit als Jugendbuch geführt. Ein Verzicht auf eine derartige Eti-

---

29 Falconer 2009, S. 1.
30 Vgl. Börsenverein des Deutschen Buchhandels 2008, S. 96.
31 Ridder/Engel 2005, S. 429–430.
32 Hurrelmann 2007, S. 25.
33 Vgl. Blume 2005, S. 30.
34 Vgl. Bardola/Hauck 2006, S. 7.

kettierung könnte erklären, warum Verbraucherumfragen zeigen, dass anscheinend viele
Erwachsenen nicht wahrnehmen, ob sie ein Jugendbuch oder einen Roman für Erwachsene kaufen.[35]

Ein mögliches Problem beim Crossreading von Jugendlichen, die zu Belletristik für Erwachsene greifen, stellt eine mangelnde Lesekompetenz dar, die zu Frustrationen führen
kann. Der Umgang mit dem Medium Buch setzt die Fähigkeit voraus, Schrift zu decodieren und sie in Bilder der eigenen Fantasie umzusetzen. Eine ungenügende Lesefähigkeit
wirkt sich hemmend auf den Umgang mit Büchern aus.[36] Wird der Leseakt jedoch als
Bereicherung erlebt, kann sich dies bekräftigend auf das Leseverhalten auswirken.[37] Als
Belohnung für das Erlernen der Kulturtechnik Lesen kann dem Kommunikationswissenschaftler Ulrich Saxer zufolge die Möglichkeit kognitiv-affektiver Selbstentgrenzung wirken. Geistige Bestände können durch das Lesen grenzenlos ausgebaut werden. Je größer die
persönliche Lesekompetenz eines Individuums ist, desto größer ist auch die persönliche
Leistungsvielfalt des Lesens.[38] Eine ungenügend ausgebildete Lesekompetenz behindert
das Entstehen von Lesemotivation. Sie hat Rückwirkungen auf die Entfaltung buchspezifischer Nutzungsfunktionen und die darauf bezogenen Gratifikationserwartungen.
Affektive Gratifikationen können sich erst dann einstellen, wenn das Lesen in kognitiver
Hinsicht keine Mühe mehr bereitet.[39] Die zunehmende Hinwendung Erwachsener zu
Jugendliteratur könnte also damit erklärt werden, dass diese aufgrund mangelnder Lesekompetenz von gehobener Literatur überfordert werden und sich deshalb leichter zu rezipierenden Titeln zuwenden. Wird das Lesen als schwierig und mühsam empfunden, neigt
der Rezipient lediglich zu einer eher zweckorientierten Buchnutzung, bei der die Bedürfnisse nach Information und Wissensaneignung im Vordergrund stehen. Lesen kann in diesem Fall nicht zur Erlangung affektiver Gratifikationen wie beispielsweise Unterhaltung,
Zeitvertreib, Entspannung oder Spannung eingesetzt werden. Viellesern erschließt sich ein
breiteres Gratifikationsspektrum.[40]

(Generationenübergreifende) Anschlusskommunikation erfüllt soziale Bedürfnisse

Auch der dritte Bedürfnistyp, die sozialen Bedürfnisse, kann als möglicher Erklärungsansatz für das All-Age-Phänomen herangezogen werden. Als wesentliches Motiv für die Aufrechterhaltung von Lektüre ermittelte Gerhard Schmidtchen in der Studie *Lesekultur in
Deutschland 1974* die Chance, sich mit anderen über das Gelesene zu unterhalten. Das
Buch scheint besonders gut geeignet zu sein, um Gespräche anzuregen. Es liefert unpersönliche Gesprächsstoffe, die nicht zwangsläufig eine Stellungnahme erfordern. Haben alle Gesprächspartner ein bestimmtes Buch gelesen, liegt dem Gespräch eine gemeinsame Erfah-

---

35 20. avj-Praxisseminar 2009: „All Age" – Die Entdeckung einer Zielgruppe. Bericht zum Praxisseminar vom 8.–10. Mai 2009, S. 2.
36 Vgl. Bonfadelli/Fritz 1993, S. 70–72.
37 Vgl. Bonfadelli 1999, S. 106.
38 Vgl. Saxer 1993, S. 327.
39 Vgl. Bonfadelli 1998, S. 86, sowie Bonfadelli/Fritz 1993, S. 40 und S. 139–140, sowie Bonfadelli
    1999, S. 108.
40 Vgl. Saxer 1993, S. 327–347, sowie Bonfadelli 1999, S. 108.

rung zugrunde.[41] Diese Funktion des Buches ist mittlerweile jedoch zu einem Teil auf das Fernsehen übergegangen. Dennoch gibt auch heute noch die Hälfte der Befragten an, durch das Lesen Gesprächsstoff zu erhalten, um sich mit anderen austauschen zu können.[42] Die Rezeption eines bestimmten Inhalts kann notwendig dafür sein, um an einem Gespräch innerhalb einer bestimmten Gruppe teilnehmen zu können. Werner Graf machte dies 1996 anhand eines Auszugs aus einer Befragung deutlich. Dort äußerte ein Jugendlicher:

> „Ich saß mit ein paar Freunden zusammen, und einer fing an, vom neuen Stephen-King-Buch zu erzählen, und auch alle anderen wussten was zu den Büchern zu erzählen, nur ich saß daneben und wußte nicht einmal, wer dieser Stephen King nun war. Das wurmte mich, also ging ich kurzerhand in die Buchhandlung und kaufte mir das erstbeste SK-Buch, das ich fand. [...]"[43]

Rund zehn Jahre später ist die Lektüre von *Harry Potter*, *Eragon* und Co. eine Voraussetzung, um an Schulhof- oder Arbeitsplatzgesprächen teilnehmen zu können. Die Mehrfachadressierung der All-Age-Bücher, die sowohl jugendlichen wie auch erwachsenen Lesern Anknüpfungspunkte bietet, erleichtert zudem den Austausch zwischen Personen unterschiedlicher Altersstufen, also z. B. innerhalb von Familien. Für das Fernsehen wurde innerfamiliäre Anschlusskommunikation u. a. mit ethnografischen Methoden untersucht und deren Bedeutung hervorgehoben. Mediensoziologisch betrachtet, ist das Buch jedoch ein problematisches Medium, wenn es darum geht, einen gemeinsamen Nenner für Gespräche zu finden. Folgte jeder Leser bei der Buchauswahl allein seinen individuellen Geschmackspräferenzen, wäre es bei der schier unüberschaubaren Fülle von jährlichen Neuerscheinungen und den zudem am Markt befindlichen Backlist-Titeln schwer, sich mit anderen über gemeinsame Leseerfahrungen auszutauschen. Dies gilt jedoch, nebenbei bemerkt, zunehmend nicht mehr nur für das Medium Buch, sondern auch für alle anderen Mediengattungen, die in den vergangenen Jahren eine starke Ausdifferenzierung ihrer Angebote erfahren haben. Aktuell weisen IVW und *MediaPerspektiven* für Publikumszeitschriften 906 Titel bei einer verkauften Auflage von 117,9 Millionen Exemplaren aus. Dies ist eine deutliche Steigerung gegenüber dem Vergleichszeitraum. Als weiteres Stichwort sei an dieser Stelle die Digitalisierung von Fernseh- und Hörfunkangeboten genannt, die auch bei den bisher aufgrund von Frequenzknappheit naturgemäß zum Mainstreaming tendierenden Medien zu einer zunehmend individualisierten Nutzung geführt haben. Das Angebot an digitalen Hörfunk- und Fernsehsendungen ist mittlerweile unüberschaubar geworden und bedient unterschiedlichste Spezialinteressen. (Buch-)Verlage oder Medienunternehmen im Allgemeinen stehen bei dieser Ausdifferenzierung dem Problem gegenüber, dass sie ihre Marketingaktivitäten zunehmend nicht mehr auf ein Massenpublikum ausrichten können, sondern sich vielfältigen Teilpublika gegenübersehen. Der Einsatz von Lebensstiltypologien, wie sie etwa die Sinus-Milieus® darstellen, wird daher häufig

---

41 Vgl. Maletzke 1963, S. 139.
42 Dehm/Kochhan/Beeske/Stroll 2005, S. 522.
43 Zitiert nach: Graf 1996, S. 186.

von Verlagen und auch von Buchhandlungen eingesetzt, um sich auf verschiedene Lebenswelten und die damit zusammenhängenden Medienwelten einstellen zu können und die Präferenzen der Teilpublika antizipieren zu können. Die Segmentierung nach Lebensstilen ist jedoch kritisch zu sehen. Uli Gleich und Michael Meyen konstatieren, dass es sich bei derartigen Typologien nur um Modellkonstruktionen handelt und keinesfalls um Abbilder der Wirklichkeit, da sich mehr als ein Drittel aller Menschen anders verhält als der Typ, dem sie zugerechnet werden.[44] Die Grenzen der Lebenswelten verschwimmen also. Michael Jäckel weist etwa darauf hin, dass aufgrund der Methodik (z. B. Cluster- und Faktorenanalysen) angenommen werden kann, dass Lebensstiltypen in die Nähe von Stereotypen gerückt werden können. Die damit verbundenen Medienwelten charakterisiert er als nicht stabil. Folglich ist seiner Ansicht nach auch die Orientierungsfunktion für Medienunternehmen, die derartige Modelle liefern, nur gering.[45] In der Studie *Kinder- und Jugendbücher* wurde, bezogen auf Jugendliche, darauf hingewiesen, dass sich das sogenannte „popkulturelle Kapital" laufend verändert und von den Anbietern auf dem Kinder- und Jugendbuchmarkt jeweils erarbeitet werden muss. Erschwerend wirkt sich auch in diesem Bereich eine „sukzessive Ausdifferenzierung und Pluralisierung der Jugendkulturen" aus.[46]

Eine mögliche Strategie, die Identifikation und Ansprache von kleinen und kleinsten Gruppen zu umgehen, besteht für Medienunternehmen darin, ein Massenpublikum mit einem einheitlichen Mainstream-Geschmack im Bewusstsein der „prinzipiell freien Individuen" zu konstruieren, um so Einfluss auf ihr Konsumverhalten auszuüben. Aus dem Bereich der Fernsehunterhaltung ist der Begriff des Blockbusters bekannt, den, wie Wolfgang Schweiger schreibt, viele Rezipienten „vermutlich deshalb anschauen, weil alle anderen es auch tun"[47]. Für die Buchindustrie lässt sich eine Parallele zum Bestsellerwesen ziehen. Bestsellerlisten bieten dem Buchkäufer einen Hinweis darauf, dass sich Personen finden, die das gleiche Buch gelesen oder zumindest gekauft haben und somit potenzielle Gesprächspartner sind. Im Falle von *Harry Potter* wurde dieser Orientierungseffekt noch durch die Thematisierung in anderen Medien verstärkt. Im Bereich der All-Age-Literatur fällt ins Auge, dass ein Großteil der Titel crossmedial vermarktet wird. Neben Kinofilmen und Computerspielen finden sich Hörspielausgaben und vieles mehr, was jedoch nicht in Konkurrenz zum Zugang über das Buch zu stehen scheint, sondern eine Ergänzung dazu bietet und den Thematisierungseffekt verstärkt.[48] Problematisch an Bestsellerlisten als Orientierungshilfen ist die Tatsache, dass auch sie sich zunehmend ausdifferenzieren. Innerhalb etablierter Listen werden neue Kategorien (etwa Krimis, Wirtschaftssachbuch, Ratgeber) eingeführt, und auch in immer mehr Zeitschriften tauchen Listen zu speziellen Themen auf. Der Mainstreaming-Effekt wird also ein Stück weit aufgehoben. Zudem lässt sich die Platzierung in den Bestsellerlisten nicht steuern. Auch hoher Werbe- oder PR-

---

44 Gleich 1996, S. 598–606, sowie Meyen 2001, S. 28–29.
45 Jäckel 1996, S. 164–165.
46 Börsenverein des Deutschen Buchhandels in Zusammenarbeit mit Sinus und GfK 2007, S. 99.
47 Schweiger 2007, S. 222–223.
48 Vgl. Medienpädagogischer Forschungsverbund Südwest 2009, S. 23–24.

Druck können jene Verkaufszahlen, die für einen Listenplatz erforderlich sind, nicht garantieren. Der Buchtitel muss eben auch die Präferenzen der Nutzer treffen.

Zielgruppe(n) für All-Age-Titel – Herausforderungen für das Marketing

Publikumsattraktivität ist ein entscheidender Erfolgsfaktor für Verlage, es herrscht jedoch überwiegend eine Unsicherheit der Nachfrage. Für das Segment der Kinder- und Jugendbücher liegt zudem eine Besonderheit in Bezug auf die Ermittlung von Publikumsattraktivität vor: „der eigentliche Nutzerkreis, die intendierten Leser, Kinder- und Jugendliche bis zum Alter von 15, 16 Jahren, [treten] als Käufer praktisch nicht in Erscheinung". „Nicht Kinder, sondern Erwachsene sind die Hauptkäufer von Kinder- und Jugendbüchern: 93 Prozent der abgesetzten Bücher werden von Personen über 20 Jahren gekauft. Kinder und Jugendliche bis 19 Jahre tätigen als Käufer lediglich 7 Prozent des Absatzes."[49] Regina Pantos führt aus, dass Erwachsene gern auf Klassiker aus der eigenen Kindheit zurückgreifen oder sich im Buchhandel beraten lassen, wenn Kinder keine konkreten Wünsche äußern.[50]

Besonders interessant im Zusammenhang mit dem All-Age-Phänomen ist die Feststellung, dass 15 Prozent der gekauften Kinder- und Jugendbücher nicht zur Weitergabe, sondern zum Selbstlesen gekauft werden.[51] Erwachsene kaufen Kinder- und Jugendliteratur also auch explizit für sich selbst und stellen damit einen relevanten Absatzmarkt in diesem Bereich dar. Eine mögliche Erklärung für den Erfolg von Kinder- und Jugendbüchern bei Erwachsenen könnte darin zu sehen sein, dass die Kommunikationspolitik von Jugendbuchverlagen seit jeher zwei Adressatenkreise, sowohl die kindlichen und jugendlichen Leser wie auch die Erwachsenen, in ihrer Kommunikationspolitik berücksichtigen muss, da Eltern oder andere Verwandte zwar die Bücher kaufen, Kinder und Jugendliche aber einen erheblichen Einfluss auf die Kaufentscheidung haben.[52] In den Bemühungen um die Ansprache beider Adressatenkreise lässt sich neuerdings ebenfalls eine neue Qualität erkennen: Verlage bemühen sich seit einiger Zeit intensiver, mit der Buchgestaltung und -ausstattung unterschiedliche Zielgruppen anzusprechen. So ist es etwa kein Zufall, dass die *Tintenwelt*-Trilogie im Vergleich zu den bisherigen Büchern von Cornelia Funke mit einer „erwachseneren" Einbandgestaltung daherkommt. Alternativ zur gleichzeitigen Ansprache werden bei All-Age-Titeln zum Teil auch parallele Editionen mit unterschiedlicher Gestaltung in Jugendbuch- und Belletristikverlagen einer Verlagsgruppe auf den Markt gebracht, wie es etwa bei der *Bücherdiebin* von Markus Zusek der Fall war. Im *Focus* wird Klaus Humann vom Carlsen Verlag folgendermaßen zitiert: „Wir zielen nicht darauf, speziell All-Age-Bücher zu produzieren. Allerdings signalisieren wir bei einigen Büchern durch die erwachsenere Ausstattung, dass diese Titeln auch in der Belletristikabteilung ih-

---

49 Börsenverein des Deutschen Buchhandels in Zusammenarbeit mit Sinus und GfK 2007, S. 11.
50 Vgl. Statement von Regina Pantos (Vorsitzende des Arbeitskreises für Jugendliteratur) zum Trendbericht Kinder- und Jugendbuch 2010. „All-Age-Bücher dominieren: Bleibt das Kinderbuch auf der Strecke?",
    URL: http://www.jugendliteratur.org/pressemitteilung-25-trendbericht_kinder_und_.html
    [5. 6. 2010].
51 Börsenverein des Deutschen Buchhandels in Zusammenarbeit mit Sinus und GfK 2007, S. 22.
52 Ebd., S. 99.

ren Platz haben."[53] In den Vorschauen von (Jugendbuch-)Verlagen findet sich anstelle der Altersangabe zunehmend der Hinweis, dass es sich um All-Age-Titel handelt.

Neben der Kennzeichnung von All-Age-Titeln innerhalb des allgemeinen Programms gibt es seit 2007 auch den Versuch, ganze Verlagsprogramme für ein generationenübergreifendes Publikum zu etablieren. Die Imprints Lyx (Egmont) und Penhaligon (Random House), die jeweils stark auf fantastische Unterhaltungsliteratur ausgerichtet sind, können hier als Beispiele genannt werden. Der Zweck dieser neuen Imprints wird auf der Webseite von Penhaligon deutlich dargestellt: „Die Fantasy und insbesondere die All-Age-Fantasy sind also längst salonfähig geworden – und doch ist es für die Leser oft nicht einfach, diese Bücher im Handel zu finden. Sie werden nämlich überwiegend in den Jugendbuch-Abteilungen angeboten, wo Erwachsene nicht mehr suchen mögen ..."[54] In der Vorschau von Lyx finden sich statt Altersangaben Hinweise auf andere, möglichst bekannte Autoren mit ähnlichem Schreibstil. Im Juni 2009 ist der Lyx-Titel *Blaues Blut* aus der Reihe *Vampire Academy* von Richelle Mead in die Bestsellerliste eingestiegen.[55] Ein geschärftes Bewusstsein der Buchindustrie und eine deutlichere Ansprache der alterslosen Zielgruppe dürften also ihren Beitrag zum aktuellen Boom der All-Age-Bücher geleistet haben.

Literatur

Bardola, Nicola/Hauck, Stefan: Generation ohne Grenzen. In: Börsenblatt, 6/2006.
Beckett, Sandra L.: Crossover Fiction. Global and historical perspectives. New York: Routledge 2009.
Beyer, Susanne: Ihr sollt lesen wie die Kinder. In: Der Spiegel, 45/2003, S. 182–184.
Blume, Svenja: Texte ohne Grenzen für Leser jeden Alters. Zur Neustrukturierung des Jugendliteraturbegriffs in der literarischen Postmoderne. Freiburg im Breisgau: Rombach 2005.
Bonfadelli, Heinz: Theoretische und methodische Anmerkungen zur Buchmarkt- und Leserforschung. In: Lesen im Umbruch – Forschungsperspektiven im Zeitalter von Multimedia. Dokumentation des Symposiums der Stiftung Lesen in Zusammenarbeit mit dem Börsenverein des Deutschen Buchhandels am 27./28. Juni 1997 in Frankfurt am Main. Baden-Baden: Nomos 1998.
Bonfadelli, Heinz: Leser und Leseverhalten heute. In: Franzmann, Bodo et al. (Hrsg.): Handbuch Lesen. München: Saur 1999.
Bonfadelli, Heinz/Fritz, Angela: Lesen im Alltag von Jugendlichen. In: Bonfadelli, Heinz/Fritz, Angela/Köcher, Renate (Hrsg.): Leseerfahrungen und Lesekarrieren (= Lesesozialisation, Bd. 2). Studien der Bertelsmann Stiftung. Gütersloh: Bertelsmann Stiftung 1993.
Börsenverein des Deutschen Buchhandels (Hrsg.): Buchkäufer und Leser 2008. Profile, Motive, Wünsche. Frankfurt am Main: Börsenverein des Deutschen Buchhandels 2008.
Börsenverein des Deutschen Buchhandels in Zusammenarbeit mit Sinus und GfK (Hrsg.): Kinder- und Jugendbücher. Marktpotenzial, Käuferstrukturen und Präferenzen unterschiedlicher Lebenswelten. Frankfurt am Main 2007.

---

53 Brand 2008.
54 Webseite des Imprints Penhaligon: Über den Verlag,
    URL: http://www.randomhouse.de/penhaligon/verlag.jsp?men=1202 [14. 7. 2009].
55 Bestsellerliste: Ein langes Leben nicht nur für Vampire. In: boersenblatt.net vom 26. 6. 2009.

Brand, Jobst-Ulrich: Alle-Age-Bücher: „Eragon" für alle. In: Focus online vom 24. 10. 2008.

Dehm, Ursula/Kochhan, Christoph/Beeske, Sigrid/Stroll, Dieter: Bücher – „Medienklassiker" mit hoher Erlebnisqualität. In: MediaPerspektiven 10/2005.

Falconer, Rachel: The Crossover Novel. Contemporary Children's Fiction and its Adult Readership. New York: Routledge 2009.

Gleich, Uli: Neuere Ansätze zur Erklärung von Publikumsverhalten. Befunde, Defizite und Chancen der Publikumsforschung. In: MediaPerspektiven, 11/1996.

Graf, Werner: Die Erfahrung des Leseglücks. Zur lebensgeschichtlichen Entwicklung der Lesemotivation. In: Bellebaum, Alfred/Muth, Ludwig (Hrsg.): Leseglück. Eine vergessene Erfahrung? Opladen: Westdeutscher Verlag 1996.

Heidtmann, Horst: Kinder- und Jugendbuchmarkt – Entwicklungen, Probleme, Prognosen. In: Beiträge Jugendliteratur und Medien, 3/1993.

Hurrelmann, Klaus: Lebensphase Jugend: eine Einführung in die sozialwissenschaftliche Jugendforschung. Weinheim/München: Juventa 2007.

Institut für Demoskopie Allensbach: Internationale Lesestudie. Allensbach 1994.

Jäckel, Michael: Was machen die Menschen mit den Medien? Zum Zusammenhang von Sozialstruktur und Mediennutzung. In: Jäckel, Michael (Hrsg.): Mediale Klassengesellschaft? Politische und soziale Folgen der Medienentwicklung. München: Reinhard Fischer 1996.

Kümmerling-Meibauer, Bettina: Variety in Genre and Styles: Trends in Modern German-language Children's Literature. In: Bookbird, 46/2008.

Maletzke, Gerhard: Psychologie der Massenkommunikation. Theorie und Systematik. Hamburg: Verlag Hans-Bredow-Institut 1963.

Medienpädagogischer Forschungsverbund Südwest (Hrsg.): KIM-Studie 2008. Kinder + Medien, Computer + Internet. Basisuntersuchung zum Medienumgang 6- bis 13-Jähriger. Stuttgart 2009.

Meyen, Michael: Mediennutzung: Mediaforschung, Medienfunktionen, Nutzungsmuster. Konstanz: UVK 2001.

Reichstein, Renate/Müller, Margit: Gebrauchsanweisung „All-age"-Bücher. Hrsg. von der Arbeitsgemeinschaft von Jugendbuchverlagen e. V. (avj),
    URL: http://www.avj-online.de/download/1247597086/gebrauchsanweisung_all_age.pdf
    [24. 6. 2010].

Ridder, Christa-Maria/Engel, Bernhard: Massenkommunikation 2005: Images und Funktionen der Massenmedien im Vergleich. In: MediaPerspektiven 9/2005.

Saxer, Ulrich: Lesesozialisation. In: Bonfadelli, Heinz/Fritz, Angela/Köcher, Renate (Hrsg.): Leseerfahrungen und Lesekarrieren (= Lesesozialisation, Bd. 2). Studien der Bertelsmann Stiftung. Gütersloh: Bertelsmann Stiftung 1993.

Schenk, Michael: Medienwirkungsforschung. Tübingen: Mohr Siebeck 2002.

Schenk, Michael: Medienwirkungsforschung. Tübingen: Mohr Siebeck, 3. Aufl. 2007.

Schloemer, Hans: Im Reich der Fantasy. In: Buchjournal vom 19. 11. 2007,
    URL: http://buchjournal.buchhandel.de/171995/ [13. 7. 2009].

Schulte, Christina: Zugpferde der Branche. In: Börsenblatt, 38/2007.

Schweiger, Wolfgang: Theorien der Mediennutzung. Eine Einführung. Wiesbaden: VS Verlag 2007.

Sutter, Tilmann: Einführung. In: Sutter, Tilmann/Charlton, Michael (Hrsg.): Massenkommunikation, Interaktion und soziales Handeln. Wiesbaden: Westdeutscher Verlag 2001.

Grenzüberschreitungen
Kinderliteratur und ihre erwachsenen Leser

Gabriele von Glasenapp

Die Bücher meiner Kindheit – viel geliebt und immer und immer wieder gele–
sen – sie stehen auch heute noch in meinen Bücherregalen. [...] Viele meiner Bü–
cher, das weiß ich, wären niemals geschrieben worden, hätte es nicht die Bücher
meiner Kindheit gegeben.
Käthe Recheis

Wer kennt noch den Namen des deutschen Schriftstellers Gerdt von Bassewitz?
[...] Eines seiner Lieblingsbücher, *Peterchens Mondfahrt*, [...] entzückt mich beim
Wiederlesen noch immer.
Margret Czerni

I.

Mehrfachadressierung, Doppelsinnigkeit, All-Age-Literatur, Crosswriting, Crossreading,
Crossover, Cross-Fiction, Cross-Literatur – die Vielfalt der Begrifflichkeiten entspricht
der Komplexität des Gegenstandes, der damit bezeichnet werden soll.[1] Es handelt sich in
diesem spezifischen Kontext zunächst um literarische Texte, die sich aus vielfältigen Gründen und auf vielfältige Weise einer eindeutigen Zuordnung hinsichtlich ihrer Rezipienten
verweigern. Die Begrifflichkeiten erstrecken sich aber auch auf die Rezipienten selbst, die
den impliziten wie expliziten Adressierungen der Texte keine Folge leisten, sondern sich
der Lektüre von Werken bzw. dem Konsum von Medien hingeben, die nicht an ihre, sondern an eine andere Generation gerichtet sind.

Sowohl von der Ebene der Texte als auch von Seiten der Rezipienten betrachtet, bezeichnen die Begrifflichkeiten demnach unterschiedliche Facetten eines Phänomens, das
man früher verkürzend mit generationenübergreifender, intergenerationeller Lektüre bezeichnet hätte.[2] Sowohl in der allgemeinen wie innerhalb der Kinder- und Jugendliteratur
handelt es sich dabei keineswegs um ein neues Phänomen. Schon immer hat man Kinder-
und Jugendlichen Werke empfohlen, die der allgemeinen Literatur, also der Erwachsenenliteratur, entstammten, schon immer haben Kinder und Jugendliche auch eigenständig –
nicht selten auch gegen den erklärten Willen der Vermittler – zu Werken der allgemeinen
Literatur gegriffen.

---

1 Vgl. zusammenfassend zu diesen Begrifflichkeiten: Blümer 2009.
2 Vgl. Kölzer 2004.

Im Zentrum dieser Ausführungen soll jedoch genau das gegenteilige Phänomen stehen: die Lektüre kinder- und jugendliterarischer Werke durch erwachsene Leser. Dass erwachsene Leser zu Texten greifen, die sich explizit an kindliche bzw. jugendliche Leser richten, ist ebenfalls kein neues Phänomen. Seit der Existenz sogenannter originärer Kinder- und Jugendliteratur, also seit dem Ende des 18. Jahrhunderts, treten Erwachsene als sogenannte Mitleser in Erscheinung, die in ganz unterschiedlichen Funktionen die Werke nicht zum eigenen Vergnügen bzw. zu Zwecken des eigenen Wissenszuwachses lesen, sondern diese Lektüre zu dem einzigen Zweck unternehmen, um festzustellen, ob sie ihren Vorstellungen von Kinder- und Jugendliteratur entspricht. Dieser erwachsene Leser betätigt sich also als eine Art „Gatekeeper", eine Tatsache, die bis heute jeglicher kinder- und jugendliterarischer Kommunikation eine Art Doppelcharakter verleiht, denn auf die Erwartungen dieser Erwachsenen ist vonseiten der Verfasser auf vielfältige Weise Rücksicht zu nehmen.[3]

Die Rolle des mitlesenden Erwachsenen soll jedoch in diesen Ausführungen ebenso wenig im Zentrum stehen wie jene Erwachsenen, die als Leser von mehrfachadressierter Kinder- und Jugendliteratur in Erscheinung getreten sind. Explizite Mehrfachadressierung, wie sie sich in zahlreichen Schlüsseltexten der Kinder- und Jugendliteratur, darunter, wie bereits am Titel erkennbar, in den *Kinder- und Hausmärchen* (1812) der Brüder Grimm, aber auch in Werken wie *Tom Sawyer* von Mark Twain oder *Heidi* von Johanna Spyri manifestiert hat,[4] ist zudem fast ausschließlich ein Phänomen der Vergangenheit, das heute nur noch durch die permanenten Wiederauflagen der entsprechenden Texte auf dem Markt präsent ist.

Diese Tatsache muss deshalb hervorgehoben werden, da sich die modernen, aktuellen Werke, die an kindliche bzw. jugendliche Leser adressiert sind und von Erwachsenen gelesen werden – also das Phänomen, das heute am meisten in der Öffentlichkeit verhandelt wird[5] –, gerade nicht durch eine explizite Mehrfachadressierung auszeichnen, sondern ausschließlich an Kinder und Jugendliche gerichtet sind.[6]

3　Zum Doppelcharakter kinder- und jugendliterarischer Kommunikation vgl. Ewers 2009, hier vor allem Part One: Literary Communication with Children and Young People, S. 9–49.

4　Während Twain im Vorwort hervorhebt, er möchte mit seinem Werk „die Erwachsenen freundlich daran [...] erinnern, was sie selbst einst gewesen", hat Spyri ihr Werk „für Kinder [verfasst] und auch für Solche, welche die Kinder lieb haben" – so der Untertitel der Originalausgabe von 1880/81.

5　Vgl. u. a. Bonacker 2004 sowie die Ausführungen von Joachim Telgenbüscher: „Potter ist es gelungen, die Generationen zu vereinen. Kinder fesseln die Abenteuer von Monstern und Magiern, ihre Eltern lesen die Werke als Coming-of-Age-Roman. Kurz: Die Grenze zwischen Erwachsenen- und Jugendliteratur ist im vergangenen Jahrzehnt verschwunden. Wie soll man sich sonst erklären, dass es auch die englischen Ausgaben regelmäßig in die deutschen Bestsellerlisten schaffen und es in den Fan-Foren im Internet bisweilen zuging wie auf einer Ü-30-Party?" In: Telgenbüscher 2009.

6　Dass populäre, einfach adressierte kinder- und jugendliterarische Texte auch erwachsene Leser haben, manifestiert sich nicht zuletzt in der Tatsache, dass sie auch in besonderen Ausgaben für Erwachsene vermarktet werden. Zu diesem Textkorpus zählen u. a. die Romane *Die Schatzinsel* von Robert Louis Stevenson, *Alice im Wunderland* von Lewis Carroll und im 20. Jahrhundert vor allem die Romane *Momo* sowie *Die unendliche Geschichte* von Michael Ende. Weitere aktuelle Beispiele finden sich bei Maren Bonacker: Vorwort – Über die Bewahrung von Kindheit. In: Bonacker 2004, S. IX–XIV, hier S. X f. Zur Bedeutung der Vermarktung dieser Texte vgl. auch Telgenbüscher 2009 sowie Blümer 2009, S. 111 f.

Auch bei den erwachsenen Lesern kinderliterarischer Werke gilt es demnach genau zu differenzieren: zwischen jenen Erwachsenen nämlich, die zu aktuellen kinder- bzw. jugendliterarischen Werken greifen, und den Erwachsenen, die noch einmal zu den kinder- und jugendliterarischen Medien greifen, die sie bereits als Kinder konsumiert haben. Ganz bewusst ist an dieser Stelle nicht von „Büchern", sondern von „Medien" die Rede, denn das hier in Rede stehende Phänomen betrifft alle Medien, mit denen vor allem Kinder in den letzten beiden Generationen aufgewachsen sind: neben Büchern also auch Hörspiele, Fernsehformate aller Art und natürlich Filme.

II.

Diese Tatsache ist mittlerweile als Phänomen von der Öffentlichkeit durchaus zur Kenntnis genommen worden, allerdings mehrheitlich in Form von Statements entsprechender Erwachsener: Befragt zu ihren „Helden der Kindheit", bekennen sich junge wie ältere Erwachsene zu ihrer Lektüre von *Michel aus Lönneberga*,[7] zu den Sprüchen des Außerirdischen Alf, die bis heute helfen, „die Dinge nicht so verkrampft zu sehen",[8] zu der Tatsache, auch heute noch *Die drei ???* unter der Bettdecke zu hören[9] oder als Handy-Klingelton Bibi Blocksbergs Zauberspruch „Hex, hex" gewählt zu haben.[10] Eine besondere Rolle kommt in diesem Kontext der DVD zu, auf der mittlerweile alles konserviert wird, an was sich erwachsene Konsumenten aus ihren Kindertagen erinnern und vorwiegend zum Eigenkonsum erwerben: Spitzenreiter bilden die Produkte der *Augsburger Puppenkiste* wie auch das Serienformat *Sesamstraße*, dicht gefolgt von *Alf* und zahlreichen anderen Animé-Fernsehserien, darunter *Fred Feuerstein* (1960 ff.), *Wickie und die starken Männer* (1972 ff.), *Die Biene Maja* (1975 ff.) oder auch bereits *Die Simpsons* (1991 ff.).

Eine natürlich empirisch nicht zuverlässige, aber dennoch verlässliche Quelle für diese Behauptungen bietet das Internet-Versandhaus Amazon, das all diese Produkte nicht nur zum Verkauf anbietet, sondern den tatsächlichen oder präsumtiven Käufern auch eine Plattform zur Verfügung stellt, wo sie Kommentare zu diesen Produkten verfassen können, ja zu solchen verkaufsfördernden Kommentaren (Kundenrezensionen) explizit aufgefordert werden. Eine ebenso informative wie unterhaltsame Quelle ist das Internet-Videoportal Youtube, wo zahllose Ausschnitte aus entsprechenden Fernsehformaten, Filmen und Musikstücken zu sehen sind und von den erwachsenen Usern immer mit Kommentaren versehen werden, die alle denselben Tenor tragen, nämlich dieses und jenes bereits als Kind gesehen/gehört zu haben und nun als Erwachsener froh zu sein, es hier erneut konsumieren zu können. Mitunter wird auch gezielt nach Ausschnitten aus bestimmten Serien, Filmmusiken etc. gefragt. Ein Beispiel stellvertretend für alle anderen: Im Jahr 2008 wurde der Kinderroman *Vorstadtkrokodile* von Max von der Grün nach 30 Jahren neu verfilmt. So-

---

7   Vgl. Spiegel online vom 8. 12. 2008,
     URL: http://www.spiegel.de/unispiegel/wunderbar/0,1518,598240,00.html [8. 9. 2009].
8   Vgl. Spiegel online vom 8. 12. 2008.
     URL: http://www.spiegel.de/unispiegel/wunderbar/0,1518,598237,00.html [8. 9. 2009].
9   Vgl. Schulz 2009.
10 Vgl. Spiegel online vom 8. 12. 2008,
     URL: http://www.spiegel.de/unispiegel/wunderbar/0,1518,598251,00.html [8. 9. 2009].

wohl Youtube als auch das Internet sind voll von Blogs darüber, um wie viel besser die alte Verfilmung aus den 1970er-Jahren ist, die man als Kind nicht nur einmal, sondern mehrfach gesehen habe.

Dies wiederum führt zu einem weiteren Indiz, mit dem es dann (aus Platzgründen) auch sein Bewenden haben soll: die Verfilmung erfolgreicher Kinderbücher. Verfilmt werden zwar auch aktuelle Erfolgstitel wie *Harry Potter*, *Tintenherz*, *Die wilden Hühner* oder *Die Wilden Fußballkerle*, vornehmlich aber Kinderbücher, die 30 Jahre und älter sind: Neben den bereits erwähnten *Vorstadtkrokodilen* wären als Beispiele noch zu nennen *Krabat* von Otfried Preußler, *Der Brief für den König* von Tonke Dragt und als jüngste Beispiele *Wickie und die starken Männer*, als Buch erstmals 1964 erschienen und ebenso wie Maurice Sendaks Bilderbuchklassiker *Wo die wilden Kerle wohnen* (1963) im Jahr 2009 verfilmt. Es ist erstaunlich, wie offen mittlerweile sowohl von den „Machern" wie auch in Rezensionen darauf hingewiesen wird, dass sich die Verfilmungen in erster Linie an erwachsene Zuschauer richten, an jene nämlich, die als Kinder das entsprechende Buch oder die Zeichentrickfilmserie gelesen bzw. angeschaut haben. So bekennt Starregisseur Michael „Bully" Herbig, der für die Verfilmung von *Wickie und die starken Männer* verantwortlich zeichnet, in einem Interview: „[...] ich würde Wickie und die starken Männer nicht als Kinderfilm bezeichnen, er richtet sich auch an Erwachsene. Jeder, der Spaß an der Originalserie hatte, hat hoffentlich Spaß an diesem Film. Ich habe extra einige kernige Szenen eingebaut, an die ich mich noch aus meiner Kindheit erinnern konnte. Bei denen habe ich damals die Finger in den Sessel gekrallt. [...] Im Vordergrund steht für mich [...] die Hoffnung, dass die Fans der Originalserie (aus den 1970er-Jahren) den Film mögen."[11]

Mit *Wickie* habe Herbig einen Stoff aufgegriffen, so Tilman Spreckelsen in seiner Filmkritik, der seit Jahrzehnten bereits fest im kollektiven Gedächtnis der Leser und nunmehrigen Zuschauer verankert ist – es versteht sich von selbst, dass damit nur Erwachsene gemeint sein können.[12] Noch einen Schritt weiter geht Hannah Pilarczyk in ihrer Rezension über die Verfilmung von Sendaks Bilderbuchklassiker *Wo die wilden Kerle wohnen*, wenn sie darlegt, dass der Film für kindliche Zuschauer nur wenig Attraktives zu bieten habe: „Für kleinere Kinder bis sieben Jahre wird der Film wahrscheinlich zu wild und rau, für größere ab zehn, elf Jahren zu ereignisarm sein, um über die gesamte Dauer zu fesseln." Ihre Empfehlung daher: „Erwachsene werden an diesen Charakterzeichnungen große Freude haben. [...] Am besten schaut man sich *Wo die wilden Kerle wohnen* als Erwachsener mit dem besten Freund an. Wenn der danach keine Lust hat, gemeinsam wie ein Wolf zu heulen, sind Zweifel an der Freundschaft angebracht."[13]

---

11 Regisseur „Bully" Herbig: „Ich will den Leuten ihren Wickie nicht wegnehmen." In: Spiegel online vom 8. 9. 2009, URL: http://spiegel.de/kultur/kino/0,1518,647419,00.html [8. 9. 2009].
12 Spreckelsen 2009.
13 Pilarczyk 2009. Bezeichnenderweise ist zusammen mit dem Film ein Roman (!) im Verlag Kiepenheuer & Witsch erschienen (*Bei den wilden Kerlen. Ein Roman nach dem Kinderbuch „Wo die wilden Kerle wohnen" von Maurice Sendak und dem Drehbuch „Wo die wilden Kerle wohnen" von Dave Eggers und Spike Jonze*), der ausschließlich an Erwachsene gerichtet ist. Vgl. dazu Lueken 2009.

III.

Wiewohl die Beispiele deutlich gemacht haben, dass es sich um ein intermediales Phänomen handelt, möchte ich mich in den folgenden Ausführungen vorrangig auf das Traditionsmedium Buch beschränken und zunächst auf die sich in den angeführten Beispielen manifestierende Leserrolle zu sprechen kommen. Sie nämlich unterscheidet sich in erheblichem Maße von den eingangs zur Sprache gebrachten Rollen, die Erwachsene üblicherweise als Leser von Kinder- und Jugendliteratur einnehmen bzw. eingenommen haben. Zur Erinnerung: Die größte dieser Gruppen, nämlich die Vermittler, lesen bzw. beurteilen kinder- und jugendliterarische Texte immer als eine nicht an sie selbst, sondern als eine ausschließlich an Kinder und Jugendliche adressierte literarische Botschaft. Eine zweite, kleinere Gruppe von Erwachsenen konsumiert kinder- und jugendliterarische Texte, da diese Texte explizit an sie gerichtet sind – wie erwähnt, handelt es sich hierbei um sogenannte mehrfachadressierte Texte.

So unterschiedlich sich diese beiden Leserollen auch gestalten mögen, gemeinsam ist ihnen, dass in beiden Fällen die Erwachsenen die kinder- bzw. jugendliterarischen Texte auch als erwachsene Leser konsumieren. Und genau dies stellt den entscheidenden Unterschied zu dem bislang skizzierten Phänomen dar: Wenn Erwachsene heute zu den kinderliterarischen Texten greifen, die sie seinerzeit als Kinder gelesen haben, dann lesen sie diese Texte nicht als Erwachsene, sondern sie nehmen die Rolle des kindlichen Lesers ein, d. h., sie lesen diese Texte aus der Perspektive des Kindes, das sie vor Jahrzehnten einmal gewesen sind. Diesen erwachsenen Lesern geht es bei ihrer Re-Lektüre also nicht um eine Differenzerfahrung: Wie lese ich heute als Erwachsener, der vielleicht selbst bereits Kinder hat, *Die drei ???,* was entdecke ich heute in diesen Texten, was ich früher nicht gesehen habe? Ihre Lektüre hat ein anderes, allerdings nicht minder konkretes Ziel: Es geht um nichts weniger als um eine Wiederholung des kindlichen Leseerlebnisses; diese erwachsenen Leser lassen sich, um eine Beobachtung von Astrid Lindgren aufzugreifen, durch die Re-Lektüre in die eigene Kindheit zurücksinken.[14] Es bliebe die Frage, ob eine solche Lektüre lediglich jene Kinderbücher betrifft, die der entsprechende Leser selbst als Kind gelesen hat, oder ob die Sehnsucht nach einer Re-Evokation der kindlichen Lesehaltung nicht auch ein Grund dafür ist, dass sich aktuelle Kinder- und Jugendbücher bei Erwachsenen heute einer solchen Beliebtheit erfreuen.

Wie bereits zu Beginn erwähnt, ist das Phänomen, dass erwachsene Leser Kinderbücher mit einer kindlichen Lesehaltung konsumieren, um sich auf diese Weise in die eigene Kindheit zurückzuversetzen, nicht unbemerkt geblieben; die Schlussfolgerungen, die daraus gezogen werden, sind jedoch naturgemäß sehr unterschiedlich. So unterstellt der Literaturwissenschaftler Jürgen Wertheimer bereits der sogenannten Fun-Gesellschaft des ausgehenden 20. Jahrhunderts eine generelle Tendenz der Infantilisierung,[15] eine pointierte These, die allerdings von Kultursoziologen und Marketingfachleuten bestätigt wird: Immer mehr Produkte für Kinder und Jugendliche – darunter Kindernahrung,[16] Pflegeartikel,

---

14 Lindgren 1963.
15 Wertheimer 2001.
16 Beispiele auch bei Kölzer 2004, S. 16.

Videospiele, Game-Roboter – würden zunehmend von Erwachsenen konsumiert, zum einen, weil die Kinder heute später ins Jugendalter kommen und Jugendliche später erwachsen werden, zum anderen, da sie sich den Anforderungen in der heutigen Leistungsgesellschaft nicht gewachsen fühlten.[17]

Auch die Literaturkritikerin Sigrid Löffler unterzieht die Sehnsucht erwachsener Leser nach Kinderbüchern (und damit nach der eigenen Kindheit) einer scharfen Kritik: „Erwachsene legen sich ein kindliches Leseverhalten zu, was angesichts der forcierten Jugendlichkeit der Erwachsenenwelt, mit der wir es sowieso allenthalben zu tun haben, nicht verwundern kann. Die Selbst-Infantilisierung der heutigen Erwachsenenkultur rückt die Erwachsenen ohnehin wieder näher an die Jugendkultur heran, also auch näher an die Jugendliteratur. Abgesehen von deklarierten Kinder- und Jugendbüchern ist an der deutschen Gegenwartsliteratur ja generell ein Hang zur Verkindlichung festzustellen. Die deutsche Gegenwartsliteratur tut sich schwer damit, erwachsen zu werden.“[18]

Es ist vielleicht nachvollziehbar, dass die streitbare Literaturkritikerin in den oben skizzierten Tendenzen, wie üblich, ausschließlich einen weiteren Angriff auf hochkulturelle bzw. hochliterarische Bastionen erblickt, den es in bewährter Weise und das heißt energisch abzuwehren gilt; einer genaueren Analyse des Phänomens Crossover in dieser hier dargelegten, spezifischen Ausprägung ist Löfflers Kulturkritik oder besser -pessimismus aber nicht dienlich.

IV.

Es soll daher im folgenden Teil dieser Ausführungen der Versuch unternommen werden, von drei sehr unterschiedlichen Standpunkten aus die Implikationen der nostalgischen Lektüre von Kinderbüchern näher zu beleuchten: und zwar zunächst aus soziologischer bzw. systemtheoretischer Perspektive, aus dem Blickwinkel der Kulturtheorie sowie abschließend vom Standpunkt der Populärkulturforschung ausgehend.

Begonnen werden soll mit einigen soziologisch fundierten Argumenten. Natürlich kann es keinem Zweifel unterliegen, dass heutzutage die Grenzen zwischen Erwachsenen und Kindern und mehr noch die Grenzen zwischen Jugendlichen und Erwachsenen durchlässiger geworden sind und analog dazu auch die Grenzen zwischen Kinder- und Jugendliteratur und allgemeiner Literatur mehr und mehr verwischen. Rachel Falconer, die 2009 eine große Monografie über *The Crossover Novel* vorgelegt hat, spricht in diesem Zusammenhang explizit von „blurring boundaries between child or youth culture and adult culture in the millenial years" und ebenso von „child and adult cultures clashing, intersecting and hybridising in our time"[19]. Als Grund für die zunehmende Aufhebung dieser Grenzen werden von Falconer verschiedene, unterschiedlich wertende Erklärungen gegeben, etwa, dass es sich um die Reaktion der Erwachsenen auf eine kulturelle und gesellschaftliche Krise und die daraus zwangsläufig folgenden Veränderungen handelt, dass der Grund hierfür in einer neuen Lust am Kindlich-Sein zu sehen ist oder es schlicht und

---

17 Burger 2009.
18 Löffler 2009.
19 Falconer 2009, S. 3.

ergreifend um den Wunsch geht, nach moderner und postmoderner Literatur wieder richtig gute Geschichten zu lesen.[20] Teilweise werden auch Textmerkmale selbst als Auslöser für den vermeintlich neuen Trend angeführt, etwa die wachsende Komplexität und auch Modernität, wie sie auch die Kinderliteratur vor allem seit den 1970er-Jahren zunehmend auszeichnet. Im Gegensatz zu Löffler verweigert sich Falconer aber in ihrer Analyse jeder Monokausalität, sie hält keinen der von ihr genannten Gründe allein für ausreichend, das Phänomen vollständig zu erklären: „Various explanations have been put forward as to why adults began reading children's literature in their millions over the millenial decade, but, thus far, none has addressed the full complexity of the issue."[21]

Anders als Rachel Falconer begibt sich die Literaturwissenschaftlerin Sandra Beckett in ihrer ebenfalls 2009 veröffentlichten Monografie *Crossover Fiction* weniger auf Ursachensuche, sondern interessiert sich mehr für die Auswirkungen des Phänomens, die sie vor allem auf der Ebene der Rezipienten ausmacht. Ähnlich wie Falconer spricht auch sie von verschwimmenden Grenzen: „Crossover fiction blurs the borderline between two traditionally seperate readerships: children and adults."[22] Im Gegensatz zu früheren Epochen, als man getrennte Handlungssysteme (Kinder- und Jugendliteratur auf der einen und Erwachsenenliteratur auf der anderen Seite, denen, von wenigen Ausnahmen abgesehen, auch eine homogene Leserschaft zugeordnet werden konnte) zugrunde legte, geht Beckett nun von einer „audience of hybrid adult-child-readers"[23] aus. Aus diesem Grund könne man nun auch nicht mehr bestimmen, an welche Leserschaft ein Text eigentlich adressiert sei und demzufolge auch nicht mehr, zu welchem Handlungssystem (Kinder- oder Allgemeinliteratur) ein Text gehöre. Literarische Handlungssysteme müssten heute vielmehr als Übergangszonen mit verschwimmenden Grenzen angesehen werden, an die Stelle der alten, klar abgegrenzten Handlungssysteme seien nun neue Hybridsysteme getreten.

Weder Falconer noch Beckett gehen in ihren Untersuchungen explizit auf den erwachsenen Leser ein, der sich aus nostalgischen Gründen wieder den Kinderbüchern zuwendet, die er bereits als Kind gelesen hat und die er nun wieder aus kindlicher Perspektive liest. Beide – Falconer wie Beckett – heben jedoch hervor, dass es sich bei den verschiedenen Ausprägungen des Crossover-Phänomens um eine Erscheinung des 21. Jahrhunderts handelt, mithin des letzten Jahrzehnts, in entscheidender Weise ausgelöst durch die Publikation der *Harry-Potter*-Bände, eine Behauptung, die jedoch entschieden hinterfragt werden sollte. Zwar ist unbestritten, dass die Harry-Potter-Bände die bislang vermeintlich starren Grenzen zwischen Kinder- und Erwachsenenliteratur, zwischen kindlichen und erwachsenen Rezipienten aufgeweicht hat. Und als unbestritten kann auch gelten, dass im Zuge dieser Entwicklung das Phänomen des nostalgischen Lesers von der Öffentlichkeit überhaupt erst wahrgenommen worden ist – und zwar deshalb, da diese Leser ihre Lektüre- bzw. Medienvorlieben selbst zunehmend in der Öffentlichkeit verhandelt haben. Das bedeutet aber nicht, dass es dieses Phänomen zuvor nicht gegeben hat. Im Gegenteil, es ist

---

20 Vgl. ebd., S. 5.
21 Ebd., S. 3.
22 Beckett 2009, S. 3.
23 Ebd.

mit der Geschichte der spezifischen Kinder- und Jugendliteratur untrennbar verbunden, es
hat sich nur auf andere Weise manifestiert.

V.

Zur besseren Illustration dieser Behauptung soll hier auf einige Theoreme der Kulturwissenschaft und hier vor allem auf die Gedächtnistheorien, wie sie von Jan und Aleida Assmann entwickelt wurden, zurückgegriffen werden.[24] Auf den ersten Blick scheint hier
Unvereinbares in Verbindung miteinander gebracht zu werden, nämlich jede Form kollektiver Erinnerungskultur auf der einen und Kinderliteratur auf der anderen Seite. Denn
während die Erwachsenenliteratur seit dem 18. Jahrhundert ein zentrales Medium kollektiver, kommunikativer Erinnerungskultur darstellt, ist die Kinderliteratur vorrangig eine
Dichtung der Gegenwärtigkeit, in der für die Erinnerung an die Vergangenheit nur wenig
Raum ist. Grund dafür ist der kindliche Leser, der anders als der Erwachsene ausschließlich
in der Gegenwart lebt – die Kindheit ist schließlich das Lebensalter, das sich am wenigsten
der Erinnerung an vergangene Zeitalter hingibt.

Hier geht es aber nicht um die kindlichen, sondern um die erwachsenen Leser kinderliterarischer Texte. Von dieser Prämisse ausgehend, stellt Kinder- und Jugendliteratur in
den westlichen Gesellschaften sehr wohl ein wichtiges Medium einer oder gar mehrerer,
oft auch divergierender Erinnerungskulturen dar – eine Tatsache, auf die zuerst Hans-Heino Ewers in seinen Arbeiten aufmerksam gemacht hat.[25] Laut Ewers gehört es in modernen Gesellschaften nachgerade zum kulturellen Habitus, dass bestimmte Erwachsene die
Kinderliteratur – die Jugendliteratur bietet sich dafür weniger an – als Medium einer in
erster Linie biografischen Erinnerungskultur in Anspruch nehmen. Zu der Gruppe von Erwachsenen, die vorrangig an einer solchen erinnerungskulturellen Funktionalisierung beteiligt sind, zählen in entscheidendem Maße ebenjene Erwachsene, die die Lektüre von Kinderbüchern zum Anlass nehmen, sich in die eigene Kindheit zurückzuversetzen – und das
heißt nichts anderes, als sich dieser Kindheit zu erinnern. Im Unterschied zu den eingangs
zitierten Statements, die immer darauf abhoben, heute exakt diese Medien, also auch Bücher, zu konsumieren, die man als Kind gelesen hatte, verweist Ewers darauf, dass diese
nostalgische, erinnerungskulturelle Lektüre sehr viel mehr Facetten aufweisen kann. So
umfassen biografische Erinnerungslektüren weitaus mehr als nur die Titel, die man tatsächlich als Kind gelesen hat, hierin eingeschlossen sind auch Werke, die lediglich der Epoche der eigenen Kindheit entstammen, die aber in der Art des Einbands, im Illustrations-
stil oder der Art der literarischen Gestaltung an die Bücher erinnert, die man einst als Kind
gelesen hat. Es kann sich sogar um Kinderbücher welcher Epoche auch immer, also auch
der gegenwärtigen Zeit, handeln. Ihre Lektüre ermöglicht dem erwachsenen Leser offensichtlich ebenfalls, sich der Welt der eigenen Kindheit zu erinnern.

So differenziert, wie sich die Lektüren, die der Erwachsene in der Leserolle eines Kindes vornimmt, gestalten, so differenziert kann auch die Lesehaltung sein. Eine nostalgische,
erinnernde Lektüre kann sehr unterschiedliche Grade an Reflektiertheit aufweisen, von

---

24 Vgl. u. a. Assmann 1999.
25 Vgl. dazu vor allem Ewers 2001a.

distanziert kritisch, wenn man sich seiner Stellung als erwachsener Leser bewusst bleibt, über eine Haltung, in der man die Texte lediglich ein Stück weit mit den Augen des Kindes liest, das man einmal gewesen ist, bis hin zu jener Haltung, in der der Erwachsene das Buch ganz und gar wie ein Kind konsumiert.[26]

Unterschiedlich gestalten sich aber nicht nur die Lektüren sowie die Lesehaltung, sondern auch die Träger dieser für moderne Gesellschaften so charakteristischen Erinnerungskultur. Schienen die eingangs angeführten Statements auf rein private Neigungen erwachsener Leser hinzudeuten, so wird diese Sphäre spätestens mit den Äußerungen des Regisseurs Herbig verlassen. Zwar hat auch Herbig im Falle von *Wickie* als Erwachsener eine Re-Lektüre bzw. ein Re-Watching mit den Augen eines Kindes vorgenommen, sein zunächst privates Erlebnis mündet jedoch – wenn man seinen Äußerungen glauben will – in die Erschaffung eines neuen Kunstwerkes, wird also öffentlichkeitswirksam und erlangt damit auch eine gesellschaftliche Dimension.

Im Falle des Mediums Kinderbuch haben sich diese privaten Erinnerungen an die eigenen Kindheitslektüren bereits seit einem sehr viel längeren Zeitraum zu einem kulturellen Habitus ausgeweitet, der wiederum für das kollektive Gedächtnis nicht unerheblich ist. Dann nämlich nicht, wenn man einen Blick auf die privaten Sammler von Kinder- und Jugendbüchern wirft.[27] Natürlich können deren Sammelmotive sehr vielfältig sein, doch es hat sich erwiesen, dass zumindest für einen Teil dieser Sammler die Erinnerung an die eigene Kindheits- bzw. Jugendlektüre das entscheidende Movens war, sich gerade diesem Sammelgebiet zuzuwenden, d. h. von der Vielzahl der Kinder- und Jugendbücher zunächst solche der Epoche zu sammeln, die der eigenen Kindheitsepoche entstammen. Hinzu kommt, was für jeden Sammler das eigentliche Faszinosum ausmacht, dass der Erwerb und Besitz der jeweiligen Objekte, also auch von Kinder-, Bilder- und Jugendbüchern, eine quasi materielle Vergegenwärtigung von Vergangenheit ermöglicht. Die Gebrauchsspuren, die jedes alte Buch und in besonderem Maße jedes alte Kinderbuch aufweist, machen es zu einem Stück ebenso unverwechselbarer wie einmaliger Geschichte – und damit auch der eigenen Geschichte –, die, würde das Buch nicht gesammelt, unwiederbringlich verloren ginge.

Dem Sammler als Träger der Erinnerungskultur eng verwandt ist der Historiker der Kinder- und Jugendliteratur. Gemeint ist damit nicht der moderne Wissenschaftler, sondern eine frühere Generation, in der diese Aufgabe vorwiegend von Laien wahrgenommen wurde, nicht selten auch von Sammlern. Die Verfasser der ersten einschlägigen Darstellungen über die Geschichte der Kinder- und Jugendliteratur waren mehrheitlich Sammler, Antiquare oder Verleger; in nicht wenigen Fällen bildet der Ausgangspunkt, Kinderliteratur zunächst zu sammeln und dann darüber zu schreiben, die Erinnerung an die eigene

---

26 Eine Reihe von Beispielen für die unterschiedlichen Lesehaltungen bei der Wiederbegegnung mit der eigenen Kindheitslektüre hat Adelheid Dahimene in dem Sammelband *Poetik der Kindheitslektüre. Eine Erinnerung* zusammengestellt. Zehn österreichische Autor/innen geben darin Auskunft über ihre Re-Lektüre kinderliterarischer Texte, von denen sie nachhaltig geprägt wurden (siehe Dahimene 2000).

27 Vgl. dazu Ewers 2001a, S. 348 ff.

Kindheit sowie die eigene Kindheitslektüre – Walter Benjamin ist in diesem Zusammenhang vielleicht der prominenteste, aber sicherlich nicht der einzige Vertreter.

VI.

Welche Bedeutung hat nun der nostalgische Leser kinderliterarischer Werke für das Phänomen Crossover in der Gegenwart? Wie manifestiert sich das Selbstverständnis dieses Lesers in der modernen Mediengesellschaft? Dazu soll noch einmal auf die eingangs angeführten Einzel-Statements zur Lieblingslektüre zurückgekommen werden. So willkürlich diese Aussagen auch gemacht oder herausgegriffen sein mögen, tragen sie dennoch in gewisser Weise durchaus exemplarischen Charakter.

Auffällig erscheint zunächst, dass alle Statements ausnahmslos Medien betreffen, die man als Kind (nicht als Jugendlicher) konsumiert hat, und dass diese Aussagen stets positive Reminiszenzen an den damaligen Konsum (als Kind) transportieren. Der Re-Lektüre mit den Augen des Kindes, das man einmal gewesen ist, ist damit nicht nur ein Erinnerungsvorgang immanent, sie dient darüber hinaus auch der Evokation und Bestätigung eines Kindheitsbildes, das eindeutig dem Kindheitsbild der Romantik verwandt ist, wonach Kindheit eine von pädagogischen Vorstellungen weitgehend autonome und vor allem eine mit sich selbst glückliche Kindheit darstellt. Nicht reflektiert wird in diesem Zusammenhang allerdings die Tatsache, dass bei diesem Idyll keine Realität, sondern lediglich ein Ideal als utopische Wirklichkeit imaginiert wird.[28]

Durch die Erinnerung und damit Re-Evokation dieses Kindheitsbildes, in dem die Kindheit von der Komplexität des Jugend- und Erwachsenenalters streng getrennt erscheint, wird die Kindheit gleichsam bis in die eigene Gegenwart verlängert, d. h., durch die Re-Lektüre der eigenen Kinderbücher erscheint die eigene Kindheit wie eine Art Moratorium, dem zeitlich keinerlei Grenzen gesetzt sind. Dass ein nicht geringer Anteil kinderliterarischer Texte Kindheit entweder explizit als Moratorium inszenieren[29] oder aber auf der Handlungsebene entsprechende Angebote für den Leser bereithalten, ist unbestritten. Es betrifft jedoch nur einen bestimmten Textkorpus (ein Gleiches gilt für Fernsehserien, Hörspiele, Filme etc.); mehrheitlich handelt es sich nicht um Werke, die der zweiten kinderliterarischen Moderne angehören, d. h., sie sind nicht gegenwartsorientiert, zeichnen sich nicht durch avancierte, moderne Erzählverfahren aus, sind nicht dem Textverwendungsmodus der problemorientierten Literatur zugehörig. Vor diesem Hintergrund ist es nicht erstaunlich, dass der Anteil fantastischer Erzählungen gegenüber realistischen Werken in diesem Textkorpus einen besonders hohen Anteil einnimmt.

Es handelt sich demnach nur um bestimmte Bücher, die durch den Akt der Re-Lektüre aus der Masse der gelesenen Werke herausragen. Sie erhalten auf diese Weise einen besonderen Status zugeschrieben – den des Kultbuches. Die Wissenschaft hat sich mit dem Phänomen des Kultbuches erst seit den 1980er-Jahren beschäftigt, als man nämlich

---

28 Vgl. Ewers 2001b, S. 48.
29 Zum Motiv des Moratoriums sowie zur Figur des die Kindheit verlängernden, alterslosen, ewigen Kindes, dessen Ursprung ebenfalls auf die Erzählungen und Märchen der Romantik zurückgeht, vgl. Ewers 1985.

damit begann, auch die Erscheinungsformen der Populärkultur für erforschungswürdig zu halten. Kultbücher, so definierte man, sind Bücher, deren Inhalte von bestimmten Publikumsgruppen im Sinne der Bestätigung eines bestimmten Lebensstils oder auch Lebensgefühls rezipiert werden.[30] Die Literarizität der Werke ist dabei eher von sekundärer Bedeutung. Vielmehr waren und sind es Texte, in deren Darstellung Werte proklamiert werden, die vom kulturellen Mainstream in der einen oder anderen Weise abweichen, eine Tatsache, die bislang Kultbücher vor allem für junge, also heranwachsende Leser attraktiv machten. Für diese Gruppe von Lesern bildeten die Werke, deren Lektüre immer als absolut obligatorisch apostrophiert wurde – „was man wirklich kennen sollte", wie es im Untertitel von Frank Schäfers Monografie formuliert wird –, vorrangig eine Art Verständigungstext in dem Sinne, dass es weniger um die tatsächlichen Inhalte bestimmter Werke geht, sondern bei einer durch und durch identifikatorischen Lektüre in letzter Konsequenz ausschließlich um die eigene Person. Welche Bedeutung Kultbücher in der modernen Mediengesellschaft besitzen, lässt sich unschwer daran ablesen, dass Kultbücher längst auch Produkte gesteuerter Rezeptionslenkung darstellen, dass also die Behauptung, bei dem vorliegenden Text handle es sich um ein Kultbuch, mittlerweile zum Standardrepertoire der Klappentextprosa aller PR-Abteilungen gehört.

Diese Indienstnahme des Begriffes kann aber nicht darüber hinwegtäuschen, dass der nostalgische Leser für das Kultbuch zwar mittlerweile eine nicht zu unterschätzende Rolle spielt, diese jedoch von der Wissenschaft noch nicht einmal ansatzweise erfasst wurde. Das liegt zum einen daran, dass der Diskurs über Kultbücher bislang von einer Generation geführt wurde, deren Vertreter vorrangig Werke fokussierten, die sie als ältere Jugendliche oder Heranwachsende gelesen hatten, und sie dann vorzugsweise auf ihre Halbwertszeit befragten. Der Blick auf kinderliterarische Werke spielte in diesen Diskursen bisher nur eine untergeordnete Rolle, wahrscheinlich nicht zuletzt deshalb, da auch Kinderliteratur in der mittlerweile ebenfalls im Mainstream angekommenen Populärkultur und ihrer Erforschung immer noch eine untergeordnete Rolle spielt. Zum anderen ist nicht zu übersehen, dass die zahlreichen Untersuchungen über Kultbücher zwar durchaus deren Rezipienten fokussieren, nicht aber die unterschiedlichen Leserollen, die diese einnehmen.

Die Generation, die sich heute über ihre Lektüreerlebnisse äußert, hat gerade in diesem Feld offensichtlich geringere Berührungsängste. Sie erachtet ihre Kindheitslektüren als so prägend für die eigene Identität, dass sie sich im Erwachsenenalter offen zur Re-Lektüre ihrer Kinderbücher bekennt. Auf diese Weise werden nun auch Kinderbücher in den Rang von Kultbüchern erhoben. Der Markt und die Medien haben bereits auf dieses Phänomen reagiert – mit Wiederauflagen, Verfilmungen, Fortschreibungen von Serien. Die Wissenschaft hingegen, bei ihrer Beschäftigung mit allen Facetten des Crossover-Phänomens, hat ihn gerade erst entdeckt: den erwachsenen Leser, der seine Kinderbücher noch einmal mit den Augen dessen liest, der er einmal gewesen ist, mit den Augen eines Kindes.

---

30 Zum Thema Kultbücher vgl. u. a. Schäfer 2005, hier vor allem die Einleitung: „Acht Thesen zum Kultbuch. Eine Hinführung" (S. 11–15), sowie Freiburg/Spiller 2004.

Literatur

Assmann, Jan: Das kulturelle Gedächtnis. Schrift, Erinnerung und politische Identität in frühen Hochkulturen. München: Beck 1993, 2. Aufl. 1999.

Beckett, Sandra L.: Crossover Fiction. Global and Historical Perspectives (= Children's Literature and Culture 56). London/New York: Routledge 2009.

Blümer, Agnes: Das Konzept Crossover – eine Differenzierung gegenüber Mehrfachadressierung und Doppelsinnigkeit. In: Kinder- und Jugendliteraturforschung 2008/2009. Mit einer Gesamtbibliografie der Veröffentlichungen des Jahres 2008. Frankfurt am Main u. a.: Peter Lang 2009, S. 105–114.

Bonacker, Maren (Hrsg.): Peter Pans Kinder. Doppelte Adressiertheit in phantastischen Texten. Tagungsband zum Wissenschaftlichen Symposium 16.–18. Mai 2003. Trier: WVT 2004 (= Studien zur anglistischen Literatur- und Sprachwissenschaft 20).

Burger, Kathrin: Babybrei auch für Erwachsene. Warum immer mehr Produkte für Kinder auch von Erwachsenen konsumiert werden. In: Die Zeit vom 27. 8. 2009, S. 25.

Dahimene, Adelheid: Poetik der Kindheitslektüre. Eine Erinnerung. Linz: Land Oberösterreich, Institut für Kulturförderung 2000.

Ewers, Hans-Heino: Kinder, die nicht erwachsen werden. Die Geniusgestalt des ewigen Kindes bei Goethe, Tieck, E. T. A. Hoffmann, J. M. Barrie, Ende und Nöstlinger. In: Dierks, Margarete (Red.): Kinderwelten. Kinder und Kindheit in der neueren Literatur. Festschrift für Klaus Doderer. Weinheim/Basel: Beltz 1985, S. 42–70.

Ewers, Hans-Heino: In die eigene Kindheit zurücksinken. Kinder- und Jugendliteratur als Medium einer (erwachsenen) Erinnerungskultur. In: Lange, Günter (Hrsg.): Lese-Erlebnisse und Literatur-Erfahrungen. Annäherungen an literarische Werke von Luther bis Enzensberger. Festschrift für Kurt Franz zum 60. Geburtstag. Baltmannsweiler: Schneider Hohengehren 2001, S. 336–357 (2001a).

Ewers, Hans-Heino: Kinderliteratur als Medium der Entdeckung von Kindheit. In: Behnken, Imbke/Zinnecker, Jürgen (Hrsg.): Kinder. Kindheit. Lebensgeschichte. Ein Handbuch. Seelze: Kallmeyer 2001, S. 47–62 (2001b).

Ewers, Hans-Heino: Fundamental Concepts of Children's Literature Research. Literary and Sociological Approaches. New York/London: Routledge 2009 (Children's Literature and Culture 62).

Falconer, Rachel: The Crossover Novel. Contemporary Children's Fiction and its Adult Readership (= Children's Literature and Culture 57). London/New York: Routledge 2009.

Freiburg, Rudolf/Spiller, Roland (Hrsg.): Kultbücher. Würzburg: Königshausen & Neumann 2004.

Kölzer, Christian: Warum Erwachsene „Jugendbücher" lesen dürfen – und andersherum! Dual address in Philip Pullmans Fantasy-Trilogie *His Dark Materials*. In: Bonacker, Maren (Hrsg.): Peter Pans Kinder. Doppelte Adressiertheit in phantastischen Texten. Tagungsband zum Wissenschaftlichen Symposium 16.–18. Mai 2003. Trier: WVT 2004 (= Studien zur anglistischen Literatur- und Sprachwissenschaft 20), S. 16–26.

Lindgren, Astrid: Ansprache am 17. Mai 1958 in Florenz. In: Oetinger Almanach 1 (1963), S. 117–121.

Löffler, Sigrid: Die Verkindlichung. Kinderbücher dominieren die Bestsellerlisten. Denn die Titel bieten, was der Literatur der Moderne abgeht: Tröstung. Sie werden so zur universellen Tröstung. In: Börsenblatt, 11/2009, S. 32–34.

Lueken, Verena: Wo immer noch die wilden Kerle wohnen. Spike Jonze hat das Bilderbuch von Maurice Sendak verfilmt, David Eggers einen Roman danach geschrieben – ist das Ehrerbietung, Kunst oder Größenwahn? In: Frankfurter Allgemeine Zeitung vom 17. 12. 2009, S. 29.

Pilarczyk, Hannah: „Wo die wilden Kerle wohnen"-Verfilmung. Gut gebrüllt, Kind! In: Spiegel online vom 16. 12. 2009,
   URL: http://spiegel.de/kultur/kino/0,1518,665967,00.html [16. 12. 2009].

Schäfer, Frank: Kultbücher. Was man wirklich kennen sollte. Erftstadt: Area 2005.

Schulz, Stefan: Hörspiel-Szene. Die Pubertätsleiden der „Drei ???". In: Spiegel online vom 13. 6. 2009, URL: http://www.spiegel.de/wirtschaft/0,1518,630309,00.html [8. 9. 2009].

Spreckelsen, Tilman: Die Angst vorm Wolf macht ihn nicht froh. Alles für Ylvi: Michael Herbig setzt mit „Wickie und die starken Männer" seine Mythenadaptionen fort. In: Frankfurter Allgemeine Zeitung vom 11. 9. 2009, S. 33.

Telgenbüscher, Joachim: Jugendbuch-Boom. Bisschen was für alle. In: Spiegel online vom 29. 12. 2009,
   URL: http://www.spiegel.de/kultur/literatur/0,1518,668780,00.html [10. 6. 2010].

Wertheimer, Jürgen (Hrsg.): Strategien der Verdummung. Infantilisierung in der Fun-Gesellschaft. München: Beck, 3. Aufl. 2001.

Paradigmen, ihre Wechsel und ihre Folgen
Einsichten ins österreichische Kinderbuch

Ernst Seibert

Die These des einst viel zitierten schwedischen Kinderbuch-Theoretikers Göte Klingberg zur Geschichte der Kinderliteratur, wonach sich diese Literatursparte im Gegensatz zu den nationalen Literaturentwicklungen durch eine übernationale Periodisierung auszeichne,[1] wird heute kaum noch diskutiert. Sie ist allerdings auch nicht entschieden worden, und angesichts der erneuten Aktualität dieses Theorems im heutigen Europa könnte man fast meinen, sie sei entweder tabuisiert oder sehr unter ihrem Wert in Vergessenheit geraten.

Der schon seit geraumer Zeit im Mainstream der Theoriediskussion ganz oben rangierende Begriff des Paradigmenwechsels bezeichnet im einschlägigen Sprachgebrauch schlicht das Phänomen, dass um 1970 in der Folge der Studentenbewegung um 1968 und insbesondere als literarische Reflexion der autoritären bzw. antiautoritären Erziehung in der Kinder- und Jugendliteratur ein markanter Gesinnungswandel (hätte man früher gesagt), ein signifikanter Modernisierungsschub (sagt man heute), Platz gegriffen hat. Die geradezu schlagartige Ausbreitung dieses Wandels war europaweit, vielleicht sogar weltweit zu registrieren; die Kinder- und Jugendliteratur wurde innerhalb kürzester Zeit zum Schauplatz einer neuen Definition eines jedenfalls offeneren Verhältnisses der Generationen zueinander. Mit Rückerinnerung an Klingberg könnte man nun die vielfach wiederholte Festschreibung des Paradigmenwechsels sehr eindeutig als Bestätigung seiner These werten. Allerdings entsteht im Überblick über diesen Diskurs eher der Eindruck, dass die These Klingbergs nicht bestätigt, sondern schlicht durch eine neue These abgelöst wurde, wobei zwischen beiden Thesen eine nicht unerhebliche Differenz besteht: Klingberg eröffnete mit seiner Sicht eine literarhistorisch akzentuierte Perspektive, die sich über den gesamten Zeitraum der neuzeitlichen Literaturentwicklung erstreckt, in der sich die einzelnen Epochen wie Aufklärung, Klassik und Romantik bis in die Gegenwart von Nation zu Nation sehr ungleichzeitig entfaltet haben; die Kinderliteratur, meint er, sei hingegen in den einzelnen europäischen Nationen zeitlich konform verlaufen. Wenn man nun den unbestritten festzustellenden kinderliterarischen Paradigmenwechsel als Bestätigung der These Klingbergs ins Treffen führte, würde eine ursprünglich sehr weite, mit literarhistorischer Methodik argumentierende Theoriebildung zunächst einmal nur auf den aktuellen Gegenwartsbezug reduziert und damit von der Literaturgeschichte zur Gegenwartsdeutung umfunktionalisiert – ein Vorgang, der bei der Beschäftigung mit dem Genre Kinderbuch

---

1 Klingberg 1967.

bis hin zur Ahistorizität gang und gäbe ist. Die eigentliche Diskussion der These Klingbergs bleibt dabei offen.

Was in der Diskussion um den Paradigmenwechsel meist unausgesprochen bleibt, ist
die Frage, wie weit das vor 1970 situierte Paradigma zurückreicht – bis 1945, bis 1918
oder bis 1900? Man könnte sogar so weit gehen, den gesamten Zeitraum zurück bis 1770
als ein pädagogisches Zeitalter der Kinder- und Jugendliteratur zusammenzufassen und das
Gewicht des Paradigmenwechsels um 1970 so hoch ansetzen, dass er als Zäsur nach der
200-jährigen Geschichte einer zumeist schwarzen Pädagogik verstanden würde, aus der nur
wenige wegweisende kinderliterarische Leistungen herausragen, die sogenannten Klassiker
der Kinderliteratur pauschal und das literarische Kinderbuch.[2]

Nun hat im Vorjahr, im August 2009, an der Universität in Frankfurt am Main der
19. Kongress der IRSCL unter dem Titel „Children's Literature and Cultural Diversity in
the Past and the Present" stattgefunden, ausgerichtet durch das Institut für Jugendbuchforschung, und angesichts der diskursbestimmenden Bedeutung dieser tatsächlich weltum-
spannenden Veranstaltung – 400 Forscher/innen aus 50 Ländern, 300 Vorträge in vier
Konferenzsprachen, auf 14 Sektionen aufgeteilt – stellt sich die Frage eines bedingenden
Zusammenhanges zwischen dem Begriff des Paradigmenwechsels und dem der kulturellen
Diversität. Einen solchen Diskurszusammenhang herzustellen erfordert auch eine Sicht
darauf, ob und wie weit zurückreichend er bisher geführt wurde und wer die Diskurspart-
ner waren, wobei nicht zuletzt die Generationenfrage unter den Theoretikern selbst, also
deren Zugehörigkeit zu einer älteren oder jüngeren Generation, mit ins Spiel kommt.
Wenn wir diesen gesamten Komplex zunächst auf das Gegenüber von zwei Ländern redu-
zieren, um ihn fürs Erste vielleicht gerade noch überschaubar zu machen, auf das in den
Theorievorgaben unbestritten leitende Deutschland und das Nachbarland Österreich, die
so eng miteinander verbunden scheinen, dass nicht selten österreichische Autorschaft oft
als deutsche gehandelt wird, ergeben sich näher besehen ganz erhebliche Diversitäten.

Nicht zuletzt im Hinblick darauf, dass der Österreicher Richard Bamberger (1911–
2007) im Jahr 2011 seinen 100. Geburtstag beginge, ist daran zu erinnern, dass er Jahrzehnte hindurch in Augenhöhe mit seinen deutschen Kollegen wie etwa Alfred Clemens
Baumgärtner, Theodor Brüggemann, Malte Dahrendorf, Klaus Doderer, Kurt Franz, Gerhard Haas und mit Autoren wie etwa Hans-Georg Noack in einem ergiebigen Dialog
stand, der in zahlreichen Schriften und Tagungsbänden dokumentiert ist bzw. aus dem
von seiner Tochter, Inge Auböck, verwalteten Nachlass zusätzlich dokumentierbar wäre.
Eine meist ungenannt bleibende, jedoch sehr entscheidende und eben nicht nebensächli-
che Diversität in diesem nachbarschaftlichen Dialog bestand darin, dass Bambergers Dialogpartner im Plural präsent waren, während Bamberger in einer gewiss bewunderns-
werten, aber darin eben ganz anders konturierten Singularität Österreich schlechthin und
allein repräsentierte. Daraus entwickelte sich die zweite, noch viel weiter reichende Diversität: Aus dem Wirken der meisten seiner Dialogpartner in Deutschland erwuchs eine uni-
versitäre Verankerung des Forschungsbereiches Kinder- und Jugendliteratur und damit eine kritisch-kontinuierliche Weiterführung des Theoriefeldes in der nächsten Generation

---

2   Pape 1981.

der Lehrenden und Forschenden. Bamberger hingegen wandte sich in der späten Phase seines Schaffens nach seiner Pensionierung 1978 vom Theoriefeld der Kinderliteratur völlig ab und ebenso bewundernswert, aber auch ebenso singulär der von ihm kreierten Leseforschung zu, ohne sein bisheriges genuines Wirken quasi hausintern in die Hände einer jüngeren Nachfolge zu legen und ohne dass sich, dieses Desiderat kompensierend, daraus eine Kinderbuchforschung und -lehre an den österreichischen Universitäten weiterentwickelt hätte.

Diese knapp skizzierte Darstellung von Diversitäten zwischen Deutschland und Österreich, beschränkt zunächst auf die Ebene des Theoriefeldes, wäre für die ein Jahrzehnt nach der Jahrhundertwende gestellte Frage „Quo vadis, Kinderbuch?" vielleicht kaum von Bedeutung, wäre nicht jede Frage nach dem Wohin auch mit der nach dem Woher zu verbinden und wäre nicht in Österreich vermutlich enger als in irgendeinem anderen Land die Kinderbuchentwicklung der Gegenwartsliteratur seit nunmehr sechs Jahrzehnten aufs engste mit einer Vermittlungsinstanz, dem von Bamberger 1948 gegründeten und geleiteten Österreichischen Buchklub der Jugend verbunden. Schließlich inkludiert die Quo-vadis-Frage auch die des Verständnisses von Kinder- und Jugendliteratur unter ihren Vermittlern. Dabei ist in der heute heranwachsenden jungen Lehrer/innengeneration aus der Sicht der sich doch allmählich auch in Österreich etablierenden universitären Befassung mit dem Gegenstand zu bemerken, dass man sich in der Auseinandersetzung mit dem Kinderbuch in Seminar- und Diplomarbeiten immer noch an Bambergers *Jugendlektüre* aus dem Jahr 1955 mit Neuauflage 1965 als unwidersprochenem Standardwerk orientiert.

Einmal mehr ist Bamberger eben im Zusammenhang mit diesem Werk Tribut zu zollen, zum einen dafür, dass er als Erster (allerdings auch lange als Einziger) einen Aufriss zur Geschichte der österreichischen Kinder- und Jugendliteratur erarbeitet hat, und dann dafür, dass seine *Jugendlektüre* als Erste im Wesentlichen einen sehr systematischen (und auch wieder lange den einzigen) Leitfaden zur Poetik und Didaktik der Materie anbietet. Der derart festgeschriebene Apparat einer didaktischen Poetik, der über den Buchklub der Jugend als dem in seiner Hochzeit nach dem Gewerkschaftsbund an Mitgliedern zweitgrößten Verein Österreichs verbreitet wurde, hatte begreiflicherweise Wirkung auf die Einstellung zum Thema Kindheit, Buch und Lesen in der österreichischen Lehrerschaft, die jedenfalls bis in die 1990er-Jahre von älteren Lehrer/innen an jüngere entweder weitergegeben oder ihr gegenüber verteidigt wurde. Im Hintergrund der Kinder- und Jugendliteratur standen in Österreich weniger literaturtheoretische Überlegungen wie bei aller anderen Literaturvermittlung als vielmehr die *Jugendlektüre* als Organon[3] oder der Wunsch nach einer Fortsetzung der Organon-Perspektive in der Befassung mit Kinder- und Jugendliteratur. Auch an den Universitäten, wo sich die Forschung und Lehre allmählich entfaltet, stößt man sowohl auf der Ebene der Lehrenden als auch bei den Studierenden nach wie vor auf die Einstellung, man habe als Wichtigstes darüber zu befinden, was Kinder und Jugendliche lesen sollen, und dafür eine Art theoretisches Rüstzeug zu erlangen, das eigentlich nur didaktischer Art sein kann. All das – und das sei besonders betont – ist Bamberger nicht anzulasten, sondern es ist zu bedauern, dass neben ihm in Österreich kein

---

3   Seibert 2008, S. 31–34.

zweiter und dritter Theoretiker jenseits des didaktischen Organons die Kinder- und Jugendbuchdiskussion aufgegriffen hat und dass es keine Schüler gibt, die das Werk Bambergers diskursiv weitergeführt hätten, so wie das damals (auch noch in Österreich) in Universitäten gang und gäbe war und in Deutschland zur Ausbildung gleich mehrerer Lehr- und Forschungszentren geführt hat; nicht zuletzt führte es auch zu historischen Kinderbuchsammlungen, aus deren Horizont der Begriff Kinder- und Jugendliteratur einen völlig anderen Stellenwert erlangt hat als den bloß pädagogischen.

Die Situation in Österreich war jedenfalls um 1970 eine fundamental andere als in Deutschland, begleitet davon, dass eben in diesem Jahr durch den Sieg der von Bruno Kreisky geführten sozialdemokratischen (damals sozialistischen) Partei Österreichs ein bis zum Ende des Jahrhunderts währender Wechsel in der politischen Landschaft herbeigeführt wurde. Die damit einhergehende Aufbruchsstimmung in allen kulturellen Belangen, die „Durchflutung aller Lebensbereiche mit Demokratie" (Kreisky), hatte ohne Zweifel Auswirkungen auf die literarische und damit auch auf die kinderliterarische Situation des Landes in die Richtung einer entschiedenen Abkehr von noch bestehenden konservativen Positionen, führte aber auch zu einer Festigung der Singularität des Buchklubs, der zwar in seiner bis dahin schon über 20-jährigen Geschichte immer um Wahrung einer proporzorientierten Leitung bemüht war, aber zum einen immer sehr deutlich vom Sozialdemokraten Bamberger geführt wurde, zum anderen eben wegen seiner internen formal-paritätischen Struktur gleichsam einen Staat im Staate auf literaturpädagogischer Ebene darstellte und damit eine Monopolstellung auf die Repräsentation aller Belange der Kinderliteratur innehatte. Dass man sich wie in Deutschland auch an den österreichischen Universitäten theoretisch mit Kinder- und Jugendliteraturforschung und -lehre befasst hätte, dass eine Theoriediskussion außerhalb des Österreichischen Buchklubs der Jugend und seiner „sozialpartnerschaftlichen Ästhetik"[4] überhaupt installierbar wäre, war bis zum Ende des Jahrhunderts, das von Ellen Key zu seinem Beginn als das „des Kindes" bezeichnet wurde, in Österreich schlicht nicht denkbar; jeder Ansatz einer zusätzlichen Institutionalisierung der Kinderbuchdiskussion wäre als Konkurrierung angefochten worden.

Nichtsdestoweniger hat auch in Österreich um 1970 ein Paradigmenwechsel stattgefunden, allerdings ein zweiter, dem ein erster Paradigmenwechsel vorausging, eingeleitet durch Bambergers *Jugendlektüre* im Jahr 1955 und auch wieder begleitet von einer für Österreich historischen Wende, der Unterzeichnung des Staatsvertrages. Die Dokumentation dieses ersten Paradigmenwechsels, der als pädagogische Befestigung des bis dahin gediehenen kinder- und jugendliterarischen Schaffens zu verstehen ist, steht noch aus und kann nach dem oben Gesagten nicht immanent aus der *Jugendlektüre*, sondern muss aus literarhistorischen Studien rekonstruiert werden, die erst jetzt allmählich entstehen. Auszugehen ist dabei davon, dass die Autor/innen in diesen zehn Jahren zwischen 1945 und 1955 weniger um eine neue Pädagogik bemüht waren, sondern unter dem Eindruck des Krieges und der unmittelbaren Nachkriegszeit auf vielfältige Weise ein neues Kindheitsbild thematisierten, das in besonders eindrucksvoller Weise in Ilse Aichingers (geb. 1921) Roman *Die größere Hoffnung* (1948) vorliegt, in Hertha Paulis (1906–1973) Nachkriegs-

---

4   Menasse 1990.

roman *Jugend nachher* (1959) und in den frühen Werken der Kinderbuchautorinnen Erica Lillegg-Jené (1907–1988), Mira Lobe (1913–1995) und Vera Ferra-Mikura (1923–1997), die 1955 zunächst nur sehr selektiv und begrenzt auf wenige, pädagogisch fokussierte Werke wahrgenommen wurden.

Es gibt mehrere gravierende Auffälligkeiten, durch die sich die Kinder- und Jugendliteratur nach dem Paradigmenwechsel vom Mainstream der Zeit davor unterscheidet. Eine dieser Auffälligkeiten ist dem Anschein nach besonders in Österreich ausgeprägt, nämlich die ungemein starke und zunehmende Präsenz von Autor/innen der allgemeinen Literatur im Bereich des Kinderbuches, wobei fast zu betonen wäre: nicht der Kinder- und Jugendliteratur, sondern eben des Kinderbuches. Diese Präsenz beginnt schon mit Werken von Marlen Haushofer, Thomas Bernhard, H. C. Artmann, Milo Dor, Friederike Mayröcker, Helmut Zenker, Felix Mitterer, Marianne Gruber und Peter Handke[5] und setzt sich fort bis zu den neuesten und auch früheren kinderliterarischen Werken von Barbara Frischmuth, Michael Köhlmeier und Peter Turrini.

Die Ursachen für dieses Anwachsen eines eigenen literarischen Sektors mögen sehr individuelle sein, allgemein aber ist dieser bereits massiven Präsenz der Tenor abzulesen, dass es aus Sicht des etablierten Literaturbetriebes und ihrer Autor/innen nicht mehr üblich ist, Kinder- und Jugendliteratur im Getto des Metiers, des Handlungssystems, einzuzäunen, sondern dass das kinder- und jugendliterarische Engagement der Avantgarde-Autor/innen in einer Quantität sich ausbreitet, dass man von einem eigenen Genre, dem Kinderbuch einer anderen Autorschaft, der der allgemeinen Literatur, sprechen kann, wobei in zunehmendem Maße der heute schon sehr gängige Begriff der All-Age-Literatur zutrifft. Sosehr es angebracht ist, diese Unterscheidung nicht als eine der literarischen Wertung zu sehen, sosehr ist es auch angebracht, den eigentlichen Unterschied dennoch nicht einfach zu negieren, sondern darauf hinzuweisen, dass es sich um eine Kinderliteratur der Nicht-Kinderbuchautor/innen handelt, ein Phänomen, das in Österreich erst allmählich zur Gewohnheit wird, weil es eben vor dem Paradigmenwechsel, in der Spanne von Heimito von Doderer bis Thomas Bernhard, völlig undenkbar war, die Grenzen zwischen Allgemein- und Kinderliteratur aufzuheben. Charakteristisches Zitat für diese Trennung ist die von Käthe Recheis (geb. 1928) wiederholt in Erinnerung gerufene Aussage des österreichischen Literatur-„Papstes" von den 1950er- bis in die 1970er-Jahre, Hans Weigel (1908–1991), der ihr gegenüber am Beginn ihrer Karriere als Kinderbuchautorin meinte, wenn sie für Kinder schreiben wolle, sei sie „für die Literatur verloren!"[6]. Deutlicher kann man wohl die Trennung zwischen Kinderbuch und Allgemeinliteratur, wie sie in der Hochzeit des Buchklubs der Jugend en vogue war, nicht auf den Punkt bringen. Die genealogische Differenz in der Literaturszene, in der der heranwachsenden jungen Leserschaft eine andere Literatur mit einer anderen Akzentuierung von Moralität und gesellschaftlicher Verantwortung zugemessen war als der (kriegsbelasteten) Erwachsenengesellschaft, war in Österreich besonders lange und rigide von einer Tabuisierung der Opfer-Täter-Problematik geprägt. Nicht nur Kinder- und Jugendliteratur, sondern Kindheit und Jugend an sich

---

5   In der Reihenfolge des Erscheinens einschlägiger Werke, so auch in Seibert 2005a.
6   Zit. nach Seibert 2005b, S. 200.

wurde in der literarischen Diskussion schlichtweg isoliert. Ein Roman wie Heinrich Bölls *Ansichten eines Clowns* (1963) mit Gesellschaftskritik aus betont jugendlicher Sicht war zur gleichen Zeit in Österreich undenkbar. Kinder blieben in der Kinderliteratur, Jugendliche in der Jugendliteratur und Erwachsene in der tatsächlich so genannten Erwachsenenliteratur unter sich. Wenn diese unausgesprochene Regel durchbrochen wurde, wenn plötzlich doch ein Kind in der Erwachsenenliteratur oder Umgekehrtes auftauchte, geriet dieses bestenfalls zum Zerrbild. Die Regel wird allenfalls durch Ausnahmen bestätigt.

Ebendiese Auffälligkeit lässt sich damit kontrastiv vergleichen, dass vor 1955, vor dem Organon der Bamberger'schen *Jugendlektüre* und der pädagogischen Definition und Distribution der Kinder- und Jugendliteratur durch den „Buchklub der Jugend", die beiden Bereiche Allgemein- und Kinderliteratur nicht getrennt waren und vor allem die Diskussion um ein neues Kindheitsbild nach 1945 nicht nur im Rahmen der Kinder-, sondern auch in der Kindheitsliteratur geführt wurde. Diese Periodisierung legt es nahe, den Paradigmenwechsel um 1970 im Zeitraum der Gegenwartsliteratur als einen schon zweiten und den um 1955 als eine erste Zäsur zu sehen, der durchaus auch das Gewicht eines Paradigmenwechsels zuzuschreiben ist. So sind also in Österreich in der Periode seit 1945 drei Phasen anzusetzen, eine Früh-, eine Hoch- und eine Spätphase der Nachkriegsliteratur, wobei die erste und die dritte einander in der propagierten Autortypologie ähnlicher sind als im Vergleich zur mittleren Phase, in der der propagierte Kinder- und Jugendbuchautortyp der pädagogische war, im Gegensatz zum nichtpropagierten literarischen Autortyp in den Phasen davor und danach. Die Spätphase ist dadurch gekennzeichnet, dass nun auch die Allgemeinliteratur wieder zu Kindheitsthemen zurückfindet, zunächst im Genre der besonders in Österreich ausgeprägten autobiografischen Wende eben auch um 1970 und danach in der Form eines Sicheinbringens in den kinderliterarischen Diskurs. Gleichzeitig mit dieser Parallelentwicklung, die als ein entscheidender Modernisierungsschub zu verstehen ist, vollzieht sich in Österreich sicher nicht zufällig eine massive Veränderung der Verlagslandschaft. Vor allem der Verlag Jugend und Volk, Inbegriff und Spiegelbild der österreichischen Kinder- und Jugend-Entwicklung schon seit den 1920er-Jahren, löst sich auf und damit auch eine Imagologie des Genres, die ungemein prägend war. Man kann den Weg dieses und anderer österreichischer Kinder- und Jugendbuchverlage rekonstruieren und Archivmaterialien dokumentieren, soweit sie nicht (weil im 21. Jahrhundert nicht mehr zeitgemäß) mit der Auflösung gleich vernichtet wurden, man könnte daraus aber ebenso ideengeschichtlich die Wiederentdeckung einer ursprünglich außerpädagogischen Idee von Kindheit ableiten (was allerdings die Auslöschung von Verlagsmaterialien nicht rechtfertigt).

Zu den hier dargestellten Phänomenen oder Auffälligkeiten, die auch als Diversitäten zu verstehen sind, kommt eine weitere Diversität hinzu, die nicht unwesentlich mit der literarischen Situation zusammenhängt: die literarische Reflexion auf der Ebene der universitären Diskussion, die in Österreich erst wesentlich später einsetzt als in Deutschland. Während in Deutschland schon seit der Zeit um 1970 im Rahmen eines breiten Diskurses eine Fülle von Dissertationen vorliegen, die im Gegensatz zu Österreich auch gedruckt werden, beginnt in Österreich die Reflexion erst allmählich in Form von Diplomarbeiten, in denen sich vieles wiederholt und viele das Genre für sich neu erfinden. Eine wissenschaftliche Forschung, die auch einen Diskurs widerspiegelt, zeichnet sich erst gegen Ende des Jahrhunderts ab. Beispielhaft soll anhand von fünf Arbeiten dieser Diskurs dargestellt werden; zwei davon konzentrieren sich auf Themen, die den Wandel des Kindheits- und Jugendbildes in der neueren Literatur vergegenwärtigen (Tanja Hofer zur Vatersuche und Nicole Kalteis zur Gattung des Adoleszenzromans), die drei weiteren behandeln chronologisch nach dem Geburtsjahr gereiht die Werke von österreichischen Autorinnen, in denen der Paradigmenwechsel in besonderer Weise erkennbar wird (Elisabeth Gansch zu Käthe Recheis, Andrea Zirbs zu Monika Pelz und Corina Zajic zu Adelheid Dahimène).

Tanja Hofer[7] nennt ihre Arbeit *„Auf den Spuren des Vaters". Interdependenzen zwischen allgemeinem und kinder- und jugendliterarischem System, dargestellt anhand des Motivs der Vatersuche* und thematisiert damit ein Motiv, dem sowohl in seinen literarischen Ausprägungen als auch hinsichtlich seiner gesellschaftlichen Relevanz ein besonderes Maß an Aktualität zukommt. Die Aktualität des Themas Vatersuche findet allein schon darin ichren Ausdruck, dass es sowohl in der Literatur im Allgemeinen als auch in der Literatur für Kinder und Jugendliche besonders in Österreich eine auffallend große Verbreitung aufweist, und das besondere Verdienst der Arbeit ist es, in der Analyse von Fallbeispielen diese beiden literarischen Systeme miteinander zu verschränken. Dem analytischen Teil geht ein ausführlicher theoretischer Teil voran, der mehr als ein Drittel der relativ umfangreichen Arbeit umfasst. Darin werden die wesentlichen Zugänge zum zentralen Thema erörtert. Mit einleitenden Rückgriffen auf die einschlägigen Arbeiten von Paul Federn (1919) und Alexander Mitscherlich (1969) wird vor allem eine dem Thema adäquate historische Dimension dokumentiert. Ebenso interessant erscheint die Wahl und die Voranstellung der Habilitationsschrift des kroatischen Literaturwissenschafters Uvanovic Zelijko (2001) zum Thema Vatersuche in der Gegenwartsliteratur; damit wird der aktuelle literarische Diskurs gleichsam aus einer Außensicht erläutert, die nicht unmittelbar auf die österreichische Gegenwartsliteratur rekurriert. Ebendiese Positionierung wird dann mit dem Genealogiediskurs konfrontiert, wie er sich gegenwärtig in der Mediävistik entwickelt, und erst als dritte und damit relativierte Position wird die einer „genealogischen Poetik" angesprochen, die sich im Laufe der Arbeit als stimmiger Rahmen abzeichnet.

Ähnlich wie bei dieser verfährt Hofer auch bei den anderen methodischen Vorstudien. Insbesondere die Differenzierung von Stoff, Thema und Motiv erweist sich als eine sehr gründliche, ausführliche und fundierte Auseinandersetzung mit Handlungselementen, die dann in der Folge im analytischen Teil gewinnbringend aufgegriffen wird. Gleiches gilt für die etwas knapper dargestellten, weil nicht eigentlich literaturwissenschaftlichen Zugänge wie dem der Psychoanalyse, der sehr differenzierten Diskussion von Vaterbild und Vaterkonzeptionen, der Vaterforschung sowie des wieder literaturwissenschaftlichen bzw. literaturgeschichtlichen Motivs der Vatersuche. Bevor aus dieser diachronen Sicht der an sich logische Schritt zum analytischen Teil gesetzt wird, wird im letzten Unterkapitel des theoretischen Teils das bis dahin erarbeitete Problembewusstsein nochmals unter dem Aspekt eines genealogischen Diskurses gleichsam gebündelt. Dieser Schritt verdient besondere Beachtung, weil damit eigentlich methodisches Neuland betreten wird und sich

---

7   Hofer 2008.

Hofer damit auf eine sehr komplexe Theoriediskussion einlässt. Im analytischen Teil setzt sich die Arbeit mit Berufung auf das Modell von Zelijko mit gelungenen und misslungenen Vatersuchen auseinander, wobei sie jeweils einen allgemeinliterarischen einem kinder- und jugendliterarischen Text gegenüberstellt. Hervorzuheben ist dabei, dass sie die Auswahl der vier exemplarischen Texte – Jutta Schuttings *Der Vater* und Paulus Hochgatterers *Wildwasser* bzw. Josef Haslingers *Das Vaterspiel* und Erlend Aas' *Finger hat es aufgeschrieben* – aus einem breiteren Spektrum sehr überlegt vornimmt und dass sie sich dabei im Einzelnen mit der Rezeption bzw. wissenschaftlichen Interpretation der Werke auseinandersetzt und diese sehr zielführend in das Konzept einer genealogischen Poetik einfügt.

In der Studie über den modernen und den postmodernen Adoleszenzroman von Nicole Kalteis[8] ziert jedes Kapitel dieser Arbeit ein Zitat, wobei diese Zitate in Summe weit gestreut sind, sowohl Primär- als auch Sekundärliteratur und sowohl Kinder- und Jugend- als auch allgemeine Literatur repräsentieren. Die damit signalisierte Belesenheit ist nicht nur Zierde, sondern tatsächlich Substanz der vorgetragenen Überlegungen zu einem Thema, das gegenwärtig und bereits seit etwa 20 Jahren wohl zum meistdiskutierten, aber auch meistverwirrenden der Theorie zur Literatur für Kinder und Jugendliche zählt. Die sukzessiv entwickelten sechs Hauptabschnitte gliedern die in der Sekundärliteratur zu einem komplexen und sehr unübersichtlichen Diskurs angewachsene Gattungsfrage in sehr sinnvoller und überschaubarer Weise. Der essayistisch angelegte erste Abschnitt positioniert die Gattung und den sie bestimmenden Begriff Adoleszenz im kulturgeschichtlichen Umfeld über den literarischen Fokus hinaus. Im zweiten Abschnitt wird mit erziehungsgeschichtlichen Rückblicken die eigentliche Herkunft des Begriffes ausgelotet; darauf erfolgt im dritten Abschnitt die literarhistorische Auseinandersetzung mit Adoleszenz in sechs chronologisch angelegten Unterkapiteln.

Das diesem dritten Abschnitt vorangestellte Goethe-Zitat als Motto „Da im Wissen sowohl als in der Reflexion kein Ganzes zusammengebracht werden kann [...]" signalisiert gelassenes Herangehen an das Problem, der Abschnitt selbst demonstriert besondere Konzentration, und die einleitend geäußerte Vermutung, es sei „die Angst der Literaturwissenschafter, in den Dunstkreis der Trivialität zu rücken, die sie vor dem Adoleszenzroman scheuen lassen"[9], mutet als Herausforderung vielleicht allzu offensiv an, zeigt aber auch Mut, eine im germanistischen Schatten stehende Thematik ins Licht zu rücken. Gerade die Vielfalt in der Diskussion dieser Gattung hat schon manche verleitet, statt einer Zusammenfassung ziemlich willkürliche Zitatsammlungen zu produzieren, und ebensolches wurde vermieden zugunsten einer Bündelung von Standpunkten in chronologischer Sicht. Nicht zuletzt die Abgrenzung von den Formen Entwicklungs-, Bildungs- und Erziehungsroman stellt den Zusammenhang mit dem allgemeinliterarischen Kanon her; verbunden damit ermöglicht die Differenzierung der Adoleszenzthematik nach Epochen eine relativ präzise diachrone Klärung des Begriffs bis hin zur Unterscheidung von modernen versus postmodernen Formen.

---

8   Kalteis 2008.
9   Ebd., S. 37.

Bevor nun die Unterscheidung dieser beiden Formen als eigentlich zentrales Thema der Arbeit explizit in Angriff genommen wird, ist als vierter Abschnitt noch ein wissenschaftskritischer Tenor angeschlagen, bei dem erstmals eine weitere zentrale Thematik zur Sprache kommt, nämlich die innerdeutschen Differenzen in der Realisierung dieser Gattung, insbesondere eine österreichische Sonderstellung.

Elisabeth Gansch[10] befasst sich mit den zeitgeschichtlichen Werken von Käthe Recheis, wobei sie sich mit der im Titel formulierten Anspielung an die Aussage Ingeborg Bachmanns, „Die Wahrheit nämlich ist dem Menschen zumutbar", eines Themas annimmt, das in der gegenwärtigen Phase der Kinder- und Jugendbuchforschung weite Verbreitung gefunden hat. Die in der Einleitung und insbesondere im Unterkapitel über den Forschungsstand referierten Zusammenhänge widerspiegeln einen adäquaten Wissensstand und ein Problembewusstsein, mit dem die Verfasserin dem Thema weitreichend gerecht wird. Im zweiten Hauptkapitel wird zum einen in einer nach Jahrzehnten gegliederten chronologischen Darstellung der Entwicklung des Genres zeitgeschichtlicher Jugendroman sehr gut überschaubar auf das Thema hingeführt. Zum anderen erweitert die Verfasserin ihren Zugang durch einen Exkurs zur sogenannten Shavit-Dahrendorf-Debatte, einem der zentralen Diskurse zum Thema, das somit in all seinen wesentlichen Konturen zusammengefasst ist. Kapitel drei widmet sich der behandelten Autorin, wobei die Verfasserin sinnvollerweise Themenkreise und Schaffensperioden zur Methode der Biografie wählt. Besonders bemerkenswert ist im vierten Kapitel die Erarbeitung der kulturkritischen Position von Jan und Aleida Assmann als Methode einer Auseinandersetzung mit den zeitgeschichtlichen Werken von Käthe Recheis. Mit diesem und den vorangehenden Zugängen ist eine stabile Basis für die Befassung mit den drei der Gattung entsprechenden Werke von Käthe Recheis geschaffen: *Lena. Unser Dorf und der Krieg, Geh heim und vergiß alles* und *London, 13. Juli*. Ergänzt wird auch dieses Kapitel durch einen Exkurs, der auf eine etwas in Vergessenheit geratene Kurzgeschichte der Autorin hinweist. In der Zusammenfassung wird nochmals die Assmann'sche Terminologie bemüht, womit der Arbeit die Leistung zugebilligt werden kann, im Rahmen des Diskurses autobiografischer Literatur die sehr originellen neuen Akzente der Kinder- und Jugendliteratur in dieser Gattung verdeutlicht zu haben.

Die Arbeit von Andrea Zirbs[11] widmet sich mit Monika Pelz jener Autorin, die bis dahin als Letzte den Österreichischen Würdigungspreis erhalten hat, der als höchster Kinder- und Jugendliteraturpreis jeweils für das bis zur Vergabe angewachsene Gesamtwerk auszeichnet (1980 Mira Lobe, 1983 Vera Ferra-Mikura, 1986 Käthe Recheis, 1989 Christine Nöstlinger, 1992 Renate Welsh, 1995 Lena Mayer-Skumanz, 2000 Monika Pelz). Hervorzuheben ist an der Arbeit das durchscheinende Problembewusstsein ihrer Verfasserin, was die im Titel angesprochene Thematik des intertextuellen Gestaltens betrifft, sowie das Bemühen um eine überschaubare und möglichst vollständige Bibliografie zur Autorin selbst, die die Absicht widerspiegelt, ihren relativ geringen Bekanntheitsgrad zu kompensieren. Damit ist es der Verfasserin der Arbeit jedenfalls gelungen, eine erste Basis für die

---

10 Gansch 2006.
11 Zirbs 2006.

Beschäftigung mit Monika Pelz aufzubereiten, die als Grundlage für eine weitere Befassung dienen kann.

Mit der Arbeit von Corina Zajic[12] liegt eine jener immer häufiger in Angriff genommenen Studien vor, die sich den Bild-Text-Korrespondenzen im Kinderbuch widmen, im besonderen Fall den Bilderbüchern von Adelheid Dahimène und Heide Stöllinger bzw. der Zusammenarbeit dieses Künstlerinnenteams in einer ganzen Reihe von Gemeinschaftswerken. Mit der für eine germanistische Arbeit außerordentlichen Herausforderung, Bild-Text-Kombinationen interpretatorisch in Angriff zu nehmen, hat Zajic auf dem Boden der Sekundärliteratur zum österreichischen Kinderbuch Neuland betreten. Als beispielgebend darf etwa das Kapitel 4.1, das schlicht mit „Psychoanalyse" überschrieben ist, als eine angestrengte und besonders überzeugend gelungene Auseinandersetzung mit dem Buch *Hicks* hervorgehoben werden. Auch in 4.4 „Initiation" ist zu erkennen, dass sich Zajic, hier anhand des Buches *Die seltsame Alte*, der Tiefendimension der von ihr behandelten kinderliterarischen Werke voll und ganz bewusst ist.

Prognosen sind immer ein Wagnis, und auch in der Frage zur zukünftigen Entwicklung der Literatur eines Landes kann man gewaltig irren. Es zeichnet sich aber relativ klar ab, dass die schon bestehende Verschränkung von Kinder- und Kindheitsliteratur Konturen gefunden hat, die Schule machen, nicht nur in der Autorschaft selbst, sondern auch in den Verlagsprofilen. Aus den dargestellten Zusammenhängen wird auch einsichtig, warum sich die österreichische Germanistik der Kinder- und Jugendliteratur lange verwehrt hat, wenngleich dies überaus bedauerlich ist, insbesondere im Hinblick auf die Frühphase in den ersten zehn Jahren nach 1945, die unter dem Eindruck der Hochphase völlig in Vergessenheit geraten sind. Umso mehr stellt die Spätentwicklung, die geradezu im Zeichen einer literarischen Wiederentdeckung von Kindheit steht, eine Herausforderung dar, der sich die Literaturwissenschaft künftig kaum verschließen wird können.

Wenn man Göte Klingberg und seiner These von einer übernationalen, heute muss man wohl sagen: gesamteuropäischen Entwicklung der Kinder- und Jugendliteratur zustimmen möchte, dann ist diese Zustimmung aus Sicht der jüngeren Kinderliteraturgeschichte zu differenzieren. Sie trifft allenfalls zu, wenn man sie als eine Makroepoche[13] betrachtet. Der Blick auf länderspezifische Besonderheiten eröffnet hingegen vor allem die Aufmerksamkeit auf jene Aspekte, die die Kinderliteratur jeweils in den Zusammenhang mit der allgemeinen Literaturentwicklung ihres Landes stellt. Nach der Konzentration auf den Paradigmenwechsel um 1970 ist dies vielleicht eine gleich große literaturkritische Herausforderung, der sich diesmal nicht nur die Kinderliteratur-Fachleute, sondern die Literaturwissenschaft in ihrer gesamten Breite stellen muss.

---

12 Zajic 2006.
13 Ewers 2000, S. 177.

Literatur

Ewers, Hans-Heino: Literatur für Kinder und Jugendliche. Eine Einführung. München: W. Fink 2000 (UTB 2124).

Gansch, Elisabeth: Erinnerung ist zumutbar. Zeitgeschichtliche Werke von Käthe Recheis im Fokus der Theorie über das kulturelle Gedächtnis. Diplomarbeit, Wien 2006.

Hofer, Tanja: „Auf den Spuren des Vaters". Interdependenzen zwischen allgemeinem und kinder- und jugendliterarischem System, dargestellt anhand des Motivs der Vatersuche. Diplomarbeit, Wien 2008.

Kalteis, Nicole: Moderner und postmoderner Adoleszenzroman. Literaturhistorische Spurensuche und Verortung einer Gattung. Diplomarbeit, Wien 2008.

Klingberg, Göte: Die Gattungen des Kinder- und Jugendbuchs. In: Wirkendes Wort, 17/1967, S. 329 ff.

Menasse, Robert: Die sozialpartnerschaftliche Ästhetik. Essays zum österreichischen Geist. Wien, Sonderzahl 1990.

Pape, Walter: Das literarische Kinderbuch. Studien zur Entstehung und Typologie. Berlin, Gruyter 1981.

Seibert, Ernst: Kindheitsmuster in der österreichischen Gegenwartsliteratur. Zur Genealogie von Kindheit – ein mentalitätsgeschichtlicher Diskurs im Umfeld von Kindheits- und Jugendliteratur. Frankfurt am Main: Peter Lang 2005 (2005a).

Seibert, Ernst: „Sprachliche Narben". Von Käthe Recheis zu Elisabeth Reichart. In: Glasenapp, Gabriele von/Wilkending, Gisela (Hrsg.): Geschichte und Geschichten. Die Kinder- und Jugendliteratur und das kulturelle und politische Gedächtnis. Frankfurt am Main: Peter Lang 2005 (2005b).

Seibert, Ernst: Themen, Stoffe und Motive in der Literatur für Kinder und Jugendliche. Wien: Facultas 2008 (UTB 3073).

Zajic, Corina: Die Bilderbücher von Adelheid Dahimène und Heide Stöllinger 1999–2005. Interdependenzen von Text und Bild. Diplomarbeit, Wien 2006.

Zirbs, Andrea: Intertextuelles Gestalten als literarische Methode bei Monika Pelz. Diplomarbeit, Wien 2006.

Kommunikationspolitik von Kinderbuchverlagen im Kontext des Marketing-Mix

Bärbel G. Renner

Im Kinderbuchmarkt ist eine deutliche Zunahme von crossmedialen Produkt- und Kommunikationskonzepten sowie von vielfältigen Kooperationsmodellen von Verlagen mit branchen-internen, aber auch -externen Partnern zu konstatieren. Dies zeigt, dass Verlage in diesem Marktsegment inzwischen eine sehr differenzierte Zielgruppenansprache wählen und insbesondere bei ihren kommunikationspolitischen Maßnahmen neue Wege beschreiten. Darüber hinaus sind diese Aktivitäten Beleg dafür, dass Verlage markenbildende Konzepte im Kinderbuchmarkt zu optimieren versuchen.

Betrachtet man die Entwicklung der Warengruppen zwischen 2002 und 2009, so zeigt sich beim Kinder- und Jugendbuch eine sehr positive Entwicklung mit einem durchschnittlichen Plus von 14,1 Prozent.[1] Der Anteil am Gesamtumsatz des Buchmarktes erreichte 2009 sogar erstmalig 15,7 Prozent.[2] Dabei muss selbstverständlich beachtet werden, dass diese Zahlen entscheidend vom Erfolg des Zauberlehrlings Harry Potter beeinflusst wurden. Allein seine letzten Abenteuer führten zu einer Steigerung des Gesamtumsatzes im Kinder- und Jugendbuchmarkt um 24 Prozent.[3] Aber auch das All-Age-Segment mit Bestsellern von Cornelia Funke oder aktuell der *Bis(s)*-Reihe von Stephenie Meyer trugen zu dieser sehr positiven Entwicklung bei.

Branchenspezifisches Marketing

Bevor aktuelle crossmediale Konzepte und Kooperationsmodelle im Kinderbuchmarkt analysiert werden, soll zunächst der branchenspezifische Marketing-Mix erläutert werden. Marketing wird hier als ein Konzept der Unternehmensführung verstanden, bei dem alle Funktionsbereiche der Unternehmung auf die Bedürfnisse und Wünsche bestehender und potenzieller Kunden ausgerichtet werden.[4] Die Gesamtheit der Marketinginstrumente, der Marketing-Mix, wird dabei üblicherweise mit den sogenannten „vier P's" (product, price, place, promotion) systematisiert[5]: Produktpolitik, Kontrahierungspolitik, Distributions- und Kommunikationspolitik. Verlagsmarketing ist danach als ganzheitliche Unterneh-

---

1   Vgl. o. V. 2010a.
2   Vgl. Arbeitskreis für Jugendliteratur e. V./Arbeitsgemeinschaft von Jugendbuchverlagen/Stiftung Lesen/Börsenverein des Deutschen Buchhandels 2010.
3   Vgl. Hauck 2009, S. 24.
4   Vgl. Meffert/Burmann/Kirchgeorg 2008, S. 13 f.
5   Vgl. Bruhn 2007, S. 28.

menskonzeption zu sehen, die alle strategischen und operativen Bereiche des Verlages betrifft und von der Produkt- bzw. Titel- und Programmpolitik über die Distributions-, Preis- und Rabattpolitik bis hin zu den kommunikationspolitischen Maßnahmen alle Entscheidungen an den Bedürfnissen der Zielgruppe ausrichtet.

Der Marketing-Mix gibt „Auskunft über Auswahl, Gestaltung und Gewichtung sowie die zeitliche Fixierung der Marketing-Instrumente im Hinblick auf die angestrebten Ziele eines Unternehmens [...]"[6]. Er legt fest, welche Instrumente einzusetzen und in welcher Form sie zu kombinieren sind, damit die Ziele der einzelnen Funktionsbereiche erreicht werden. Dabei bestehen „zwischen den einzelnen Instrumenten [...] zahlreiche gegenseitige Abhängigkeiten. Die Berücksichtigung derartiger Interdependenzen ist bei der Festlegung des Marketing-Mix von zentraler Bedeutung, da von diesen ein erheblicher Einfluss auf die Effizienz und Effektivität des gesamten Marketing-Mix ausgeht."[7] Die zentrale Aufgabe des Marketing-Mix stellt demzufolge eine „strategieadäquate Verknüpfung und Nutzung der vielfältigen Beziehungsstrukturen"[8] dar. Zudem ist die Beachtung der Marketingziele sowie der übergeordneten Unternehmensziele entscheidend und damit die Interaktion mit der strategischen Ebene.

Bei der Marketingstrategie ist im Buchmarkt eine branchenspezifische Dominanz des Push-Marketing festzustellen.[9] Traditionell konzentrieren sich die Anstrengungen der Verlage auf den Handel als vorgelagerte Zielgruppe.[10] Mit Hilfe der Vertriebsorganisation und gezielter kontrahierungspolitischer Maßnahmen werden die Titel in den Handel „gedrückt"; die Warenpräsenz im Sortiment/Handel soll Kaufanreize bieten, oder die Titel sollen im Zuge des Beratungsgesprächs verkauft werden.[11] Diese Strategieform zur Erschließung von Absatzmärkten greift insbesondere dann, wenn die Kaufentscheidung überwiegend spontan getroffen wird und direkt am Point of Sale beeinflusst werden kann. Push-Marketing setzt gegenüber dem Handel eine starke Marktposition der Verlage voraus.[12] Bei der Pull-Strategie erfolgt eine gezielte Stimulierung der Nachfrage. Ziel dieser verbrauchergerichteten Verkaufsförderung ist es, Nachfrage auszulösen und den Kunden zum Kauf beim Verlag zu bewegen oder in den Handel „zu ziehen", der dadurch veranlasst wird, den Titel ins Sortiment aufzunehmen oder zu bestellen.[13]

Die Dominanz des Push-Marketings führt dazu, dass Verlage bei den Endkunden nur selten wahrgenommen werden. Kinderbuchverlage verstärken nun seit einiger Zeit ihre Maßnahmen Richtung Endkunden (z. B. durch Newsletter), ebenso ihre Aktivitäten im

---

6 Kirchgeorg 2004, S. 514.
7 Meffert/Burmann/Kirchgeorg 2008, S. 745.
8 Ebd., S. 13.
9 Vgl. Kotler/Bliemel 2001, S. 920 f.; Busch/Dögl/Unger 1997, S. 271; Rautenberg 2003, S. 416 f.; Heinold 2001, S. 38 ff.
10 Vgl. Heinold 2001, S. 38–41.
11 Die nachfolgenden Ausführungen beziehen sich ohne Ausnahme auf den Bereich der Publikumsverlage. In Abgrenzung zu diesem General-Interest-Bereich ist es bei Verlagen mit Spezialisierung auf (Aus-)Bildungs- und Fachliteratur aufgrund genauerer Zielgruppenkenntnis möglich, mithilfe von Database-Marketing die Kunden direkt anzusprechen und erfolgreich Pull-Strategien einzusetzen.
12 Vgl. Rautenberg 2003, S. 417.
13 Vgl. Kotler/Bliemel 2001, S. 920 f.

Bereich der Markenbildung. Denn die Wahrnehmung von Marken und Markenunterschieden zählt zu den entscheidenden Faktoren von erfolgreichem Pull-Marketing.[14]

Fragen der Markenbildung und -führung werden innerhalb des Marketing-Mix der Produktpolitik zugeordnet.[15] Ziel der Produkt- und Markenpositionierung ist es jedoch, im Bewusstsein der Kunden einen besonderen, einzigartigen Platz einzunehmen. Und hier verbinden sich sehr deutlich Entscheidungsfaktoren der Produktpolitik mit denen der Kommunikationspolitik. Hinzu kommt, dass das Produkt „den eigentlichen Grund (‚Reason Why') für den Einsatz sämtlicher Marketingaktivitäten darstellt und somit auch im Mittelpunkt aller kommunikationspolitischen Maßnahmen steht"[16]. Daher wird die Kommunikationspolitik hier im Fokus der Betrachtungen stehen.

Die Kommunikationspolitik wird nach Bruhn definiert als „Gesamtheit der Kommunikationsinstrumente und -maßnahmen eines Unternehmens [...], die eingesetzt werden, um das Unternehmen und seine Leistungen den relevanten Zielgruppen der Kommunikation darzustellen und/oder mit den Anspruchsgruppen eines Unternehmens in Interaktion zu treten"[17]. Die vielfältigen Aktivitäten können zu den nachfolgend aufgeführten Kommunikationsinstrumenten gebündelt werden:

– Mediawerbung
– Verkaufsförderung
– Direct Marketing
– Public Relations
– Sponsoring
– Persönliche Kommunikation
– Messen und Ausstellungen
– Event Marketing
– Multimediakommunikation[18]

Komplexe Zielgruppenkonstellation

Um einen optimalen Kommunikations-Mix zu konzipieren, ist die Kenntnis der Zielgruppen von entscheidender Bedeutung. Im Kinderbuchbereich liegt eine besonders komplexe Zielgruppenkonstellation vor. Die Verlage müssen nicht nur die Kinder gewinnen, sondern als vorgelagerte Zielgruppen den Handel sowie – neben den Medien – insbesondere die oft kaufentscheidenden „Torhüter" oder „Gatekeeper": Eltern, erwachsene Käufer, Erzieher, Lehrer, Bibliothekare.

Aufgrund der demografischen Entwicklung wird sich sowohl die Größe der jungen Zielgruppe des Kinder- und Jugendbuchmarktes als auch die der Kernzielgruppe der erwachsenen Buchkäufer mittel- und langfristig erheblich verringern. Insbesondere die mitt-

---

14 Vgl. ebd.
15 Meffert weist jedoch zu Recht darauf hin, dass markierungspolitische Fragestellungen im Grunde zu „mixübergreifenden Einheiten" zählen: Meffert 2000, S. 846.
16 Bruhn 2003a, S. 14.
17 Bruhn 2007, S. 199.
18 Vgl. ebd., S. 204.

lere Altersgruppe der 35- bis 49-Jährigen wird bis 2050 um 31 Prozent abnehmen.[19] Zur Gruppe der 20- bis 35-Jährigen zählen im Jahr 2050 24 Prozent weniger Personen als heute.[20]

Die Zielgruppe der Grundschüler/innen im Alter von 5/6 bis 8/9 Jahren ist nicht leicht präzise zu beschreiben, da es sich um eine besonders „offene, in sich dynamische, wandlungs- und perspektivenreiche Altersphase"[21] handelt. Vor diesem Hintergrund stellt diese Altersgruppe ein besonders komplexes Marktsegment dar.[22] Bei den 8/9-Jährigen ist bereits eine breite Mediennutzung festzustellen. Die Kinder werden von alten und neuen Medien gleichermaßen erreicht. Die „KidsVA" 2009 bestätigt, dass medienaffine Kinder auch weiterhin gerne lesen.[23] Allerdings nützt die befragte Gruppe der 6- bis 13-Jährigen den Computer zu 87 Prozent für Spiele, 71 Prozent für den Internetzugang. Das Onlinemedium nutzen Jungen zu 90 Prozent für Spiele, Mädchen mit 66 Prozent für die Kommunikation.[24]

Nach wie vor ist Lesen die Medientätigkeit, die von Eltern bei Kindern am meisten geschätzt wird. Und nach wie vor ist das Medien-Image des Buches sehr positiv: Ihm werden Eigenschaften zugeschrieben wie „anregend, interessant, sympathisch, unterhaltend, bildend, gibt Rat, vermittelt Wissen, informativ"[25]. Allerdings steht diese Wertschätzung des Buches in Kontrast zur eigenen Mediennutzung der Eltern. Von den 30- bis 39-Jährigen werden inzwischen deutlich weniger Bücher gekauft. Lag der Anteil im Jahr 2005 hier noch bei 20 Prozent, sind es aktuell nur noch 16 Prozent.[26] Gleichzeitig nimmt in dieser Altersgruppe die Nachfrage nach elektronischen Medien zu; sie werden sehr häufig auch als Geschenk für die eigenen Kinder gekauft.[27] Während der Anteil der kaufenden Eltern im Kinder- und Jugendbuchmarkt sinkt, ist bei der älteren Käuferschicht eine positive Entwicklung festzustellen: Die zahlenmäßig steigende Bevölkerungsschicht der über 50-Jährigen kauft mehr Bücher als früher und dabei einen nicht unerheblichen Anteil an Kinder- und Jugendbüchern. Während die Elterngeneration also elektronische Medien präferiert, entscheiden sich die Großeltern für das Buch.[28]

Viele der im Rahmen der Programm- und Kommunikationspolitik durchgeführten Maßnahmen durchlaufen diverse „Filter", ehe sie bei der Zielgruppe der Kinder ankommen. In diesem Kontext spricht man auch von der erwähnten „Torhüterfunktion" der Eltern. Sie nehmen hier – wie im gesamten Prozess der Sozialisation des Kindes – eine wichtige Gatekeeper-Funktion[29] wahr, indem sie Informationen selektieren, eine Voraus-

---

19 Vgl. Statistisches Bundesamt 2003a.
20 Vgl. ebd.
21 Baacke 1996, S. 61.
22 Vgl. Götze 2000, S. 9: „Keine Altersgruppe ist komplexer, dynamischer und vielschichtiger."
23 Vgl. Egmont Media Solutions 2009, S. 25.
24 Vgl. ebd.
25 Schön 2000, S. 128.
26 Vgl. o. V. 2010b.
27 Ebd.
28 Ebd.
29 Die Ursprünge der Gatekeeper-Forschung in der Kommunikationswissenschaft gehen auf David Manning White zurück. Nach seiner Theorie hängt der Selektionsprozess des Journalisten von des-

wahl von Produkten treffen und dadurch das Konsumverhalten der Kinder ganz wesentlich steuern. Nicht zuletzt aufgrund ihrer rechtlichen Stellung und der Notwendigkeit der Zustimmung zu Rechtsgeschäften des Kindes sind sie direkter Interaktions- und Kommunikationspartner der Unternehmen.[30] Am erfolgversprechendsten erweisen sich Kampagnen, die sich vor allem an die Mütter wenden, denn sie tätigen für die hier betrachtete Zielgruppe zwei Drittel der Buchkäufe.[31]

Nach einer Studie des Börsenvereins des Deutschen Buchhandels, die in Zusammenarbeit mit der GfK Panel Services Deutschland GmbH sowie der Sinus Sociovision GmbH erstellt wurde, bilden zu 93 Prozent Erwachsene die Käufer im Kinder- und Jugendbuchmarkt.[32] In der Studie werden insbesondere das Milieu der Postmateriellen als Kernzielgruppe sowie die Bürgerliche Mitte und die Modernen Performer als Zielgruppen mit noch ungenutzten Potenzialen für den Buchmarkt benannt.[33] Für eine erfolgreiche Konzeption und Durchführung kommunikationspolitischer Maßnahmen ist daher die Ausrichtung am Informationsverhalten dieser Zielgruppen entscheidend. So besuchen Postmaterielle z. B. gemeinsam mit dem Kind den Sortimentsbuchhandel, sie nutzen Kataloge von Verlagen und informieren sich im Internet über Bücher.[34]

Neben den Eltern sind Lehrer/innen eine wichtige Zielgruppe der Kinder- und Jugendbuchverlage. In ihrem Unterricht geben sie den Schüler/innen einen selektiven Einblick in das Lektüreangebot und vermitteln wichtige Anregungen. Wertvolle Basisarbeit wird dabei bereits im Kindergarten geleistet. Viele Verlage knüpfen daher insbesondere bei fremdsprachigen Titeln für die Grundschule an Character und Figuren an, die den Kindern aus der Kindergarten- und Vorschulphase vertraut sind.

Auch die Bibliothekare bilden eine wichtige vorgelagerte Instanz. Durch ihre Auswahl und ihre fachkundige Betreuung vor Ort können sie Leseinteressen der Kinder beeinflussen und eine adäquate Leseförderung bieten.

Dem Handel kommt bei einer vertikalen Vermarktung wie im Buchmarkt zentrale Bedeutung zu. Zudem ist der Sortimentsbuchhandel nach wie vor der wichtigste Distributionspartner der Kinder- und Jugendbuchverlage[35] und damit auch entscheidender Multiplikator der kommunikationspolitischen Aktivitäten des Verlages.

Wie stark der Fokus der Verlagsaktivitäten auf dem Handel liegt, zeigt ein im September 2009 im *Buchmarkt* erschienener Artikel.[36] Auf einer Tagung von Verlagsexperten aus

sen persönlichen Erfahrungen und Einstellungen ab. Seine Nachrichtenauswahl ist demzufolge ein überaus subjektiver Prozess. Dieser individualistische Ansatz der Gatekeeper-Forschung wurde durch nachfolgende Forschungen ergänzt, zum einen durch den institutionellen Ansatz (Gatekeeper innerhalb eines organisatorischen Kontextes), zum anderen durch den kybernetischen Ansatz (Gatekeeper innerhalb einer Organisation und eines Gesamtsystems). Vgl. dazu auch: Joch-Robinson 1973, S. 344–355.

30 Vgl. Zanger/Griese 2000, S. 31.
31 Vgl. Börsenverein des Deutschen Buchhandels 2008, S. 101.
32 Vgl. ebd., S. 100.
33 Vgl. Börsenverein des Deutschen Buchhandels 2007, S. 51–85.
34 Vgl. ebd., S. 52–58.
35 Vgl. ebd., S. 42.
36 Wengeler 2009, S. 78–85.

dem Kinderbuchmarkt wurde hier die Frage diskutiert: „Produzieren die Verlage an den Wünschen des Handels vorbei?"[37] Dies zeigt, welche entscheidende Filterfunktion dem Handel zukommt. Werden die Titel den Wünschen und Vorstellungen des Handels nicht gerecht, finden sie erst gar nicht den Weg zum Endkunden – weder zu den erwachsenen Käufern noch zu den Kindern.

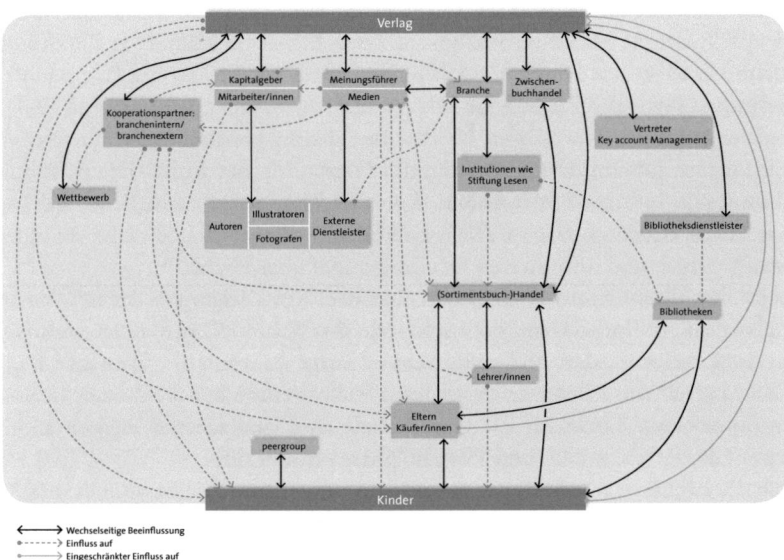

Abb. 1: Komplexe Zielgruppenkonstellation im Kinderbuchmarkt

Im Schaubild (Abb. 1) wird die oben ausgeführte komplexe Zielgruppenkonstellation im Kinderbuchmarkt zusammenfassend dargestellt. Zudem werden die wechselseitigen Einflüsse, die insbesondere für die Kommunikationspolitik von Bedeutung sind, visualisiert.

Zielgruppenspezifische Ausrichtung der einzelnen Kommunikationsinstrumente

Die Autorin hat zwischen 2004 und 2006 eine empirische Untersuchung durchgeführt, im Rahmen derer Kinderbuchverlage nach den von ihnen eingesetzten Kommunikationsinstrumenten befragt wurden.[38] Die Grafik (Abb. 2) dokumentiert die empirischen Befunde für die drei Zielgruppen Handel, Gatekeeper und Kinder. Sie zeigt, welche

---

37 Ebd., S. 79.
38 Vgl. Renner 2006. Es wurden 24 Entscheider in Kinderbuchverlagen befragt. Die ausgewählten Verlage bildeten zum damaligen Zeitpunkt insgesamt rund 75 Prozent des gesamten Marktvolumens ab.

Kommunikationsmaßnahmen der Verlage sich in welchem Umfang an die genannten Zielgruppen richten.

Es wird deutlich, mit welch breitem kommunikationspolitischen Angebot die Verlage die erwachsenen Käufer zu erreichen versuchen. Die Multimedia-Kommunikation führt dabei mit großem Abstand das Ranking an. Es folgen Event Marketing und Messen/ Ausstellungen vor der Mediawerbung. Daraus wird ersichtlich, dass diesen dialogorientierten Maßnahmen eine zunehmende Bedeutung zukommt. Verkaufsfördernde Maßnahmen liegen vor Public Relations, Sponsoring und dem Bereich des Direct Marketing.

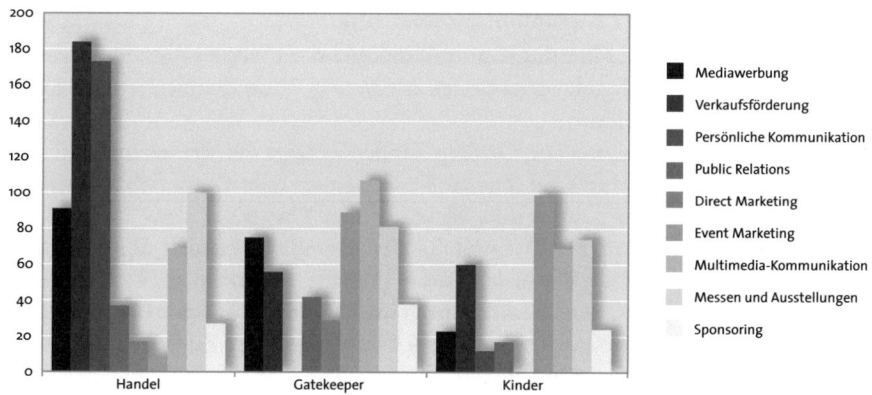

Abb. 2: Kinderbuchverlage: Zielgruppenspezifische Ausrichtung der einzelnen Kommunikationsinstrumente (Anzahl der Einzelmaßnahmen)

Die Konzentration liegt beim Handel erwartungsgemäß auf Maßnahmen der Verkaufsförderung, dicht gefolgt jedoch von der persönlichen Kommunikation (dazu zählen z. B. Vertreterbesuche). Dies zeigt den großen Stellenwert des Handels als eine der Primärzielgruppen für die Kinderbuchverlage. Mit großem Abstand folgen Messen/Ausstellungen, Mediawerbung und Multimedia-Kommunikation. Als sehr nachrangig in der Bedeutung können hier Public Relations, Sponsoring, Direct Marketing und (noch) Event Marketing angesehen werden. Für letztgenannte Maßnahme ist jedoch zu betonen, dass im Bereich von außergewöhnlichen Veranstaltungskonzepten große Potenziale liegen – dies zeigt nicht zuletzt das Ergebnis für Event Marketing bei der Zielgruppe Kinder.

Vergleichbar den Ergebnissen bei den Gatekeepern führen auch bei den Kindern die dialogorientierten Kommunikationsinstrumente das Ranking an. Insbesondere Event Marketing scheint für die Kinderbuchverlage ein geeignetes Instrument zu sein, um mit jungen Zielgruppen in Kontakt zu treten. Es folgen Messen/Ausstellungen und die Multimedia-Kommunikation. Auch verkaufsfördernde Maßnahmen werden offensichtlich als wichtig eingestuft: Die Kinder sollen direkt am Point of Sale angesprochen werden, um sich zum Kauf anregen zu lassen bzw. die Kaufentscheidung der Eltern zu beeinflussen.

Die Bedeutung von Messen und Ausstellungen belegen auch die aktuellen Zahlen: Im Frühjahr 2009 besuchten 20.000 junge Besucher die Stuttgarter Kinder- und Jugendbuchwochen und damit 10 Prozent mehr als in den vorausgegangenen Jahren.[39] Auch die Münchner Bücherschau junior konnte 2010 mit 21.000 Besuchern einen neuen Rekord verbuchen.[40] Auf der Leipziger Buchmesse wurde 2009 ein Drittel der Ausstellungsfläche dem Kinder- und Jugendbuch gewidmet und mit rund 400 Veranstaltungen deutlich mehr für die junge Zielgruppe geboten als im Vorjahr.[41] Dabei ist zu erkennen, dass es – so Messedirektor Oliver Zille – „deutlich mehr Veranstaltungen gibt, in denen die Kinder zum Mitmachen eingeladen werden"[42].

Multimediale Produkt- und Kommunikationskonzepte

Multimediale Produkt- und Kommunikationskonzepte der Verlage zeigen eine deutliche Entwicklung hin zum endkundenorientierten Marketing. Viele Buchwelten werden online weitergeführt und erweitert.

Die Reihe *Wissen mit Links* von Dorling Kindersley trägt die Vernetzung von Print- und Onlinemedium bereits im Titel. Zudem findet sich auf dem Cover farblich hervorgehoben der Hinweis „Online. Ausgewählte Weblinks zum Thema".

Im Herbst 2009 erschien bei Oetinger für den Grundschulbereich die Reihe *Luna Leseprofi*. Mit dem Erscheinen der ersten Bände ging die gleichnamige Website online, und es wurde bewusst geworben: „Besuche mich im Internet." Am Ende der Bücher sind Leserätsel zu lösen. Das Lösungswort ermöglicht anschließend den Zugang zu Spielen auf www.lunaleseprofi.de, wo das Kind Punkte für den „Leseprofi-Orden" gewinnen kann. Darüber hinaus besteht für Lehrer, Eltern und andere Lesepaten die Möglichkeit, Spiele individuell anzupassen und zu verändern und das Kind so individuell und gezielt zu unterstützen und zu fördern.[43] Ergänzende Materialien für den Unterricht machen dieses Produkt für die Zielgruppe der Lehrer/innen zusätzlich attraktiv. So erfolgt auf multimediale Weise eine gezielte Ansprache der relevanten Gatekeeper.

Ein weiteres Beispiel wäre hier die Produktgruppe *Teufelskicker* (Random House), die für ihr Gesamtkonzept auch den AKEP-Award 2008 erhielt. Neben Büchern und CDs findet die junge Zielgruppe eine Community, Spiele und vieles mehr. Zudem werden Lehrer/innen und Eltern pädagogisch orientierte Zusatzseiten angeboten.

Auch bei der Reihe *Codewort Risiko* von Thienemann findet das Kind im Buch einen Code, mithilfe dessen es sich einloggen kann, um Zugang zu Spielen oder Zusatzinformationen zum Buch auf der Verlags-Website zu erhalten. An prominenter Stelle erfolgt auch der Hinweis „Schreib Paul", d. h., die Zielgruppe wird aufgefordert, Kontakt aufzunehmen. Damit wird die Interaktivität gefördert, und der Verlag hat die Möglichkeit, einen direkten Kontakt zur Zielgruppe herzustellen.

---

39 Vgl. Börsenverein des Deutschen Buchhandels/Landesverband Baden-Württemberg 2009.
40 Vgl. Börsenblatt-Newsletter 2010a.
41 Vgl. Börsenblatt-Newsletter 2009a.
42 Ebd.
43 Vgl. Novitätenkatalog Oetinger; vgl. Presseportal der Verlagsgruppe,
    URL: http://www.vgo.presse.de.

Dies nützt besonders Tessloff intensiv. So können die Kinder auf dem Portal www.wasistwas.de Artikel bewerten, aber auch bei der Titelauswahl und der Programmplanung mitwirken. Der aktuelle Titel der *Was-ist-was*-Reihe *Hamster, Biber und andere Nagetiere* wurde z. B. auf Wunsch von Kindern entwickelt.[44] Tessloff verfügt ohnehin mit dem *Was-ist-was*-Klub, der mehr als 62.000 Mitglieder hat, über ein herausragendes Instrument der Kunden- und Markenbindung.

Die Potenziale des Onlinemarketings werden insbesondere bei der Zielgruppe ab zehn Jahren genutzt.[45] Für Jugendliche werden dabei aufwendige Konzepte realisiert, die verschiedene Instrumente im Rahmen der Kommunikationspolitik kombinieren, so z. B. für das Buch *Wildernacht* von Joachim Masannek „Aktionen vor Ort mit verkleideten Buch-Protagonisten, Videobeiträge, Blogs, ein Twitter-Account mit 505 Followern, eine eigene Facebook-Gruppe und eine my-space-Seite"[46], flankiert von zwei Tagebuchkladden zu *Wildernacht*. Chickenhouse/Carlsen verknüpft bei dem Titel *Numbers* Mailing-Aktionen an Blogger und Youtube-Videos mit einer Schnitzeljagd durch Hamburg.[47]

Als ein Beispiel für Mobile Marketing bei der jüngeren Altersgruppe sei hier die Aktion von dtv für *Das absolut wahre Tagebuch eines Teilzeit-Indianers* von Sherman Alexie angeführt. Durch Versenden einer SMS mit dem Codewort „spirit" konnte der Leser an einem Gewinnspiel teilnehmen und auch Gadgets herunterladen. Ebenso populär ist inzwischen der Einsatz von Jingles oder Songs zum Buch (z. B. für *Fünf Asse* bei dtv junior).

Besonders umfangreich gestaltet sich die Multimedia-Kommunikation rund um die Reihe *Wilde Hühner* (Oetinger). Die eigene Website umfasst neben Spielen, Videos, Rezepten, Emoticons, E-Cards und Liedern auch eine Community und einen Chat. Verschiedene Formen von Communities werden auch für die jüngere Zielgruppe immer wichtiger, da die Kinder ihre Protagonisten auch online wiederfinden und sich über spezifische Plattformen mit anderen Fans austauschen möchten.[48] Die genannte Website bietet darüber hinaus einen Casting-Trainer sowie ein eigenes Magazin zum Downloaden.[49] Ebenso finden sich hier verschiedene Trailer.

Trailer sind im Buchmarkt ein noch junges, innovatives Medium des Marketings (z. B. der Trailer zu *Abspringen* von Tobias Elsässer bei Sauerländer). Sie werden sicher künftig verstärkt zum Einsatz kommen, da die Werbewirkung dieser Kurzfilme aufgrund ihrer multisensorischen Rezeption deutlich höher liegt als die klassischer Mediawerbung.[50] Zudem entspricht dies dem Nutzerverhalten im Internet und der Beliebtheit von Videos im Netz. Nach van Eimeren/Frese gelten Videos und Audios als der Wachstumssektor: „[...] keine andere Anwendung im Internet hat bisher eine derartige Wachstumsdynamik aufgezeigt"[51]. Laut ARD/ZDF-Onlinestudie nutzen 98 Prozent der Altersgruppe zwischen 14

---

44 Vgl. Stader-Koch 2009.
45 Vgl. ebd., S. 16.
46 Vgl. ebd., S. 17.
47 Vgl. Schüssel 2010, S. 24.
48 Vgl. Schweikart 2009, S. 17.
49 Vgl. URL: http://www.wildehuehner.de [10. 3. 2010].
50 Vgl. Rudloff 2009, S. 102; Berneike 2008.
51 Eimeren/Frees 2009b, S. 334.

und 19 Jahren und immerhin 62 Prozent der Erwachsenen zumindest gelegentlich Online-Videoangebote.[52]

Die hohe Reichweite durch virale Verbreitung machen diese Angebote besonders attraktiv. Zudem finden sie aufgrund der persönlichen Empfehlungen und Weiterleitungen bei den Adressaten eine weitaus höhere Akzeptanz als klassische Werbemaßnahmen.[53] Von besonderem Interesse ist, dass sich Filme auch sehr gut für den Einsatz im stationären Buchhandel eignen. Laut Koopmann üben gerade Filme eine besondere Anziehungskraft auf Kinder aus, die dann gebannt vor den Bildschirmen stehen bleiben.[54] Die „Buchwerbung der Neun" hat bei Titeln, die am Point of Sale mit Hilfe von Filmen beworben wurden, Umsatzzuwächse von 25 bis 30 Prozent festgestellt.[55] Dass am 17. November 2009 erstmals der „Buchtrailer-Award 2009" von DerClub Bertelsmann verliehen wurde, zeigt, welche Bedeutung man inzwischen diesem neuen Medium beimisst.

Die Multimedia-Kommunikation besitzt mit den Funktionen der Informationsvermittlung, der Dialogorientierung und der Kundenbindung vielfältige Beziehungen zu anderen Kommunikationsinstrumenten und ist inzwischen wesentlicher Bestandteil des Kommunikations-Mix der Verlage geworden. Vielfältige Beziehungen bestehen zur Mediawerbung, mit deren Hilfe meist die Internetadresse kommuniziert wird und Hinweise auf online zur Verfügung stehende Informationen gegeben werden. Die Programm- und Titelpräsentation dient neben der Produktwerbung auch der PR oder steht in Verbindung zum Event Marketing. So können z. B. über Twitter die Follower zu einer Veranstaltung des Buchhandels eingeladen werden.

Die zunehmende Konvergenz der Medien kann dabei im positiven Sinne „Einfluss auf einen weiteren Wandel der Formen und Funktionen des modernen Kinder- und Jugendbuches"[56] nehmen, aber sie ermöglicht insbesondere auch innovative Formen des zielgruppenspezifischen Marketings.

Markenbildende Konzepte im Kinderbuchmarkt

Die beschriebenen Konzepte dienen auch dazu, den Käufer stärker an Marken zu binden – sei es nun der Verlag, der Autor, der Character oder die Reihe, die als markenbildendes Konzept fungieren.[57] Angesichts der Titelflut und der zunehmenden Wettbewerbsintensität gilt die Markenbildung inzwischen als Erfolgsfaktor, und viele Verlage sehen es als eines der zentralen Handlungsfelder für die Zukunft an, Marken zu schaffen, die die Beziehung zum Kunden stärken und im Bewusstsein des Buchkäufers eine relevante Rolle bei der Kaufentscheidung spielen.[58] Dies nicht zuletzt auch vor dem Hintergrund der gravierenden strukturellen Veränderungen im Distributionsbereich: Die Zunahme der Filialisten zulasten des traditionellen Sortimentsbuchhandels hat auch einen Rückgang kompetenter

---

52 Vgl. Eimeren/Frees 2009a, S. 362.
53 Vgl. Langner 2008, S. 659.
54 Vgl. Reinke 2009, S. 27.
55 Vgl. Rudloff 2009, S. 57.
56 Kümmerling-Meibauer 2001, S. 1592.
57 Vgl. Schweikart 2009a, S. 18 (Interview mit Klaus Eck).
58 Vgl. Renner 2006, S. 333–336.

Beratung zur Folge sowie eine sehr bewusste Titelselektion. Hier bieten Marken eine wichtige Orientierungsfunktion. Aber insbesondere auch für die kommunikationspolitischen Aktivitäten der Verlage gewinnt die Markenbildung an Bedeutung, da eine spezifische Kommunikationspolitik für die einzelnen Titel kaum mehr finanzierbar ist.

Marke sei hier definiert als „[...] ein in der Psyche des Konsumenten [...] fest verankertes, unverwechselbares Vorstellungsbild von einem Produkt"[59]. Charakteristische unverwechselbare Merkmale sind Voraussetzung, um die Identität der Marke zu formen.[60] Die Identitätspolitik bildet einen wichtigen Rahmen für die gesamte Kommunikationspolitik, da die einzelnen Instrumente der Profilierung eines Unternehmens zu einer Unternehmenspersönlichkeit mit unverwechselbarer Identität dienen.[61] Ziel ist es, das „corporate image" (das Fremdbild) im Sinne der „corporate identity" (des Selbstverständnisses des Unternehmens) zu beeinflussen.[62] Die Identitätspolitik spielt somit eine entscheidende Rolle, wenn es darum geht, den Verlag in der öffentlichen Wahrnehmung zu etablieren und Kunden zu gewinnen. Stimmen die Markenidentität als „Aussagekonzept des Unternehmens"[63] und das Markenimage als „Akzeptanzkonzept der Rezipienten"[64] überein, wurde eine erfolgreiche Marktpositionierung erreicht.

Laut Hillebrecht sind für eine Buchmarke wesentlich[65]:
— Markenkern: verlegerische Idee und Inhalte,
— Markengestaltung: Produktpalette, Preisstrategie und Distribution,
— Markenkommunikation: Bekanntheit und Image der Marke,
— Markenakzeptanz: Gradmesser, wie die Marke im Handel und von Endkunden wahrgenommen wird.

Esch sieht Bekanntheit und Image als die beiden wesentlichen Bestandteile einer Verlagsmarke.[66]

Marken erfüllen insbesondere folgende Funktionen[67]: Sie schaffen Transparenz im Markt und erleichtern es dem Kunden, sich auf dem unüberschaubaren Buchmarkt zu orientieren. Diese Orientierungsfunktion reduziert gleichzeitig den Aufwand für Suche und Informationsbeschaffung.[68] War der Kunde mit dem Kauf eines Titels zufrieden, so erfüllt die Marke beim nächsten Kauf eine Entlastungsfunktion: Es erfolgt eine Beschleunigung des Kaufentscheidungsprozesses und eine Vereinfachung der Transaktionsprozesse.

---

59 Meffert/Burmann/Koers 2002, S. 6.
60 Vgl. ebd., S. 6 f.
61 Vgl. Unger/Durante/Rose 2000, S. 153.
62 Vgl. ebd., S. 154.
63 Siegert 1999, S. 57.
64 Ebd.
65 Nach: Schulte 2005a, S. 18–21.
66 Vgl. Esch 2005, S. 28 f.
67 Im Folgenden nach: Meffert 2005, S. 9–12.
68 Nach einer Studie von McKinsey sind im Wesentlichen drei Funktionen von Marken für die Kaufentscheidung relevant: in der Vorkaufphase die Steigerung der Informationseffizienz, während der Kaufphase die Reduktion des Risikos, eine falsche Kaufentscheidung zu treffen, und drittens der ideelle Nutzen, den Marken in der Nachkaufphase stiften; McKinsey & Company 2002, S. 15 ff.

Zudem wird der Marke aufgrund ihrer Bekanntheit und ihrer Kompetenz Vertrauen entgegengebracht. Eine starke Marke besitzt zugleich eine höhere Attraktivität für branchenübergreifende Kooperationsmodelle. Prestige- und Identifikationsfunktionen der Marke sind im Buchmarkt eher als nachrangig zu betrachten.

Von entscheidender Bedeutung ist jedoch die Qualitätssicherungsfunktion: Bei literarischer Qualität und zielgruppenspezifischer Konzeption handelt es sich zunächst um „innere", immaterielle Produktvorteile, die der Kunde meist nicht sofort im Handel erkennt. Bei der Beurteilung dieser Faktoren bieten Marken eine wichtige Orientierung. Der immaterielle Charakter ist kennzeichnend für alle Medienmarken, da mediale Angebote von Rezipienten nur schwer beurteilt werden können.[69] Sie sind daher „Erfahrungs- oder Vertrauensgüter"[70].

Vonseiten des Verlags kann durch die Marke eine Präferenzbildung beim Kunden und damit gleichzeitig eine Differenzierung gegenüber dem Wettbewerb erreicht werden. Aufgrund der verschärften Wettbewerbssituation zählen diese beiden Faktoren zu zentralen strategischen Erfolgsfaktoren. Markenpolitik dient auch als Basis für eine segmentspezifische und zielgruppenorientierte Marktbearbeitung. Nur bei großer Markenbekanntheit gelingt den Verlagen auch die Erschließung neuer Umsatzbereiche mittels Line oder Brand Extension.[71] Bei dieser Markenausdehnung werden „die Werte einer etablierten Marke für neue Produkte durch Verwendung gemeinsamer Attribute"[72] eingesetzt. So konnte z. B. Tessloff bei der Sachbuchreihe *Was ist was* die Marke erfolgreich sowohl auf andere Medien als auch auf Nicht-Medienprodukte ausdehnen. Wichtig ist der preispolitische Spielraum, den eine erfolgreiche Marke ermöglicht. Dies führt – zusammen mit einer hohen Kundenbindung, die bei erfolgreicher Markenführung erreicht wird – insgesamt zu einer Wertsteigerung des Unternehmens.

Nach Festlegung von Markenstrategie, Markenpositionierung und Markenphilosophie wird durch markenpolitische Einzelentscheidungen der Einsatz der einzelnen Instrumente konkretisiert; dazu zählen unter anderem auch gestalterische Komponenten, die der Markierung des Produkts dienen. Die Markierung mithilfe von Markennamen, Bild-/Wortmarken und Verpackung (im Buchbereich: Cover- oder Gesamtgestaltung) dient nach Esch der positionsrelevanten Assoziation, der Prägnanz und der Diskriminationsfähigkeit.[73] Einige Verlage versuchen, insbesondere bei Reihen, durch eine charakteristische Kombination aus Logo, Typografie und Bildsprache sowie durch die Gesamtgestaltung mittels Farbe, Form und Haptik einen unverwechselbaren Auftritt zu bewirken.[74] Ziel ist

---

69 Vgl. Dreier/Bichler/Pluschkowitz 2004, S. 28. Die umfangreichste Darstellung zum Thema Medienmarken stammt von Gabriele Siegert. Sie modifiziert das Markenkonzept im Hinblick auf „mediale Angebotscharakteristik" und definiert Medienmarken als „neuere Konzeption von Marke", als „Ideen, die durch ein unverwechselbares Kompetenzprofil ausgezeichnet sind": Siegert 2002, S. 243. Allerdings bezieht sie den Buchbereich nicht mit ein.

70 Siegert 2002, S. 184.

71 Vgl. Caspar 2002, S. 235 f.

72 Dreier/Bichler/Pluschkowitz 2004, S. 79.

73 Vgl. Esch 2000, S. 421.

74 Vgl. Hauck 2003a, S. 37.

es, den Erinnerungswert zu unterstützen und eine Wiedererkennung über optische Signale zu erreichen. Wichtig im Hinblick auf eine junge Zielgruppe ist dabei ein leicht kommunizierbares Markenzeichen.[75] Die gesamte optische Anmutung, die Farb- und Formwahl spielen dabei eine wesentliche Rolle. Dies bestätigt auch die bereits erwähnte Studie des Börsenvereins: 68 Prozent der befragten Kinder und erwachsenen Käufer von Büchern für 10- bis 11-Jährige gaben an, „ganz besonders" bzw. „schon eher" den Buchumschlag als wesentliches Orientierungskriterium zu wählen.[76]

In diesem Kontext ist auch die kindgerechte Platzierung am Point of Sale zu erwähnen.[77] Ein Klassiker mit Vorbildcharakter ist sicher die *Pixi*-Figur: Das prägnante Verkaufsdisplay präsentiert in für Kinder idealer Höhe die Schütte mit den kleinen Büchern und besitzt eine herausragende Signalfunktion. Zunehmend werden durch eine stringente Inszenierung eines Character am Point of Sale Themenwelten geschaffen. Beispielhaft wären hier die Maßnahmen des Coppenrath Verlags zu nennen, der den Handel neben Büchern zu seinen bekannten Figuren wie dem Hasen Felix und der Prinzessin Lillifee auch entsprechendes Mobiliar zur Verfügung stellt sowie ein umfangreiches Sortiment an Plüschtieren, Spielen, Geschenkartikeln, Accessoires für das Kinderzimmer und Schulutensilien anbietet.[78] Auch für die Reihe *Bella Sara* (cbj) gibt es Sammelkarten, Figuren, Spiele, Bettwäsche, Kleidung etc. Durch diese fantasievollen Erlebniswelten wird ein attraktives Verkaufsumfeld geschaffen, und zugleich werden markante visuelle Akzente gesetzt. Dies erzeugt nicht zuletzt ein einprägsames und emotionales Erleben der Marke – mit Blick auf den Endkunden insbesondere der Character-Marke, mit Blick auf den Handelskunden vorrangig der Verlagsmarke.

Im Folgenden wird zunächst das Spezifische von Medienmarken im Kinderbuchmarkt erläutert, anschließend werden die zentralen markenbildenden Konzepte in diesem Marktsegment dargestellt.

Erfolgreich sind Marken im Kindermedienmarkt insbesondere dann, wenn sie multimedial konzipiert werden und Kindern zahlreiche Medienoptionen offenstehen. Dadurch können mehrere Kommunikationskanäle genutzt werden, um die Beziehung zwischen Marke und Zielgruppe dynamisch zu gestalten.[79] Da 3,4 Millionen Kinder, also fast 60 Prozent der 6- bis 13-Jährigen, Internet-Erfahrung besitzen[80], liegt es nahe, dieser Mediennutzung mit crossmedialen Produkt- und Kommunikationskonzepten gerecht zu werden. So schreiben Neumann-Paul et al.: „Um Chancen zu haben, zu einer Medienmarke zu avancieren, sollte ein Medienangebot – idealerweise – einige wesentliche Kriterien erfüllen. Dazu zählt in erster Linie eine hohe multimediale Vernetzung, die Kindern ein Erlebnisangebot auf möglichst vielen Ebenen sinnlicher Wahrnehmung verspricht. So

---

75 Vgl. Hasebrink et al. 2004, S. 283.
76 Vgl. Börsenverein des Deutschen Buchhandels 2007, S. 36. Siehe dazu auch Frieberg 2007.
77 Vgl. dazu auch Opalka 2003, S. 96: „Immer noch bezeichnend für den deutschen Markt ist leider, dass Unternehmen zu wenig auf eine geeignete Platzierung ihrer Produkte am Point of Sale Einfluss nehmen."
78 Vgl. Börsenblatt-Newsletter 2010a.
79 Vgl. Neumann-Braun et al. 2004.
80 Vgl. Egmont Media Solutions 2009, S. 48.

können Kinder ihre Lieblingsangebote nicht nur im Fernsehen sehen und ihre Helden durch Höhen und Tiefen begleiten, sondern sie als Film, auf Video- und Hörspielkassette bzw. auf DVD nacherleben, Hintergrund- und Zusatzinformationen im Internet recherchieren oder sich auf den entsprechenden Plattformen mit Gleichgesinnten austauschen oder ihre Helden auf Sammelkarten und Stickern für unterschiedliche kommunikative Anlässe und soziale Funktionen einsetzen."[81] Vor diesem Hintergrund überrascht ein Ergebnis der neuesten Studie des Medienpädagogischen Forschungsverbundes Südwest nicht: Befragt nach bekannten Buchtiteln, nannte ein Großteil der Kinder – neben Klassikern wie *Pippi Langstrumpf* und bekannten Reihen – Bücher, deren Stoffe eine multimediale Umsetzung erfuhren und durch Kino- und Fernsehfilme sowie Computerspiele präsent sind.[82]

Paus-Hasebrink/Lampert weisen zu Recht darauf hin, dass nur diejenigen Buch- und Medienangebote erfolgreich sind, die sowohl den Anforderungen an eine Eltern- als auch an eine Kindermarke gerecht werden. Wohlwollen bei den Eltern genießen insbesondere „multimedial vermarktete Angebote, die [...] von ihnen selbst an die Kinder im Sinne des Gütesiegels ,erlaubt' bzw. ,kindgerecht' mithin ,qualitätvoll' herangetragen werden"[83]. Ein Beispiel aus dem Zeitschriftenbereich ist hier *Geolino*, das Kindermagazin der Marke *Geo*, das von Eltern sehr geschätzt wird und mit 368.000 Lesern zu den erfolgreichsten Kinderzeitschriften zählt.[84] Der etablierten Marke *Geo* gelang hier ein Markenerweiterung und ein erfolgreicher Markentransfer: Positive Imagefaktoren wurden transferiert und der Bekanntheits- und Vertrauensvorsprung von *Geo*, der eng korreliert mit der erwähnten Risikoreduktions- und Qualitätssicherungsfunktion, positiv genutzt.[85]

Generell werden Medienangebote daher erst dann für Kinder als Marken bedeutsam, „wenn sie diese für sich bzw. ihre Anliegen nutzen können, sei es zur Orientierung in der fast unüberschaubaren Fülle der Medienangebote, zur Integration oder Abgrenzung gegenüber Eltern, Geschwistern oder Gleichaltrigen oder als Symbolmaterial im Kontext ihrer Identitätsbildung"[86]. Die Basis für beide Markenkonzepte bildet häufig das Buch als wertgeschätztes Medium; von diesem abgeleitete Medienangebote werden auch von sonst streng reglementierenden Eltern eher akzeptiert.

Die Markenbildung funktioniert im Buchmarkt sehr häufig über den Autor, weil „nur der zu garantieren scheint, was in diesem Bereich gesucht wird: Originalität, Novität, Unvorhersehbares oder wenigstens die Mischung aus Wiedererkennen und Überraschung"[87]. 80 Prozent der Käufer achten beim Kauf eines Kinderbuchs darauf, ob ihnen der Autor bekannt ist; für 31 Prozent stellt die Bekanntheit eines Autors sogar ein wesent-

---

81 Neumann-Braun/Pause-Haase 2003.
82 Vgl. Medienpädagogischer Forschungsverbund Südwest 2009, S. 24.
83 Paus-Hasebrink et al. 2004, S. 159. Vgl. dazu auch Dreier/Lampert 2005, S. 27.
84 Vgl. o. V. 2009.
85 Vgl. Caspar 2002, S. 236 f.
86 Dreier/Lampert 2005, S. 28. Vgl. auch Paus-Hasebrink et al. 2004, S. 160. Zum Markenbewusstsein von Kindern im Grundschulalter vgl. Dreier/Bichler/Pluschkowitz 2004, S. 107 f.
87 Schütz 2002, S. 73.

liches Orientierungskriterium dar.[88] Autoren wie Thomas Brezina, Cornelia Funke, Joachim Masannek etc. besitzen ausgeprägte Fangroups, die insbesondere online den intensiven Kontakt zu ihren Autoren suchen. Allein Cornelia Funke, die mit ihren Titeln eine Gesamtauflage von rund 6,8 Millionen Titeln erreicht[89], pflegt über eine eigene Website den Kontakt zu ihren Fans.

An dieser Stelle soll jedoch insbesondere auf Character sowie Reihen und Serien eingegangen werden, da sie besondere Potenziale für crossmediale Konzepte bieten.

Character

Bettina Hurrelmann spricht von der „ikonographische[n] Präsenz"[90] von Kinderbuchfiguren. Die durch bekannte Protagonisten hervorgerufenen emotionalen Assoziationen beeinflussen die Kaufentscheidung von Eltern und Kindern und sind von großer Bedeutung in Märkten mit nahezu vergleichbaren Produkten.[91] Erfolgreiche Character wurden meist zuerst im Kinderbuch umgesetzt. Ob Sams, der Kleine Eisbär, Hase Felix, Petterson & Findus oder der Regenbogenfisch – sie alle wurden von Kinderbuchautoren entwickelt. Jedes Jahr werden im Kinderbuchbereich mehrere Hundert neuer Themen gestartet. Das Kinderbuch kann daher als Wegbereiter und Trendsetter im Bereich der Character gelten. Dabei werden die einzelnen Figuren in der Regel im Rahmen einer Einzelmarkenstrategie ausgewertet. Bei ausreichendem Potenzial wird dann eine Dachmarkenstrategie angewendet: Das bereits bestehende positive Image kann damit leichter auf neue Produkte transferiert und die Kundenbindung dank der Produktvielfalt gefestigt werden.[92]

Im Kinderbuchbereich sind die Character von besonderer Bedeutung, erleichtert doch „eine einzigartige, sehr universal konzipierte Identifikationsfigur"[93] eine erfolgreiche Markenbildung. Einige von ihnen wurden insbesondere durch das Aufbauen von Erlebniswelten und ein umfangreiches Angebot an Merchandising-Produkten zu erfolgreichen Marken (z. B. Prinzessin Lillifee).[94] Dank des Merchandisings sind diese Figuren stark präsent und können fest etabliert werden. Mittels Cross Promotion werden meist auch Synergieeffekte genutzt, denn „Querverweise in unterschiedlichen Produkten, Marken und Medien sorgen für mehr Akzeptanz beim Käufer"[95]. Zudem wird ein positiver Imagetransfer erreicht und der Bekanntheitsgrad erhöht. „Die Merchandisingauswertung umfasst dann einen Lizenzierungsprozess quer durch alle denkbaren Synergiemedien-Kategorien, wobei hier nicht ,Medien' im engeren Sinne gemeint sind, sondern die Gesamtzahl

---

88 Vgl. Börsenverein des Deutschen Buchhandels 2007, S. 32.
89 Vgl. Wedler-Zinn 2010.
90 Hurrelmann 1995, S. V.
91 Vgl. Knill 2003, S. 11.
92 Vgl. Dreier/Lampert 2005, S. 27.
93 Dreier/Bichler/Pluschkowitz 2004, S. 105.
94 Die vier zentralen Elemente der Markenführung im Kinderbuchmarkt sind nach Dammler: die Kompetenz, der Benefit (Preis-Leistungs-Verhältnis, Prestige), das Markenbild, das wesentlich durch Figuren geprägt wird, sowie die Tonalität, die die damit verbundene Erlebniswelt prägt; vgl. Dammler 2000, S. 138.
95 Hagen 2001, S. 111.

solcher Produkte, die in einem komplementären Verhältnis zum Ausgangsmedium stehen […].“[96] Die Investitionen in den Character sollen sich durch solch umfassende Merchandising-Strategien amortisieren; auf die Inszenierung von Themenwelten wurde bereits hingewiesen.

Reihen/Serien

Ein weiteres wesentliches markenbildendes Konzept sind in diesem Bereich Serien und Reihen. Reihenkonzepte sind bei Kindern sehr beliebt, da sie sich in Geschichten und Konzepte einleben und über einen längeren Zeitraum von deren Protagonisten begleitet werden möchten. Zu den erfolgreichsten Reihen zählen *Freche Mädchen – freche Bücher* (Thienemann) mit weltweit 9,2 Millionen verkauften Exemplaren (allein in Deutschland 8,3 Millionen).[97] Ein weiteres Beispiel ist die Reihe *Die wilden Hühner*, von deren fünf Bänden insgesamt fast 3 Millionen Exemplare verkauft wurden (Dressler).[98] Auch hier unterstützte die multimediale Verwertung über Kinofilme und Hörbücher den Verkauf der Bücher nachhaltig.

Vor allem im sogenannten „Erstlesemarkt“ sind Reihen sehr stark vertreten. Aber auch im Sachbuchbereich ist eine Reihendominanz feststellbar, ebenso im All-Age-Segment: Hier sind vier von fünf Titeln Reihentitel.[99]

Aus Sicht der Kinder und Buchkäufer erfüllen Reihen als markenbildendes Konzept insbesondere eine Orientierungs- und Risikominderungs- sowie eine Qualitätssicherungsfunktion. Die Einzeltitel profitieren vom Imagetransfer: Wer von einem Band überzeugt war, wird sich bei einem erneuten Kauf eher wieder für einen Titel aus der entsprechenden Reihe entscheiden. Aus Sicht der Verlage mindern sie auch den Beratungsaufwand für die Verlagsvertreter im Handel.[100] Bei sehr bekannten Reihen können zudem leichter neue Märkte außerhalb des Buchbereichs erschlossen werden: Aufmachung und Image der Reihe kompensieren die fehlende Beratung. Reihen sichern zudem Fläche und Präsenz im Handel, da eine Reihe – sofern sie sich gut verkauft – kontinuierlich gepflegt wird: Die Neuerscheinungen werden geordert und die Backlist-Titel vorrätig gehalten. Eine Reihe kann sich zudem betriebswirtschaftlich zur „Cashcow“ entwickeln, wenn die Absätze steigen, die Vertriebskosten niedrig gehalten werden können und eine Optimierung der Marketingaktivitäten möglich ist. Auch der Handel profitiert von Bekanntheitsgrad und Image einer Reihe, sichert diese doch Umsatz und minimiert den Beratungsaufwand. Zudem werden von Verlagsseite für Reihen meist umfangreiche verkaufsfördernde Maßnahmen wie Drehsäulen, Sonderregale und Displays realisiert, um die Bücher attraktiv präsentieren zu können.

So ist der „Reihen-Boom“ nach wie vor ungebrochen, und insbesondere für Mädchen wurden mit *Planet Girl*, *Bella Sara* und *No Jungs* vor Kurzem wieder neue Reihen bzw.

---

96   Salm 1998, S. 255.
97   Vgl. Unbehaun 2010.
98   Vgl. Wedler-Zinn 2010.
99   Vgl. Wagner 2008, S. 94.
100   Im Folgenden nach Knill 2001, S. 12.

eigene Imprints aus der Taufe gehoben.[101] cbj bündelt künftig sogar unter dem Imprint „cbj Avanti" Reihen und Themenwelten für 7- bis 9-Jährige.[102] Allerdings müssen sich Reihen zunächst etablieren. Wagner analysiert den Verkaufserfolg von All-Age-Reihen und stellt fest, dass oft erst nach mehreren Bänden ein bestimmter Bekanntheitsgrad und Abverkauf erreicht werden konnte, sich dies dann jedoch auch positiv auf die Verkaufszahlen der ersten Bände auswirkte.[103]

Die Sachbuchreihe *Was ist was* von Tessloff zählt zu den „höchsten Markenwerten in der Buchbranche"[104]. Auf der Basis dieser Reihe mit derzeit 128 Bänden wurde inzwischen mit weiteren Print- und Non-Print-Produkten, insbesondere aber durch TV-Sendungen und das virtuelle Wissensportal eine multimediale, internationale Markenfamilie geschaffen, die „sowohl durch Qualität und Kontinuität als auch durch Traditionsbewusstsein und Innovationskraft überzeugt"[105]. Über 70 Millionen *Was-ist-was*-Produkte konnten mittlerweile weltweit verkauft werden.[106] Damit besitzt diese Marke eine singuläre Position im Kinder- und Jugendbuchmarkt.

Neben Reihen sind Serien „besonders starke Marken, denn sie sind quasi doppelt im Markt verankert: über Autor und Figuren einerseits und über die einheitliche Aufmachung andererseits"[107]. Im Zentrum von Serien stehen bestimmte Figuren; besonders beliebt sind sogenannte „Cliquen-Serien" wie z. B. *Die wilden Kerle, Die drei Fragezeichen, Fünf Freunde, Sechs Spürnasen, 4½ Freunde*. Da es in diesen Serien „mehrere gleichberechtigte Hauptakteure mit deutlich unterschiedlichem Profil gibt, bieten sie den Lesern gleichzeitig ein breites Angebot an Identifikationsfiguren an"[108]. Serien wecken zudem die Sammelleidenschaft. 72 Prozent der Kinder oder erwachsenen Käufer orientieren sich bei der Auswahl eines Kinderbuches an Serien und Reihen.[109]

Verlage

Die wenigsten Verlage verfügen in der Wahrnehmung der Buchkäufer über ein eindeutiges Profil. Meist kann nur Richtung Handel von einer erfolgreichen Markenbildung der Verlage gesprochen werden. Noch immer gilt: Verlage genießen „nicht die große Aufmerksamkeit, denn dafür fehlt den Lesern das Markenbewusstsein"[110]. Nach einer Studie des Börsenvereins des Deutschen Buchhandels ist der Verlagsname nur für die sehr bucherfahrenen Milieus wie Konservative und Postmaterielle, darüber hinaus für Etablierte und Moderne Performer ein Auswahl- und Kaufkriterium.[111] Bei Kinder- und Jugendbüchern

---

101   Vgl. Schulte 2010, S. 10.
102   Vgl. Hauck 2010, S. 47.
103   Vgl. Wagner 2009, S. 94.
104   Ebd., S. 8.
105   Bardola 2003, S. 21.
106   Vgl. Stader-Koch 2010.
107   Knill 2004, S. 22.
108   Knill 2001, S. 11.
109   Vgl. Börsenverein des Deutschen Buchhandels 2007, S. 39.
110   Schweikart 2009a, S. 16.
111   Vgl. Börsenverein des Deutschen Buchhandels 2005, S. 12.

achten „besonders Postmaterielle und Konservative (bei Geschenken an ihre Enkelkinder) auf pädagogisch wertvolle Bücher und vertrauen hier auf bestimmte ausgewiesene Verlage"[112].

Verlage versuchen jedoch zunehmend, auch den Verlagsnamen enger mit anderen markenbildenden Konzepten zu verknüpfen. Ein Beispiel hierfür ist die Website des Thienemann Verlags: Als Keyvisual fungieren hier die bekannten Illustrationen von Räuber Hotzenplotz und Jim Knopf, eng verknüpft mit dem jeweiligen Character wird das Logo des Verlags. Zudem findet der Nutzer neben einer horizontalen Navigation, die sich an Zielgruppen orientiert, eine vertikale, die sowohl nach Autoren wie z. B. Michael Ende, Otfried Preußler und Hortense Ullrich gegliedert ist als auch direkt zu Reihen wie *Codewort Risiko, Freche Mädchen – Freche Bücher* führt.[113] Bei Oetinger dient Pippi Langstrumpf als visuelles Markenzeichen. Neben den Genres besteht auch hier die Möglichkeit, zu Figuren wie Die kleine Hexe, Petterson und Findus etc. und zu Reihen zu navigieren.[114]

Trotz allem findet Markenbildung gegenüber Endkunden nach wie vor nur in sehr unzureichendem Maße statt. Die Branchenexperten sind sich jedoch einig: „Dem Aufbau des Verlagsimages bei den Käufern und Lesern kommt in Zukunft eine […] größere Bedeutung zu als bisher."[115] Aufseiten des Sortiments wird intensiv an der Markenentwicklung gearbeitet. Insbesondere über eine optimierte Verkaufsraumgestaltung und innovative Veranstaltungskonzepte, aber auch über diverse Kundenbindungskonzepte versuchen die Sortimente eine bessere Positionierung und damit verbunden eine stärkere Markenbildung zu erreichen. Sehr erfolgreich praktizieren dies z. B. Thalia oder Osiander.

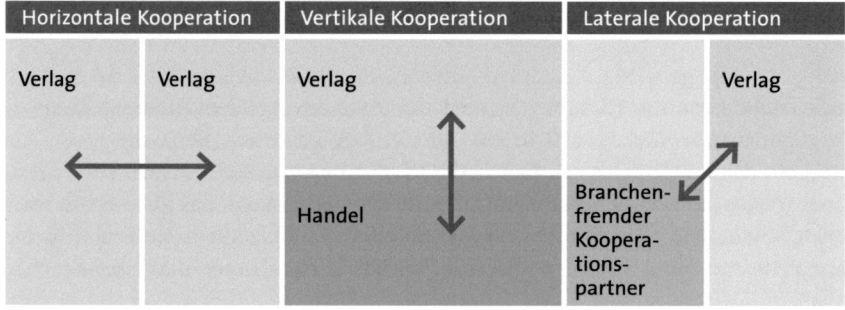

Abb. 3: Mögliche Kooperationsformen

112   Ebd.
113   Vgl. Website des Thienemann Verlags 2010.
114   Vgl. Website des Oetinger Verlags 2010.
115   Börsenverein des Deutschen Buchhandels 2005, S. 12.

Kooperationsmodelle mit kommunikationspolitischer Zielsetzung

Die Verlage erschließen sich zunehmend Potenziale durch die Zusammenarbeit mit anderen Partnern und eröffnen damit neue Möglichkeiten in der Programm- und Distributionspolitik, aber insbesondere auch im Bereich der Marketingkommunikation. Die Zusammenarbeit bei der Marktbearbeitung in Form einer strategischen Allianz kann nach Homburg/Krohmer definiert werden als „die freiwillige, zielorientierte Zusammenarbeit zwischen rechtlich selbstständigen Unternehmen in abgegrenzten Aktivitätsfeldern, wobei die beteiligten Unternehmen ihre Entscheidungsautonomie teilweise einschränken können und sich auch wechselseitig aneinander finanziell beteiligen können"[116]. Zu den ausgewählten Zielen zählen:

– Zugang zu Know-how und anderen Ressourcen,
– Nutzung von Synergien in verschiedenen Kompetenzbereichen,
– erleichterter Marktzugang,
– Erweiterung des Leistungsangebots, höhere Attraktivität des Angebots,
– Nutzen von Kostensenkungspotenzialen,
– Verstärkung der Kommunikationswirkung,
– positiver Imagetransfer.[117]

Entscheidende Voraussetzung ist, dass die kooperierenden Unternehmen eine vergleichbare Zielgruppe ansprechen und mit der Allianz ähnliche Zielsetzungen verfolgen. Produktallianzen finden häufig im Merchandising-Bereich statt. Entsprechend der Produktvielfalt ist die Zahl der Kooperationspartner hier meist sehr umfangreich.[118] Bei Kooperationen im Produktbereich werden häufig auch Distributionsallianzen geschlossen, d. h., es erfolgt beispielsweise eine Nutzung des Spielwaren- oder Papeterievertriebs durch den Verlag und im Gegenzug die Nutzung des Buchhandels als Distributionskanal durch ein branchenfremdes Unternehmen.

Es gibt drei Ausprägungen unternehmensübergreifender Kooperationen (siehe Abb. 3).[119] Bei einer vertikalen Kooperation arbeiten Unternehmen unterschiedlicher Wertschöpfungsstufen zusammen. Dazu zählt z. B. die klassische Hersteller-Handels-Kooperation bei gemeinsamen Aktivitäten zur Verkaufsförderung. Bei einer horizontalen Kooperation arbeiten Unternehmen innerhalb einer Branche zusammen, also potenzielle Wettbewerber. Bei einer lateralen Kooperation schließen sich Unternehmen unterschiedlicher Branchen zusammen.

Im Kinderbuchmarkt finden sich u. a. folgende Beispiele für vertikale Kooperationsmodelle zwischen den Verlagen und dem Sortimentsbuchhandel:

---

116 Homburg/Krohmer 2003, S. 428.
117 Vgl. ebd.; siehe dazu auch Steffenhagen 2004, S. 37 f.
118 Zum Erfolgscharacter „Hase Felix" von Coppenrath gibt es u. a. folgende Lizenznehmer: Kinderbrillen von Nuss-Baumer, Trinkflaschen von Sigg, Stickbilder von Manufactum, Tapeten von der Marburger Tapetenkollektion, Schokolade von Weinreich, Schuhe von Bavaria Sonor.
119 Vgl. Homburg/Krohmer 2003, S. 429.

–   Fortbildungsveranstaltungen für Erzieher aus Kindergärten und Lehrer
    in Grundschulen
–   Einladungen an Schulklassen
–   Themenbezogene Newsletter an Kindergärten und Schulen
–   Hörbuchseminare in der Buchhandlung
–   Bücherkisten für Klassenbibliotheken
–   Präsentation von Novitäten in Schule oder Buchhandlung
–   Buchausstellungen
–   Bücherfest mit Vorlesewettbewerben etc.

Hier bieten sich den Verlagen vielfältige Anknüpfungsmöglichkeiten, um die Beziehungen
zu Handel und Endkunden zu intensivieren. Nachfolgend seien einige Beispiele aufgeführt.

Horizontale/vertikale Kooperationsmodelle

Auf Anregung der Riemann'schen Buchhandlung in Coburg entstand bereits 2003 in
Kooperation der beiden Wettbewerber Oetinger und Ravensburger die sogenannte „Lese-
koffer-Aktion". Der Lesekoffer mit 60 Büchern der beiden Verlage wird einer Schulklasse
für vier Wochen überlassen – neben Büchern enthält der Koffer auch Lesezeichen, Leseta-
gebüchern und Handreichungen für Lehrer. Mit einer kleinen Party in einer Buchhandlung wird er dann an die nächste Klasse übergeben. Den „Lesekoffer", der 2008 im fünften
Jahr seines Bestehens auch zur eingetragenen Marke wurde[120], haben bis heute 460.000
Grundschüler kennengelernt (nach Angaben der Verlage: 18.500 Klassen, 5800 Schulen
und über 470 Buchhandlungen)[121]; er kann somit als außergewöhnlich erfolgreiches Modell einer horizontalen Kooperation zweier Verlage gewertet werden. Durch die Zusammenarbeit mit Buchhandlungen erfährt das Erfolgsmodell zudem eine Ausweitung in
vertikaler Richtung.

Eine horizontale Kooperation gingen jüngst auch Coppenrath und cbj (Random
House) ein: Ab Mai 2010 werden bei cbj Taschenbuchlizenzen des Münsteraner Verlags-
hauses erscheinen.[122] Damit erweitert die Random-House-Tochter ihr Angebot, und Coppenrath platziert sich als Marke auch im Taschenbuchsegment.

Laterale Kooperationsmodelle

Ein Beispiel für eine laterale Kooperation stellt das Magazin *Leselok* dar, das von Ravensburger und der Deutschen Bahn AG gemeinsam realisiert wurde.[123] Die *Leselok* richtet
sich an 6- bis 10-jährige Kinder und enthält Kurzgeschichten, Auszüge aus Kinderroma-
nen, Sachwissen und Mitmachangebote. Die *Leselok* startet nach Angabe der Partner mit
einer Auflage von 250.000 Exemplaren und wird kostenlos in den Fernzügen der DB

---

120   Vgl. Ravensburger Verlag 2008.
121   Vgl. Seidensticker 2010.
122   Vgl. Hauck 2010, S. 46.
123   Vgl. Börsenblatt-Newsletter 2009b.

verteilt. Das 20-seitige Magazin erschien 2009 zweimal. Für 2010 sind weitere Ausgaben geplant.

Mehrere Allianzen bildet Beltz & Gelberg bei seinen kommunikationspolitischen Aktivitäten für die Reihe *Warrior Cats*. Neben gemeinsamen Anzeigen wurde in Kooperation mit *KinoNews*, dem Magazin von McDonalds, ein TV-Spot produziert, der auf diversen Regionalsendern lief und bei Youtube eingestellt ist. Ergänzt durch Werbung bei Häfft, einem Anbieter u. a. von Hausgabenheften und Terminplanern für Schüler, und dem Internetportal Schüler VZ, konnten sehr hohe Kontaktzahlen bei der relevanten Zielgruppe erreicht werden.

Die Reihe *Fünf Asse* von dtv junior kooperiert bei der Kommunikation mit Puma, Nutella, dem Kinder-Fernsehkanal und -portal www.nick.de, dem Bayerischen Landessportverband BLSV sowie mit Häfft. Prominent stehen die Logos auf der Website www.fuenf-asse.de und ermöglichen eine direkte Verlinkung zu den Seiten der Markenartiklern bzw. des Sportverbandes. Bei diesem gemeinsamen Auftritt der Marken nutzen diese im Sinne des Co-Branding den Vertrauensbonus und den gegenseitigen Imagetransfer.[124]

Ein weiteres Beispiel ist die Aktion von *Was ist was* in Kooperation mit dem Erbacher-Produkt „Happy Dinky". Auf der Packung der Cerealien wird mit dem *Was-ist-was*-Logo für die gemeinsame Aktion „Mach mit bei der fit + schlau Aktion" geworben. Die Kinder sollen animiert werden, Wissenspunkte zu sammeln und gegen Prämien einzutauschen. Eine ähnliche Aktion führt der Verlag mit dem Getränkehersteller Boowl durch.[125] Jeder dritten Fruchtnektarflasche ist eine *Was-ist-was*-Tierfigur beigelegt, zudem eine Information über Verbreitung und Lebensraum bedrohter Tierarten. Kombiniert ist dies mit einem Kreativwettbewerb. Unter allen Einsendern wird zehnmal das Buch *Was ist was – Ausgestorbene und bedrohte Tiere* verlost, und Boowl übernimmt eine Patenschaft für das Tier mit den meisten Einsendungen. Hier geht es insbesondere um Imagewerbung für die beiden beteiligten Unternehmen.

Der Character steht ganz im Zentrum der lateralen Kooperation zwischen Coppenrath und Fissan bzw. Dr. Oetker. Zu Prinzessin Lillifee bietet der Verlag und seine Lizenzpartner nicht nur ein umfangreiches Sortiment an Plüschtieren, Spielen, Geschenkartikeln, Accessoires, sondern ganz aktuell auch ein „Prinzessinnen-Wohlfühlpaket", bestehend aus Schaumbad, Körperlotion und Shampoo. Neu hinzugekommen ist auch die Backmischung „Prinzessin Lillifee Glitzerherz Zitrone" von Dr. Oetker. Die genannten Lizenzprodukte sind komplett im Lillifee-Design gestaltet, sodass ein hoher Wiedererkennungseffekt gegeben ist. Die kleinen Mädchen werden direkt angesprochen: „Für eine echte Prinzessin ist nur das Beste gut genug: Köstlich und hübsch anzuschauen ist das Prinzessin Lillifee Glitzerherz."[126]

---

124   Vgl. Meffert 2002, S. 153.
125   Vgl. Börsenblatt-Newsletter 2009c.
126   Aufdruck auf der Verpackung der Backmischung Prinzessin Lillifee Glitzerherz Zitrone von Dr. Oetker.

Voraussetzung für den Erfolg dieser Kooperationsform ist ein hoher Bekanntheitsgrad des Character. Zudem müssen die Eigenschaften der Figur zum Profil der kooperierenden Marke passen.[127] Die vorgestellten Kooperationsmodelle mit überwiegend kommunikationspolitischer Zielsetzung zeigen, dass große Chancen insbesondere mit lateral ausgerichteten Allianzen verbunden sind. Die Verlage erschließen damit nicht nur neue Möglichkeiten in der Programm- und Distributionspolitik, sondern insbesondere auch neue Formen der Zielgruppenansprache. Da Bücher ein sehr positives Image besitzen, sind Kinderbuchverlage für Allianzformen dieser Art ein attraktiver Partner für Markenartikler aus der Industrie – umso mehr, je profilierter auch ihre eigenen Markenkonzepte sind.

Fazit

Kinderbuchverlage müssen einer sehr komplexen Zielgruppenkonstellation Rechnung tragen. Wie ausgeführt, verstärken sie inzwischen – bei nach wie vor dominanter Handelsorientierung – ihre kommunikationspolitischen Aktivitäten in Richtung Endkunden (Erwachsene und Kinder); dies zeigt sich z. B. an crossmedialen Produktkonzepten in Verbindung mit Maßnahmen im Bereich der Multimediakommunikation.

Bei der Markenbildung und -führung sind ebenfalls positive Entwicklungen zu konstatieren. Mit Klassikern, Reihen/Serien, Character-Figuren und Medienverbundtiteln verfügt der Kinderbuchmarkt ohnehin über hervorragende Möglichkeiten für markenbildende Konzepte, die nun besser genutzt und eindeutiger positioniert werden. Der Verlagsname selbst sollte jedoch noch bewusster im Sinne eines Qualitätssiegels kommuniziert werden. Gerade angesichts der wachsenden Bedeutung der Onlinekommunikation sind Verlagsmarken Garanten für Qualität, Seriosität und Kompetenz und bieten damit insbesondere für die bei der jungen Zielgruppe entscheidenden Gatekeeper eine wertvolle Orientierungshilfe. Nicht zuletzt sind Verlage dadurch interessante Partner für Kooperationen und eröffnen sich damit vielfältige Potenziale auch jenseits der Branchengrenzen.

Literatur

Quellen

Arbeitskreis für Jugendliteratur e. V. (AKJ)/Arbeitsgemeinschaft von Jugendbuchverlagen (avj)/Stiftung Lesen/Börsenverein des Deutschen Buchhandels (Hrsg.): Trendbericht Kinder- und Jugendbuch 2010. All-Age-Bücher dominieren: Bleibt das Kinderbuch auf der Strecke? Frankfurt am Main 2010.

Börsenverein des Deutschen Buchhandels (Hrsg.): Buchkäufer und Leser: Profile, Motive, Wünsche. Verbraucherstudie. In Zusammenarbeit mit GfK Panel Services Deutschland und Sinus Sociovision. In: Studienreihe Marktforschung. Frankfurt am Main 2005.

Börsenverein des Deutschen Buchhandels (Hrsg.): Kinder- und Jugendbücher. Marktpotenzial, Käuferstrukturen und Präferenzen unterschiedlicher Lebenswelten. In Zusammenarbeit mit GfK Panel Services Deutschland, Sinus Sociovision und der Arbeitsgemeinschaft von Jugendbuchverlagen. In: Studienreihe Marktforschung, Bd. 1. Frankfurt am Main 2007.

---

127 Weitere Beispiele: Maus, Elefant und Hase im neuen Mädchen-Design, aktuell bei cbj in Verbindung mit WDR mediagroup licensing.

Börsenverein des Deutschen Buchhandels (Hrsg.): Buchkäufer und Leser: Profile, Motive, Wünsche. In Zusammenarbeit mit GfK Panel Services Deutschland und Sinus Sociovision. In: Studienreihe Marktforschung, Bd. 2. Frankfurt am Main 2008.

Börsenverein des Deutschen Buchhandels/Landesverband Baden-Württemberg: Pressemitteilung zu den Kinder- und Jugendbuchwochen 04/2009. Frankfurt am Main 2009.

Egmont Media Solutions (Hrsg.): KidsVerbraucheranalyse 2009. Markt-/Mediauntersuchung der Zielgruppe der 6- bis 13-Jährigen. Berlin 2009.

Medienpädagogischer Forschungsverbund Südwest (Hrsg.): KIM-Studie 2008. Kinder + Medien, Computer + Internet. Basisuntersuchung zum Medienumgang 6- bis 13-Jähriger. Stuttgart 2009.

Statistisches Bundesamt: Die Bevölkerung Deutschlands von 2002 bis 2050. 10. koordinierte Bevölkerungsvorausberechnung. Wiesbaden 2003.

Weitere Quellen

Boensch, Tobias, Ravensburger Verlag: E-Mail vom 7. 8. 2009.

Ravensburger Verlag: Lesekoffer gehen wieder auf Touren. Pressemitteilung. September 2008.

Seidenstricker, Iris, Ravensburger Verlag: E-Mail vom 6. 4. 2010.

Stader-Koch, Jeanette, Tessloff Verlag: E-Mail vom 7. 8. 2009.

Stader-Koch, Jeanette, Tessloff Verlag: E-Mail vom 6. 4. 2010.

Unbehaun, Svea, Thienemann Verlag: E-Mail vom 16. 3. 2010.

Wedler-Zinn, Frauke, Dressler Verlag, E-Mail vom 16. 3. 2010.

Sekundärliteratur

Baacke, Dieter: Die 6- bis 12-Jährigen. Einführung in Probleme des Kindesalters. Weinheim/Basel: Beltz, 6. Aufl. 1996.

Bardola, Nicola: Fühler ausstrecken. In: Börsenblatt, 51/2003, S. 20–23.

Bruhn, Manfred: Kommunikationspolitik. Systematischer Einsatz der Kommunikation für Unternehmen. München: Vahlen, 2. Aufl. 2003.

Bruhn, Manfred: Marketing, Wiesbaden: Gabler, 8. Aufl. 2007.

Busch, Roland/Dögl, Rudolf/Unger, Fritz: Integriertes Marketing. Strategie, Organisation, Instrumente. Wiesbaden: Gabler, 2. Aufl. 1997.

Caspar, Mirko: Markenausdehnungsstrategien. In: Meffert, Heribert/Burmann, Christoph/Koers, Martin (Hrsg.): Markenmanagement. Grundfragen der identitätsorientierten Markenführung. Wiesbaden: Gabler 2002, S. 233–259.

Dammler, Axel: Das ICON-Markensteuerrad. In: Dammler, Axel/Barlovic, Ingo/Melzer-Lena, Brigitte: Marketing für Kids und Teens. Wie Sie Kinder und Jugendliche als Zielgruppe richtig ansprechen. Landsberg/Lech: Moderne Industrie 2000, S. 140–146.

Dreier, Hardy/Bichler, Michelle/Pluschkowitz, Alois: Multimediale Strategien der Verwertung von Markenzeichen von Kindern. In: Paus-Hasebrink, Ingrid/Neumann-Braun, Klaus et al. (Hrsg.): Medienkindheit – Markenkindheit. Untersuchungen zur multimedialen Verwertung von Markenzeichen von Kindern (= Schriftenreihe der LPR Hessen 18). München: Kopäd 2004, S. 27–108.

Dreier, Hardy/Lampert, Claudia: Kinder im Netz der Marken? Zur Rolle der Medienmarken im Alltag von Kindern. In: MERZ, Zeitschrift für Medienpädagogik, 01/2005, S. 24–30.

Eimeren, Birgit van/Frees, Beate: Der Internetnutzer 2009 – multimedial und total vernetzt? Ergebnisse der ARD/ZDF-Onlinestudie 2009. In: Media Perspektiven, 7/2009 (2009a).

Eimeren, Birgit van/Frees, Beate: Nutzungsoptionen digitaler Audio- und Videoangebote: Ergeb-
    nisse der ARD/ZDF-Onlinestudie 2009. In: Media Perspektiven, 7/2009 (2009b).
Frieberg, Jeanette: Die Beeinflussung des Kaufverhaltens durch zielgerichtetes Produktdesign bei
    Büchern. Hamburg: Diplomica 2007.
Götze, Katrin: Kinder als Marketing-Zielgruppe (= Erfurter Hefte zum angewandten Marketing
    9: Zielgruppenmarketing). Erfurt, 2000, S. 9–20.
Hagen, Kirsten von: Einmal hotter als Potter sein. In: Buchreport, Magazin, 8/2001, S. 111.
Hasebrink, Uwe et al.: Medienkindheit – Markenkindheit: Fazit und Konsequenzen aus einem
    interdisziplinären Projekt. In: Paus-Hasebrink, Ingrid/Neumann-Braun, Klaus et al. (Hrsg.):
    Medienkindheit – Markenkindheit. Untersuchungen zur multimedialen Verwertung von
    Markenzeichen von Kindern (= Schriftenreihe der LPR Hessen 18). München: Kopäd 2004,
    S. 281–290.
Hauck, Stefan: Nur eine leichte Delle. In: Börsenblatt, 12/2009, S. 24.
Hauck, Stefan: Noch ein bisschen anbauen. In: Börsenblatt, 7/2010, S. 46 f.
Heinold, Wolfgang Ehrhardt: Bücher und Büchermacher. Heidelberg: Decker/Müller, 5. Aufl.
    2001.
Homburg, Christian/Krohmer, Harley: Marketingmanagement. Strategie, Instrumente, Umset-
    zung, Unternehmensführung. Wiesbaden: Gabler 2003.
Hurrelmann, Bettina (Hrsg.): Klassiker der Kinder- und Jugendliteratur. Frankfurt am Main: Fi-
    scher 1995.
Joch-Robinson, Gertrude: Fünfundzwanzig Jahre „Gatekeeper"-Forschung: Eine kritische Rück-
    schau und Bewertung. In: Aufermann, Jörg/Bohrmann, Hans/Sülzer, Ralf (Hrsg.): Gesell-
    schaftliche Kommunikation und Information. Forschungsrichtungen und Problemstellungen.
    Frankfurt am Main: Fischer 1973, S. 344–355.
Kirchgeorg, Manfred: Marketing-Mix. In: Bruhn, Manfred/Homburg, Christian (Hrsg.): Gabler
    Lexikon Marketing. Wiesbaden: Gabler, 2. Aufl. 2004, S. 514.
Knill, Dietmar: Der Mix macht's. In: Bulletin Jugend & Literatur, 5/2003, S. 11–13.
Knill, Dietmar: Everytime a good time – oder: was haben Buchreihen mit Fastfood zu tun? In:
    1000 und 1 Buch, 2/2004, S. 20–23.
Koeffler, Matthias: Werben mit Buchtrailern. In: Buchmarkt, 4/2009, S. 81.
Kotler, Philip/Bliemel, Friedhelm: Marketing-Management. Analyse, Planung und Verwirkli-
    chung. Stuttgart: Schäffer-Poeschel 2001.
Kümmerling-Meibauer, Bettina: Kommunikative und ästhetische Funktionen des modernen Kin-
    der- und Jugendbuchs. In: Leonhard, Joachim-Felix/Ludwig, Hans-Werner/Schwarze, Diet-
    rich/Straßner, Erich (Hrsg.): Medienwissenschaft. Ein Handbuch zur Entwicklung der Medi-
    en und Kommunikationsformen, 2. Teilbd. (= Handbücher zur Sprach- und Kommunikati-
    onswissenschaft 15/2). Berlin/New York: de Gruyter 2001, S. 1585–1594.
Langner, Sascha: Viral Marketing. In: Schwarz, Torsten (Hrsg.): Leitfaden Online-Marketing:
    Das kompakte Wissen der Branche. Waghäusel: Marketing-Börse, 2. Aufl. 2008, S. 659–671.
Langendorf, Boris: Jenseits der Bücher. In: Börsenblatt, 4/2009, S. 22.
Lucius, Wulf D. von: Verlagswirtschaft. Ökonomische, rechtliche und organisatorische Grundla-
    gen. Konstanz: UTB, 2. Aufl. 2007.
McKinsey & Company (Hrsg.): Lohnen sich Investitionen in die Marke? Die Relevanz von
    Marken für die Kaufentscheidung von B2C-Märkten. In Kooperation mit dem McM Marke-
    ting Centrum Münster. Münster 2002.
Meffert, Heribert: Marketing. Grundlagen marktorientierter Unternehmensführung. Konzepte
    – Instrumente – Praxisbeispiele. Wiesbaden: Gabler, 9. Aufl. 2000.

Meffert, Heribert: Strategien des Markenmanagements. In: Meffert, Heribert/Burmann, Christoph/Koers, Martin (Hrsg.): Markenmanagement. Grundfragen der identitätsorientierten Markenführung. Wiesbaden: Gabler 2002, S. 135–165.

Meffert, Heribert/Burmann, Christoph/Kirchgeorg, Manfred: Marketing. Grundlagen marktorientierter Unternehmensführung. Konzepte – Instrumente – Praxisbeispiele. Wiesbaden: Gabler, 10. Aufl. 2008.

Meffert, Heribert/Burmann, Christoph/Koers, Martin (Hrsg.): Markenmanagement. Grundfragen der identitätsorientierten Markenführung. Wiesbaden: Gabler 2002.

Mohr, Eva Maria: Online-PR im Verlag – heute schon gebloggt? In: Laumer, Ralf (Hrsg.): Verlags-PR: Ein Praxisleitfaden. PR-Arbeit in Buchverlagen, Journalisten als Zielgruppe, Online-Kommunikation, Berufsbild Verlagspressesprecher. In: Edition Buchhandel, Bd. 22. Frankfurt am Main: Bramann, 2., überarb. Aufl. 2008, S. 66–77.

O. V.: Jugendbuch wächst. In: Börsenblatt, 7/2010, S. 42 (2010a).

Opalka, Ralf: Kids-Marketing. Grundlagen – Zielgruppen – Kommunikation. Düsseldorf: Vdm Verlag Dr. Müller 2003.

Paus-Hasebrink, Ingrid et al.: Medien, Marken, Merchandising in der Lebenswelt von Kindern. In: Paus-Hasebrink, Ingrid/Neumann-Braun, Klaus et al. (Hrsg): Medienkindheit – Markenkindheit. Untersuchungen zur multimedialen Verwertung von Markenzeichen von Kindern (= Schriftenreihe der LPR Hessen 18). München: Kopäd 2004, S. 135–184.

Rautenberg, Ursula (Hrsg.): Reclams Sachlexikon des Buches. Stuttgart: Reclam 2003.

Reinke, Christina: Wenn bewegte Bilder an die Regale locken. In: Buchreport, Magazin, 7/2009, S. 26 f.

Renner, Bärbel G.: Kommunikationspolitik im Kinderbuchmarkt. Eine empirische Untersuchung zu den kommunikationspolitischen Maßnahmen von Kinderbuchverlagen im Kontext des Marketing-Mix (= Buchhandel der Zukunft. Aus der Wissenschaft für die Praxis 6, hrsg. v. Georg Jäger). München: Peniope 2006.

Rudloff, Stefanie: Filme als Instrument der Endkundenansprache im Marketing-Mix von Publikumsverlagen (= Stuttgarter Beiträge zur Verlagswirtschaft 1, hrsg. v. Ulrich Huse u. Okke Schlüter). Stuttgart 2009.

Salm, Christiane zu: Merchandising. In: Zentralstelle Medien der Deutschen Bischofskonferenz und Gemeinschaftswerk der Evangelischen Publizistik (Hrsg.): Debatte Kinderfernsehen. Analyse und Bewertung von TV-Programmen für Kinder. Berlin 1998.

Schiweck, Ingo: Bewegte Animateure. In: Buchreport, Express, 48/2008, S. 6.

Schön, Erich: Buchnutzungsforschung. In: Kerlen, Dietrich/Kirste, Inka (Hrsg.): Buchwissenschaft und Buchwirkungsforschung. VIII. Leipziger Hochschultage für Medien und Kommunikation. Leipzig 2000, S. 113–130.

Schulte, Christina: Mädels bevorzugt. In: Börsenblatt 7/2010, S. 10.

Schüssel, Sandra: Ansteckung erwünscht. In: Börsenblatt 14/2010, S. 23–25.

Schütz, Erhard: Das gute Buch der Bücher. Perspektiven des Buchs – vom Markt her beobachtet. In: Schütz, Erhard/Wegmann, Thomas (Hrsg.): literatur.com. Tendenzen im Literaturmarketing. Berlin: Weidler 2002, S. 58–80.

Schweikart, Ralf: Auf allen Kanälen. In: Börsenblatt 176, Sondernummer 5/2009, Spezial Kinder- und Jugendbuch, S. 16–18 (2009a).

Schweikart, Ralf: Lillifee zieht ins Supermarktregal. In: Börsenblatt 3/2009, S. 24 f. (2009b).

Siegert, Gabriele: Medienmanagement als Marketingmanagement. In: Karmasin, Matthias/Winter, Carsten (Hrsg.): Kontexte und Aufgabenfelder von Medienmanagement. München, 2. Aufl. 2002, S. 173–195.

Wagner, Melanie: All-age-Bücher – eine Herausforderung für das Marketing von Jugendbuch-verlagen (Bachelorarbeit an der Hochschule der Medien Stuttgart). Stuttgart 2008.

Wengeler, Susanne: Viel Masse, viel Klasse, wenig Platz (Runder Tisch mit neun Experten aus dem Kinder- und Sachbuchbereich; Protokoll: Susanne Wengeler). In: Buchmarkt 9/2009, S. 78–85.

Zanger, Cornelia/Griese, Kai-Michael: Besonderheiten des Beziehungsmarketing mit jungen Zielgruppen. In: Zanger, Cornelia/Griese, Kai-Michael (Hrsg.): Beziehungsmarketing mit jungen Zielgruppen. Grundlagen, Strategien, Praxisbeispiele, München: Vahlen 2000, S. 23–39.

Internetquellen

Berneike, Antonia: Angucken, kaufen! Buchtrailer-Trend. In: Spiegel online 2008,
URL: http://www.spiegel.de/kultur/literatur/0,1518,584090,00.html [20. 12. 2009].

Bode, Volkhard: Virales Marketing – die Buchtrailer kommen. In: boersenblatt.net 2008,
URL: http://www.boersenblatt.net/293936/ [18. 12. 2009].

Börsenblatt-Newsletter des Deutschen Börsenvereins vom 17. 2. 2009,
URL: http://www. boersenblatt.net/278906/?t=newsletter (2009a).

Börsenblatt-Newsletter des Deutschen Börsenvereins vom 5. 6. 2009,
URL: http://www. boersenblatt.net/275432/?t=newsletter (2009b).

Börsenblatt-Newsletter des Deutschen Börsenvereins vom 31. 7. 2009,
URL: http://www. boersenblatt.net/287640/?t=newsletter (2009c).

Börsenblatt-Newsletter des Deutschen Börsenvereins vom 20. 2. 2010,
URL: http://www. boersenblatt.net/35248/?t=newsletter (2010a).

Börsenblatt-Newsletter des Deutschen Börsenvereins vom 18. 3. 2010,
URL: http://www.boersenblatt.net/374245/?t=newsletter (2010b).

Börsenblatt-Newsletter des Deutschen Börsenvereins vom 19. 3. 2010,
URL: http://www.boersenblatt.net/374159/?t= newsletter (2010c).

Neumann-Braun, Klaus/Paus-Haase, Ingrid: Medienkindheit.
URL: http://www.lfm-nrw.de/medienkompetenz_neu/medienforschung/projekt10.php3?druck=1. [24. 2. 2003].

O. V.: KidsVA: Kinder nutzen das Internet immer stärker – und sie lesen viel. 2009.
URL: http://www.bdvz.de/bdvz_intern+M5e7c8fc6bec.html [23. 2. 2010].

O. V.: Deutsche bleiben Bücherwürmer. GfK analysiert Buchmarkt in Deutschland. 2010.
URL: http://www.gfk.com/group/press_information/press_releases/005528/index.de.html [15. 3. 2010] (2010b).

Website des Oetinger Verlags, URL: http://www.oetinger.de [14. 3. 2010].

Website des Thienemann Verlags, URL: http://www.thienemann.de [15. 3. 2010].

Kinder- und Jugendbücher:
Akzeptanz und Stellenwert in sozialen Milieus

Christoph Kochhan und Jennifer Bannert

1. Einleitung

Jugendliche können unter einer wachsenden Anzahl an Freizeitangeboten wählen. Der Medienklassiker Buch bekommt zunehmend Konkurrenz von digitalen Freizeit- beziehungsweise Medienangeboten. 2009 titelte z. B. *Focus online*: „Computerspiele boomen: Branche mit Umsatzrekord"[1] – dies ist nur ein Beispiel, das auf das ständig wachsende Angebotsportfolio verweist.

Gerade die Nutzung des Computers und das Spiel am PC sowie mit tragbaren Konsolen nehmen inzwischen einen nicht unerheblichen Zeitraum des zur Verfügung stehenden Freizeitbudgets junger Menschen in Anspruch. Welchen Beschäftigungen Kinder in ihrer Freizeit im Einzelnen nachkommen, untersucht u. a. der Medienpädagogische Forschungsverbund Südwest seit 1998 in den Langzeitstudien *Kinder + Medien, Computer + Internet* (KIM-Studie 2008) und *Jugend, Information, (Multi-)Media* (JIM-Studie 2009)[2]. Demnach umfasst das Medienportfolio immer mehr Computer, MP3-Player und Handys, Digitalkameras und Spielkonsolen. Statistisch gesehen, gibt es in jedem Haushalt, in dem ein Kind aufwächst, ein Fernsehgerät, und auch die weitere Ausstattung mit Medientechnik ist sehr gut: Nahezu alle Haushalte verfügen über ein Festnetztelefon, ein Handy, ein Radio und einen CD-Player. 88 Prozent haben einen Computer und einen Internetzugang, und zwei Drittel der Haushalte besitzen eine Spielkonsole.[3] Im Zuge der Umfrage wurden Erziehungsberechtigte auch speziell nach dem Gerätebesitz der Kinder gefragt. Das Ergebnis: Am häufigsten findet man in deutschen Kinderzimmern Spielkonsolen – 53 Prozent aller Kinder besitzen eine tragbare oder nichttragbare Konsole. Jedes zweite Kind verfügt über ein eigenes Handy, und mehr als ein Drittel der Kinder besitzt einen MP3-Player.[4] Neben dem Fernsehen entwickeln sich also Computerspiele zur stärksten Konkurrenz für das Buch.[5] Sie gehören zu den häufigsten Anwendungen, die Kinder am Computer ausüben: Bereits 23 Prozent aller Kinder im Alter von 6 bis 13 Jahren geben an, jeden/fast

---

1 O. V. 2009.
2 Medienpädagogischer Forschungsverbund Südwest 2009a, Medienpädagogischer Forschungsverbund Südwest 2009b.
3 Vgl. Medienpädagogischer Forschungsverbund Südwest 2009a, S. 7.
4 Ebd., S. 8.
5 Trotz dieser Entwicklung darf nicht übersehen werden, dass Kinder und Jugendliche neben der Nutzung diverser Medien in ihrer Freizeit nach wie vor eine Vielzahl anderer Aktivitäten ausüben: Sie treiben Sport, musizieren, malen und basteln, treffen Freunde und spielen draußen.

jeden Tag den Computer zu nutzen, 43 Prozent ein- bis mehrmals pro Woche. Die Nutzungshäufigkeit differiert nach Alter und Geschlecht: Jungen im Alter von 6 bis 13 Jahren spielen häufiger als gleichaltrige Mädchen, Jugendliche öfter als Kinder.[6]

Der globale Blick auf das heutige Freizeitverhalten von Kindern und Jugendlichen erweckt den Anschein, als entwickle sich die Freizeit- bzw. Mediennutzung von Kindern und Jugendlichen immer mehr zu digitalen Angeboten hin. Junge Menschen scheinen sich immer weiter vom Medienklassiker „Buch", dem zentralen Medium der Lesesozialisation, zu entfernen. Gleichwohl gibt es allgemeine, unübersehbare Signale, dass sich das Kinder- und Jugendbuch auch im 21. Jahrhundert und trotz großer Medienkonkurrenz und einer Vielzahl möglicher Freizeitangebote großer Beliebtheit erfreut und sogar die Massen für sich einnehmen kann.[7] Einen zentralen Stellenwert in einem möglichen „Verschiebungsprozess" in Bezug auf die Nutzung von Büchern hin zu digitalen Freizeitangeboten haben die Eltern der heranwachsenden Generation. Die Frage, welche Bedeutung Eltern dem Medium Buch für die Sozialisation der Kinder beimessen, wurde im Rahmen der Börsenvereinsstudie *Kinder- und Jugendbücher. Marktpotenzial, Käuferstrukturen und Präferenzen unterschiedlicher Lebenswelten* näher betrachtet, die ihrerseits auch die Basis für folgende Ausführungen darstellt. Herausgearbeitet wird nachfolgend der Stellenwert von Kinder- und Jugendbüchern in unterschiedlichen Lebenswelten sowie die Frage, inwieweit neue Editionsformen, die auf digitalen Entwicklungen basieren, als Vermittler von Inhalten für Kinder und Jugendliche Akzeptanz finden.

2. Der Markt für Kinder- und Jugendbücher

Auch im Zeitalter digitaler Freizeitangebote wird gelesen.[8] Dies zeigt ein Blick auf die Entwicklung des Buchmarkts in Deutschland: In den vergangenen fünf Jahren hat sich der deutsche Buchmarkt leicht positiv positioniert (vgl. Tab. 1), mit jährlichen Zuwachsraten bis zu 1,1 Prozent. Ein Ausreißer nach oben stellte das Jahr 2007 dar. Hier konnte ein Umsatzplus von 3,4 Prozent erzielt werden, das insbesondere auf die Veröffentlichung des letzten *Harry-Potter*-Bandes zurückzuführen ist.

---

6 Vgl. Medienpädagogischer Forschungsverbund Südwest 2009a, S. 10 f.
7 Dies illustrieren die Erfolge von Autorinnen wie Joanne K. Rowling oder Stephenie Meyer. Jüngst führten deren Werke zu einer hohen Umsatzsteigerung im Bereich Kinder- und Jugendbücher, und die Verfilmung der Romane zeigt Möglichkeiten der Vernetzung mit anderen Medien und entsprechende Vermarktungsoptionen auf. Nicht zuletzt mit der Hilfe von *Harry Potter* hat sich der Kinder- und Jugendbuchmarkt in den letzten Jahren positiv entwickelt und gleichzeitig Akzente für den Gesamtmarkt gesetzt.
8 Vgl. hierzu auch die Übersicht „Beliebtheit von Freizeitbeschäftigungen", in: Börsenverein des Deutschen Buchhandels 2010, S. 20.

Geschätzte Umsätze buchhändlerischer Betriebe 2005–2009 zu Endverbraucherpreisen		
Jahr	Umsatz in Millionen Euro	Veränderung in Prozent
2005	9159	+ 0,9
2006	9261	+ 1,1
2007	9576	+ 3,4
2008	9614	+ 0,4
2009	9691	+ 0,8
Quelle: Börsenverein des Deutschen Buchhandels, 2010		

Tab. 1: Geschätzte Umsätze buchhändlerischer Betriebe 2005–2009 zu Endverbraucherpreisen

Aber nicht nur die *Harry-Potter*-Bücher trugen einen hohen Anteil zur positiven Umsatzentwicklung des Buchmarkts bei. Kinder- und Jugendbücher sind generell für den Gesamtmarkt von Bedeutung. Der Umsatzanteil des Genres betrug im Jahr 2009 15,7 Prozent und konnte sich im Vergleich zum Vorjahr weiter steigern (vgl. Abb. 1)[9], wobei Verkaufserfolge von Zauberlehrlingen oder Vampiren sicherlich zu Mitnahmeeffekten anderer Kinder- und Jugendbücher führen und zu einer Steigerung der Beliebtheit von Büchern als Freizeitbeschäftigung unter Kinder und Jugendlichen beitragen.

Mit diesem Umsatzanteil rangierte die Warengruppe im Jahr 2009 auf Platz zwei hinter Belletristik (33,8 Prozent Umsatzanteil) und vor Ratgebern (14,1 Prozent Umsatzanteil), d. h. hinter Literatur, die unterhaltenden, und vor Literatur, die informativen Charakter trägt.

Dem Gewicht von Kinder- und Jugendbüchern innerhalb des Gesamtmarkts entsprechend, zeigt sich auch eine positive Umsatzentwicklung des Genres: Gegenüber 2008 konnte die Literatur für den Nachwuchs eine Umsatzsteigerung von 11,1 Prozent verzeichnen. Damit ist der Kinder- und Jugendbuchmarkt deutlich stärker gewachsen als der Buchmarkt insgesamt. Welche Genres sind die Umsatzträger innerhalb der Warengruppe? Hier geben die Analysen des Handelspanels von media control GfK International Aufschluss. Mit knapp 33 Prozent haben Jugendbücher ab 12 Jahren den größten Marktanteil. Auf den Plätzen zwei und drei rangieren Kinderbücher bis 11 Jahre (25 Prozent) und Bilderbücher (15 Prozent).[10] Im einstelligen Prozentwertbereich finden sich die Rubriken Spielen und Lernen, Vorlesebücher, Märchen, Lieder, Erstlesebücher und Biografien.

---

9 Vgl. media control GfK International 2009.
10 Vgl. media control GfK International 2009.

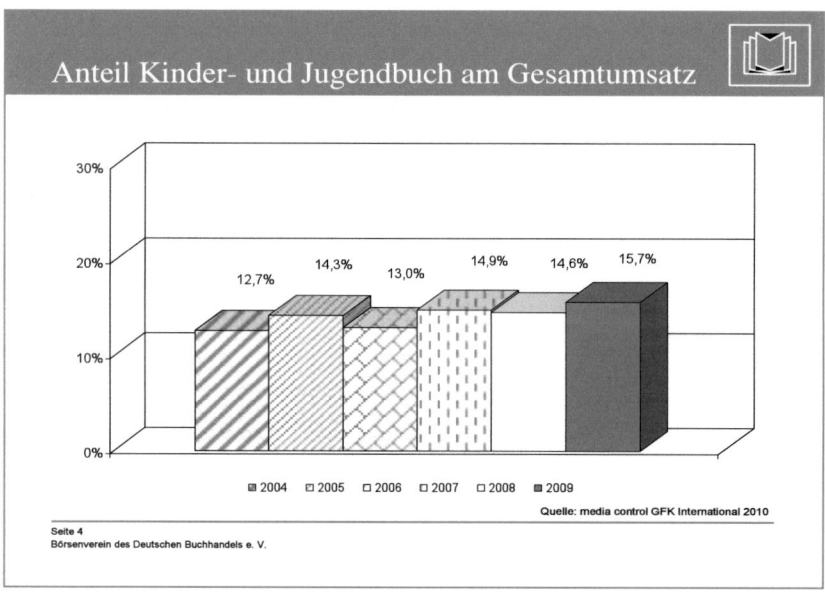

Abb. 1: Anteil Kinder- und Jugendbuch am Gesamtumsatz

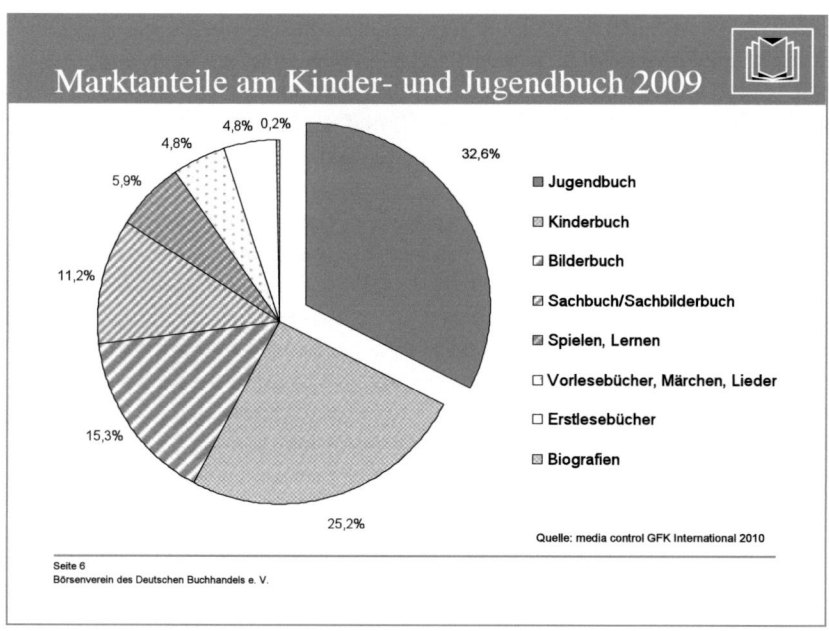

Abb. 2: Marktanteile am Kinder- und Jugendbuch 2009

Innerhalb der bevorzugten Buchgenres manifestieren sich deutliche Unterschiede der Rezeption von Jungen und Mädchen[11]: Mädchen im Alter ab 12 Jahren lesen bevorzugt Bücher zu den Themen Liebe und Freundschaft (55 Prozent der befragten Mädchen gaben dies zu Protokoll). Weniger beliebt sind bei weiblichen Jugendlichen Krimis (47,1 Prozent), Literatur aus dem Bereich Fantasy (45,9 Prozent) und vor allem Sachbücher. Bei Letzteren liegt der Prozentsatz lediglich bei 8,3 Prozent.

Ist das Motiv Liebe/Freundschaft bei Mädchen gefragt, kann es Jungen nur wenig für sich einnehmen: Lediglich 4,9 Prozent der Befragten lesen gerne Literatur zu diesem Thema. Jungen favorisieren Fantasy-Romane: Die Hälfte aller befragten Jungen geben an, gerne Fantasiegeschichten zu lesen. Wie bei Mädchen sind auch bei Jungen Krimis beliebt (47 Prozent). Ein hoher Prozentsatz der Jungen liest auch gerne Comics (36 Prozent) – ein Wert, der bei Mädchen lediglich 18,6 Prozent erreicht.

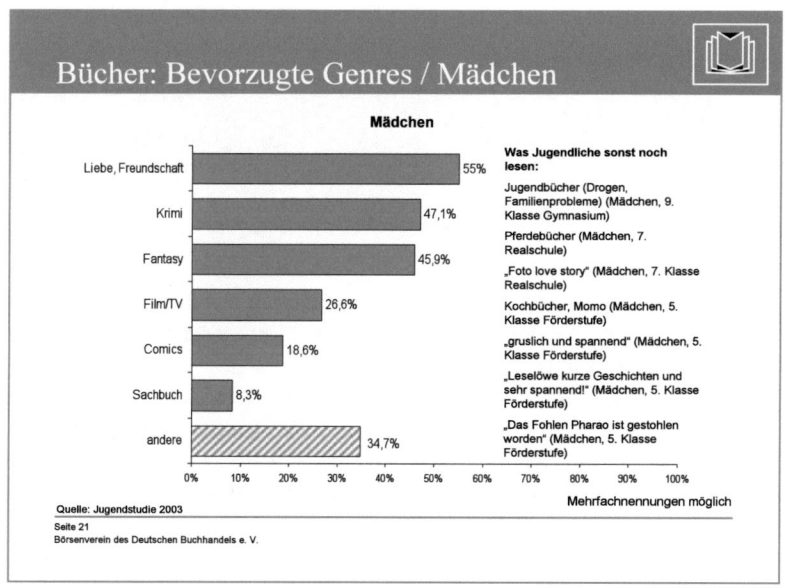

Abb. 3: Bücher: Bevorzugte Genres/Mädchen

Wenngleich die Unterscheidung zwischen Kinder- und Jugendbuch nicht immer trennscharf sein kann, hat die KIM-Studie, die 6- bis 13-Jährige fokussiert, folgende Ergebnisse eruiert: Auf die Frage, welches Buch aktuell gelesen wird, antworteten im Jahr 2008 16 Prozent der Jungen, dass sie gerade *Harry-Potter*-Bücher lesen, wohingegen Mädchen

---

11 Vgl. hierzu Börsenverein des Deutschen Buchhandels 2004.

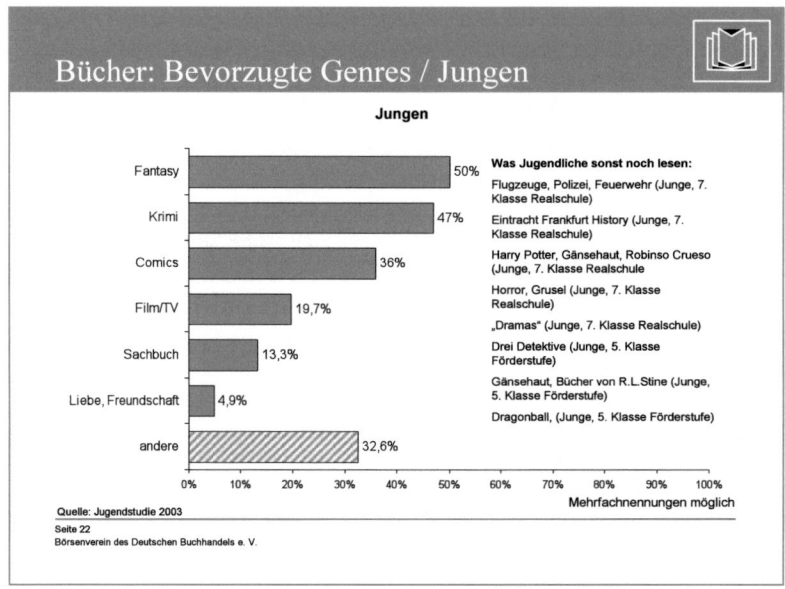

Abb. 4: Bücher: Bevorzugte Genres/Jungen

Tierbücher präferierten. Darüber hinaus zeigte die Frage „Liest du zurzeit ein Buch?", dass insbesondere Jungen auch Serien wie *Die drei Fragezeichen* oder *Die Wilden Kerle* lesen, die von Mädchen eher nicht genannt wurden.

Wenn es um eine konkretere Analyse von Verschiebungen im Mediennutzungsverhalten von Kindern und Jugendlichen geht, ist deren besondere Kaufsituation zu berücksichtigen. Im Falle von Kindern sind es in der Regel Erwachsene, und hier zumeist Eltern oder Großeltern, die die diversen Medien zur Verfügung stellen und ihre Kinder an bestimmte Medien bzw. das Buch heranführen. Jugendliche hingegen können, ihren finanziellen Ressourcen entsprechend, selbst Medien und Medieninhalte erwerben. Allerdings unterstehen auch sie in der Regel noch immer einer Lenkung durch die Eltern und haben eine bestimmte, sie prägende Sozialisation erfahren. Dazu kommt: Nicht alle Eltern teilen die gleiche Gesinnung und Lebenshaltung. Ansichten und finanzielle Ressourcen differieren in den verschiedenen gesellschaftlichen Schichten und Lebenswelten – Faktoren, die zu bedenken sind, wenn der Stellenwert des Kinder- und Jugendbuchs im Kontext der Medienvielfalt differenzierter analysiert werden soll. Im Hinblick auf die Frage, wer Kinder und Jugendliche mit Büchern versorgt, sie also kauft, ist von zentraler Bedeutung, in welchem sozialen Milieu Eltern und Kinder leben und welche Relevanz dem Medium Buch attestiert wird. Prägend ist hier die Lebenswelt der Eltern und deren Affinität zu Büchern.

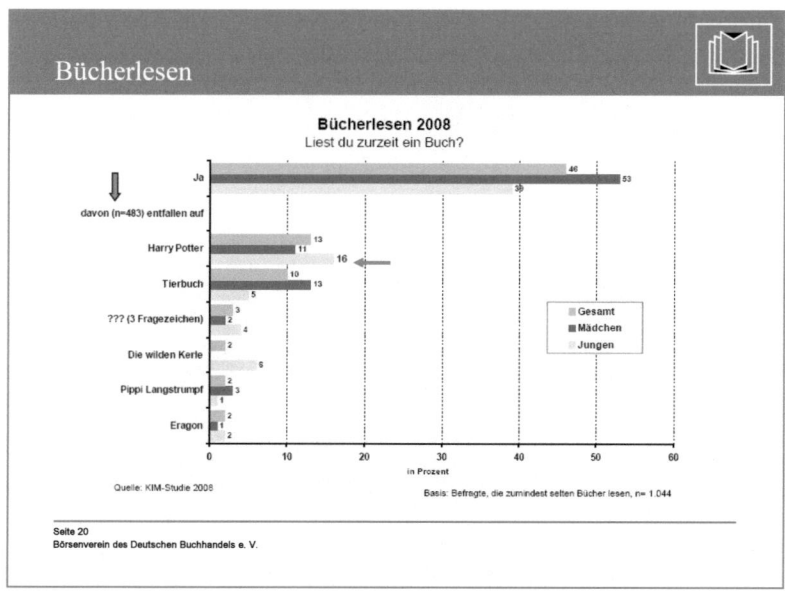

Abb. 5: Bücherlesen 2008

3. Lebenswelten und ihre Affinitäten zu Büchern

Lesesozialisation und Leseförderung sind nicht ausschließliche Domänen des Schulunterrichts. Mediennutzung findet auch in der Freizeit statt, und das Lesen ist an Bedingungen geknüpft, die in den ersten sechs Lebensjahren erworben werden, wie z. B. phonetische und linguistische Kompetenzen.[12] Ob Kinder und Jugendliche eine Bindung an das Medium Buch entwickeln, hängt in erheblichem Maße davon ab, welchen Stellenwert das nächste soziale Umfeld dem Medium einräumt. Neben dem Freundeskreis spielen Eltern, insbesondere die Mütter[13], eine dominante Rolle, da Kinder dazu neigen, durch Beobachtung Leseverhalten und Leseinteressen ihrer Eltern zu übernehmen.[14] Neben individuellen Dispositionen ist die Lesesozialisation also wesentlich von äußeren Faktoren und insbesondere von der Lesekultur in den Elternhäusern geprägt.[15] Bereits vor dem Eintritt in die Schule bekommen Kinder Bücher von Eltern, Großeltern und Freunden der Familie geschenkt und aus diesen vorgelesen. Spätere Lesepräferenzen ergeben sich folglich auch aus Vorlesepräferenzen. Doch nicht für alle Kinder werden in gleichem Maße Bücher bereit-

---

12 Vgl. Oerter 1999, S. 32 f.
13 Mütter weisen im Durchschnitt eine höhere Lesezeit auf als Väter, für die das Buch im Alltag eine weniger große Rolle spielt. Vgl. Hurrelmann et al. 1995, S. 33 f.
14 Festgestellt wurden z. B. Zusammenhänge zwischen der Breite der Leseinteressen der Mütter und der Lesefreude der Kinder. Ebd., S. 33.
15 Zur Entstehung und Etablierung der familiären Lesesozialisation als Kulturmuster in der bürgerlichen Familie des 19. Jahrhunderts vgl. Hurrelmann et al. 2006.

gestellt, nicht alle gesellschaftlichen Milieus und Schichten räumen dem Buch denselben Stellenwert ein. Die von Sinus Sociovision entwickelten Lebenswelten, die sogenannten Sinus-Milieus®, bieten eine Möglichkeit, soziale Gruppen differenzierter zu erfassen: Die Gesellschaft wird hierfür in zehn Milieus gegliedert, als Abgrenzungskriterien der einzelnen „Gruppen" dienen die soziale Lage und Werteorientierungen (vgl. Abb. 6).

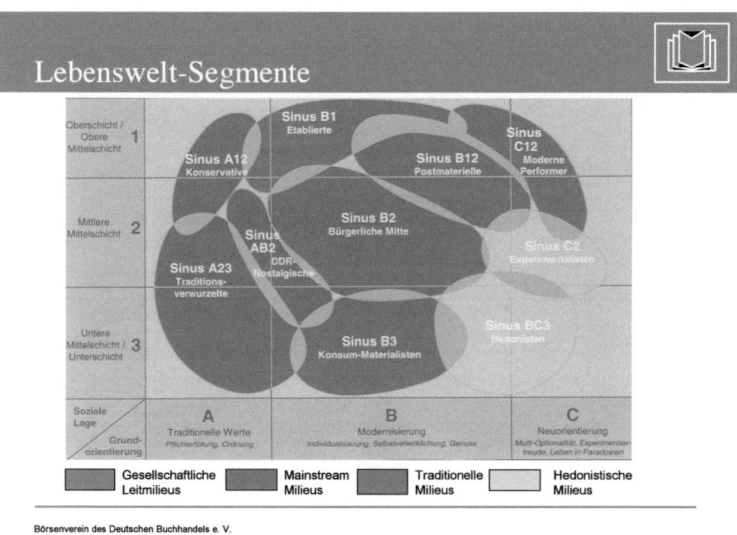

Abb. 6: Lebenswelt-Segmente

3.1 Milieubeschreibung

– „Etablierte": das selbstbewusste Establishment, Erfolgsethik, Machbarkeitsdenken und ausgeprägte Exklusivitätsansprüche
– „Postmaterielle": das aufgeklärte Nach-68er-Milieu, liberale Grundhaltung, postmaterielle Werte und intellektuelle Interessen
– „Moderne Performer": die junge unkonventionelle Nachwuchselite, intensives Leben beruflich und privat, Multi-Optionalität, Flexibiliät und Multimediabegeisterung
– „Konservative": das alte deutsche Bildungsbürgertum, konservative Kulturkritik, humanistisch geprägte Pflichtauffassung und gepflegte Umgangsformen
– „Traditionsverwurzelte": die Sicherheit und Ordnung liebende Kriegsgeneration, verwurzelt in der kleinbürgerlichen Welt bzw. in der traditionellen Arbeiterkultur
– „DDR-Nostalgische": die resignierten Wende-Verlierer, Festhalten an preußischen Tugenden und altsozialistischen Vorstellungen von Gerechtigkeit und Solidarität

– „Bürgerliche Mitte": der statusorientierte moderne Mainstream, Streben nach beruflicher und sozialer Etablierung, nach gesicherten und harmonischen Verhältnissen
– „Konsum-Materialisten": die stark materialistisch geprägte Unterschicht, Anschluss halten an die Konsumstandards der breiten Mitte als Kompensationsversuch sozialer Benachteiligungen
– „Experimentalisten": die extrem individualistische neue Boheme, ungehinderte Spontanität, Leben in Widersprüchen, Selbstverständnis als Lifestyle-Avantgarde
– „Hedonisten": die spaßorientierte moderne Unterschicht/untere Mittelschicht, Verweigerung von Konventionen und Verhaltenserwartungen der Leistungsgesellschaft

Innerhalb der Milieus sind nicht nur deutliche Differenzen in Bezug auf die übergeordneten Unterscheidungskriterien zu beobachten, sondern – hieraus resultierend – auch bezüglich ihrer Affinität zu Büchern. Betrachtet man das Leseverhalten[16] und das Kaufverhalten[17] – und damit die Bereitschaft, für Bücher auch Geld auszugeben –, zeigt sich, dass sich insbesondere die Milieus, die sich durch eine hohe soziale Lage sowie eine moderne Wertorientierung (Ausnahme Konservative) auszeichnen, mit Büchern wohlfühlen.[18] Skizziert werden im Folgenden häufige und intensive Käufer von Büchern, namentlich Postmaterielle und die Bürgerliche Mitte, sowie anspruchsvolle und bildungsstrategische Käufer wie Konservative, Etablierte und Moderne Performer.

3.2 Gesellschaftliche Leitmilieus

Mit dem Lesen von Büchern verbringen Menschen im Milieu der Postmateriellen einen großen Teil ihrer Freizeit, wobei die Zeitungslektüre ebenso wie das Nutzen von Online-Angeboten selbstverständlich ist. Postmaterielle sind generell an Kultur interessiert: Auch der Besuch von Theater, Oper oder Museen zählt zu den Lieblingsbeschäftigungen in der Freizeit. In diesem Sinne definieren sich die Vielkäufer und -leser, die im Milieu der Postmateriellen zu Hause sind, eher über anspruchsvolle intellektuelle und kulturelle Interessen als über Besitz und Konsum. Bücher sind für Postmaterielle Primärmedium (vor Fernsehen, Radio und Internet) und werden als Grundlage für Weiterbildung und Allgemeinwissen begriffen.[19] Vor dem Hintergrund dieser Bedeutung werden Bücher auch ger-

---

16 Insgesamt finden sich in der Gesellschaft Nichtleser (10 Prozent), Wenigleser (43 Prozent), Durchschnittsleser (23 Prozent) und Vielleser (25 Prozent). Vgl. Börsenverein des Deutschen Buchhandels 2008, S. 19.
17 Dieses ergibt 43 Prozent Nichtkäufer, 38 Prozent Wenigkäufer, 10 Prozent Durchschnittskäufer sowie 9 Prozent Vielkäufer. Ebd., S. 15.
18 Folgende Ausführungen wurden entnommen aus: Börsenverein des Deutschen Buchhandels 2005 (Buchkäufer und Leser 2005. Profile, Motive, Wünsche), Börsenverein des Deutschen Buchhandels 2008 (Buchkäufer und Leser. Profile, Motive, Wünsche).
19 Die Interessen Postmaterieller sind weit gefächert und Ausdruck der kosmopolitischen Perspektive des Milieus: Das Spektrum der relevanten Genres umfasst Fach- und Sachbücher, klassische, moderne und neue Literatur, Belletristik, Biografien, Ratgeber (vor allem Pädagogik, Psychologie, Gesundheit, Ernährung), Kunst, Kultur und Geschichte, Philosophie, Religion, Esoterik, Kinder- und Jugendbücher. Dabei hegen Postmaterielle starke Affinitäten zu einzelnen Autoren und Strömungen, sind grundsätzlich aber auch offen für Neues.

ne verschenkt oder an Freunde verliehen – nicht zuletzt, da Bücher für Postmaterielle auch das Erleben von Unterhaltung und Entspannung implizieren.

Ein weiteres Leitmilieu mit hoher Buchaffinität ist das Milieu der Etablierten. Charakterisierende Grundorientierungen sind der Erfolg durch Leistung, das Streben nach finanzieller Unabhängigkeit, das Erreichen eines hohen Lebensstandards und eine pragmatisch-rationale Lebensphilosophie. Etablierte sind vielseitig interessierte Leser, Bildung gehört selbstverständlich zum Alltag und formt den Hintergrund für berufliche Herausforderungen. Auch privat hegen Vertreter dieses Milieus hohe Ansprüche an die Leseinhalte und greifen gerne zu hochwertigen Bildbänden und Enzyklopädien. Bücher haben hier eine symbolische Funktion, indem sie die Interessen und die gesellschaftliche Stellung der Besitzer spiegeln. Da Etablierte beruflich sehr aktiv sind, haben sie faktisch jedoch zumeist wenig Zeit, um zu lesen und sich über Neuerscheinungen zu informieren, weshalb sie sich an einschlägigen Bestsellerlisten orientieren.[20]

Aufschlussreich kann auch das Buchcover sein, das insbesondere im Milieu der Modernen Performer, dem jüngsten Milieu in Deutschland, geschätzt wird. Moderne Performer streben beruflich und privat nach individueller und kompromissloser Selbstverwirklichung, die mit hoher Frustrationstoleranz und Ausdauer verfolgt wird. Man möchte ein intensives, lustvolles und abwechslungsreiches Leben führen, ohne sich von Normen und Konventionen eingeschränkt zu fühlen. Moderne Performer gehen selbstverständlich und souverän mit neuen Informations- und Kommunikationstechnologien um. Bücher werden als Quelle der Information und Unterhaltung gesehen und sind zumeist Mittel zum Zweck. Das Milieu liest und kauft viele Bücher, allerdings ohne diesen einen ideellen Wert beizumessen.[21] Der Affinität zu elektronischen Medien entsprechend, besteht ein Interesse für Hörbücher und den Vertrieb digitaler Medien wie DVDs in Buchhandlungen – ein Hang zu moderner Technologie, der in traditionellen Milieus wie den Konservativen und in Mainstream-Milieus wie der Bürgerlichen Mitte kaum ausgeprägt ist.

3.3 Konservative und Bürgerliche Mitte

Ein „klassischer" Bücherfan ist der Konservative, also ein Mensch, für den die Bewahrung von Werten und Traditionen wichtig ist und der Kultur und Kunst eine hohe Wertschätzung zuteilwerden lässt. Dieses Milieu konstituiert sich aus Personen, die rund 60 Jahre alt sind und sich von modisch-aktuellen Entwicklungen weltanschaulicher, technologischer oder ästhetischer Art distanzieren. Sie interessieren sich in ihrer Freizeit nicht nur für Bücher, sondern auch für Theater, Oper und Vereinsaktivitäten. Konservative betrachten das Buch als wichtiges Kulturgut, mit dem sie sich emotional verbunden fühlen. Bücher dokumentieren demnach eine hohe Allgemeinbildung, insbesondere in den Bereichen Geschichte, Politik, Kunst, Kultur und Wissenschaft, sowie den Anspruch, als Vertreter des Bildungsbürgertums dieses hohe Niveau für sich selbst zu kultivieren und an nachfol-

---

20 In Bezug auf den Buchkauf haben Etablierte eine Vorliebe für renommierte Buchhandlungen und bekannte Verlage und Autoren, hochwertige Einbände und aufwendige Gestaltung der Bücher.

21 Beim Buchkauf lassen sich Moderne Performer oft von visuellen Eindrücken lenken und tätigen Spontankäufe anhand der Lektüre von Klappentexten.

gende Generationen zu vermitteln. Dabei interessiert man sich in diesem Milieu überdurchschnittlich stark für klassische Literatur.[22]

Im Gegensatz zum traditionellen Milieu der Konservativen haben Bücher für die Bürgerliche Mitte[23] keinen derart exponierten Stellenwert. Gelesen werden vor allem populäre
Ratgeber zu häuslichen und lebenspraktischen Themen wie Ernährung und Kochen, Erziehung und Gesundheit, Garten, Bauen und Wohnen sowie Finanzen. Von Ratgebern erwartet man sich eine bessere Bewältigung des Alltags. Zur Unterhaltung und Entspannung
werden populäre Romane, Erzählungen und Krimis bevorzugt. Vertreter der Bürgerlichen
Mitte sind zumeist keine profunden Literaturkenner, zeigen sich gegenüber dem Medium
Buch aber durchaus offen und interessiert.[24]

Mainstream-Milieus wie die Bürgerliche Mitte, Konservative und die genannten gesellschaftlichen Leitmilieus haben trotz teilweise unterschiedlicher Werteorientierungen eines gemeinsam: In allen Milieus wird Bildung – und bei Postmateriellen lebenslanges Lernen – als besonders wichtig erachtet. Dementsprechend wird das Kinder- und Jugendbuch
in diesen Lebenswelten geschätzt und als Medium begriffen, mit dem jüngere Generationen gefördert werden.

4. Der Stellenwert des Kinder- und Jugendbuchs in unterschiedlichen Sinus-Milieus®

Was das Segment Kinder- und Jugendbuch von anderen Genres differenziert, ist eine besondere Käufer- und Leserstruktur. Denn die Leser, also Kinder und Jugendliche, sind zumeist nicht die Käufer. Vielmehr erwerben Eltern und Großeltern Bücher, um diese an ihre Kinder bzw. Enkel zu verschenken. Im Jahr 2006 haben ca. 13,2 Millionen Menschen
Kinder- und Jugendbücher gekauft, wobei der Anteil von Frauen mit 26 Prozent (entspricht ca. 8,58 Millionen) deutlich höher ist als derjenige von Männern mit 14,9 Prozent
(entspricht ca. 4,62 Millionen).[25] Der Blick auf das Lebensalter zeigt wiederum, dass die
Reichweite[26] in der Alterskohorte der 30- bis 39-Jährigen mit 30,8 Prozent mit Abstand
am größten ist. Es folgt mit 23,3 Prozent Reichweitenanteil die Altersgruppe der 40- bis

---

22 Darüber hinaus sind anspruchsvolle Literatur der Gegenwart, internationale Autoren, neue Litera-
    tur (Asien, Osteuropa), Biografien und Bücher zur Geschichte interessant. Konservative kennen oft
    die Besonderheiten einzelner Autoren und der Literatur verschiedener Kulturen und präsentieren
    sich als Literaturkenner und -kritiker.

23 Bei der Bürgerlichen Mitte handelt es sich um ein Milieu, das durch Fleiß und Zielstrebigkeit einen
    angemessenen Status in der Gesellschaft zu erreichen sucht. Neben beruflichem Erfolg wird privates
    Glück als wesentlicher Faktor für ein erfülltes Leben gesehen. Dementsprechend wird ein Gleichge-
    wicht von Arbeit und Freizeit, Beruf und Privatleben, persönlichen und familiären Ansprüchen an-
    gestrebt. Die Bürgerliche Mitte zählt zu den Mainstream-Milieus, die eine konventionell-moderne
    Ästhetik bevorzugen.

24 Informationen über Bücher bezieht man über einschlägige Bestsellerlisten sowie Thementische im
    Buchladen. Zudem wird überdurchschnittlich oft auf den Preis und Sonderangebote geachtet. Bei
    Belletristik greift man bevorzugt zu Büchern bekannter Autoren, wohingegen bei Ratgebern auf den
    Verlag geachtet wird.

25 Vgl. Börsenverein des Deutschen Buchhandels 2007, S. 6 f.

26 Der Begriff „Reichweite" bezeichnet die Anzahl bzw. den Anteil der Personen, die mit einem Me-
    dium oder einem Werbeträger in Kontakt kommen. Vgl. Nieschlag/Dichtl/Hörschgen 2002,
    S. 1308.

49-Jährigen. Der Umstand ist damit zu erklären, dass die meisten Eltern mit Kindern unter 19 Jahren in der Altersspanne zwischen 30 und 50 Jahren zu finden sind. In den älteren Käufergruppen über 50 Jahre geht die Käuferreichweite allerdings nicht massiv zurück, sondern liegt bei mehr als 15 Prozent. Ab dem 60. Lebensjahr steigt der Anteil sogar wieder. Dies bedeutet, dass nicht nur Eltern, sondern auch Großeltern eine wichtige Käufergruppe darstellen.[27] Das Haushaltsnettoeinkommen stellt ebenfalls eine signifikante Größe dar: Je höher das Haushaltsnettoeinkommen, umso höher ist der Anteil der Kinder- und Jugendbuchkäufer in der Bevölkerung. In der Einkommensgruppe über 3000 Euro beträgt die Reichweite 24,2 Prozent.

Die Käufer von Kinder- und Jugendbüchern unterscheiden sich jedoch nicht nur nach den demografischen Merkmalen Alter, Geschlecht und Einkommen. In Bezug auf die vorgestellten Milieus ist zu konstatieren, dass mit 30,4 Prozent die höchste Reichweite von Kinder- und Jugendbüchern im buchaffinen Sinus-Milieu® der Postmateriellen liegt – sicherlich nicht überraschend, da Bücher für dieses Milieu Primärmedium sind und lebenslanges Lernen einen hohen Stellenwert hat (vgl. Abschnitt 3.1). Das postmaterielle Milieu als eines der gesellschaftlichen Leitmilieus ist wiederum eine Art Vorbild für das – nach unten hin angrenzende – Milieu der Bürgerlichen Mitte, in dem das Kind als Statussymbol an erster Stelle steht. Die zweithöchste Käuferreichweite erreicht mit 25,3 Prozent das Sinus-Milieu® der Konservativen, das mit 5 Prozent zwar nur einen kleinen Bevölkerungsanteil ausmacht, in dem die Großelterngeneration aber einen zentralen Part bei der Bereitstellung von Wissen in Form von Kinder- und Jugendbüchern innehat (vgl. im Detail Abb. 7).[28]

4.1 Gesellschaftliche Leitmilieus

Im Milieu der Postmateriellen möchten Eltern und Großeltern ihre Kinder und Enkel an das Medium Buch heranführen: Büchern wird in der Mediennutzung Priorität eingeräumt, sie sind ein beliebtes Geschenk für die eigenen Kinder und auch für die Kinder von Freunden und Verwandten, sowohl zu konkreten Anlässen wie Geburtstag oder Weihnachten als auch als „Mitbringsel" ohne festlichen Hintergrund. Ein Großteil der Postmateriellen befindet sich in der aktiven Familienphase und hat selbst Kinder im Schulalter, für die Bücher erworben werden. Während Konservative überwiegend für ihre Enkelkinder kaufen, kaufen Postmaterielle zumeist für das eigene Kind (36,3 Prozent). Das Kaufvolumen der 40- bis 60-jährigen Postmateriellen ist daher besonders hoch. Häufigster und beliebtester Kaufort für Kinder- und Jugendbücher ist der klassische Buchhandel: 87 Prozent der Postmateriellen geben an, hier ihre Bücher zu kaufen. Man schätzt die Atmosphäre der Buchhandlung und gut geschultes Personal. Daneben kaufen Postmaterielle auch über den Versandbuchhandel, das Internet und den Buchclub.

---

27 Ebd., S. 7.
28 Zu den konservativen Milieus zählen auch die Traditionsverwurzelten. Vertreter dieses Milieus lesen selbst nur wenig, haben in Bezug auf Kinder- und Jugendbücher aber eine überdurchschnittliche Reichweite von 24,2 Prozent. Vgl. Börsenverein des Deutschen Buchhandels 2007, S. 9.

Abb. 7: Käuferreichweiten Kinder-/Jugendbücher 2006

Es gibt jedoch noch ein weiteres Milieu, das in Bezug auf das Kinder- und Jugendbuch eine dominante Rolle einnimmt: Ein Großteil der Etablierten ist über 50 Jahre alt (45 Prozent), hat bereits Enkelkinder und betrachtet Kinder- und Jugendbücher als klassische Geschenke, die einfach zu besorgen sind. In diesem Milieu werden Kinder- und Jugendbücher überdurchschnittlich oft von der Generation 50 plus – ähnlich dem Milieu der Konservativen – gekauft. In jüngeren Altersgruppen fällt der Absatz geringer aus und ist in der Altersgruppe der 40- bis 49-Jährigen mit 12 Prozent deutlich unterrepräsentiert. Für jene Eltern ist das Buch ein mögliches Geschenk von vielen. Die Mehrheit der Etablierten (45 Prozent) kauft Kinder- und Jugendbücher in erster Linie für die eigenen Enkelkinder und betrachtet das Buch als klassisches Geschenk zu Geburtstag, Weihnachten und Ostern, 21 Prozent kaufen für das eigene Kind. Dabei greift das Milieu überdurchschnittlich oft zu erzählenden und religiösen Bilderbüchern (16 Prozent) sowie Papp- und Frühbilderbüchern (13 Prozent). Insgesamt stellt das Milieu hohe Ansprüche an die Qualität von Büchern, legt Wert auf hochwertige Illustrationen und die Stilistik. Etablierte zeigen kaum Präferenzen für bestimmte Kauforte: Der klassische Buchhandel wird ebenso genutzt wie Buchclubs und Spielwarengeschäfte. Neben Convenience schätzt man eine große Auswahl und guten Service, den man in der Buchhandlung vorzufinden erwartet.

Jünger als im Milieu der Etablierten sind Kinder- und Jugendbuchkäufer unter den Modernen Performern, die das Buch als ein Medium unter vielen betrachten. Allerdings möchte man die eigenen Kinder nicht ausschließlich mit digitalen Medien großziehen, sondern auch mit Büchern, die für zukünftige Leistungen der jungen Generation als wichtig betrachtet werden. Die absatzstärkste Gruppe stellen in diesem Milieu mit 56 Prozent die 30- bis 39-Jährigen dar, gefolgt von dem Segment der 20- bis 29-Jährigen mit 17 Prozent. Im Gegensatz zu Konservativen, Etablierten und Postmateriellen kaufen Moderne Performer stärker für verschiedene Adressaten: Gekauft wird sowohl für das eigene Kind als auch für Kinder von Freunden und Verwandten. Bücher werden allerdings nicht als das klassische Geschenk schlechthin betrachtet. Sie werden gerne vergeben, sind aber ein Geschenk unter vielen Alternativen. Der Zielorientiertheit des Milieus entsprechend, werden für jüngere Kinder häufig Bücher gekauft, die diese an die Schule heranführen sollen, wie z. B. Erstlesebücher und Bücher für Kinder im Vorschulalter (13 Prozent aller Käufe von Kinder- und Jugendbüchern). Beliebte Genres sind außerdem Jugendbücher ab 12 Jahren (19 Prozent) und Kinderbücher bis 11 Jahre (15 Prozent). Moderne Performer kaufen vor allem in der klassischen Buchhandlung oder, der hohen Internetaffinität entsprechend, online – eine Möglichkeit, die in traditionellen Milieus, wie z. B. im Milieu der Konservativen, kaum wahrgenommen wird.

4.2 Konservative und Bürgerliche Mitte

Für Konservative ist das Buch ein wichtiges Kulturgut – man sieht sich in der moralischen Pflicht, Bildung weiterzugeben. Die meisten Konservativen kaufen Kinder- und Jugendbücher für ihre eigenen Enkelkinder (47 Prozent) und haben im Milieuvergleich den höchsten Kaufanteil. Eine jüngere Teilgruppe kauft Kinder- und Jugendbücher auch für die eigenen Kinder, die zumeist über 12 Jahre alt sind. Bücher sind in diesem Milieu das klassische Geschenk für Anlässe wie Geburtstag, Weihnachten und Ostern. Für die meist jüngere Enkelgeneration werden überdurchschnittlich viele Bilderbücher, erzählende und religiöse Bilderbücher gekauft. Ebenfalls beliebt sind Bücher aus dem Bereich Spielen und Lernen sowie Sachbücher bzw. Sachbilderbücher, die Konservative bevorzugt in der lokalen Buchhandlung kaufen. Hier schätzt man eine gute Beratung, fachkundiges Personal und eine große Auswahl an Kinder- und Jugendbüchern.

Kaufen Konservative überdurchschnittlich häufig für ihre Enkelkinder, erwirbt die Bürgerliche Mitte das Buch in der Regel für das eigene Kind. Beim Kauf von Kinder- und Jugendbüchern verfolgt die Bürgerliche Mitte zwei Ziele: Es wird entweder gekauft, um die Kinder früh zu fördern, sodass sie im Wettbewerb mit anderen Kindern einen Vorsprung haben, oder zur Unterhaltung in Form von beliebten Buchserien. Die meisten Buchkäufe tätigt in diesem stark familienorientierten Milieu mit 32 Prozent die Altersgruppe der 30- bis 39-Jährigen, wohingegen die Gruppe der 50- bis 59-Jährigen gegenwärtig noch unterrepräsentiert ist. Bücher werden in der Bürgerlichen Mitte überdurchschnittlich oft zu konkreten Anlässen (51,9 Prozent aller Buchkäufe), aber auch als Mitbringsel (24,6 Prozent) verschenkt. Gekauft wird zumeist, wie bereits erwähnt, für das eigene Kind (42,9 Prozent), weniger oft für Kinder von Freunden. Die Bürgerliche Mitte kauft preisbewusst: Da Sonderangebote beliebt sind, werden häufig Kaufhäuser und Supermärkte sowie Spielwarengeschäfte für den Buchkauf aufgesucht. Bevorzugte Genres sind unterhaltende Bücher mit hohem Spannungsfaktor, klassische Märchen und Sagen sowie Bücher für Erstleser.

Insgesamt sind Kinder- und Jugendbücher nach wie vor nicht aus dem Medienportfolio von Kindern und Jugendlichen wegzudenken – in den skizzierten buchaffinen Lebenswelten wird kontinuierlich darauf geachtet, dass Kinder und Enkel den Umgang mit dem Medium Buch erlernen. Insbesondere in den gesellschaftlichen Leitmilieus hat das Genre einen hohen Stellenwert als Wissensvermittler und als „Vorbereiter" auf das weitere Leben, wobei sicherlich auch die anderen Lebenswelten in Deutschland Kinder- und Jugendbücher kaufen, allerdings nicht mit ähnlich starker Intension wie die zuvor beschriebenen.

Es bleibt zu fragen, ob sich das Kinder- und Jugendbuch in der klassischen Form, das heißt als Inhalt zwischen zwei Deckeln, oder eventuell in anderen Formen, zum Beispiel als E-Book, etablieren muss, um für Kinder und Jugendliche im Rahmen ihrer Mediensozialisation attraktiv zu bleiben.

5. Ausblick: Das Kinder- und Jugendbuch im Kontext digitaler Medien

Postmaterielle, Moderne Performer, Etablierte, Konservative und die Bürgerliche Mitte sind die besonders relevanten Milieus für den Kinder- und Jugendbuchmarkt. In jenen Lebenswelten nimmt das Kinder- und Jugendbuch einen herausragenden Stellenwert im Rahmen der Mediensozialisation der jungen Generation ein. Doch wie stehen die genannten sozialen Gruppen neuen medialen Entwicklungen gegenüber? In welcher Form werden Kinder und Jugendliche zukünftig Buchinhalte rezipieren? Werden Kinder- und Jugendbücher in Zukunft z. B. auch in Form von E-Books gekauft und verschenkt? Anhand von Datenmaterial können hier kaum Antworten gefunden werden – die Forschungsaktivitäten im Bereich des E-Books stecken noch in den Anfängen. Die wenigen Studien, die sich auf den Stellenwert von E-Books als alternative Editionsform konzentrieren, zeigen, dass sich das Endkundengeschäft mit digitalen Inhalten gegenwärtig noch auf Minimalniveau befindet: Lediglich 7 Prozent der Deutschen sehen sich gut bis sehr gut über E-Books und E-Reader informiert, und 80 Prozent bevorzugen weiterhin das gedruckte Buch. Nur 2 Prozent aller Deutschen wollen weitgehend digital lesen.[29] In Bezug auf die Frage, ob speziell Kinder- und Jugendbücher in Form von E-Books einen gesteigerten Absatz finden werden, ist es ebenfalls kaum möglich, eine Pauschalantwort zu geben.[30] Auch hier muss zur Reflexion dieser und ähnlicher Fragestellungen die familiäre Situation einbezogen werden: Eltern aus dem Milieu der Multimedia-begeisterten Modernen Performer werden digitalen Buchinhalten sehr wahrscheinlich offener gegenüberstehen als Vertreter aus dem Milieu der Konservativen. Dies lässt auch eine Studie des Börsenvereins des Deutschen Buchhandels und der ZDF-Medienforschung vermuten, die zeigt, dass gesellschaftliche

---

29 Vgl. o. V. 2010.
30 Erste detaillierte Ergebnisse werden im Rahmen der Fortsetzungsstudie *Kinder- und Jugendbücher. Einblicke in die Lebens- und Lesewelt relevanter Zielgruppen* erwartet, die bis zum Redaktionsschluss dieses Beitrags jedoch noch nicht vorliegt.

Leitmilieus deutlich mehr im Internet nach Büchern suchen oder Bücher online lesen bzw. herunterladen als traditionelle oder Mainstream-Milieus.[31]

Zudem muss das Genre berücksichtigt werden, wenn entsprechende Prognosen gewagt werden: Bilderbücher eignen sich z. B. aufgrund des jungen Alters des rezipierenden Kindes und ihrer Haptik nicht für eine digitale Variante. Es kann also davon ausgegangen werden, dass Kinderbücher auch im digitalen Zeitalter ihren Standort verteidigen werden. Anders verhält es sich mit Jugendbüchern. Da der Gebrauch des Computers und das Spiel am PC bereits fest in die Freizeitaktivitäten Jugendlicher integriert ist, ist es gut möglich, dass Jugendliche auch die digitale Nutzung von Buchinhalten in ihren Alltag integrieren werden. Es lohnt sich also, E-Books auch für Jugendliche aufzubereiten, da junge Generationen mit digitalen Formen der Wissensvermittlung und des Entertainments aufwachsen. Der Zugriff auf Buchinhalte sollte über diverse Wege möglich sein, sodass Jugendliche sich dem Buch nicht aufgrund seiner Editionsform verschließen. Aber auch hier werden es sicherlich wieder die Eltern sein, die aufgrund ihrer Sozialisation und entsprechend präferierten Editionsformen die Akzeptanz des Kinder- und Jugendbuchs bei den Nachwuchslesern prägen.

Literatur

Börsenverein des Deutschen Buchhandels: Teenager – Käufernachwuchs im Buchhandel? Ergebnisse der Jugendstudie 2003. Frankfurt am Main 2004.

Börsenverein des Deutschen Buchhandels: Kinder- und Jugendbücher. Marktpotenzial, Käuferstrukturen und Präferenzen unterschiedlicher Lebenswelten. Frankfurt am Main 2007.

Börsenverein des Deutschen Buchhandels: Buchkäufer und Leser. Profile, Motive, Wünsche. Frankfurt am Main 2008.

Börsenverein des Deutschen Buchhandels (Hrsg.): Buch und Buchhandel in Zahlen. Frankfurt am Main 2010.

Börsenverein des Deutschen Buchhandels: Kinder- und Jugendbücher. Einblicke in die Lebens- und Lesewelt relevanter Zielgruppen. Frankfurt am Main 2010.

Hurrelmann, Bettina/Hammer, Michael/Nieß, Ferdinand: Leseklima in der Familie. Lesesozialisation Bd 1. Gütersloh: Bertelsmann Stiftung 1995.

Hurrelmann, Bettina/Becker, Susanne/Nickel-Bacon, Irmgard: Lesekindheiten. Familie und Lesesozialisation im historischen Wandel. Weinheim: Juventa 2006.

Kochhan, Christoph/Schengbier, Kristiane: Bücher und Lesen im Kontext unterschiedlicher Lebenswelten. Nutzung und Bedeutung von Büchern im Medienvergleich unter Berücksichtigung webbasierter Alternativen. In: Media Perspektiven, 12/2007, S. 622–633.

media control GfK International: Trendreport Kinder- und Jugendbuch. Nürnberg, Februar 2009.

Medienpädagogischer Forschungsverbund Südwest (Hrsg.): KIM-Studie 2008. Kinder + Medien, Computer + Internet, Stuttgart 2009 (2009a).

Medienpädagogischer Forschungsverbund Südwest (Hrsg.): JIM-Studie 2009. Jugend, Information, (Multi-)Media. Stuttgart 2009 (2009b).

Nieschlag, Robert/Dichtl, Erwin/Höschgen, Hans (Hrsg.): Marketing. Berlin: Duncker und Humblot 2002.

---

31 Kochhan/Schengbier 2007, S. 630 f.

Oerter, Rolf: Theorien der Lesesozialisation – Zur Ontogenese des Lesens. In: Norbert Groeben (Hrsg.): Lesesozialisation in der Mediengesellschaft: ein Schwerpunktprogramm. Tübingen: Niemeyer 1999, S. 27–55.

O. V.: Computerspiele boomen: Branche mit Umsatzrekord. In: Focus online vom 16. 2. 2009, URL: http://www.focus.de/digital/computer/computer-computerspiele-boomen-branche-mit-umsatzrekord_aid_371594.html [16. 2. 2009].

O. V.: Noch unter „ferner liefen". In: Börsenblatt 12/2010, S. 21.

Graphic Novels – kleine Nische mit großer Strahlkraft

Rossi und Philipp Schreiber

„Comics? – Kenne ich!" Das ist nach wie vor die Standardantwort, die dem Verleger von grafischer Literatur in nicht comic-affinen Kreisen zuteilwird, wenn er sein Marktsegment erwähnt.[1] Und dann fallen die üblichen Namen: Asterix und Micky Maus, Superman und Prinz Eisenherz; manchmal gerät auch ein Cartoonist mit hinein, Ralf König oder Gary Larson.

Das Mini-Szenario trifft einen Nerv. Comics sind vielfältig wie das Leben selbst, in ihren Facetten stellt eine gut sortierte Comic-Abteilung einen Buchmarkt in der Nussschale dar. Da gibt es Biografien, Reiseberichte, Sach-Comics, Lernhilfen, zielgruppenspezifische Angebote, Jubel- und Auftragsschriften, Fanzines und natürlich den großen, breiten Mainstream. Aber wie kündet man von diesem Reichtum, wenn alles zusammen unter dem nicht ganz ernst zu nehmenden Begriff „Comic" daherkommt?

Lange Zeit war es die Branche zufrieden, dass weite Bereiche der Produktion unter falscher Flagge segelten. Der Terminus „Comic" besitzt freundliche Konnotationen, und in den Medien schätzt man den positiven Aufmerksamkeitswert. Nur ins Feuilleton kam man damit nicht. Das flott und jung klingende Etikett „Graphic Novel" kam also gerade recht, um dem Genre frische Impulse zu geben.

Definition

Die Mühen des Definierens überlassen wir Verleger und Kaufleute neidlos den Fachleuten: „A graphic novel is often a set of collected comic books or a stand alone story that is squarebound. Graphic novels are usually cheaper than the collected comic books and are often found in book stores. The term graphic novel was coined as a marketing term to seperate itself from being categorized with other 'funnies' or children's comic books. The term gained popularity after it was used on the cover of Will Eisner's *A Contract With God, and Other Tenement Stories*", schreibt der Lehrer und Comic-Experte Aaron Albert auf der enzyklopädischen Webseite about.com.[2]

---

1 Der Vortrag stellte eine Momentaufnahme im Marktgeschehen um das Buchhandelssegment Graphic Novel dar. Erfreulicherweise hat sich in den Monaten seit der Niederlegung viel bewegt.

2 „Eine Graphic Novel ist oft eine Sammlung von Comicheften oder eine Einzelgeschichte in gebundener Ausgabe. Graphic Novels sind meistens billiger als die einzelnen Hefte zusammen und werden oft über Buchhandlungen vertrieben. Der Begriff Graphic Novel wurde als Marketinginstrument geprägt, um die Werke von ‚funnies' oder Kinderbüchern abzugrenzen. Der Begriff wurde populär, nachdem er auf Will Eisners *A Contract With God, and Other Tenement Stories* gestanden hatte."

Über die Erfindung des Begriffs bzw. die erste Verwendung zur Bezeichnung einer Bildgeschichte gibt es in der Literatur unterschiedliche Meinungen. „Der wohl erste dürfte Richard Corbens *Bloodstar* (1976) sein", meint Bernd Dolle-Weinkauff.[3] Dolle-Weinkauff führt aus, dass es „Autoren-Comics" bzw. „Comic-Romane" – die im Grunde nichts anderes sind – schon früher gab und dass deren Wiege in Europa stand. Ohne Werke wie etwa Hugo Pratts *Südseeballade* wären Graphic Novels nicht denkbar: „Pratt experimentiert mit den narrativen Möglichkeiten der Gattung. [...] Anstelle eines synthetischen Kosmos treten Reflexionen über Realität und Imagination, dynamische Charaktere, ernsthafte Konfliktmuster."[4]

Vielleicht wird der Zeichner Will Eisner deshalb gern als Urheber des Begriffs Graphic Novel genannt, weil er folgende hübsche Anekdote zu Protokoll gab:

> I called the president of Bantam Books in New York, who I knew had seen my work with *The Spirit* [eine wichtige Figur Eisners; Anm. d. Verf.]. Now, this was a very busy guy who didn't have much time to speak to you. So I called him and said, "There's something I want to show you, something I think is very interesting."
> He said, "Yeah, well, what is it?"
> A little man in my head popped up and said, "For Christ's sake, stupid, don't tell him it's a comic. He'll hang up on you." So I said, "It's a graphic novel."
> He said, "Wow! That sounds interesting. Come on up."
> Well, I did bring it up and he looked at it and looked at me through his reading glasses and said, "This is a comic book, bring it to a smaller publisher", which I did. [...] At the time, I thought I had invented the term, but I discovered later that some guy thought about it a few years before I used the term.[5]

Will Eisner stellte den Begriff im Oktober 1978 seinem Buch *Ein Vertrag mit Gott*[6] auf dem Titel und im Vorwort voran. Aber offenbar hat ihn der Journalist Richard Kyle bereits im November 1964 geprägt.[7] Wieder andere behaupten, die Bezeichnung sei 1976 zum ersten Mal offiziell auf gleich zwei Verlagserzeugnissen in den USA erschienen.[8]

Unbestritten ist, dass der Terminus in seinem Ursprungsland USA dazu diente, bestimmte Werke von den Comic Books – die ja Heftchen waren und sind – als „echte" Bücher abzugrenzen. Ähnlich liegen die Dinge in der heutigen europäischen Comic-Verlagslandschaft, nur geht es hier nicht gegen Heftchen und Objekte aus dem Pressegrosso,

---

3   Dolle-Weinkauff 2009, S. 21.
4   Ebd., S. 19.
5   Gefunden auf Wikipedia,
    URL: http://en.wikipedia.org/wiki/A_Contract_with_God [28. 3. 2010].
6   Eisner 1978/1980.
7   Kyle 2005.
8   Richard Corben und Robert E. Howard nennen ihren Comic *Bloodstar* auf dem Schutzumschlag und im Vorwort Graphic Novel. *Beyond Time and Again*, eine Fortsetzungsgeschichte in Underground-Comics von 1967 bis 1972 von George Metzger, trug die Bezeichnung auf dem Innentitel, als der Verlag Kyle & Wheary sie in einer gebundene Ausgabe herausbrachte.

sondern gegen das gängige, großformatige „Comic-Album". Mehr dazu folgt im Abschnitt über den Markt.

Phänomenologie

Obgleich man im Auge behalten sollte, dass es sich bei der heutigen Renaissance des Begriffs in erster Linie um eine Marketinginitiative handelt, ist eine nähere Beschreibung der gemeinten Produkte sinnvoll. Eine Phänomenologie bislang veröffentlichter Titel führt zu einer Liste von Eigenschaften, die im Einzelfall mehr oder weniger zutreffen mögen.

Kennzeichen von Graphic Novels sind:

– Inhaltlich anspruchsvolle, grafisch kunstvolle Erzählungen. Mit dem Heranwachsen der ursprünglichen Kernzielgruppe – Kinder – entwickelten Autoren und Verlage Strategien, ihre Leser länger zu binden. Aus der Zeitschrift *Micky Maus* strich man allzu babyhafte Elemente wie Ahörnchen und Behörnchen. US-Superhelden in ihren ohnehin problematischen, kastratenhaften Strumpfhosen-Outfits wurden nachdenklicher, mitunter fast sozialkritisch, und bekamen ein differenziertes Innenleben. Ein prominentes Beispiel dafür ist die „Rückkehr" von Batman, dem sichtlich gereiften „Dark Knight". Europäische, speziell frankobelgische Werke emanzipierten sich im Gegensatz dazu früh, vor allem mit und nach der 68er-Generation. Speziell die frankophonen Comics nahmen politische Themen und Randgruppen ins Visier oder gar Sexualität im Alter, beispielsweise Pascal Rabaté in *Bäche und Flüsse* (Reprodukt 2009).

– Abkehr von der standardisierten Zeichensprache der Comics mit ihren bekannten optischen Kürzeln (Spirale über dem Kopf bedeutet mentale Insuffizienz, sei es aufgrund von Alkoholgenuss oder leichtem Irresein) und Soundwords (Kracks! Bibber!) und Hinwendung zu einem unaufgeregten Erzählduktus. Die Mangas des Japaners Jiro Taniguchi mögen hier als Beispiel dienen. Taniguchi ist stark vom europäischen Autoren-Comic beeinflusst, hat aber mit seinen Themen und der bedächtigen, an Haiku erinnernden Darstellungsweise eine unverwechselbare Handschrift entwickelt, oft mit literarischer Vorlage.

– Von namentlich erkennbaren Autoren (keine Studioproduktionen), mit künstlerischer Unmittelbarkeit. Der Verleger Dirk Rehm (Reprodukt) berichtet: „Manche Zeichner sagen, dass ihre Zeichnungen mit ihrer Handschrift gleichzusetzen seien. Vielleicht ist diese Unmittelbarkeit [...] ein Indiz dafür, warum der Schritt zum autobiografischen Erzählen auf der Hand liegt. [...] Im Film ist es viel schwieriger, zu einer Unmittelbarkeit zu gelangen, weil der Blick durch die Kamera bis zum fertigen Resultat so viele Filter passieren muss und dem Einfluss vieler Mitwirkender ausgesetzt ist."[9] Hierher gehört auch die Entwicklung, dass immer mehr Autoren die Rechte an ihren Werken selbst vermarkten. Viele haben eigene Websites, auf denen sie große Teile ichrer Arbeiten zeigen und die Ausgaben in anderen Sprachen aufführen. Der Spanier Paco Roca etwa hat mit der vielfach preisgekrönten Graphic Novel *Arrugas* („Falten", Astiberri 2007) über das Leben im Altersheim international Erfolg. Der Amerikaner

---

9   Knigge 2009, S. 254.

Harvey Pekar veröffentlicht seine autobiografischen Bildromane unter Titeln wie *Our Cancer Year*.

– Abgeschlossene Handlung, keine Endlos-Serien. Dieses Kriterium mag vor allem für Mangas gelten, die bekanntlich gern so lange fortgesetzt werden, wie beim Publikum noch Kaufkraft und -willen vorhanden sind. Unter das Etikett Graphic Novel fallen hier die sogenannten Gekiga, zu Deutsch: dramatische Bilder. Sie wenden sich an ein älteres Publikum und erzählen oft in Einzelbänden und in psychologisch differenzierter Weise von literarischen, politischen oder sozialen Themen. Im amerikanischen Markt dürfte das Anti-Serien-Argument weniger Zustimmung finden. So gilt z. B. die zwölfteilige Heftreihe *Watchmen* von Alan Moore und Dave Gibbons, erschienen 1986 bis 1987 bei DC, als eine herausragende Graphic Novel.

– Für ein All-Age-Publikum bzw. mit Multiwidmung/Mehrfachadressierung. *Persepolis,* eine Geschichte, die ab einem Alter von zehn Jahren für alle Altersgruppen interessant ist, kennt in unserer Branche so gut wie jeder. Das Buch war ein Türöffner in Buch–handlungen, Bürgerbibliotheken und ins gehobene Feuilleton. Um es noch einmal zu betonen: Graphic Novels sind nicht per se Kinderbücher, nicht zuletzt wegen des höheren Verkaufspreises, der sich nicht in Taschengeldregionen bewegt. Vor allem aber inhaltlich sind die Werke nicht auf Kinder zugeschnitten. Dazu ein weiteres Beispiel des oben genannten Mangaka Jiro Taniguchi: In *Träume von Glück* (Carlsen 2008) erzählt er auf 170 Seiten, wie ein nicht mehr ganz junges Ehepaar das Sterben seines Hundes begleitet und verarbeitet.

– Mit meistens mehr als den Comic-üblichen 48 Seiten. Der Band *Blankets* von Craig Thompson, ursprünglich bei Speedline, jetzt von Carlsen neu aufgelegt, hat 600 Seiten und kostet 38 Euro.

– In – und das ist für das Marketing wichtig – buchhandelsfreundlichen Formaten. Ein triviales Merkmal wie die Bindung kann in vieler Hinsicht ausschlaggebend sein. Ein grobes Erkennungsmerkmal der Graphic Novels ist das im Vergleich zum klassischen frankobelgischen Comic-Album kleine Format. Bei Werken aus dem anglophonen Raum unterscheiden sich Graphic Novels von den dort üblichen Heften durch Broschur oder feste Bindung, bei den Mangas haben die anspruchsvolleren Werke oft eine Klappenbroschur, im Unterschied zu der normalen Broschur der Tankobon genannten Zweitverwertung in Taschenbüchern. Das ist ein wichtiger Vorzug für die Platzierung im Buchhandel. In den Belletristikabteilungen sind die Regale meistens nicht für die großen Formate ausgelegt; daher landen Comics häufig bei den Kinderbüchern oder bei den nicht ganz ernst zu nehmenden Mitbringseln, sprich beim Geschenkbuch/Cartoon.

Der Aspekt Ausstattung schlägt eine Brücke zum Thema Vermarktung.

Der Markt

Wie bereits angesprochen, ist die aktuelle Diskussion um die Graphic Novels von Absatzbemühungen motiviert. Leider typisch sind Erfahrungen, wie sie der Verleger David Basler, Edition Moderne, noch im Oktober 2010 machte. In einer privaten E-Mail berichtete er:

> Ich war gestern zu Besuch in einer der größten Buchhandlungen in einem stadtbekannten Einkaufszentrum in Zürich. Nachdem ich schon mal zehn Minuten durch den Laden geirrt war, erkundigte ich mich bei einer Angestellten, wo sie denn die Comics platziert hätten. „Zuhinterst bei den Kinderbüchern", erhielt ich als Antwort. Tatsächlich fand ich da eine Wühlkiste mit *allen* Comics. Die Edition Moderne war, jeweils mit je einem Titel, in der Breite des Programms sehr gut vertreten. Und es wurde mir wieder mal klar: Comics werden formal im Sortiment platziert, kaum eine Buchhändlerin oder Buchhändler würde einen Comic inhaltlich einsortieren.
> Ich hätte gleich mein ganzes Programm mitnehmen und remittieren lassen können. Denn dass sich Titel wie *Bosnien*, *Der Fotograf*, *Persepolis* in der Kinderecke schlecht verkaufen, daran besteht wohl kein Zweifel. Auch *Das Zeichen des Widders* von Fred Vargas, illustriert von Baudoin, wird bei den Kindern kaum auf Begeisterung stoßen.
> Darum nennen wir unsere Bücher nicht mehr Comics, sondern Graphic Novels. Darunter kann sich wohl niemand richtig was vorstellen, aber so sind sie schon mal nicht im Voraus zu den Kinderbüchern verbannt.

Dennoch sollte nicht verkannt werden, dass die Bezeichnung durchaus der inhaltlichen Präzisierung einer Literatursorte dient, die sich in den letzten Jahren bei Autoren und Publikum wachsender Beliebtheit erfreut.

In den USA versucht man, mit aufgewerteten Ausgaben aus dem Comic-Book-Getto in den etablierten Buchhandel vorzustoßen, also in die Regale der Kettenläden und zu

Amazon und Konsorten. In den romanischen Ländern Europas, in denen Comics ebenfalls traditionell am Kiosk gehandelt wurden, bietet sich ein ähnliches Bild. In Frankreich
hat inzwischen jeder der wichtigeren Verlage eine eigene Graphic-Novel-Sektion. Einige
jüngere Verlage verzichten inzwischen ganz auf das großformatige Album und bringen
ausschließlich Graphic Novels heraus, zum Beispiel L'association in Frankreich, Astiberri
in Spanien und Kappa in Italien. Publikumsverlage wie Aufbau oder Kiepenheuer &
Witsch verlegen Graphic Novels, um ein neues Publikum anzusprechen. Dazu kommen
vereinzelte Tests mit dem Medium aus anderen Verlagen, etwa *Fun Home* von Alison
Bechdel, eine Lesbengeschichte[10].

In Deutschland zwingt die zahlenmäßige Abnahme der stationären, spezialisierten
Comic-Buchläden sowie die Reduzierung der Verkaufsflächen für Comic-Alben im
Bahnhofsbuchhandel die Verlage ebenfalls zum Umdenken. Um in die Läden der Filialisten zu kommen, muss man das Produkt anpassen. Dennoch genügen die Umsätze der
meisten Titel bei Weitem nicht, um das Interesse der Einkäufer zu wecken. *Persepolis* ist
nach wie vor die große Ausnahme.

Wie kommen nun die Bücher zu den Lesern? Die Werbeetats der Verlage sind bekanntlich begrenzt, vor allem die für Nischensegmente. Deshalb ergreift man branchenüb-
liche Instrumente:

– Carlsen versuchte es mit Buchhändlerschulungen, kombiniert mit Büchertischen.
– Der Verlag Reprodukt hat eine Web-Plattform eingerichtet (graphic-novel.info).
– Einige Verlage – Carlsen, Reprodukt, Avant, Edition Moderne, Edition 52, Schreiber
  & Leser – produzieren gemeinsam einen informativen Miniprospekt für Buchhändler
  und Bibliothekare, der auch aus dem Internet heruntergeladen werden kann.[11]
– Sticker-Aktion: Mehrere Verlage produzierten gemeinsam einen Aufkleber, den die
  Auslieferungen zur Orientierung für Buchhändler auf einschlägige Titel aufbringen.

---

10 Comics für Lesben bzw. Dykes sind offenbar ein eigenes Segment: Bei Amazon haben wir an die
     40 Titel gezählt.
11 Beispielsweise unter der URL: http://carlsen.de/web/graphicnovel/index.

- Gemeinsame Publikumswerbung wird mit informativen Artikeln in kostenlosen Kundenmagazinen wie etwa *Rossipauls Taschenbuch-Magazin* kombiniert.
- Einige kleinere Verlage schicken gemeinsam ein Vertreterteam in den Handel, das auch Aktionen wie Büchertische und Schaufensteraktionen anregt.
- Der Verlag Reprodukt begibt sich auf den beiden deutschen Buchmessen mit seinem Stand aus der Comic-Ecke heraus in das allgemeine Belletristik-Umfeld.
- Es werden klassische Mittel für Kleinverlage ohne Werbeetat eingesetzt: Pressearbeit, Verlinkung, Amazon.

Eine Aufzählung berühmter oder auch nur hervorragender Titel wollen wir uns versagen – nicht zuletzt aus Kollegialität –, das wäre die Aufgabe eines gut sortierten Buchhändlers. Das Konditional ist hier leider angebracht, denn was Buchhändler/innen nicht kennen, können sie nicht empfehlen. Daher beschränken wir uns auf die Vorstellung einiger Beispielseiten.

Fred Vargas/Baudoin: Das Zeichen des Widders – eine beispielhafte Graphic Novel

Im Aufbau Verlag erschien 2008 ein Krimi der französischen Kult-Autorin Fred Vargas. Auf dem Cover steht oben links „Mit Zeichnungen von Baudoin". Fred Vargas und ihr etwas anderer Kommissar Adamsberg, der Wolkenschaufler, haben eine glühende Fangemeinde, und so dachte man sich bei Aufbau wohl, der Gemeinde könne man kommentarlos einen Comic unterjubeln. Konnte man auch, wie die Kommentare z. B. bei Amazon beweisen.

> Einen echten Fan erschüttert nichts. Vorgewarnt durch einige Rezensionen, wusste ich schon, dass es diesmal ein Comic sein sollte, und die Enttäuschung blieb mir erspart. Also ganz unvoreingenommen: Der Text ist echt Vargas, die Zeichnungen sind abwechslungsreich und originell. Schön. Einziger Kritikpunkt geht an den Verlag: Bitte den Comic für den deutschen Markt eindeutig auch als solchen deklarieren.

Dies schrieb die Leserin Paula Palermo und vergab mit fünf Sternen die höchste Punktzahl.[12] Nur ist der Band eben kein Comic, sondern eine Graphic Novel, zudem ein Gesamtkunstwerk. Der Verlag zitiert rückseitig *Le Monde*: „So kraftvoll wie eine Oper, so zart wie eine Jazzmelodie." Dazu sollte man wissen, dass Baudoin einer der renommiertesten Zeichner in Frankreich ist. Die Kurzbeschreibung des Verlags, ebenfalls auf amazon.de, beginnt so: „Sommer in Paris. Grégoire und Vincent, zwei halbwüchsige Kleinkriminelle, klauen einem alten Mann die Tasche, deren Inhalt sie erschaudern lässt ..." Mehr muss man nicht wissen, um die folgenden Beispielseiten einordnen zu können. Sie sind der gebundenen Ausgabe entnommen; auch die Seitenzahlen beziehen sich auf diese Version.

---

12 Gefunden bei amazon.de.

80

Der charismatische Kommissar Adamsberg bekommt ein Gesicht – ein Effekt wie im Kino, der die Gefahr mit sich bringt, dass Leser, die sich den Kommissar ganz anders vorgestellt haben, enttäuscht sein könnten. Auf Seite 81 verhört Adamsberg den Jungen zum ersten Mal. Grégoire ist auf der Hut, wenngleich natürlich ein wenig ängstlich und in der Situation eindeutig unterlegen. Die Dialoge sind im ganzen Buch, sofern sie nicht in Sprechblasen wiedergegeben werden, auf französische Art mit Anstrich anstatt mit Gänsefüßchen kenntlich gemacht, was ein wenig ungewohnt wirkt.

Grégoire, der meistens auf seinen geliebten Inlineskates unterwegs ist, hat eine Leiche gefunden. Es wird brenzlig, und auf Seite 58 flüchtet er Hals über Kopf vor der Polizei. Hier jagt er auf den Betrachter zu, im Roman prescht er nach Haus zu seinem Großvater und seinen Brüdern.

133

Grégoire ist immer mehr in Bedrängnis geraten. Er will ganz und gar abhauen. Dies ist seine Flucht aus der familiären Geborgenheit hinaus, aus der Banlieue von Paris ins Umland. Die Piste ist für seine Skates wie geschaffen, die Welt gehört ihm, er kann es schaffen.

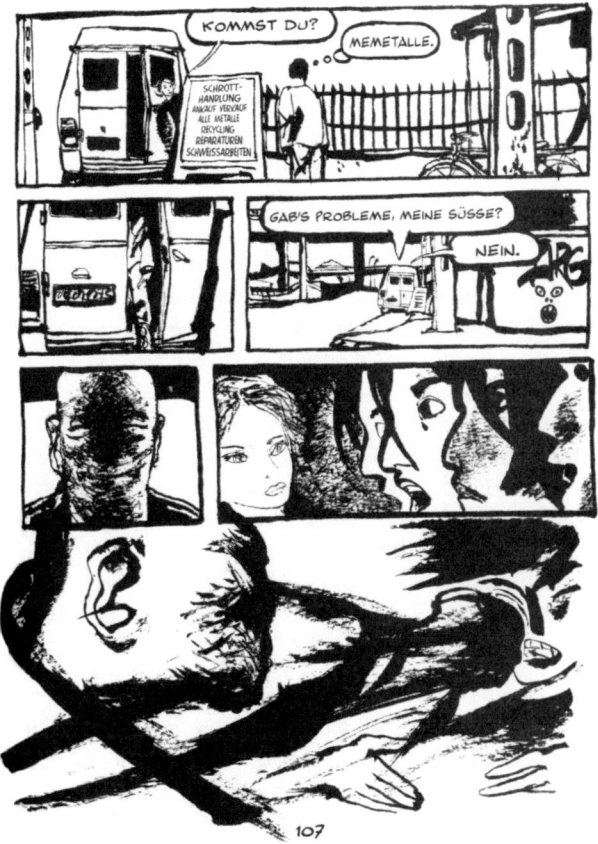

Auf Seite 107 findet sich eine bildliche Darstellung von Gewalt. Ein bedrohlicher Erwachsener schüchtert die Jugendlichen ein und teilt Ohrfeigen aus.

Kritik

Wie immer, wenn jemand etwas tut, regt sich Protest – in der Ära des Internets schneller und heftiger. Sogar aus den Reihen der Comic-Händler in Deutschland, die sich eigentlich freuen sollten, waren wütende Proteste zu vernehmen. Wörtliche Zitate derartiger Reaktionen sollen an dieser Stelle nicht aufgeführt werden.

Aber auch Autoren, vor allem in USA, hatten und haben ihre Vorbehalte. Sie wenden sich hauptsächlich gegen eine als aufgesetzt empfundene Aufwertung des Genres. Alan Moore, Autor der gefeierten Graphic Novel *Watchmen*, sagte:

> It's a marketing term [...] that I never had any sympathy with. The term "comic" does just as well for me. [...] The problem is that "graphic novel" just came to mean "expensive comic book" and so what you'd get is people like DC Comics or Mar-

vel Comics – because "graphic novels" were getting some attention, they'd stick six issues of whatever worthless piece of crap they happened to be publishing lately under a glossy cover and call it The She-Hulk Graphic Novel. [13]

Autor Daniel Raeburn schrieb: „I snicker at the neologism first for its insecure pretension – the literary equivalent of calling a garbage man a 'sanitation engineer' – and second because a 'graphic novel' is in fact the very thing it is ashamed to admit: a comic book, rather than a comic pamphlet or comic magazine." [14] Der Rezensent Douglas Wolk trifft einen Kern mit seiner Bemerkung: „The question I got asked most often this year: 'What's the difference between comics and graphic novels?' My answer: 'The binding.'[15] Ebenso, bei aller Kritik an der Bezeichnung, der vielfach preisgekrönte Autor von Bone, Jeff Smith: „I don't like that name [graphic novel, Anm. d. A.]. It's trying too hard. It is a comic book. But there is a difference. And the difference is, a graphic novel is a novel in the sense that there is a beginning, a middle and an end."[16]

Um den ungeliebten Begriff zu vermeiden, prägten manche Autoren ihre eigene Bezeichnung: Comic-Roman, Bildroman … Craig Thompson nannte das bereits erwähnte Werk Blankets „An Illustrated Novel", Seth untertitelte seine höchst anspruchsvolle Geschichte It's a Good Life, If You Don't Weaken – auf Deutsch Eigentlich ist das Leben schön (Edition 52) – mit „A Picture Novella".

Zum Schluss noch eine deutschsprachige Stimme: Der Schweizer Kolumnist Dave Schläpfer schreibt in seiner Rezension des Sonderbands Comics, Mangas, Graphic Novels aus der Edition Text + Kritik im Juni 2009:

> Einziger schwerwiegender Kritikpunkt: Text + Kritik legt – wohl quasi aus einer Art Abwehrhaltung heraus – den Fokus ausschliesslich auf von den Kritikern hochgelobte, kanonisierte Comic-Romane und Graphic Novels im Stile etwa von Maus und ignoriert „triviale", in Massenauflagen produzierte Comics etwa aus dem Superhelden-Genre konsequent. Damit wird dem Eindruck elaborierter Überheblichkeit und selbstgewählter Abschottung im Orchideenfach-Elfenbeinturm unnötigerweise Vorschub geleistet.
>
> Auch bei einzelnen Beiträgen sind immer wieder niederschwellige Rechtfertigungssignale zu erkennen. Dies rührt wohl tatsächlich daher, dass eine akademische Auseinandersetzung mit der etwa im frankophonen Bereich längst etablierten „neunten Kunst" im deutschsprachigen Raum tatsächlich lange verfemt war. Von dieser Warte aus betrachtet, muss Comics, Mangas, Graphic Novels als Wundenlecken und Schritt zur Emanzipation zugleich gesehen werden.[17]

---

13 Kavanagh 2000.
14 Raeburn 2004, p. 110.
15 Wolk 2008.
16 Rogers 2008.
17 Web-Blog von Comic-Check, URL: http://www.comic-check.ch [28. 3. 2010].

Ausblick

In einem Werkstattgespräch zwischen Andreas C. Knigge und dem Verleger Dirk Rehm (Reprodukt) äußerte Letzterer: „Die Zeit wird zeigen, ob Belletristikverlage wie Fischer oder Kiepenheuer & Witsch über gelegentliche Veröffentlichungen hinaus ein wirkliches Comicprogramm auf die Beine stellen wollen und können. Ich glaube eher, dass das Phänomen *Persepolis* hier zur Nachahmung eingeladen hat. Die Aufmerksamkeit für Comics hat sich aber mit Sicherheit erhöht."[18]

In einer Art Schlusswort zu seinem bereits zitierten Artikel schreibt Bernd Dolle-Weinkauff: „Es macht wenig Sinn, die Graphic Novels in toto als die vermeintlich besseren oder wertvolleren Comics in die Kinder- und Jugendliteratur eingemeinden zu wollen."[19] Dem schließen wir uns gern an.

Literatur

Dolle-Weinkauff, Bernd: Phänomen Comic-Roman. Zur Entstehung und Entwicklung der Graphic Novel. In: Kinder- und Jugendliteratur & Medien, 3/2009, S. 16–28.

Eisner, Will: A Contract with God, and Other Tenement Stories. New York: Baronet Books, 1. Aufl. 1978, spätere Auflagen New York: DC Comics, deutsch Frankfurt am Main: Zweitausendeins 1980.

Kavanagh, Barry: The Alan Moore Interview (October 17, 2000).
    URL: http://blather.net [20. 3. 2007].

Knigge, Andreas C.: Die Chancen der Moderne. Ein Werkstattgespräch mit Reprodukt-Verleger Dirk Rehm. In: Arnold, Heinz Ludwig (Hrsg.): Comics, Mangas, Graphic Novels. München: Edition Text + Kritik 2009.

Kyle, Richard: Newsletter Capa-Alpha der Comic Amateur Press Alliance, Nr. 2, zitiert nach: Gravett, Paul: Graphic Novels. Stories To Change Your Life. London: Aurum Press Limited, 2005.

Raeburn, Daniel: Chris Ware. Monographics Series, 2004, p. 110, zitiert nach:
    URL: http://en.wikipedia.org/wiki/Graphic_novel [29. 3. 2010].

Rogers, Vaneta: Behind the Page: Jeff Smith, Part Two. Newsarama vom 26. 2. 2008, zitiert nach: URL: http://en.wikipedia.org/wiki/Graphic_novel [29. 3. 2010].

Wolk, Douglas: Pilgrim. Exit Wounds Top Second Annual PWCW Critics' Poll. In: PW Comics Week, January 1, 2008, zitiert nach: URL: http://en.wikipedia.org/wiki/Graphic_novel [29. 3. 2010].

---

18 Knigge, S. 251.
19 Dolle-Weinkauff 2009, S. 26.

Manga und ihr Einfluss auf junge Leser in Deutschland

Bernd Dolle-Weinkauff

Die populäre Kinder- und Jugendliteratur wie auch die einschlägigen, an ein junges Publikum gerichteten Medienangebote spielen im gegenwärtigen Prozess der kulturellen Globalisierung eine nicht unbedeutende Rolle. Als Hervorbringungen einer ökonomisch hocheffizienten, international operierenden Kulturindustrie sind sie Teil einer Entwicklung, die ein weltweites Publikum zu erreichen vermag. Ein Phänomen der jüngsten Vergangenheit stellt in diesem Zusammenhang der Aufstieg der aus dem asiatischen Raum stammenden populärkulturellen Produktion und deren zunehmender Einfluss in der westlichen Hemisphäre dar. So wurden insbesondere die japanischen Comics im Verlauf der 1990er-Jahre Schritt für Schritt zu Favoriten der jungen Leser in den meisten mittel- und westeuropäischen Ländern[1] und damit zum Symbol einer Entwicklung, die sich im Verbund vor allem mit Animationsfilmen und Computerspielen vollzog. Angesichts der Tatsache, dass die Jugendkulturen der europäischen Länder in der zweiten Hälfte des 20. Jahrhunderts von nordamerikanischen Einflüssen dominiert wurden, handelt es sich hier um einen transkulturellen Prozess neuer Art. Dies wirft die Frage auf, was die Produkte der japanischen Kulturindustrie dazu befähigte, in dieser Entwicklung eine führende Rolle zu übernehmen, welche kulturellen Kräfte hier wirksam wurden und geeignet waren, eine solche Ausstrahlung zu entwickeln. Woher, so fragt sich, rührt die Faszination für Manga und Anime? Welche Zusammenhänge bestehen zwischen diesen Tendenzen und dem Alter, dem Geschlecht oder dem sozialen Status der Rezipienten? Lassen sich Einflüsse auf die Rezeptions- bzw. die Lesegewohnheiten der jungen Leute feststellen, auf ihre Kommunikationsformen und kulturellen Praxen? Hat die Lektüre von Manga Einfluss auf das soziale Leben, die Lebensweisen und das Bewusstsein der Leser?

Manga- und Comic-Markt in Deutschland

Dabei sind zunächst einmal die unterschiedlichen Bedingungen und Stufen der Entwicklung in den betreffenden europäischen Ländern zu berücksichtigen. So haben etwa Frankreich, Belgien und Italien eine sehr beträchtliche Eigenproduktion an Comics entwickelt, die selbst wieder auf der internationalen Ebene weitreichende Einflüsse gezeigt hat. Dass auch unter diesen Verhältnissen der Aufschwung des Manga lediglich gebremst, aber nicht ernsthaft behindert wurde, darf als Beleg für die Effizienz und Nachhaltigkeit des japanischen Einflusses gewertet werden. Für die deutschsprachigen Länder gilt indessen, dass nur ein geringer Teil der Comic-Publikationen von deutschen, österreichischen oder Schwei-

---

1   Vgl. Bouissou 2006, Pellitteri 2008.

zer Autoren und Zeichnern stammt. Obgleich gerade Deutschland im 19. Jahrhundert an
der Spitze der europäischen Entwicklung lag und eine bedeutende Tradition der Karika-
tur und Bildgeschichte aufzuweisen hat, finden sich hierzulande seit dem Ende des Zweiten Weltkriegs vor allem Importe und Übersetzungen von Comics aus Frankreich, Belgien,
Italien und den USA: Der Anteil an Eigenproduktionen ist zwar im Wachsen befindlich,
doch liegt er bei kaum mehr als 10 Prozent. Die machtvolle Invasion des Manga, die in der
zweiten Hälfte der 1990er-Jahre einsetzte, verschaffte diesen in Deutschland einen Anteil
von gegenwärtig etwa 70 Prozent am gesamten Comic-Markt. Angesichts der Ausgangs-
bedingungen in den deutschsprachigen Ländern erscheint dies auf den ersten Blick als ein
bloßer Austausch des einen Importguts durch ein anderes.

Eine solche Einschätzung sieht allerdings über einige nicht unwesentliche Besonderheiten dieser Entwicklung hinweg, da die massenhafte Rezeption der Produkte der fernöstlichen Populärkultur ein völlig neues Phänomen und eine neue Stufe im Prozess der
kulturellen Globalisierung darstellt.[2] So haben Übernahmen aus anderen europäischen Kul-
turräumen wie auch aus den USA durchweg einen solchen Grad an Normalität erreicht,
dass der Aspekt des Fremden weitgehend dahinter zurückgetreten ist. Was Japan betrifft,
so hat man sich durchaus daran gewöhnt, technologische und elektronische Produkte in
großer Zahl zu importieren, keineswegs aber etwa Comics oder Popmusik, denn der kulturelle Austausch kannte vor allem eine Richtung, die von West nach Ost. Den fernöstlichen
Ländern schien bis vor nicht allzu langer Zeit in dieser Hinsicht eine bloß empfangende
Rolle zuzukommen.

Es verwundert daher nicht, dass es sich bei der ersten Manga-Publikation in deutscher
Sprache um einen wenig beachteten Zufall handelt, der sich völlig außerhalb des Bereichs
der Populärkultur, mit dem sich das Phänomen Manga gegenwärtig verbindet, ereignet hat,
nämlich in der politisch ambitionierten Reihe „rororo aktuell" des Rowohlt Verlags. Hier
gesellte sich 1982 zu den Schriften unter anderem von Bertrand Russell, Mao Tse-tung und
Ernesto „Che" Guevara die stark gekürzte Fassung einer japanischen Graphic Novel, einer
Familiengeschichte aus der Zeit des Zweiten Weltkriegs, deren Verfasser, Keiji Nakazawa,
ein Überlebender des Atombombenabwurfs von Hiroshima ist.[3] *Hadashi no Gen*, in der
deutschen Ausgabe *Barfuß durch Hiroshima*, stellt kein kinder- und jugendliterarisches
Werk dar, und die deutsche Bearbeitung war keineswegs darauf aus, sie für das jugendliche
Publikum, das mehr als ein Jahrzehnt später den Manga-Boom auslösen sollte, zu adaptie-
ren.

---

2   Vgl. Pellitteri 2004.
3   Siehe Semel 2006.

Abb. 1: Keiji Nakazawa: *Barfuss durch Hiroshima* (1982)

Erst im Lauf der 1990er-Jahre schien dann eine Situation herangereift, die es dem japanischen Comic erlaubte, relevante Marktpositionen zu besetzen. Einen nicht unwesentlichen Faktor in dieser Entwicklung stellt die vorherige Rezeption europäischer und nordamerikanischer Comic-Stile und -Werke in Japan dar, die sich zu dieser Zeit verstärkt mit originären japanischen Ansätzen vermischten und auf diese Weise den Manga zu einem global exportfähigen Artikel werden ließen. Als ein erster Vorbote des neuen Trends ist der Erfolg von Katsuhiro Otomos *Akira*[4] bei den Kritikern und die nachfolgende Verfilmung anzusehen. Die grandiose postapokalyptische Story kam als Animationsfilm zuerst 1988 in die japanischen Kinos und begeisterte alsbald auch westliche Cineasten.[5] Beeindruckt von den Millionenerfolgen des Manga in dessen Herkunftsland begaben sich amerikanische und europäische Verlage verstärkt auf die Suche nach geeigneten Publikationen und orientierten sich dabei an Serien, deren Erfolg durch ihre große Popularität in Japan verbürgt schien.

Als entscheidend für den Durchbruch des Manga dürfte die Wirkung eines Medienverbunds aus TV-Serie und Comic anzusehen sein, der seit den späten 1980er-Jahren das Publikumsinteresse begründete. Der Erfolg des Manga in Deutschland ebenso wie in zahlreichen anderen europäischen Ländern wurde grundlegend vorbereitet – und wird seitdem

---

4   Siehe Koyama/Berndt 2004, S. 4 ff.
5   Siehe Neuber 1997.

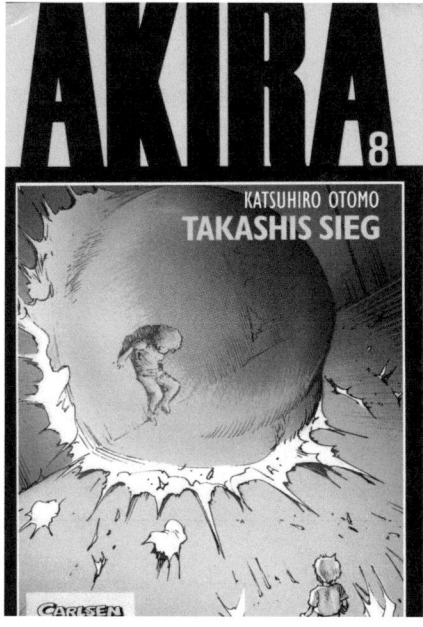

Abb. 2: Katsuhiro Otomo: *Akira* (Band 8, 1992)

begleitet – von japanischen Zeichentrickserien, die eine erste Generation von Fans
ansprachen. „Japanimation" bzw. „Anime"[6] findet sich seit den 1970er-Jahren als Be-
standteil der Kinderprogramme des öffentlich-rechtlichen Fernsehens, insbesondere des
ZDF, wobei anfangs bekannte einheimische Kinderbuchklassiker wie Johanna Spyris
Heidi (1974), Waldemar Bonsels' *Die Biene Maja und ihre Abenteuer* (1975–1976) und
Pinocchio (1976–1977) die Stoffe für die Drehbücher lieferten. Diese TV-Serien erreich-
ten seinerzeit ein breites Publikum und werden bis in die Gegenwart in regelmäßigen
Wiederholungen ausgestrahlt. Mit der Etablierung privater TV-Programmanbieter im
Lauf der 1980er-Jahre vermehrten sich nicht nur die Angebote japanischer Anime-Serien
in beträchtlichem Ausmaß, sondern auch die Stoffe und Themen, die nicht mehr auf Ad–
aptionen bekannter Kinderbücher beschränkt blieben.[7] Anfangs nahezu unbemerkt oder
von Eltern, Pädagogen und Kindermedienexperten ignoriert, etablierte sich in breites
Spektrum von Japanimation in den Programmen von Tele 5, RTL 2, VOX, später auch
bei MTV und VIVA, das eine ganze Generation junger Leute zu prägen begann und damit
Grundlagen für den Erfolg des Manga und weiterer Anime-Serien in der populären Kin-
der- und Jugendkultur schuf.[8]

---

6   Siehe Vollbrecht 2008.
7   Vgl. Dolle-Weinkauff 2008.
8   Vgl. Vollbrecht 2001.

Abb. 3: Naoko Takeuchi: *Sailor Moon* (Band 8, 1998)

Es waren vor allem zwei in den späten 1990er-Jahren publizierte Manga-Serien, die sich als bahnbrechend erwiesen: die fantastische Mädchenerzählung *Sailor Moon* von Naoko Ta-keuchi, ein sogenannter Magical Girl Manga, und Akira Toriyamas grotesk-mythische Geschichte *Dragon Ball*, wobei die letztere Serie mit zusammen mehr als 6 Millionen ver-kaufter Exemplare den unangefochtenen Bestseller darstellt. *Dragon Ball* wird in deutscher Sprache seit 1997 publiziert und ist seit 2001 in einer kompletten, 42-bändigen Edition erhältlich. Weitere bedeutsame Titel sind *Metantei Conan* von Gosho Aoyama (seit 2001 in der deutschsprachigen Ausgabe als *Detektiv Conan*) und *Inu Yasha* (seit 2002) von Rumiko Takahashi. Beide Serien haben es in der deutschsprachigen Ausgabe bislang auf mehr als 50 Bände gebracht, und ihre Verkäufe überschritten im Jahr 2005 die Millionen-grenze. Auch die derzeit erfolgreichste Serie um den Ninja-Lehrling *Naruto*, geschrieben und gezeichnet von Masashi Kishimoto, ist noch nicht abgeschlossen und liegt bereits in über 40 Sammelbänden vor.

Insgesamt schätzt Joachim Kaps, Leiter von Tokyopop, eines der großen, in Deutsch-land führend an der Publikation von Manga beteiligten Verlage, den Umsatz mit übersetz-ten Manga zwischen 1997 und 2005 auf 65 Millionen Euro. Angesichts dieser Zahlen und des anhaltenden Publikumsinteresses kann nicht davon ausgegangen werden, dass die Rolle des Manga in der gegenwärtigen Jugendkultur bloß eine vorübergehende Modeerschei-

Abb. 4: Akira Toriyama: *Dragon Ball* (Band 13, 1998)

nung, ein Phänomen des „Zeitgeschmacks" darstellt, wie anfangs behauptet.[9] Im Gegensatz dazu wird im Übrigen klar, dass Manga nicht nur bei Kindern und Jugendlichen Anklang finden, sondern auch bei großen Teilen der jungen Erwachsenen. Wenig bekannt ist jedoch bislang Genaueres über die spezifischen Umstände und Faktoren der Manga-Rezeption. Bis heute liegen kaum gesicherte Erkenntnisse etwa über die Einflüsse auf unterschiedliche Geschlechter sowie Altersgruppen vor; wichtig wäre es, die Gründe für bestimmte thematische Präferenzen zu erforschen wie auch die konkreten Aneignungsweisen bestimmter fremdkultureller Elemente und Topoi – und nicht zuletzt die Konsequenzen, die sich daraus für die Entwicklung der Lesekultur ergeben.

Die Manga-Umfrage des European Manga Research Network

Das 2006 von Jean-Marie Bouissou, Marco Pellitteri und dem Verfasser dieses Beitrags als Vereinigung von Forschern aus verschiedenen sozial- und kulturwissenschaftlichen Disziplinen in den europäischen Ländern gegründete European Manga Research Network hat sich die vergleichende Erforschung der Entwicklungen und der Einflüsse des japanischen Comic in Europa zum Ziel gesetzt. Im Centre d'études et de recherches internationales (CERI) in Paris hat Jean-Marie Bouissou eine empirische Umfrage konzipiert, welche die sozialen, kulturellen, psychologischen und ökonomischen Aspekte der Lektürepraxis er-

---

9   Weinicke 1998, S. 314.

wachsener Manga-Fans zu erfassen sucht. Mit Unterstützung von Ariane Beldi (Genf) wurde 2007 über das Internet in Deutschland, Frankreich, Italien und der Schweiz ein 15-seitiger Fragebogen in der jeweiligen Landessprache verbreitet, und insgesamt wurden etwa 1600 Rückläufe erzielt. Der vorliegende Beitrag präsentiert einige grundlegende Erkenntnisse hauptsächlich aus den 340 ausgewerteten deutschsprachigen Fragebögen.

Die Einschränkungen, die sich aus diesem Verfahren ergeben und die Ergebnisse relativieren mögen, sind offensichtlich. Auch sind die statistischen Werte angesichts dieser Grundgesamtheit weder als repräsentativ noch als rein zufällig anzusehen. Sie sind jedoch geeignet, die Einstellungen besonders engagierter Fans wiederzugeben, d. h. einer Gruppe von Manga-Rezipienten, die nicht wenig Zeit in einschlägigen Foren im Internet verbringen (und dabei auf die Umfrage stießen) und die bereit waren, mehr als 30 Minuten für das Ausfüllen eines ungewöhnlich detaillierten Fragebogens zu verwenden. Da sich die Umfrage an ein erwachsenes Publikum wandte, wurden Rückläufe von Jüngeren nicht berücksichtigt, wenngleich feststehen dürfte, dass diese gegenwärtig die Mehrheit der Manga-Leserschaft stellen.

Die Befragung der erwachsenen Leserschaft bot jedoch die Möglichkeit, Befunde zu ermitteln, die im Zusammenhang der Entstehung und Entwicklung des Interesses an japanischen Comics äußerst bedeutsam erscheinen. So beziehen sich etwa eine ganze Reihe von Fragen auf die Entwicklung der literarischen und kulturellen Interessen der Leser, auf Einflüsse auf ihre Präferenzen über bestimmte Zeiträume hinweg sowie auf deren Einstellung zur japanischen Kultur vor und nach der Begegnung mit Manga. Die aktuelle Befragung Erwachsener – und das bedeutet in der Regel: gerade erwachsen gewordener Leserinnen und Leser – verbunden mit der Aufforderung, Einblicke in die eigene Leserbiografie zu geben und die einschlägigen Erfahrungen zu reflektieren, bot im Übrigen die historisch einmalige Gelegenheit, authentische Auskünfte von der Generation der „manga boomers" zu erhalten; denn diese Generation der im Jahr 2007 etwa Zwanzigjährigen war es, die während der vergangenen Dekade den Aufbruch des Manga in Deutschland mit seinem Höhepunkt im Jahr 2003 aktiv getragen hat. Die Ergebnisse dieser Befragung sind daher geeignet, einige Gründe für dieses höchst überraschende transkulturelle Phänomen und Eindrücke von der Mentalität der Manga-Rezipienten zu liefern.

Thematische und ästhetische Interessen

Ein Teil der Umfrage zielte auf die Ermittlung der beliebtesten Werke und Autoren. Im Ergebnis stellte sich eine angesichts der kurzen Zeit, seit der Manga am deutschen Markt präsent sind, nicht erwartete breite Streuung der Interessen heraus. Von den 340 Befragten wurden insgesamt mehr als 500 Titel als die beliebtesten genannt, und selbst die Frage nach dem Werk, das ein dauerhaftes Interesse an Manga begründet habe, ergab noch nahezu 100 Titel. Dieser Befund bestätigte andererseits Eindrücke, die sich beim Beobachten und bei gelegentlichen Kontakten zur Manga- und Anime-Fanszene einstellen: Die Interessen der Rezipienten sind sowohl thematisch als auch ästhetisch weit gestreut, sodass diese ein mittlerweile in die Tausende gehendes Serienangebot aufzunehmen in der Lage sind. Die einschlägig bekannten Bestseller scheinen in diesem Kontext nur eine begrenzte Rolle zu spielen. Toriyamas *Dragon Ball* und Takeuchis *Sailor Moon* werden zwar oft als diejenigen Werke genannt, mit denen die Leser zuallererst in Kontakt kamen, und sie finden sich auch unter den Favoriten. Als die mit Abstand populärste Serie erweist sich jedoch das in der Öffentlichkeit weit weniger bekannte Mystery-Epos *Angel Sanctuary* von Kaori Yuki (2001–2004), das auch besonders häufig genannt wird, wenn es um die Frage geht, durch welche Serie eine dauerhafte Bindung an japanische Comics eingetreten sei. Da *Angel Sanctuary* für die älteren Leser/innen geradezu eine Schlüsselrolle zu besitzen scheint und die höchsten Präferenzen besitzt, wird hier auch eine Binnendifferenzierung der Interessen deutlich. Stellt die Manga-Lektüre als solche ein Geneationenphänomen dar, insofern sie sich auf die unter 30-Jährigen beschränkt, so treten innerhalb dieser Gruppe selbst wieder relevante intragenerationelle Differenzierungen auf, wobei Kinder, Jugendliche und diverse Gruppen junger Erwachsener ganz unterschiedliche Präferenzen entwickeln.

Abb. 5: Kaori Yuki: *Angel Sanctuary* (Band 1, 2001)

Die durchgängig erkennbare Vorliebe für fantastische Erzählungen korreliert mit der gegenwärtigen Popularität des Genres in der Literatur überhaupt. Sie schlägt sich nieder etwa in der Spitzenposition von Kaori Yukis *Angel Sanctuary* sowie weiterer Fantasy- und Science-Fiction-Serien, darunter der Mystery-Krimi *Death Note* von Takeshi Obata (seit 2006), die von Tarot-Elementen bevölkerte Serie *X* (seit 2001) der Autorinnengruppe CLAMP und das postapokalyptische *Neon Genesis Evangelion* (seit 1999) des Gainax Stu-

Abb. 6: Takeshi Obata/Tsugumi Ohba: *Death Note* (Band 1, 2006)

dios. In Deutschland – und damit seien Unterschiede angedeutet zu den Ergebnissen in Frankreich und Italien[10] – haben realistisch angelegte Geschichten wie Nakazawas historische Autobiografie *Barfuss durch Hiroshima* (Neuausgabe 2004/2005) zwar in den Feuilletons einige Beachtung gefunden, bei den Manga-Fans stehen sie jedoch nicht sehr hoch im Kurs. Wenig Interesse zeigen die deutschen Leser der Umfrage zufolge auch an realistischen Erzählungen mit aktuell politischem Einschlag wie Kaiji Kawaguchis *Eagle* (2002/2003), in der ein Kandidat japanischer Herkunft zum Präsidenten der Vereinigten Staaten gewählt wird. Weder Naoki Urasawas Kindheits-Thriller *20th Century Boys* (2003–2009) noch die turbulente Jugendgeschichte eines Junglehrers *GTO – Great Teacher Onizuka* (2002–2005) von Tôru Fujisawa, die in Frankreich sehr populär sind[11], fanden hierzulande vergleichbaren Anklang. Es sind in Deutschland hauptsächlich die Kritiker, die diese Werke wegen ihrer politischen bzw. literarischen Qualitäten schätzen, im Gegensatz zum unter den Manga-Fans vorherrschenden Geschmack. Von den Verlagen werden sie in erster Linie aus Gründen der Reputation im Programm gehalten, wohingegen die Verkäufe eher bescheiden ausfallen.

---

10 Siehe Bouissou et al. 2010, S. 256 ff.
11 Siehe Bouissou 2008.

Abb. 7: Yoshiyuki Sadamoto/Gainax: *Neon Genesis Evangelion* (Band 1, 1999)

Bei oberflächlicher Betrachtung mögen diese Befunde als Indizien einer eskapistischen, möglicherweise esoterischen Orientierung der Manga-Rezipienten bzw. auf einfache Unterhaltung oder bloß schlechten Geschmack und Interesse an simplen Geschichten gelten.[12] Tatsächlich finden sich im breiten Angebot an importierten Manga auch nicht wenige Beispiele, die derartige Leserdispositionen befriedigen; als Pauschalurteil ist diese Sicht aber gänzlich falsch. Zum einen erfordern gerade viele der fantastischen Geschichten aufgrund ihrer komplexen Erzählweise und des synkretistischen Umgangs mit Stoffen, Figuren und Requisiten aus den unterschiedlichsten Kulturen ein hohes Maß an Aufmerksamkeit und Ernsthaftigkeit beim Leser. Zum anderen verbergen sich hinter den oft hoch aufgetürmten fantastischen Fassaden vielfach sehr realistische Konfliktarchitekturen. Ganz offensichtlich hat das Fantastische sehr oft die Funktion, auch für durchaus alltägliche und wohlvertraute Konfliktlagen einen „thrill" zu liefern, der die Neigung, sich damit lesend auseinanderzusetzen, merklich erhöht.

   In diesem Kontext ist nicht zu verkennen, dass auch die meisten fantastischen Manga-Erzählungen, die in Deutschland publiziert werden, einen realistischen Hintergrund besitzen bzw. mit durchaus realistischen Problemen in fantastischer oder märchenhafter Verkleidung spielen. So erscheinen etwa Geschichten wie Masakazu Katsuras *Video-Girl Ai*

---

12 Vgl. Jatzek 1996.

(2001), Katsu Akis *Psychic Academy* (2003) oder *Real Bout Highschool* (2003) von Sora Inoue und Reiji Saiga trotz ihrer exponierten fantastischen Elemente den Lesern nicht unbedingt als Fantasy-Stories. Denn die dort geschilderten Probleme zwischen den und innerhalb der Generationen, in der Schule, beim Erwachen der eigenen Sexualität etc. sind ihnen aus dem eigenen Alltag und der eigenen Erfahrung vertraut. Und selbst ausgesprochene Science-Fiction-Erzählungen wie das auch in Deutschland sehr erfolgreiche *Neon Genesis Evangelion* handelt ja eigentlich von familiären Konflikten und kindlichen Rivalitäten, die aus dem Zusammenleben in modernen Gesellschaften entstehen. Obgleich sie die Kulissen der Handlung dominiert, ist futuristischer Technik hier von ihrer Funktion her gesehen doch eher im Bereich der Requisiten der Handlung angesiedelt. Die Vorliebe für derartige Manga erklärt sich daraus, dass weder das herkömmliche Comic-Angebot noch die durchaus vorhandene kritisch-realistische Kinder- und Jugendliteratur eine solch ungeschminkte und gleichzeitig die Position der jugendlichen Protagonisten überhöhende Darstellung von kindlichen Identitäts- und Pubertätskrisen bieten, wie es die Comics aus Japan häufig tun: Nicht zufällig nimmt die in Fantasy-Manga obligatorische Bewährungssituation in vielen Geschichten das Ausmaß einer Errettung der Menschheit durch die jungen Heldinnen und Helden an. Fantastische Konflikte und Konstellationen sind dabei nicht selten als äußerer Ausdruck psychischer Probleme, innerer Auseinandersetzungen und zwiespältiger Bewusstseinslagen angelegt – hier finden oft ganz reale und unter Heranwachsenden weitverbreitete Sozialisationsprobleme aller Art, Ablösungskonflikte, Aufbegehren gegen die geordnete Erwachsenenwelt, Beziehungsängste, Allmachts- und Ohnmachtsfantasien in mehr oder minder surrealen Szenarien ihren Niederschlag.

Das Vordringen des Manga und seine Auswirkungen auf die Comic-Leserschaft

Noch vor einem Jahrzehnt machten Mädchen und junge Frauen nur eine Minorität innerhalb der deutschsprachigen Comic-Leserschaft aus. Diese Situation hat sich dahingehend deutlich verändert, dass sie eine klare Mehrheit der Manga-Rezipienten bilden. Angesichts der dominierenden Rolle der japanischen Comics am Markt kommt ihnen nunmehr die führende Position innerhalb der Comic-Leserschaft insgesamt zu. Die Umfrage lässt diese Tendenz in der Relation der weiblichen und der männlichen Teilnehmer hervortreten, wobei sich im internationalen Vergleich deutliche Unterschiede zeigen (siehe Abb. 8a–c). Während in Deutschland der Anteil der weiblichen Umfrageteilnehmer bei 80 Prozent lag, ergab sich in Frankreich und Italien eine knappe Mehrheit der männlichen. Allerdings ist auch in diesen Nachbarländern innerhalb der jüngeren Alterskohorten eine weibliche Majorität gegeben.

Umfrageteilnehmer Frankreich

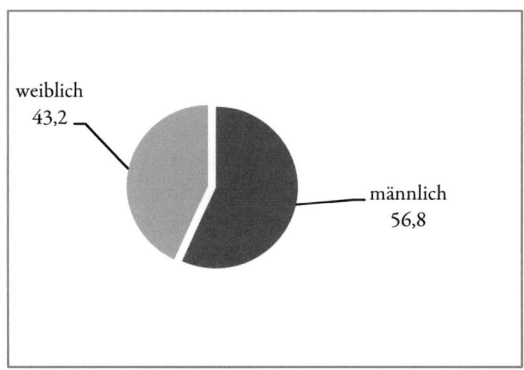

Umfrageteilnehmer Italien

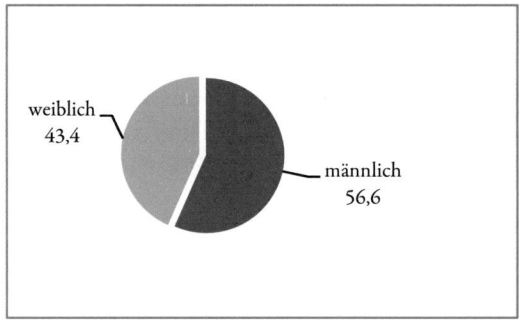

Umfrageteilnehmer Deutschland

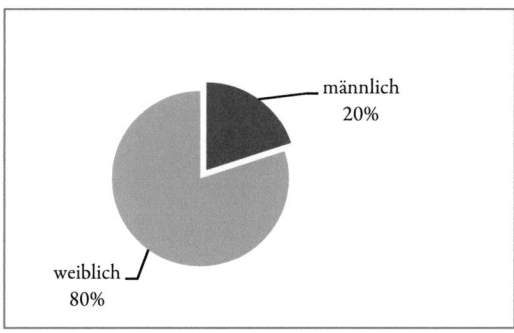

Abb. 8a–c: Umfrageteilnehmer nach Geschlechtern

Es ist zu vermuten, dass der hohe weibliche Anteil teilweise mit einer größeren Bereit-schaft der Mädchen und jungen Frauen zur Teilnahme an einer relativ aufwendigen und komplizierten Umfrage zusammenhängt. Allerdings zeigen auch die wesentlich einfacher angelegten Internet-Umfragen des Instituts Sozioland von 2005 und 2008 zum gleichen Thema nur geringfügig abweichende Beteiligungsrelationen der Geschlechter.[13] Die Ge-schlechterrelation findet im Übrigen ihre Entsprechung in einem überwiegend an weibli-che Leser adressierten deutschsprachigen Marktangebot an „shôjo manga" und einem ge-ringeren an „shônen manga", die sich an die männlichen Kinder und Jugendlichen richten. Allerdings beschränkt sich das Interesse der weiblichen Leserschaft offenkundig nicht auf die ausdrücklich an sie adressierten Geschichten. Eine nähere Untersuchung der von Mäd-chen und jungen Frauen präferierten Geschichten zeigt nämlich, dass manche sich kaum für niedliche Stories im „kawaii"-Stil interessieren, sondern nach härterer Kost verlangen, etwa in Gestalt von Kentaro Miuras *Berserk* (seit 2002) oder *Tenjo Tenge* (seit 2002) vom Autor mit dem Pseudonym Oh! Great. Obgleich ausgesprochene „shôjo"-Serien wie *Sailor Moon*, *Angel Sanctuary* oder Arina Tanemuras *Kamikaze Kaito Jeanne* zu den ganz großen Favoriten der weiblichen Leser zählen, finden diese durchaus auch Gefallen am typischen „shônen manga" wie *Naruto*, *One Piece* und *Neon Genesis Evangelion*.

Tatsächlich geben lediglich 19 Prozent der Leserinnen an, dass sie ausschließlich an Mädchen-Manga interessiert sind, während 81 Prozent auch andere Manga lesen. Umge-kehrt bekunden ebenso Teile der männlichen Leserschaft Interesse an Mädchen-Manga; daher ist es keine Überraschung, dass sich in der Spitzengruppe der von den Jungen favori-sierten Mangaka mit dem Autorinnenteam CLAMP zusammen mit Arina Tanemura ausgemachte Produzentinnen von Mädchen-Manga finden. Die hohe Relevanz der Man-ga-Lektüre insbesondere für das weibliche Publikum ist auch daran zu erkennen, dass sie nicht nur passionierte Rezipienten, sondern als Teile einer Bewegung junger Mangaka ebenso leidenschaftliche Produzenten sind, die ihre eigenen Geschichten konzipieren und zeichnen. Über die Hälfte der Befragten gab an, dass sie selbst Manga zeichnen, und wei-tere 20 Prozent haben dies vor. Auf diese Weise sind einige zu durchaus erfolgreichen Comic-Autorinnen aufgestiegen, denen es gelang, Publikationen am Comic-Markt zu platzieren. Bezeichnend ist hier ebenfalls, dass sich unter den etwa zwei Dutzend Nach-wuchs-Mangaka, die bereits Veröffentlichungen vorzuweisen haben, weniger als eine Handvoll männlicher Autoren befinden.

Manga als Lektüre der Jugendlichen und jungen Erwachsenen

Mit etwa 40 Prozent ist die Mehrheit der Manga-Fans der Gruppe der Schüler zuzurech-nen. Mit 25 Prozent stellen Auszubildende und junge Berufstätige den zweitgrößten An-teil, gefolgt von den Studierenden an Universitäten und Fachhochschulen (20 Prozent). Die verbleibenden 15 Prozent, die auf die Frage nach Berufstätigkeit bzw. Ausbildungs-stand nicht antworten wollten, dürften sich teils in einem Übergangsstadium zwischen Schulabschluss und Berufstätigkeit/Studium, teils in der Arbeitslosigkeit befinden (siehe Abb. 9). Generell zeigt sich, dass die deutschen Manga-Leser dem Jugend- und frühen

---

13 Vgl. URL: http://www.sozioland.de/rp/manga/ [10. 2. 2010].

Erwachsenenalter zuzurechnen sind, was in einem Altersdurchschnitt von 20,5 Jahren zum Ausdruck kommt wie auch in dem Befund, das 95 Prozent der Befragten nicht älter als 26 Jahre waren.

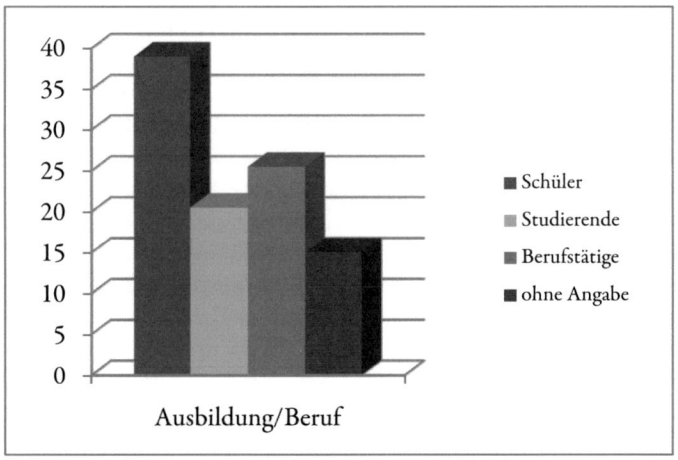

Abb. 9: Alter/Ausbildung/Beruf

In welch hohem Maße Manga-Lektüre und Adoleszenz zusammenhängen, ist auch an den Angaben der Befragten zu den Anfängen ihres Interesses an japanischen Comics abzulesen. Nur wenig mehr als 10 Prozent begannen bereits in der Kindheit, d. h., bevor sie das Alter von 10 Jahren erreicht hatten, mit der Lektüre von Manga, nur 5 Prozent hatten erste Kontakte mit dieser Literaturform erst nach Abschluss der Schulausbildung (siehe Abb. 10). Hier zeigt sich, dass die jungen Leute sich genau in der Altersstufe für Manga zu interessieren beginnen und mehr und mehr Gefallen an diesen finden, die gekennzeichnet ist von den Ablösungsprozessen am Ende der Kindheit, der Identitätssuche und der Erschließung eigenständiger Wege und Lösungen für ihr zukünftiges Leben. Es ist daher auch nicht verwunderlich, dass so viele Manga, unabhängig davon, ob es sich um eher realistische oder eher fantastisch ausgerichtete Erzählungen handelt, von Adoleszenz-, Schul-, Familien-, Generationen- und Gruppenkonflikten Heranwachsender handeln.

Obgleich es eine ganze Reihe von Manga-Serien gibt, die an Jungen und Mädchen jüngeren Alters gerichtet sind, spielen diese für die Kinderkultur in den deutschsprachigen Ländern keine bedeutsame Rolle. Dabei darf allerdings nicht unterschlagen werden, dass die im Fernsehen gebotenen Anime-Serien, die in aller Regel auf Manga-Szenarien beruhen, in dieser unteren Altersgruppe eine außerordentlich große Attraktion darstellen. Das Medium Zeichentrickfilm, das die gleichen Stoffe wie die Printmedien transportiert, genießt hier eindeutige Priorität. Manga sind dagegen eine genuin jugendkulturell geprägte

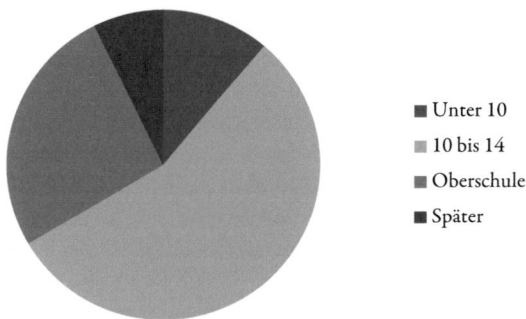

- Unter 10
- 10 bis 14
- Oberschule
- Später

Abb. 10: Erste Leseerfahrung mit Manga

Literaturform, und es ist zu vermuten, dass sie sowohl die Abgrenzung von der Kindheit als auch von der Welt der Erwachsenen und deren kulturellen Präferenzen markieren. Dass die Lektüre und die Rezeption von Printmedien dabei eine so auffällige Rolle spielen, dürfte unter anderem auch mit den Exotismen – wie etwa der der europäischen gegenläufigen Leserichtung und dem ständigen Zwang zur Dechiffrierung einer ausufernden Zeichenwelt – zusammenhängen, die für den Lektüreprozess japanischer Comics charakteristisch sind.

Auch findet sich hier eine mögliche Erklärung für die dominierende Rolle der Fantasy, deren surreale Szenarien den Lesern Fluchträume aus der Enge des Alltagslebens und reiches Material für fantastische Rollenspiele und Reflexionen über ihre Erfahrungen und Probleme bieten, ohne dabei von erwachsenen Autoritäten geleitet zu werden. In diesem Zusammenhang ist auch nicht unwichtig, dass die Mehrheit der Manga-Fans großen Wert auf kollektive Erfahrung und Kontakt mit ihresgleichen legt, so etwa bei einschlägig ausgerichteten Meetings, Manga Conventions, Cosplay-Aktionen und – von nahezu allen Befragten gepflegt – durch die Kommunikation über Plattformen, Blogs, Chatrooms und dergleichen im Internet. Diese sozialen Aspekte des Manga-Fandoms als einer Gemeinschaft treten deutlich hervor in Befunden der Umfrage, bei der 57 Prozent angeben, dass sie reguläre Mitglieder eines oder mehrerer Chatrooms sind, dass sie oft oder immer (30 Prozent) bzw. gelegentlich (44 Prozent) ihre Manga mit Freunden teilen, an Manga Events teilnehmen (oft oder gelegentlich: 54 Prozent), oder wenn sie einfach zustimmen, dass Manga ein Vergnügen darstellen, das mit anderen geteilt werden sollte (52 Prozent).

Manga und Lesekultur

Es ist offensichtlich, dass die Befragten höchst eifrige Leser sind: 58 Prozent von ihnen frönen täglich oder an drei bis vier Tagen in der Woche ihrer Leidenschaft, weitere 20 Prozent lesen mindestens einmal pro Woche japanische Comics. Angesichts der verbreiteten, auf zahlreiche empirische Umfragen gegründeten Ansicht, dass die junge Generation immer weniger bereit ist, zu lesen, sind dies erstaunliche Befunde. Dies wird gestützt von Angaben zur Lesemotivation, der offenbar in vielen Fällen durch Lebensumstände und materielle Bedingungen Grenzen gesetzt werden. So geben 84 Prozent der Befragten an, dass sie ihre Leselust nicht ausreichend befriedigen können und gerne mehr Zeit für Lektüre zur Verfügung hätten. Der gleiche Prozentsatz entfällt auf die Auskunft, dass die Leser gerne mehr Geld für Manga ausgäben, wenn es ihnen denn zur Verfügung stünde. Diese Fans sind jedoch nicht nur eifrige Leser, sondern häufig auch bereit, die Mühen fremdsprachiger Lektüre auf sich zu nehmen. So gibt mehr als die Hälfte der Befragten an, dass sie auch zu Manga greifen, deren Schrifttexte nicht in deutscher Übersetzung vorliegen. 58 Prozent lesen Manga sowohl in ihrer Muttersprache als auch in englischer Textfassung, und 22 Prozent lassen sich sogar gelegentlich auf japanische Originalausgaben ein.

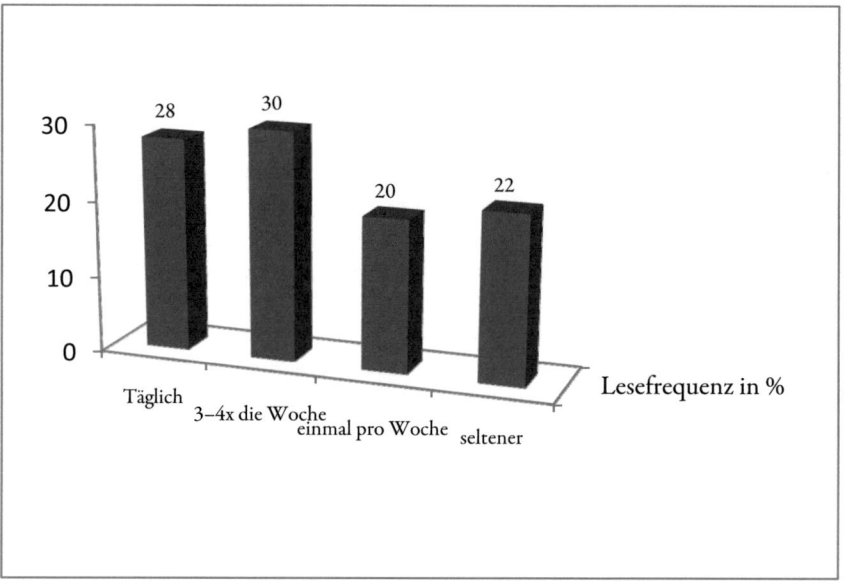

Abb. 11: Lesefrequenz der Befragten

Generell stellt für die Befragten die intensive Lektüre einerseits und die ausgiebige Internetnutzung zur Kommunikation darüber wie auch für den Erwerb der Bücher andererseits keinen Widerspruch dar. Nahezu 100 Prozent frequentieren Websites zum Thema Manga, und 72 Prozent haben nach eigener Aussage an Diskussionen teilgenommen oder schriftliche Beiträge für Blogs verfasst.

In diesem Zusammenhang ist insbesondere die Rolle der öffentlichen Büchereien in Deutschland hervorzuheben, die auch im internationalen Vergleich bemerkenswert erscheint. Obgleich das Bild des Manga-Lesers wohl stärker von spektakulären Beobachtungen in Buchhandlungen oder bei Messen bestimmt ist, wo ganze Trauben von Fans die Manga-Regale umlagern und die Taschenbücher an Ort und Stelle konsumieren, dürfte den Bibliotheken für die Verbreitung dieser Literaturform letztlich eine viel größere Bedeutung zukommen, als es den Anschein hat: Sie stellen für die deutschen Manga-Leser eine der wichtigsten Quellen ihrer Lektüre dar. Nahezu 40 Prozent von ihnen geben an, Mitglied einer öffentlichen Bibliothek zu sein, in der sie Manga ausleihen können. Her werden die positiven Resultate engagierter Bibliotheksarbeit deutlich, deren Einsatz auf dem Gebiet der Leseförderung mit einer aufmerksamen Orientierung an den Bedürfnissen der jugendlichen Nutzergruppen konvergiert.

Das Bild der deutschen Comic-Leserschaft in der Gegenwart weist eine deutlich nach Generationen differenzierte Struktur auf. Während die „Älteren“, d. h. die über 25-Jährigen, in ihrer großen Mehrheit eher zu Comics nordamerikanischer Herkunft oder zu solchen aus dem frankophonen Raum neigen, präferieren die Jüngeren eindeutig Manga, einschließlich der koreanischen („manwha“) und chinesischen („manhua“) Spielarten sowie der von deutschen Mangaka mittlerweile geschaffenen Stories im japanischen Stil. Die Praxis der Manga-Lektüre unterscheidet sich in den Augen ihrer Leser stark vom Lesen herkömmlicher Comics und ereignet sich in einem davon weitgehend separierten sozialen und kulturellen Umfeld. Obgleich es sich bei den Manga ebenso wie bei Comics oder Bandes Dessinées im Hinblick auf das literarische Genre um Spielarten der Bildgeschichte und daher sehr nahe Verwandte handelt, lässt sich die Manga Community doch nicht ohne Weiteres als Teil des allgemeinen Comic-Fandoms definieren. Dies wird nicht zuletzt daran deutlich, dass 82 Prozent der Befragten angeben, dass sie keine oder nur wenige Comics lasen, bevor sie mit Manga in Berührung kamen, und kaum weniger (76 Prozent) angeben, kein Interesse an herkömmlichen Comics zu haben.

„Manga has changed my life“

Nach Auffassung eines großen Teils der Befragten stellen die Manga einen höchst wichtigen Faktor im Kontext ihrer kulturellen Aktivitäten und in ihrem Gemeinschaftsleben dar; 82 Prozent wären frustriert und unglücklich, wenn sie keine japanischen Comics mehr lesen könnten, und nur weniger als 5 Prozent würden die Manga-Lektüre nicht so sehr vermissen. Viele sprechen der Manga-Lektüre einen gewissen Einfluss auf ihr Verhalten und ihre Auffassungen zu, ganz besonders im Verhältnis zu anderen Menschen. Stattliche 70 Prozent glauben, dass die Manga generell Einfluss auf ihr persönliches Leben haben, und noch 42 Prozent sind davon überzeugt, dass sie ihr individuelles Bewusstsein, ihre moralischen Auffassungen und ihre Lebensweise prägen. Wenngleich diese Aussagen kaum messbar sind und als völlig subjektive Einschätzungen durchaus in Zweifel gezogen werden können, so wird darin dennoch deutlich, in welch hohem Grad sich die Manga-Fans in ihrem Selbstbild durch die Einflüsse ihrer Lektüre geprägt sehen und welche bedeutsamen Wirkungen sie dieser zuschreiben. Nicht zu übersehen ist auch, dass das Selbstbild der Fans ganz überwiegend positive Wirkungen verzeichnet. Dank der Manga haben viele von ichnen neue Freunde gefunden (54 Prozent), fühlen sich unbeschwerter (70 Prozent), dynamischer (60 Prozent) und haben neue Werte kennengelernt. Wie hoch auch immer in diesen Äußerungen der Grad an Autosuggestion anzusetzen sein mag, so dürfte doch alleine die Tatsache der Zuschreibung positiver Effekte durch die Manga-Lektüre als Teil einer optimistischen und selbstbewussten Einstellung eine begrüßenswerte Wirkung darstellen.

In einigen Aspekten der vermuteten Wirkungen zeigen sich auch signifikante Unterschiede zwischen den Geschlechtern, wobei bestimmte Vorannahmen teils bestätigt, teils widerlegt werden. So nimmt etwa ein größerer Teil der Mädchen und jungen Frauen stärkeren emotionalen Anteil an den Schicksalen der Handlungsträger und bekennt sich zu Empathie und Mitempfinden. Gerade unter den deutschsprachigen Befragten zeigt sich dies besonders deutlich: Während fast die Hälfte (46 Prozent) der Leserinnen eine hochgradige emotionale Anteilnahme bei sich selbst feststellen, sind es weniger als ein Drittel der Leser (31,4 Prozent), die ähnlich reagieren. Weniger signifikant sind die Gender-Differenzen bei Antworten auf Fragen nach dem Verhältnis der fiktionalen Handlungen der Manga zu den Vorgängen des realen Lebens, wobei die Leser eine größere Wirklichkeitsnähe (55,7 Prozent) unterstellen als die Leserinnen (49,6 Prozent) und sich von den Figuren stärker beeindrucken lassen als die weiblichen Fans (48,9 zu 41,9 Prozent).

Ganz allgemein ist im Übrigen eine klare Meinung hinsichtlich des Interesses an Manga auch im zukünftigen Leben zu erkennen: Auf die Frage, ob sie sich vorstellen könnten, noch im Alter von 50 Jahren Manga zu lesen, stimmten zwei Drittel der Befragten zu. Hier allerdings erwies sich das Votum der Mädchen und jungen Frauen als ein wenig mehr von skeptischen oder rationalen Überlegungen getragen als dasjenige der Jungen und jungen Männer: Während die männlichen Befragten zu über 80 Prozent glauben, dass sie noch als Großväter begeisterte Manga-Fans seien, erwartete weniger als die Hälfte der künftigen deutschen Großmütter, noch in diesem Alter den Manga verfallen zu bleiben.

Literatur

Primärliteratur

Aki, Katsu: Psychic Academy. Aus dem Japanischen von Matthias Wissnet. Bd. 1–11. Köln: Egmont 2003–2005.

Aoyama, Gosho: Detektiv Conan. Aus dem Japanischen von Josef Shanel und Matthias Wissnet. Bd. 1–65. Köln: Egmont 2001 ff.

CLAMP: X. Aus dem Japanischen von Antje Bockel. Bd. 1–18. Hamburg: Carlsen 2001 ff.

Fujisawa, Tôru: GTO – Great Teacher Onizuka. Aus dem Japanischen von Rie Kasai. Bd. 1–25. Köln Egmont 2002–2005.

Inoue, Sora/Saiga, Reiji: Real Bout Highschool. Aus dem Japanischen von Cäcilia Winkler. Bd. 1– 5. Nettetal-Kaldenkirchen: Panini 2003.

Katsura, Masakazu: Video Girl Ai. Aus dem Japanischen von Gyo Araiwa. Bd. 1–13. Hamburg: Carlsen 2001–2003.

Kawaguchi, Kaiji: Eagle. Aus dem Japanischen von Burkhard Höfler. Bd. 1–11. Köln: Egmont 2002–2003.

Kishimoto, Masashi: Naruto. Aus dem Japanischen von Miyuki Tsuji, Textbearbeitung Ina Schiele. Bd. 1–43. Hamburg: Carlsen 2003 ff.

Miura, Kentaro: Berserk. Aus dem Japanischen von Holger Hermann, John S. u. a. Bd. 1–33. Nettetal-Kaldenkirchen: Panini 2002 ff.

Nakazawa, Keiji: Barfuß durch Hiroshima. Eine Bildergeschichte gegen den Krieg. Aus dem Englischen und Japanischen von Hans Kirchmann und Kumiko Yasui. Reinbek: Rowohlt 1982 (= rororo aktuell).

Nakazawa, Keiji: Barfuß durch Hiroshima. Aus dem Japanischen von Nina Olligschläger. Bd. 1–4. Neuausgabe Hamburg: Carlsen 2004–2005.

Obata, Takeshi/Ohba, Tsugumi: Death Note. Aus dem Japanischen von Kay Hermann. Bd. 1–12. Hamburg: Tokyopop 2006–2008.

Oda, Eichiro: One Piece. Aus dem Japanischen von Ayumi von Borcke. Bd. 1–51. Hamburg: Carlsen 2001 ff.

Oh! Great (= Ogure Ito): Tenjo Tenge. Aus dem Japanischen von Josef Shanel und Matthias Wissnet. Bd. 1–21. Nettetal-Kaldenkirchen: Panini 2002 ff.

Otomo, Katsuhiro: Akira. Aus dem Japanischen von Junko Iwamoto-Seebeck und Jürgen Seebeck. Bd. 1–20. Hamburg: Carlsen 1991–1996, Neuausgabe in 6 Bänden 2000–2001.

Sadamoto, Yoshiyuki/Gainax: Neon Genesis Evangelion. Aus dem Japanischen von Antje Bockel. Bd. 1–11. Hamburg: Carlsen 1999 ff.

Takahashi, Rumiko: Inu Yasha. Aus dem Japanischen von Oke Maas. Bd. 1–56. Köln: Egmont 2002 ff.

Takeuchi, Naoko: Sailor Moon. Aus dem Amerikanischen von Georg F. W. Tempel und Fritz Walter. Bd. 1–18. Stuttgart: Ehapa 1998–2000.

Tanemura, Arina: Kamikaze Kaito Jeanne. Aus dem Japanischen von Rie Kasai. Bd. 1–7. Köln: Egmont 2001–2002.

Toriyama, Akira: Dragon Ball. Aus dem Japanischen von Junko Iwamoto-Seebeck und Jürgen Seebeck. Bd. 1–42. Hamburg: Carlsen 1997–2001.

Urasawa, Naoki: 20th Century Boys. Aus dem Japanischen von Josef Shanel und Matthias Wissnet. Bd. 1–22. Nettetal-Kaldenkirchen: Panini 2003–2009.

Yuki, Kaori: Angel Sanctuary. Aus dem Japanischen von Nina Olligschläger. Bd. 1–20. Hamburg: Carlsen 2001–2004.

Sekundärliteratur

Bouissou, Jean-Marie: Japan's growing cultural power: The example of manga in France. In: Shin Dong Kim/Mi Young Lee (Hrsg.): Mobile and Pop Culture in Asia. Gwangju: Asia Culture Forum 2006, S. 225–240.

Bouissou, Jean-Marie: Globalisierung, neue Eliten und Wertediskurs der 90er-Jahre im japanischen Manga für Jugendliche. In: Kinder- und Jugendliteraturforschung 2007/2008. Frankfurt am Main: Lang 2008, S. 61–75.

Bouissou; Jean-Marie/Dolle-Weinkauff, Bernd/Pellitteri, Marco, zus. mit Ariane Beldi: Manga in Europe. A Short Study of Market and Fandom. In: Johnson-Woods, Toni (Hrsg.): Manga: An Anthology of Global and Cultural Perspectives. London/New York: Continuum 2010, S. 253–265.

Dolle-Weinkauff, Bernd: Fandom, Fanart, Fanzine – Reception in Germany. In: Ga-Netchu! The Manga Anime Syndrome. Berlin: Henschel 2008, S. 214–223.

Jatzek, Gerald: Manga und Anime. Japanische Massenproduktion auf dem Weg nach Europa. In: 1000 und 1 Buch, 2/1996, S. 14–17.

Kaps, Joachim: Wettbewerb und Wachstum garantiert! Ein Wegweiser durch den Manga-Markt der nächsten Jahre. Präsentation auf der Buchmesse Leipzig, 19. 3. 2006.

Koyama, Masahiro/Berndt, Jacqueline: Katsuhiro Otomo. In: Czerwionka, Markus (Hrsg.): Lexikon der Comics. 50. Erg.-Lieferung, Juni 2004, S. 1–50.

Malone, Paul M.: The Manga Publishing Scene in Europe. In: Johnson-Woods, Toni (Hrsg.): Manga: An Anthology of Global and Cultural Perspectives. London/New York: Continuum 2010, S. 315–330.

Neuber, Wolfgang: Die Welt als Cyberpunk-Phantasie. *Akira* als Manga, Film und Soundtrack. In: Frankfurter Rundschau vom 1. 2.1997.

Pellitteri, Marco: Mass Trans-Culture from East to West, and Back. In: The Japanese Journal of Animation Studies 5, 1/2004, S. 19–26.

Pellitteri, Marco: Il Drago e la Saetta. Modelli, Strategie e Identità dell' Immaginario Giapponese. Latina: Tunué 2008.

Semel, Stefan: Keiji Nakazawa. In: Reddition. Zeitschrift für Graphische Literatur, 44/2006, S. 46–51.

Vollbrecht, Ralf: Manga & Anime. In: Aufenanger, Stefan (Hrsg.): Jahrbuch Medienpädagogik 1. Opladen: Westdeutscher Verlag 2001, S. 441–463.

Vollbrecht, Ralf: Anime – A Japanese Phenomenon. In: Ga-Netchu! The Manga Anime Syndrome. Berlin: Henschel 2008, S. 24–35.

Weinicke, Roland: Japanisches als Zeitgeschmack. In: Medien und Erziehung, 3/1998, S. 314.

Quo vadis?

Eine eigenständige Kinder- und Jugendliteratur braucht eine eigenständige Kinder- und Jugendliteraturkritik Und umgekehrt – ein Plädoyer

Christine Knödler

1. Die Kritik und ihr Gegenstand – oder:
Phänomen 1: Kinder- und Jugendliteratur ist „Für"-Literatur

Oben an der Decke, hinunterschauend, beobachtend, wie sie es immer tat, sicher, weg von Margaret, passierte es diesem Mädchen namens Margaret, *aber nicht mir, ich bin hier, Margaret ist nur der Name des Körpers, dem er wehtut,* aber diesmal war es anders. Sogar als sie sich selbst beobachtete, wie sie versuchte, sich zu retten, wusste sie, dass sie sich beim Sterben beobachtete, diesmal wird er sie sterben lassen, diesmal war sie zu weit gegangen, zu böse gewesen. *Und das Biest wird mich töten.* Doch dann hörte sie (wirklich? hörte sie es?) eine Stimme rufen: „Aufhören!"[1]

Etwas Heidegger am Nachmittag kann da helfen. Bis in die Nacht hinein knabberte ich an diesem Absatz hier: „Den in seinem Woher und Wohin verhüllten, aber an ihm selbst umso unverhüllter erschlossenen Seinscharakter des Daseins, dieses ‚dass es ist' nennen wir die Geworfenheit dieses Seienden in sein Da, so zwar, dass es als In-der-Welt-Sein das Da ist. Der Ausdruck Geworfenheit soll die Faktizität der Überantwortung andeuten." [...] Das ist doch genau die Sache. Ich weiß verflucht noch mal genau, dass ich existiere, aber ich habe es selbst nicht in der Hand. Ich bin überantwortet, ausgeliefert. Genau, er hätte es besser Auslieferung nennen sollen. Ich bin völlig ausgeliefert. Die Welt macht mit mir, was sie will. Sie verliebt mich, sie verlässt mich, sie sperrt mich weg und sie vergisst mich.[2]

Heute türmt es sich, nicht nur das Geschirr, das ist normal, nein, ständig liste ich alle formalen Versäumnisse auf. Um mir so alles zu erklären. Vielleicht ist es auch bloß ein niedlicher Versuch, dem schütter ausgefransten Dahingelebe Struktur überzustülpen, das ist ja ein beliebter Trick. In der Pubertät überkommt einen zum ersten Mal der Gedanke, dass das ständige An- und Ausziehen, Gewinnen und Verlieren, Schmutzigmachen-Saubermachen, Ver- und Entlieben, Kaufen und Ver-

---

1 Howe 2003, S. 134 f.
2 Linker 2002, S. 62 f.

kaufen – dass es einen zum Wahnsinn treibt. Man fragt dann pathetisch: WOZU? Und ist damit auch Teil der Soße, das ist ja vorgesehen, dass man sich so benimmt, eine Zeitlang. Und der Gedanke allein ist Pubertät, wird von der Umgebung nachsichtig abgewiegelt, irgendwann auch von dir selbst. Schlimm, dass er trotzdem bleibt. Und je nach Großwetterlage wieder auftaucht und sein hässliches Antlitz an die kahle Wand nietet. Hallo, ich bin's. Scheiße, ja.[3]

Jugendliteratur – das kann sein: die Geschichte einer schweren Misshandlung, die Erfahrungen eines 16-Jährigen, der ausgerechnet im Knast seiner großen Liebe (und das ist nicht nur die zur Philosophie) begegnet, oder ein (aber)witziger Die-Welt-kotzt-mich-an-Monolog als minutiöse Alltags-und-Nabel-Schau der 1990er-Jahre. Da ist, erstens, das unerbittliche Thema eine Zumutung, wenn das Mädchen andere Menschen am Strand beobachtet, ihnen nur in Augenblicken begegnen kann, sich Geschichten ausdenkt und sie ihrer eigenen anfügt (in Form eines Märchens: das Kind, das vom bösen Biest gequält wird); wenn James Howe Ausgedachtes, Realität, Erinnerung, den Alptraum Gegenwart nach und nach zu einem Bild zusammenfügt, die Figuren (der Geschichten) und die Protagonisten (seiner Geschichte) einander treffen und retten lässt, bis Margaret am Ende den Satz der Sätze sagen kann: „Mein Vater tut mir weh."[4] Da wird, zweitens, mit „Faktizität" und „Geworfenheit" hantiert, der Protagonist spricht von Heidegger als „Typen", versucht den Philosophen dann aber mit allem Ernst für sich und die eigene kompromisslose Sinn- und Identitätssuche wegweisend zu verstehen; und selbst wenn Christian Linker die endgültige Interpretation der Geschehnisse den Lesern überlässt, ist *RaumZeit* ein Roman mit pädagogischem (Spreng)Stoff. Da sind, drittens, seitenweise Befindlichkeits- und Alltagsstudien eines präzise beobachtenden, popliterarisch auflistenden, katalogisierenden, (de)-montierenden Ichs zu lesen, mal lapidar, mal bissig, polemisch, schon allein dadurch, dass die Realität nicht übertrieben werden muss, um grotesk daherzukommen, ein Sich-treiben-Lassen, krisengebeutelt, weil Katharina, die Liebste, weg ist, aber der Herzschmerz Vorwand wird für aktuelle Bestandsaufnahme, Name-Dropping mit Musik, Marken, Meinungen, ohne Lösungsanspruch, zu der das „Dahingelebe" dazugehört – ein großes Kann-sein-kann-aber-auch-nicht-Sein in *Soloalbum* von Benjamin von Stuckrad-Barre.

Ist das alles noch – oder ist womöglich gerade das – Jugendliteratur? Anders gefragt: Gehört sich das, gehört es da hin? Es ist drei Mal Jugendliteratur. Sie wird so genannt, ob sie will oder nicht.[5] Und schon der erste Blick zeigt: Was Jugendliteratur ist, lässt sich so ohne Weiteres eindeutig nicht benennen.[6] Auch die Kinderliteratur macht es einem nur auf den ersten Blick einfacher. Sie ist zwar, was die Einordnung nach Altersangaben betrifft, greifbarer, doch auch hier bieten sich statt Antworten zunächst weitere Fragen an: Ist

---

3   Stuckrad-Barre 1998, S. 46.
4   Howe 2003, S. 141.
5   Bemerkenswert ist, dass nur eines der eingangs zitierten Beispiele in einem ausgewiesenen Jugendbuchverlag erschienen ist (bei Ravensburger), die anderen, *Raumzeit* und *Soloalbum*, in Belletristikverlagen.
6   Überlegungen dazu u. a. in: Doderer 1984, Band 2, S. 161 ff.; Gansel 1999; Glasenapp 2002; Raecke 1999.

Kinder- und Jugendliteratur[7] Literatur *für* Kinder und Jugendliche, und wenn ja, was bedeutet dieses *für*? Speziell für die Zielgruppe von speziellen Autor/innen geschrieben, in speziellen Verlagen verlegt? Oder meint KJL jene Literatur, die – unabhängig davon, für wen sie, wenn überhaupt, intendiert ist und wo sie erscheint – generell Kindheit und Jugend zum Thema hat: Lebensgefühl, -phase, -situation nämlich? Wo sucht sie ihre Leser/innen, und wo findet sie sie? Geht man beim Phänomen KJL nicht nur von einem Oberbegriff für Texte unterschiedlichster Gattungen aus, von einem „Subsystem innerhalb des allgemeinen Literatursystems [...], in dem Texte mit ganz verschiedener Herkunft und ganz verschiedenen Formmerkmalen den Jugendlichen als ganz spezifische Adressaten-gruppe zugeteilt werden"[8], sondern definiert sie darüber hinaus als Modell, das Macher, Texte und Zielgruppe in einen Zusammenhang stellt und dabei zum Kriterium macht, ob die Texte die, denen sie „zugeteilt" werden, überhaupt erreichen – geht die Rechnung dann auf?

Fakt ist: Ein konstituierendes Moment von KJL ist, oder war zumindest bislang, dass sie sich an spezifische Adressaten wendet, und dabei diese und ihre Welt auch zum Thema hat.[9] Teil des Phänomens ist genauso, dass sie das nicht auf direktem Wege tut: Es gibt (anders als bei anderen Medien der Jugendkultur wie etwa Musik oder Film) kaum einen Bereich, in dem so viele Instanzen dazwischengeschaltet sind, die alle bei der Frage mitreden, was denn gut sei für die Leser/innen bzw. deren Bücher. Auch im neuen Jahr-tausend wird KJL weitgehend von Erwachsenen gemacht, beharrlich von Erwachsenen für Erwachsene referiert und rezensiert, über Erwachsene multipliziert und im Übrigen auch vorwiegend von ihnen gekauft.[10] Die, die Kriterien und Normen festschreiben, verbindet dabei eines: Sie sind keine Kinder und Jugendlichen mehr. Sie können Interessen eher erahnen, über Befindlichkeiten mehr mutmaßen, über (vermeintliche) Zumutung speku-lieren – eine Voraussetzung, die Inhalt und Form von KJL beeinflusst (hat), womöglich ganz eigene Themen und deren Umsetzung bedingt oder auch verhindert (hat). Ob KJL bei denen ankommt, für die sie eigens gemacht wird, ist – vorsichtig gesagt – umstritten, von „Sinnkrise"[11] ist die Rede.

Aktuelle KJL traut und mutet zu

KJL fragt nach dem Was, dem Inhalt, den Themen, Stoffen, und nach dem Wie, der Form, den Darstellungsweisen, Gattungen. Eine Kritik, die sich ihrem eigenen Selbstver-ständnis nach mit Neuerscheinungen auseinanderzusetzen und diese zu bewerten hat, hat heute, auch nach dem bisherigen, wie oben skizzierten Verständnis von KJL als einer „Für"-Literatur, gute Voraussetzungen und eine reichhaltige Auswahl. Denn: Es gibt sie,

---

7 Im Folgenden KJL genannt.
8 Kaulen 1999, S. 4.
9 So z. B. Hans-Heino Ewers: „Jugendliteratur ist eine Jugend thematisierende, eine jugendliche Lebenswelten vergegenwärtigende, eine mit jugendlichen Problemen nicht nur beiläufig, sondern zentral
   sich auseinandersetzende Literatur." In: Ewers 1998.
10 66 Prozent der Kinder- und Jugendbücher werde von den 30- bis 44-Jährigen gekauft; in: Stiftung
   Lesen/Spiegel-Verlag 2001, S. 101.
11 Nachzulesen in Schikorsky 2003, S. 178.

die KJL. Und: Sie ist heute wesentlich besser, als ihr Ruf lange war. Der hat historische
Gründe: Seit dem 18. Jahrhundert verstand KJL sich, sofern sie nicht von fantastischen
Gegenwelten schrieb, in erster Linie als Erziehungsliteratur zur Vermittlung gesellschaftli-
cher Werte und Normen, als Orientierungshilfe für die schwierige Zeit der Pubertät mit
Lösungsmustern zwischen Buchdeckeln. Auch auf formaler Ebene lässt KJL sich wie eine
Art Erziehungsliteratur lesen. Und die hat sich nach dem Primat der Lesbarkeit auf die
Fahnen geschrieben, als Einstiegsliteratur innerhalb der literarischen Sozialisation über
einfache Erzählstrukturen und klare Themenstellung den Leserbezug zu wahren und das
Publikum als (gute) Leser (von morgen) heranzuziehen.[12]

Zu Beginn des 21. Jahrhunderts sind die Zeiten der – retrospektiv betrachtet – Zeige-
finger-Aufklärung weitgehend vorbei, die des mit wohlmeinender bis pädagogischer Intention Um-ein-Thema-Herumschreibens genauso,[13] auch formal ist KJL moderner
geworden. Sie ist spannend, unterhaltend, informativ und innovativ. Sie umfasst eine
bemerkenswerte Bandbreite an Inhalten und Genres, spielt selbstbewusst mit Formen und
Stilen. Es gibt so ziemlich nichts, was es nicht gibt: Fiktion neben Sachbuch, gerade das
ein Bereich, der boomt, und dabei eine weit gefächerte Themenskala (von Kunst, Politik,
Geschichte, Religion, Natur- und Geisteswissenschaft bis hin zu Ratgebern) repräsentiert.
Erinnerte Kindheit und Jugend ist angesagt in der zeitgenössischen KJL,[14] macht eigene
Verortung nachlesbar, wenn sie vom Groß- oder Erwachsenwerden unter Extrembedin-
gungen in der Nachkriegs- und Wirtschaftswunderzeit erzählt. Lebens-Geschichten im
(Rück-)Blick prägen als Sachbuch das Gesicht einer ganzen Reihe: die Lebensgeschichten
bei Beltz & Gelberg. Für alle diese Titel gilt: Wer sich über solche Themen in einer solchen
Form zu schreiben traut (als Autor, als Verlag), der traut auch zu; seinen Lesern nämlich.
Das ist eines der auffälligsten Charakteristika der aktuellen KJL und gilt bei aller Verschie-
denheit der Angebote.

Etliche dieser Romane wurden und werden von der KJL-Kritik beachtet und durch
das andere Belobungsmittel Preise hervorgehoben. Kinderbücher wie die beiden ersten
Bände der neuen Helden am Kinderbuchhimmel, Rico und Oskar, von Andreas Steinhöfel[15] zeigen, dass es kein Widerspruch sein muss, wenn Kritik und Leser ein Titel gleichermaßen begeistert: Die Geschichten um den tiefbegabten Rico und den hochbegabten
Oskar wurde vielfach besprochen und unter anderem mit der Corine 2008 und dem
Deutschen Jugendliteraturpreis[16] 2009 ausgezeichnet. 2008 hat die Jugend-Jury des DJLP

---

12 Über den Sinn dieses nicht nur inhaltlichen, sondern auch formalen „Zumutbarkeitsverdiktes" in-
      nerhalb der Jugendliteratur soll an dieser Stelle nicht diskutiert werden. Für die Bewertung – und
      vor allem die Entwicklung – der Jugendliteratur ist es allerdings zu entscheidend, um es ganz uner-
      wähnt zu lassen.
13 In ihrer Entstehungszeit selbst, das sei hier ausdrücklich angemerkt, war das, was heute retro-
      spektiv als „pädagogisch" oder gar „moralisierend" weitgehend abqualifiziert wird, durchaus eine Er-
      rungenschaft.
14 U. a.: Boie 2003, Boie 2010, Günther 2010.
15 Steinhöfel 2008, Steinhöfel 2009.
16 Im Folgenden DJLP genannt.

(im Unterschied zur Kritiker-Jury) *Der Junge im gestreiften Pyjama* von John Boyne[17], umstrittene Fabel über den Holocaust, nominiert. Dieser Roman hat, wie auch *Verkauft*[18] zum Thema Kinderprostitution, zum Zeitpunkt seines Erscheinens für Furore gesorgt. Aktuell wurde im März 2010 das Debüt von Beate Teresa Hanika, *Rotkäppchen muss weinen*[19], eine Missbrauchsgeschichte, für den DJLP nominiert. Schon zuvor war der Roman in den Feuilletons der großen Tages- und Wochenzeitungen besprochen worden – intensiv und euphorisch.

Andere, wie die Romane für Kinder der amerikanischen Autorin Paula Fox[20], nach mehr als 20 Jahren ins Deutsche übertragen und im Boje Verlag erschienen, beschäftigen die Kritik nachhaltig; *Ein Bild von Ivan* wurde 2008 ebenfalls mit dem DJLP ausgezeichnet. Der jüngste Roman der vielfach preisgekrönten französischen Autorin Marie-Aude Murail *Über kurz oder lang*[21] macht vor, was KJL jenseits erhobener Zeigefinger mitzuteilen hat: Es ist eine so schräge wie ernst gemeinte Ode an die eigenen Träume (in diesem Fall: Friseur zu werden, auch wenn der Alpha-Papa ganz andere Vorstellungen von der Zukunft seines Filius hat), voller Witz und Gefühl, ein überzeugendes, sprachlich präzises, anhand von Figuren jenseits holzschnittartiger Schwarz-Weiß-Malerei glaubwürdig erzähltes Lebe-dein-Leben – und wo ist das besser aufgehoben als in der KJL?

Solche die Aktualität repräsentierenden Titel sind inzwischen ganz selbstverständlich Teil des kinder- und jugendliterarischen Kanons. Klischees zur Vermittlung von Botschaften haben hier ausgedient, die Figuren sind Charaktere mit sehr viel (Innen-)Leben, die Handlung ist kompliziert wie die Wirklichkeit. Inhalt macht Form und umgekehrt. Romane, die diese Ansprüche erfüllen, lassen sich nicht mehr in die „Für"-Zielgruppen-Schublade pressen, sie überschreiten eine von außen gesetzte Grenze, sind Literatur. Und zwar eine, die objektiven Qualitätsansprüchen standhält, inhaltlichen wie ästhetischen. Sie sorgen dafür, dass, so könnte man annehmen, die KJL es in den Rang der „richtigen Literatur"[22] geschafft hat. Das hat Konsequenzen. Für die KJL. Und für deren Kritik.

2. KJL-Kritik – oder: Phänomen 2: KJL-Kritik ist „Für"-Kritik

> Für die Entwicklung nach dem Eklat aber […] findet die Autorin nur noch blasse, klischeehafte Szenen: Jenseits des pathologischen Falls kommt Christine Fehér offenbar die Phantasie abhanden. […] Heraus kommt insgesamt eine starke Fallgeschichte, die als Erzählung leider eher schwach ist.[23]

---

17 Boyne 2007.
18 McCormick 2008.
19 Hanika 2009.
20 Fox 2007, Fox 2008, Fox 2009.
21 Murail 2010.
22 Oder wie Tilman Spreckelsen, verantwortlicher Redakteur der KJL-Seite der *FAZ* in seinem Artikel „Feindliche Übernahme" vom 7. 8. 2009 feststellt: „Sie [die KJL-Wissenschaftler, Anm. d. V.] konnten in den letzten Jahren erleben, wir ihr früher belächelter Forschungsgegenstand einen ungeheuren Bedeutungszuwachs erfuhr, sie alle müssen niemandem mehr erklären, warum sie sich nicht lieber mit ,richtiger Literatur' beschäftigen."
23 Michel 2006 (zu: Fehér 2006).

Wie geht das zusammen? Durch eine kluge Dramaturgie des Autors, der – wie in seinem Romandebüt *Brando* – das gar nicht anheimelnde Leben eines Großstadt-kindes so märchenhaft realistisch in Szene setzt [...]. Für die jüngeren Leser ist *Ihr kriegt mich nicht* ein spannender und aufwühlender Roman, für die Älteren ähnelt das Buch fast einem Gleichnis.[24]

Was für die KJL gilt, gilt genauso für deren Kritik: Es gibt sie. Und auch sie bewertet, entsprechend dem, was ihr Gegenstand bietet, nicht mehr nur vordergründig pädagogisch-didaktische Absichten oder gemäß einer von außen gesetzten Zumutbarkeitsgrenze in-haltlichen oder formalen Nutzwert. Eine grundsätzlich didaktische Absicht von KJL-Kritik, die es seit ihrem Aufkommen in der zweiten Hälfte des 18. Jahrhunderts als ihre Hauptaufgabe angesehen hat, vor minderwertiger Lektüre und seichter Unterhaltung zu warnen bzw. aufklärerische Werte eines vernünftigen, tugendhaften Handelns via Literatur zu verbreiten, die gegen Schund polemisiert und denjenigen Titel positiv rezensiert hat, der vor allem nützlich schien und den Leser womöglich besserte, ist in den Hintergrund getreten. Heute erreicht eine Ästhetik der Absichtslosigkeit, die dem Primat der Kunst gegenüber dem Primat des Pädagogischen Rechnung trägt, auch die KJL-Kritik. Das gut Gemeinte ist nicht per se gut genug. Thema und Botschaft allein machen nicht die Quali-tät eines Textes aus. Beides muss getrennt voneinander analysiert und bewertet werden. Auch wenn leserpsychologische und pädagogische Momente nach wie vor eine Rolle spie-len, gilt es darüber hinaus, das Verhältnis von Inhalt und Form zu beurteilen, die Entwick-lung von Autor/innen zu verfolgen, kurz: den Kunstcharakter der KJL hervorzuheben.

Zwar sind und bleiben Positionen und Qualitätsmaßstäbe je nach Kritikerpersönlich-keit verschieden, zwar werden literarische Werke nach unterschiedlichen Gesichtspunkten analysiert, legen die einen den Schwerpunkt ihrer Beurteilung auf Inhalt und Idee, die anderen auf Form und Stil, zwar gibt es immer noch eine Kritik, die in ihre Bewertung mit einbezieht, was bei der Zielgruppe mutmaßlich ankommt – bei allen unterschiedli-chen Gewichtungen der einzelnen Kritiker lässt sich aber eine grundsätzliche Tendenz ablesen. Wenn zuvor von der Entwicklung der KJL die Rede war, von ihren Möglichkei-ten, ihrer Bandbreite, lässt sich für die KJL-Kritik ergänzen: Entsprechend ihres Gegen-stands hat auch sie sich entwickelt. Kriterien haben sich verändert. Es geht um das, was wie erzählt wird. Es geht um Form in Zusammenspiel mit Inhalt. Die österreichische Litera-turkritikerin und Essayistin Daniela Strigl schreibt:

Schön ist in der Literatur nicht nur, was schön klingt oder mit ausgefallenen Bil-dern prunkt. Oder von schönen Gefühlen handelt. Schön ist auch das Dissonante, das Schmucklose und, ja, das Hässliche. Entscheidend ist, ob Gehalt und Form im literarischen Werk zu einer Symbiose finden. [...] Die Qualität einer Erzählung, eines Gedichts wird niemals von der guten Absicht garantiert, vom großen Thema oder vom politisch relevanten Anliegen. Immer kommt es in der Kunst auf das Wie der Darstellung an.

---

24 Seuss 2009 (zu: Engström 2009).

Und Konrad Heidkamp, viele Jahre als verantwortlicher Redakteur der Kinder- und Jugendbuchseite der *Zeit* wegweisend, ergänzt:

> Der Schriftsteller Peter Härtling schrieb einmal, er sei gegen Internats- und Detektivgeschichten und das andauernde Pferdegeflüster für Mädchen. Aber auch Erzählungen über getrennte Familien, misshandelte Kinder oder heroinsüchtige Sozialfälle machen noch keine Literatur. Das Gleiche gilt für Fantasy, Piratenromane, Aids-Erzählungen, Coming-out-Novellen: Das superlative Thema ist kein Kriterium. Wer schreiben kann, wird auch aus einer Pflaume im Kühlschrank eine ganze Welt erschaffen können. Das meint: Das Schöne in der Kinderliteratur erweist sich als Abbild der Ästhetik-Diskussion der Großen. Alles ist erlaubt, wenn es sein muss, nicht nur sein kann.[25]

Es ist ein verändertes Selbstbewusstsein und Selbstverständnis, ein gewachsener Anspruch, der hier zum Ausdruck kommt. Der lässt sich seit den 1970er-Jahren auch an der Platzierung der KJL-Kritik ablesen: Seitdem ist sie innerhalb des Feuilletons mit eigenen Kinder- und Jugendbuchseiten vertreten.

Trotzdem: Dem Feuilleton angegliedert zu sein heißt einerseits, dass die KJL die literarische Reifeprüfung bestanden hat und da besprochen wird, wo grundsätzlich die Auseinandersetzung mit Literatur stattfindet. Es ist somit, jedenfalls vor 25 Jahren, ein Fortschritt. Andererseits ist KJL-Kritik bis heute auf eigenen Seiten vertreten. Das heißt: Auch KJL-Kritik grenzt sich ab. Die Nische ist dabei Schutzraum. Im (selbst gewählten?) Biotop zur Pflege des (selbst gemachten?) Phänomens einer „Für"-Literatur und entsprechenden „Für"-Kritik führen KJL und KJL-Kritik ein Einzel-, dabei allerdings oft genug auch ein Schattendasein. Dass KJL-Kritik sich zusammen mit ihrem Gegenstand, der KJL, selbstbewusst mit der Allgemeinliteratur misst bzw. sich unabhängig von ihr eigenständig etabliert, steht bei allen Entwicklungen und Errungenschaften noch aus.

Die Illustratorin Jutta Bauer bringt das anlässlich der Verleihung des Sonderpreises für Illustration in Frankfurt im Oktober 2009 auf den Punkt. Sie spricht von der Kinder- und Jugendliteratur als „kleiner Schwester der Literatur, die oft nicht ernst genommen werde", und fordert: „Seid bockig. Seid störrisch. Nur so wird man als kleine Schwester groß."[26]

2.1 Ein kleiner Stuhl für eine kleine Schwester? Wo KJL-Kritik vorkommt

So es KJL-Kritik gibt, wendet sie sich in Tageszeitungen in erster Linie an schenkende Eltern, Großeltern und andere Multiplikatoren (66 Prozent der Kinder- und Jugendbücher werden von den 30- bis 44-jährigen gekauft).[27]

Special-Interest-Magazine wie *Bulletin* (Hamburg), *Eselsohr* (München), *1000 und 1 Buch* (Wien), *Buch und Maus* (Zürich) sind vor allem für berufsbedingte Leser gemacht und ausschließlich über Abonnements zu beziehen. Als sogenannte Fachzeitschriften

---

25 Beide in: Was ist schön? In: Eselsohr. Fachzeitschrift für Kinder- und Jugendmedien, 2/2007, S. 12 f.
26 In: Budeus-Budde 2009.
27 Stiftung Lesen/Spiegel-Verlag 2001, S. 101.

bieten sie einen unterschiedlich umfänglichen regelmäßigen Rezensionenteil über Neuerscheinungen im Bereich Bilder-, Kinder-, Jugend-, Sachbuch, Porträts, Interviews, Essays zu aktuellen Themen, selten, wie etwa bei *1000 und 1 Buch*, die Rubrik „pro & contra", innerhalb derer ein- und derselbe Titel kontrovers diskutiert wird. Die Gesamtauflagen der einzelnen Magazine liegen bei ca. 2500. Die Außenwirkung ist gering. Folgerichtig sind diese Fachzeitschriften über den Inner Circle der KJL hinaus so gut wie unbekannt.

Monatlich erscheinende Kinder- und Jugendliteraturseiten, die dem Feuilleton der überregionalen Tages- und Wochenzeitungen wie *Süddeutsche Zeitung* (München), *Frankfurter Allgemeine Zeitung*, *Die Zeit* (Hamburg), *Die Welt* (Berlin), *taz* (Berlin) und *Neue Zürcher Zeitung* zugeordnet sind, bieten regelmäßig KJL-Kritik. Einige von ihnen (*Zeit*, *FAZ*, *SZ*) drucken zu den Buchmessen in Leipzig und Frankfurt im Frühjahr und Herbst Messebeilagen, die *SZ* hat darüber hinaus weitere Seiten zum Thema „Politisches Buch", „Sachbuch", „Medien" (jeweils viermal im Jahr) etabliert. KJL und KJL-Kritik ist Teil von *Kikuma*, dem Kinderkulturmagazin aus dem Hause Heyne, das viermal im Jahr großen Tageszeitungen beigelegt ist.

In Form von kurzen Buchtipps, Autoren- und Illustratorenporträts, Interviews und Specials kommt KJL in Familienzeitschriften wie *Eltern*, *Eltern family* (München), *Familie & Co.* (Freiburg) vor, zwar nur auf wenigen Seiten und in wenigen Worten, aber mit der Breitenwirkung einer hohen Auflage von bis zu 200.000 Exemplaren. Und selbstverständlich ist sie auch in speziellen Literaturzeitschriften wie *Bücher – Das Magazin zum Lesen*, das seit Ende 2003 auf dem Markt ist und Specials, Highlights, Buchvorstellungen sowie feste Rubriken umfasst, sowie in *Literaturen* (Berlin) vertreten, allerdings auf wenigen Seiten eher stiefmütterlich behandelt als tatsächlich ernst genommen.

Der Bunte Hund, lange einzige Literaturzeitschrift für Kinder, mäanderte seit ihrem Neuauftritt im November 2007 zwischen „Geschichten- und Bildermagazin", „Kinderzeitschrift" und (selten) „Literaturzeitschrift für Kinder" und versuchte dabei, allen gerecht zu werden: Kindern, Jugendlichen, Erwachsenen, Eltern, den Fachleuten und interessierten Laien. Bevor die Zeitschrift im letzten Herbst nach über 20-jährigem Bestehen kurzerhand eingestellt wurde.

KJL und deren Kritik hat feste Foren im Bücher-Medien-Magazin *Hits for Kids*, in den Branchenblättern *Buchjournal*, *Börsenblatt* und *Buchmarkt*. In diversen Radiosendungen sowie im Fernsehen werden etwa in *3Sat – Kulturzeit* an jedem ersten Freitag im Monat Neuerscheinungen aus dem Bereich der KJL vorgestellt, Kindersendungen wie *quergelesen*, das „Büchermagazin für Kinder" (rbb), will helfen, Breschen in den unübersichtlichen Bücherdschungel zu schlagen, und in Kinder-Quizsendungen wie *1,2, oder 3* (ZDF) ist immer wieder Kinderliteratur Thema. Nicht zu vergessen ist das Internet in mittlerweile unüberschaubarem Maße Forum auch für KJL und KJL-Kritik. In Literaturblogs, Online-Buchshops, auf den Websites der Illustrator/innen und Autor/innen bzw. der Verlage wird kritisiert und bestätigt, diskutiert, belobigt und gestritten, wird Meinung kundgetan und Meinung gemacht. Professionelle KJL-Kritik steht neben Laienkritik.

Aber ist das überhaupt noch Kritik? Die Form der Besprechung mit abwägendem Für und Wider wird besonders in Zeitschriften und Magazinen zunehmend verdrängt vom Buchtipp. Im besseren Falle lassen sich zwar auch die Tipps als kompetente und fundierte

Ratschläge lesen, denen der Leser folgen kann, im schlechteren Fall hingegen sind sie nicht einmal mehr entfernt der Literaturkritik zuzuordnen, sondern allenfalls einer werbewirksamen Öffentlichkeitsarbeit, sind eher unverhohlene Kaufempfehlung als kritische Auseinandersetzung. Sie sind ein Hinweisen, ein Lustmachen aufs Lesen auf „Ich finde"-Basis. Sie haben den Daumen-rauf-Daumen-runter-Charme der abgesetzten Büchersendung *Lesen!* (ZDF), jener Alleinunterhalterin-Show, die im Wesentlichen von der !-Euphorie ihrer Protagonistin Elke Heidenreich gelebt hat. Für Kritik aber spielt Prominenz keine Rolle. Es braucht andere Kategorien als persönliche Begeisterung.

Rezensieren heißt bewerten

Kritik üben heißt: vergleichen, unterscheiden, auslesen. Wer kritisiert, bewertet Texte innerhalb ihres jeweiligen Kontextes wie hinsichtlich ihres Stellenwertes innerhalb der Literaturgeschichte. Was von jeher und grundsätzlich Aufgabe der Kritik ist, gilt genauso für die KJL-Kritik. Angesichts eines sich zunehmend beschleunigenden Buchmarktes, der immer mehr Titel in immer kürzeren Zeitabständen produziert, besteht eine Hauptaufgabe darin, einen Überblick über Neuerscheinungen zu schaffen, auszuwählen, zu informieren, zu positionieren, zu interpretieren und im besten Falle dazu anzuregen, sich selbstständig mit Literatur auseinanderzusetzen. Und: in der Masse das Besondere aufzuspüren.

Als Institution der literarischen Öffentlichkeit, als eine der wichtigsten Vermittlungsinstanzen zwischen Literatur und Lesern, prägt Literaturkritik individuelle und kollektive Vorstellungen dessen, was Literatur ist, sein kann oder sein sollte und wie einzelne Texte einzuschätzen sind. Sie ist Teil des gesamten Literatursystems einer jeweiligen Zeit und dient der Bildung wie der literarischen Erziehung. Sogar dort, wo sie verurteilt, ist sie Ausdruck grundsätzlicher Wertschätzung von Literatur. So gesehen und praktiziert, begutachtet Literaturkritik nicht nur, was da ist, sondern fordert im besten Falle Neues, entwirft Visionen, beschreibt Möglichkeiten von Literatur. Sie ist produktiv und in den Prozess des literarischen Lebens eingebunden. Immer wieder gestaltet sie ihn mit.[28] Dabei ist sie genuin eine re-agierende Zunft, keine agierende. Sie kann Trends weder verhindern noch schaffen. Was sie aber kann, ist, diese kritisch zu begleiten, zur Diskussion zu stellen. Was für die allgemeine Literaturkritik nicht nur selbstverständlich ist, sondern zum guten Ton gehört, kommt allerdings in der KJL-Kritik zu kurz. Selbst wenn mit dem Gegenstand der KJL auch deren Kritik vielseitiger geworden ist, selbst wenn literarische Einzeltitel eine Bewertung etwa nach ästhetischen Gesichtspunkten überhaupt erst hergeben, gilt es festzuhalten: Einer Kritik, die aus verschiedenen Gründen vor allem belobigt, empfiehlt und bestärkt, statt kritisch zu hinterfragen, ist der Diskurs über weite Strecken Fremdwort geblieben. Bis heute gibt es für eine konfrontative KJL-Kritik so gut wie keine Foren und Formen.

2.2 Zwischen den Stühlen – KJL-Kritik folgt eigenen Gesetzen

Das hat Gründe. Denn KJL-Kritik ist mit Voraussetzungen konfrontiert, die so nur sie betreffen. Dazu gehören die schwindende Leserschaft und der Kampf um die Gunst des Me-

---

28 Vgl. dazu Albrecht 2001, Anz/Baasner 2004, Neuhaus 2004.

diums Buch, das gerade innerhalb der Jugendkultur nur ein Medium unter vielen ist. Von Medienverhalten und Medienkompetenz qua Gegenstand also schon entfernt, befindet sich die KJL-Kritik in der zusätzlichen Schwierigkeit, dass die Leserschaft der Bücher und die Leserschaft der Kritik verschiedene sind. Der direkte Zugang fehlt. Das Phänomen KJL als oben skizzierte „Für"-Literatur betrifft auch deren Kritik. Doch die muss darüber hinaus zunächst die Erwachsenen vom jeweiligen Buch überzeugen, bevor dieses überhaupt die Chance bekommt, das lesende Kind, den lesenden Jugendlichen zu erreichen. Und: Sie muss, jedenfalls ihrem bisherigen Selbstverständnis nach, in ihre Überlegungen und in ihr Urteil mit einbeziehen, was für die Zielgruppe gut ist.

Ihrer Bewahr- oder zumindest Zumutbarkeitshaltung einer „Für"-Literatur entsprechend, hat die KJL-Kritik eigene Kriterien wie „Realitätsnähe", „Nachvollziehbarkeit", „Verständlichkeit" etabliert und beibehalten. Unterhaltung und Spannung rangiert vor Problemlastigkeit einzelner Titel, als gälte es, Kinder und Jugendliche bei ihrer Lektüre zu schützen. Und das, obwohl nach inhaltlichen Gesichtspunkten der Aspekt der Zumutung durchaus für ein Ernstnehmen der Leser steht und nach ästhetischen Gesichtspunkten das Gegenteil der skizzierten Kriterien bemerkenswert sein könnte, wenn etwa die Nicht-Vorhersehbarkeit eines Textes für dessen Qualität spricht. Wo aber ein thematisches wie formales Schonungsbedürfnis inhaltliche wie ästhetische Benimmregeln aufstellt, gehen Entwicklungen in der KJL wie in der KJL-Kritik zurück.

Vor allem anderen aber steht und beeinflusst (und damit unterscheiden sich KJL und deren Kritik am nachhaltigsten von der allgemeinen Literatur und deren Kritik) das selbst auferlegte Mandat der Leseförderung. Explizit will KJL Leser fördern, aus Nicht-Lesern Leser machen, phasenweise Wenig-Leser beim Buch halten. „Hauptsache, sie lesen!" ist darum ein beliebtes Kriterium sowohl in der Produktion wie in der Rezeption, für das Reihen und Serien etabliert, Trends geschaffen und bedient werden. Auch solche, die nach qualitativen Gesichtspunkten nicht der Rede wert wären, werden via Kritik durchaus befördert, während der Kritiker sich ausgerechnet zwischen Stühlen niederlassen will und dabei keiner Rolle gerecht wird: weder der des Pädagogen noch des Bewahrers (des Schönen, Guten, Wahren – aber was meint das heute überhaupt?), weder der des Anwalts (und überhaupt: wessen Anwalt – der Autor/innen, der Leser/innen oder der Verlage?) noch der des Vormunds (der Leser/innen).

Zum Loben verpflichtet? KJL-Kritik setzt mehr auf Empfehlung als auf Kritik

Wer aber Literatur so begreift, wer den Aspekt der Leseförderung einerseits und den der Nicht-Zumutung für die Zielgruppe andererseits in den Mittelpunkt stellt, der wählt anders aus. Eine solche Kritik definiert sich selbst weniger als Kritik, sie folgt weniger dem Anspruch der Bewertung als vielmehr dem der Auswahl und Empfehlung. Einem phänomenologischen Ansatz folgend, bestätigt sie, was da ist, und betont vor allem, für wen. Sie entscheidet sich nicht primär für den literarisch herausragenden Einzeltitel, sie verfolgt und kommentiert nicht vorrangig die Entwicklung einzelner Autor/innen. Sie empfiehlt lieber – auch sogenanntes Lesefutter. Eine so verstandene Kritik bewertet Bücher nach ihrer Nutzbarkeit und Anwendbarkeit für eine bestimmte Zielgruppe. „Kinder allerdings", schreibt zum Beispiel Cathrin Kahlweit in ihrer Kritik „Marshmallows grillen"[29], „die von einem Hund als verständnisvollem Freund und Helfer in der Not träumen, dürften sich einen Bettvorleger und Stocksammler, Wanderfreund und Kuschelpartner wie Johnny dringlichst wünschen." Selten setzt KJL-Kritik sich kritisch, im Sinne von abgrenzend oder gar fordernd, mit dem Vorhandenen auseinander. Eine solche normativ verstandene, den Status quo bestätigende Kritik ist eher Spiegel des Vorhandenen als Vorantreiben des Möglichen.

Kritik muss nach der Qualität fragen

Dabei sollte die vorrangige Aufgabe der Kritik sein, nach Qualität zu fragen, also nicht nur zu benennen, was gemacht wird, sondern zu bewerten, wie es gemacht wird – erst recht angesichts der Tatsache, dass Büchermachen zunehmend unverhohlen ein Geschäft ist, auch der Buchmarkt auf Gewinn setzt, Massenware in Reihen den Einzeltitel verdrängt, der schnelle Erfolg wichtiger ist als nachhaltige Qualität und die Norm, die viele anspricht, das Eigenwillige verhindert.

Das erklärt die Trends, in Wellenbewegungen, die sich auch auf dem Buchmarkt ablesen lassen. Die kann die Literaturkritik zwar weder befördern noch verhindern, sehr oft ist sie aber ins Spiel involviert. Was sie darum kann – und woran sie sich selbst auch immer wieder neu erinnern und messen lassen sollte – ist: wachsam zu sein vor immer neuen Booms, wenn Serien zu den Dauerbrenner-Themen „Pferde" und „Liebe", wenn *Freche Mädchen* für freche Mädchen oder „Fußball" und „Abenteuer", kurz: „wilde Kerle" für wilde Kerle unvermindert an den Start gehen, Genres als Favoriten gesetzt werden (man denke nur an die nicht enden wollenden Fantasy-Titel) oder die Antwort auf die überaus erfolgreichen *Die drei Fragezeichen* inzwischen weiblich und als *Die drei Ausrufezeichen*[30] schon jetzt ein Kassenschlager ist.

Denn im besten Fall werden über Reihen und Fortsetzungen Leser gefunden und gebunden. Im schlechteren Fall steht hinter den Programmentscheidungen zu immer neuen Reihen der sinkende Mut der Verleger, angesichts der Macht und des Diktates des Markts auf das Neue, Ungewöhnliche zu setzen. Das gilt es zu benennen. Und das heißt: sich nicht nur stark zu machen für die eine Sache, nämlich Bücher an die Leser zu bringen, sondern genauso hinsichtlich der Frage, welche Bücher zu welchem Preis an Leser gebracht werden, mithin die Zusammenhänge zwischen Angebot und Nachfrage, Trend und Geschäft kritisch zu begleiten, wo nicht zu hinterfragen.

Schließlich ist der Kritiker nicht Anwalt des Massengeschmacks, der entsprechend das befördert, was ohnehin schon alle lesen. Die Aufgabe der Kritik ist vor allem, aus der Masse das Besondere herauszufiltern. Denn der Bedarf nach Orientierung ist groß, vor allem der Bedarf nach gut gemachter Orientierung. Eltern sind ratlos angesichts der immer größer werdenden Bücherberge (jedes Jahr wird der Markt allein im Kinder- und Jugendbuch mit bis zu 7500 Neuerscheinungen geflutet). Auch Buchhändler/innen und Bibliothekar/innen sind an Vorauswahl und Schwerpunkten interessiert. In Kombination mit dem ohne-

---

29 Kahlweit 2009 (zu: Rosenblum 2009).
30 Beide Reihen erscheinen bei Franckh-Kosmos (Hardcover) bzw. dtv junior (Taschenbuch).

hin beschränkten und zunehmend umkämpften Platz, der in Zeitungen und Zeitschriften
der KJL-Kritik vorbehalten ist, lässt sich allerdings eine andere Konsequenz ablesen: Wertet man über einen längeren Zeitraum KJL-Kritik auf den diversen Kinder- und Jugendbuchseiten aus, ist ein Ergebnis unübersehbar: Angesichts des knappen Platzes einerseits
und der selbst gewählten Aufgabe von KJL-Kritik andererseits, KJL zu vermitteln, scheint
es ein legitimes, zumindest bedenkenswertes Argument und probates Mittel zu sein, den
wenigen Platz dem zu Empfehlenden vorzubehalten und eben nicht dem kritischen
Diskurs.

2.3 Kritik dient der Orientierung –
am Beispiel von Der Junge im gestreiften Pyjama[31] von John Boyne

Doch was passiert, wenn KJL-Kritik kritisch, vielseitig, vielstimmig ist? Das soll anhand
eines Beispiels näher betrachtet werden: *Der Junge im gestreiften Pyjama* von John Boyne,
die, wie der Untertitel es nennt, „Fabel" über den Holocaust, wurde von den einen als neue
(auch: literarisch neue) Form im Umgang mit deutscher Zeitgeschichte gerühmt, von den
anderen als unzumutbar, gar historisch verfälschend zerlegt. Der Titel hat sich über Erwarten gut verkauft. Die Kritiker-Jury für den DJLP nominierte den Roman nicht einmal.
Hingegen die Jugend-Jury: ein interessantes Phänomen, gerade vor dem Hintergrund einer
noch immer bewahrenden, dabei aber genauso verhindernden „Für"-Literatur und der entsprechenden „Für"-Kritik.

„Ein Buch, das man so schnell nicht vergisst", wird von der *Brigitte* bis zur Empfehlungsliste für den Katholischen Kinder- und Jugendbuchpreis 2008 behauptet. „Die Fabel", so war in *Die Welt* zu lesen, „macht eine neue Auseinandersetzung mit jüngster
Vergangenheit nötig und möglich." Nicht zuletzt deswegen, weil der Kunstgriff der konse-
quent naiven Erzählerperspektive eine ganz neue Leseerfahrung bedingt. Bruno kommt
aus dem Staunen nicht heraus. Nicht einmal, als er bereits in der Gaskammer steht:

> Am Ende wird Bruno mit Hunderten Menschen im gestreiften Pyjama in einen
> Raum getrieben werden, einen erstaunlich warmen Raum. Selbst da, in diesem
> Moment, hört Bruno nicht auf, sich zu wundern. Danach hört niemand mehr et-
> was von ihm. Rettung gibt es nicht. Auch nicht im Erzählen. Einfacher und er-
> schreckender lässt sich kaum vorführen, was Auschwitz war.[32]

Sybil Gräfin Schönfeldt hingegen kommt zu einem ganz anderen Ergebnis. Sie verwirft
den Roman als ahistorisches „Spannungs- und Rührstück"[33]. Auch die Gewerkschaft Erziehung und Wissenschaften (GEW) veröffentlicht eine Buchbesprechung, die die Fabel
auf Realitätsgehalt abklopft:

> Leider stimmt der gesamte äußere Rahmen nicht [...]. Es ist eine unglaubliche Ver-
> einfachung [...]. Es ist der Reduktion und Leerstellen zu viel. Jedenfalls für kindli-
> che Leser. Hier entsteht ein Grundproblem der KJL: Erzähle ich eine Geschichte

---

31 Boyne 2007.
32 Knödler 2007.
33 Zitiert in: Wengeler 2007.

von Neunjährigen für Gleichaltrige, sollte sie sich im Wahrnehmungsbereich dieser Altersklasse bewegen. Schreibe ich aber für Ältere, muss diese Geschichte für Ältere nachvollziehbar sein, dann kann ich nicht in der Sprache des Neunjährigen stecken bleiben. Das funktioniert erst wieder für Erwachsene oder für erwachsen Denkende.[34]

Dabei kommt die Besprechung zu einem interessanten Schluss:

Dennoch bin ich der Meinung, dass dieses Buch jüngeren Lesern empfohlen werden sollte. Es kann Augen öffnen für eine Welt, die vielleicht noch nicht innerhalb eines Erfahrungshorizontes liegt. [...] Dem jungen Leser drängt sich das Angebot auf, nachzufragen und nachzulesen. Und dann sind Erwachsene gefordert als Gesprächspartner und als Literaturexperten, die Nachfolgeliteratur empfehlen können.[35]

Es ist eine differenzierte Lesart, die Roman wie Leser ernst nimmt und auf die ewige Zumutbarkeitsfrage einmal anders antwortet: Hier werden Fordern, Fördern und Bewahren miteinander verbunden zu einem „Zumuten – ja" (weil man sich mit keiner anderen Haltung dem Thema annähern kann) im Zusammenspiel mit einem „Nicht verhindern, sondern begleiten". Damit wird auch der Kritik ein neuer Weg gewiesen: hin zu mehr Eigenständigkeit, der Verantwortung bewusst, aber ohne sich von (überholten?) Kriterien gängeln zu lassen.

Eine eindeutige Kritik, das zeigt dieser Abriss, gibt es nicht und muss es auch nicht geben. Im Gegenteil. Ein polarisierender Titel wie *Der Junge im gestreiften Pyjama*, der Zumutbarkeitsgrenzen ernsthaft tangiert – um nur zwei Aspekte zu nennen: Wer keinerlei Kenntnis vom Holocaust hat, kann die Fabel nicht entschlüsseln, und die konsequente Erzählhaltung aus der Sicht des neunjährigen Protagonisten zeigt zwar in adäquater Schonungslosigkeit, wohin dieses Wegschauen führt, damit befindet sich der Roman in der Aussage aber meilenweit entfernt vom lösungsphilen Ansatz der KJL –, erlaubt überhaupt erst die intensive Auseinandersetzung auf formaler, inhaltlicher, ästhetischer, ethischer, historischer Ebene. So leidenschaftliche wie ernsthafte Debatten um ein- und dasselbe Buch sind Ausdruck einer eigenständigen KJL-Kritik, die einerseits einer eigenständigen KJL gerecht wird und diese andererseits fordert und befördert.

3. Quo vadis? Möglichkeiten und Grenzen der KJL-Kritik

Bis heute folgt KJL-Kritik eigenen Gesetzmäßigkeiten. Dass sie ihre Möglichkeiten dabei nur punktuell ausgeschöpft hat, ist nicht nur systemimmanent zu begründen, aufgrund der Grenzen des eigenen Denkens, der Selbstwahrnehmung, des eigenen Selbstbewusstseins, sondern auch mit von außen bestimmten Gesetzmäßigkeiten: mit ihrer Verbreitung, ihrer Intention, ihrem Publikum. Ähnlich wie die KJL und speziell die Jugendliteratur zwischen Jugendliteratur, Literatur für Junge Erwachsene und Allgemeiner Literatur mäandert

---

34 Buchbesprechung der Arbeitsgemeinschaft Jugendliteratur und Medien der GEW, Kürzel cjh, 23. 1. 2008.
35 Ebd.

und ihre Position, ihr Selbstverständnis sucht, so mäandert auch die KJL-Kritik zwischen dem Bemühen um anspruchsvolle Kritik, die den Vergleich mit der allgemeinen Literaturkritik nicht zu scheuen braucht und nach vergleichbaren Kriterien bewertet, und einer KJL-Kritik, die ihrer Leserschaft Rechnung tragen zu müssen meint – und das heißt: empfiehlt. Aus unterschiedlichsten Gründen – und die reichen von den Lesern der KJL-Kritik bis zum vorhandenen Platz in den Medien – findet KJL-Kritik in einem kritischen, diskursiven, offenen Sinne kaum statt. Stattdessen hat sich vor allem eine positive, bestätigende Kritik gehalten, deren am stärksten wertendes Instrument die Auswahl ist. Damit nimmt sie eine Art Beraterinstanz für die Erwachsenen (die Leser der Kritik) ein und entscheidet ansonsten (und das heißt oft genug: mutmaßt) „für" die Leser der Bücher.

Auf der Strecke bleibt auf diese Weise weitgehend, was der Schulung, Übung und Ausprägung eines eigenen literarischen Geschmacks und Urteilsvermögen dienen könnte: nämlich eine kontroverse Kritik, um durch die Bandbreite der Bewertung überhaupt erst die Kriterien zu einer eigenen Urteilsbildung zu schärfen. „Was lebendige, funktionierende Literaturkritik so spannend für den Zuschauer und so risikoreich für den Teilnehmer macht [...], der witzige, pointierte Streit, das Wagestück des ganzen persönlichen Einsatzes ohne das Sicherheitsbedürfnis der Regeln und Normen – all das fehlt der Kinder- und Jugendbuchkritik", kritisiert Gerd Ueding 1990 die KJL-Kritik und legt nach: „Ihre zopfige Betulichkeit und Unbeweglichkeit steht im krassen Gegensatz zum Gegenstand, der Jugendlichen Leichtigkeit, Aufbruchstimmung, Unbekümmertheit signalisieren will und soll."[36]

Das ist harter Tobak. Nach 20 Jahren ist diese Kritik der Kritik aber immer noch aktuell. Denn wer einerseits aus mangelndem Selbstbewusstsein, andererseits aus vorauseilendem Schonungsbedürfnis, wer in Unkenntnis dessen, was die sogenannte Zielgruppe, die Kinder und Jugendlichen, lesen wollen und sollen, eher bewahrt als zumutet, wer innerhalb der Grenzen mutmaßt und bestätigt, ohne auf Möglichkeiten abzuklopfen – der vergibt nicht nur eine der wesentlichen Aufgaben der Kritik. Der vergibt vor allem auch die Möglichkeit einer eigenen Entwicklung, um endlich einzulösen, was, zumindest leise, immer wieder gefordert und eingelöst worden ist: eine eigenständige, unabhängige, inhaltlich wie formal vielseitige KJL-Kritik für eine eigenständige, unabhängige, inhaltlich wie formal vielseitige KJL.

KJL-Kritik in der Krise

Unnötig zu sagen, dass innerhalb einer KJL-Kritik, wie Gerd Ueding sie geißelt, Kritiker-Streits um einzelne Titel, wie sie in der Erwachsenenliteratur zum kulturellen Großereignis werden, wie jüngst der „Fall Hegemann" einmal mehr bewiesen hat, selten oder nie vorkommen – wer sollte auch, über die Szene hinaus, davon lesen? Wer könnte, wenn er wollte, an welcher Stelle davon lesen? Wenn also Marcel Reich-Ranicki und Martin Walser sich ein feuilletonfüllendes Gefecht liefern und der Autor in *Tod eines Kritikers*[37] mit dem Kritikerpapst abrechnet, weigert derselbe sich schlicht, den Kinderbuchautor Michael En-

---

36 Ueding 1990.
37 Walser 2002.

de überhaupt auch nur zu beachten: „Zum Phänomen Ende äußere ich mich nicht."[38] Der rächt sich dafür im bezeichnenden Diminutiv mit der Figur des „Büchernörgele, im Volksmund auch Klugscheißerchen oder Korinthenkackerli genannt."[39]

Harmloser Abklatsch der Walser'schen Wort-Keulen? Die zu schwingen ist selbstverständlich nicht Ziel noch Abbild einer eigenständigen KJL-Kritik. Doch manchmal belebt der offene Streit die Szene. So geschehen im April 2010: Da nahm die Hamburger Wochenzeitung *Die Zeit* die KJL-Seite knapp 25 Jahre nach ihrer Gründung aus dem Feuilleton, um sie der *KinderZeit* anzuhängen, und löste damit einen Sturm der Empörung aus. Autor/innen, Verlage, der Arbeitskreis für Jugendliteratur, die Arbeitsgemeinschaft von Jugendbuchverlagen, die Internationale Jugendbibliothek in München, die Arbeitsstelle für Leseforschung und Kinder- und Jugendmedien in Köln, das Bilderbuchmuseum Troisdorf, das Institut für Jugendbuchforschung an der Goethe-Universität Frankfurt am Main, die Kinder- und Jugendbuchabteilung der Staatsbibliothek zu Berlin, LesArt Berlin sowie die Stiftung Illustration, kurz: die wichtigsten Vertreter der KJL-Szene, meldeten in offenen Briefen Widerstand an. Der Tenor: Die Errungenschaft, dass „Kinderliteratur kein Kinderkram sei", wie Regina Pantos, Vorsitzende des Arbeitskreises für Jugendliteratur e. V., es auf den Punkt bringt, wäre mit diesem Schritt zur Disposition gestellt. „Es ergibt sich für uns die Befürchtung", so Regina Pantos weiter, „dass die literarische Kritik der KJL im Feuilleton in Zukunft keinen Platz mehr haben wird. Das würde in unseren Augen einen eklatanten Rückschritt bedeuten in unser aller Bemühen, die KJL als literarisches Kunstwerk zu begreifen, das nicht von der Entwicklung der Literatur für Erwachsene, die das Feuilleton kritisch begleitet, abgeschnitten werden darf." Und Autorin Jutta Richter ergänzt in ihrem offenen Brief an die Redaktion, den 21 Autoren und Illustratoren, unter ihnen Paul Maar, Mirjam Pressler, Peter Härtling, Wolf Erlbruch und Rotraut Susanne Berner unterzeichnet haben:

> Es drängt sich der Verdacht auf, Kinderliteratur gehöre auf die Kinderseite, weil die Betonung auf Kinder liegt, nicht auf Literatur, oder? Dagegen jedoch haben wir Jahrzehnte angeschrieben, angezeichnet und angekämpft. [...] Dass die Literatur so unteilbar ist wie der Himmel, hat sich doch inzwischen herumgesprochen. In diesem Sinne gibt es keine Kinderliteratur. Es gibt nur gut oder schlecht erzählte Geschichten.[40]

Aber spricht *Die Zeit* der KJL wirklich die Eignung fürs Feuilleton ab? Sorgt sie dafür, dass Kinderbücher eben nicht mehr als das wahrgenommen werden, was sie in erster Linie sind: Literatur nämlich? Ist das tatsächlich der „erste Schritt", wie Roswitha Budeus-Budde in der *Süddeutschen Zeitung* zu bedenken gibt, „um die literarische Diskussion aus dem Feuilleton zu entfernen"[41]? „Durch die Verlagerung", hält *Zeit*-Pressesprecherin Silvie Rundel dagegen, „können wir Kinder- und Jugendbüchern mehr Platz und mehr Aufmerk-

---

38 Zitiert in: Spiegel online, Der Spiegel, 45/1989.
39 In: Ende 1989, zitiert in: Spiegel online vom 6. 11. 1989.
40 Zitiert in: Budeus-Budde 2010b.
41 Ebd.

samkeit verschaffen. Das müsste doch eigentlich im Sinne der Autoren und Verlage sein. Im Sinne der Leser ist es auf jeden Fall." Rudel zufolge sollen die Rezensionen in der *Kinder Zeit* klar und verständlich geschrieben sein, sodass sowohl Kinder als auch Eltern mit den Besprechungen etwas anfangen können.[42]

Rückschritt oder Fortschritt? Ein Sturm im Wasserglas ohne Folgen? Oder Ausdruck eines immer noch nicht gelösten Selbstbewusstseins der gesamten kinderliterarischen Szene? In ihrem Kommentar „Die Weihen der Zeit" schreibt Kirsten Waterstraat vom Lektorat Niederländisch des Instituts für deutsche Literatur und ihre Didaktik, Campus Westend:

> Was verliert die KJL mit der Seite im Feuilleton der *Zeit*? Seit nahezu 25 Jahren werden in der Wochenzeitung monatlich Kinder- und Jugendbücher rezensiert und der „Luchs" vergeben, werden gute Bücher anspruchsvoll rezensiert. Dass sich in diesem Zeitraum aber eine fundierte Kinderliteraturkritik herausgebildet hätte, kann nicht behauptet werden. Meist war es vorhersehbar, welche Autoren aus welchen Verlagen besprochen wurden. Themenübergreifende Darstellungen, Interviews und andere journalistische Formen als die der Rezension suchte man auf dieser Seite vergeblich. So war die Kinder- und Jugendliteratur zwar am gleichen Ort wie die Literatur für Erwachsene, wurde aber keinesfalls gleich behandelt.[43]

3.1 Quo vadis 1: Neue Themen für die KJL-Kritik

Quo vadis? Das heißt also zunächst im Zuge einer selbst initiierten Gleichbehandlung: KJL müsste heraus aus der Nische, heraus aus dem Biotop in eine breite Öffentlichkeit jenseits der kinderliterarischen Szene. Das heißt weiterhin, als groß gewordene Schwester sich vom Zwischen-den-Stühlen-Stuhl zu erheben, stattdessen eigene Foren und Formen zu schaffen, um dort eine kontroverse, abwechslungsreiche, vielstimmige KJL-Kritik mit neuen Themen zu etablieren.

Was wäre beispielsweise dagegen zu sagen, einmal die generelle Überproduktion und Schnelllebigkeit des Marktes zum Thema zu machen? Oder das sinkende Niveau, das sich unter anderem daran ablesen lässt, dass auch Verlage, die sich ehemals über ein charakteristisches Programm profiliert haben, nahezu vollkommen „ausgereiht" sind, dass Reihen weiterhin boomen und Einzeltitel verdrängen, dass nach dem alles dominierenden Thema Fantasy und Zauberei à la Potter jetzt mit Vampiren und Engeln das Megageschäft gemacht wird?

Was wäre dagegen zu sagen, sich öffentlich Gedanken darüber zu machen, wo die Freiheit der Literatur vor dem Diktat des Marktes bleibt, von der Freiheit der Kritik einmal ganz zu schweigen, wenn einerseits Kinder- und Jugendbuchseiten über Verlagsanzeigen überhaupt erst finanziert und mithin ermöglicht werden, andererseits Redakteure (und Kritiker in Personalunion) großer Feuilletons als Herausgeber fungieren und gleichzeitig in Jurys von Schreibwettbewerben agieren, die vordergründig Nachwuchsautoren gewinnen

---

42 Quelle: www.boersenblatt.net/380640/ [25. 6. 2010].

43 Diese wie alle vorangegangenen Zitate sind dem Blog für Kinder- und Jugendliteratur „juvenil" entnommen, URL: http://juvenil.twoday.net/topics/Literaturkritik/ [25. 6. 2010].

wollen, dies aber ausgerechnet in Zusammenarbeit mit großen Verlagen tun? Wo bleibt, so ließe sich weiterhin fragen und sollte diskutiert werden, vor dem Hintergrund solch bemerkenswerter „Ämterkumulation" die Unabhängigkeit der Kritik?[44]

Stichwort Autorenpflege: Wo bleibt die Diskussion über den deutschsprachigen literarischen Nachwuchs? Darüber, dass lieber mit Auslandslizenzen auf sichere Pferde gesetzt wird? Dass es insgesamt auch auf dem Buchmarkt sehr viel mehr um Zahlen geht denn um Worte?

Was würde dagegen sprechen, regelmäßig Grenzen und Möglichkeiten der KJL-Kritik auszuloten, so wie jüngst im *Buchmarkt* geschehen, als unter der Überschrift „Wir brauchen eine sachliche Begründung" ein Dialog geführt wurde, um „eine Qualität im Kinderbuch in Gang zu bringen"[45]?

Auch diesbezüglich liefert die Entscheidung der *Zeit* Spreng-Stoff zum Nach- und Weiterdenken. Die erste Ausgabe der *KinderZeit* mit angehängtem Kinder- und Jugendbuch kindertümelt nämlich nicht nur in ihrem „Aha der Woche" unter dem Titel „Bücher!": „Nur zum Fressen, Verschlingen und Reinbeißen gute Bücher bekommen den Preis"[46], wird hier der „Luchs" in kindgerechten Häppchen serviert. Schwerer wiegt, dass die anschließende Kritik zu *Kaputte Suppe*[47] von Jenny Valentine zeilenweise lediglich den Inhalt referiert. Eine kritische Einordnung fehlt vollkommen. Susanne Gaschke attestiert allenfalls „einen tieftraurigen, lustigen, wunderschönen Jugendroman"[48]. Mehr scheint ihr dazu nicht einzufallen. „Wenn du alles verloren hast"[49], so der Titel der Rezension, zeigt: Hier ist tatsächlich viel verloren gegangen. Dieser Weg ist keiner. Er ist ein Rückschritt hin zur Entmündigung der KJL, die sich doch gerade erst zu einer ernst zu nehmenden Literatur aufgemacht hat.

3.2 Quo vadis 2: Mehr Qualität bitte!

Zurück ins Jahr 2004. Nicht gerade *Feuchtgebiete*[50], aber immerhin ein beherztes *Doing it*[51] hatte die KJL 2004 zu bieten. Der Aufklärungsroman wurde in den großen Feuilletons besprochen und 2005 für den DJLP nominiert – übrigens von der Kritiker-Jury, nicht von der Jugend-Jury. „Da ist wenig Platz für Romantik", schreibt Roswitha Budeus-Budde in ihrer Kritik „Wie ein lüsterner Teddybär" am 30. November 2004 in der *Süddeutschen Zeitung,* „aber viel Raum für schwierige, gefährliche und lächerliche Erfahrungen, die in

---

44 Anlässlich der Leipziger Buchmesse im Frühjahr 2010 wurde zum ersten Mal der Schreibwettbewerb von Frankfurter Allgemeine und Chicken House ausgelobt. Mitglieder der Jury sind u. a. Anja Kemmerzell (Programmleiterin von Chicken House), Tilman Spreckelsen (Redakteur im Wissenschaftsressort der FAZ, u. a. zuständig für die KJL-Kritik, außerdem Jurymitglied des Peter-Härtling-Preises sowie Herausgeber der Reihe „Die Bücher mit dem Blauen Band" im S. Fischer Verlag) sowie die Hamburger Bestsellerautorin Isabel Abedi.

45 Gruß/Hoffmann 2009.

46 In: Gaschke 2010.

47 Valentine 2010.

48 Ebd.

49 Ebd.

50 Roche 2008.

51 Burgess 2004.

einer Sprache dargestellt werden, die im Jugendbuch ungewöhnlich ist, aber der Gefühls-
welt junger Erwachsener entspricht. Besonders, da die Übersetzung von Andreas Steinhöfel
auch für die intimsten Szenen eine coole, treffende Ausdrucksweise findet."

Konrad Heidkamp hingegen moniert in der *Zeit* vom 25. November 2004 die mangelnde Originalität des Plots, den Schlüssellochblick des Autors und untersuchte auch das
„ästhetische Verhältnis von Mittel zu Zweck". Das Ergebnis: Stoff wie Bilder seien man-
gelhaft. „Es ist", so Heidkamp, „keine Form von Prüderie, dieses Buch schlecht zu finden."
Denn genau da setzt echte Kritik ein: mit dem Privileg, Literatur schlecht zu finden. So
wie es jüngst auch Wieland Freund tat, als er in seiner Kritik „Mädchen wollen wieder brav
sein" in *Die Welt* vom 14. Februar 2009 über die *Bis(s)*-Bestseller urteilte: „Vielleicht hat
Stephenie Meyer ja eine Art metaphysisches Kamasutra geschrieben – eine Unterweisung
in Liebesdingen von Religiös-Rechts. Die *Bis(s)*-Saga ist ein übles Machwerk, geboren aus
einem patriarchalen und körperfeindlichen Geist. Ihr Erfolg muss Gründe haben."

Qualität, so lässt sich aus einer solchen Kritiken ablesen, wird wieder größer geschrieben. Auch KJL, so zeigen diese Zeilen, wird auf ihre kulturellen, gesellschaftspolitischen
wie ästhetischen Aussagen hin bewertet. Eine solche Kritik bezieht Position. Und: Sie
setzt sich für ihren Gegenstand ein. Hinter der Kritik steht eine Vision, wie es anders,
besser sein könnte. Eine solche Kritik, die ihre eigenen Maßstäbe offenlegt, schärft das
Wahrnehmungsvermögen ihrer Leser. Im Sinne einer ganz anderen „Für"-Kritik nimmt
sie ihre Leser ernst.

Angesichts einer unübersehbaren Geschäftemacherei mittels Einheits-Erfolgsrezept
kommt darüber hinaus eine neue (alte?) Besinnung auf Vielfalt und Verantwortung ohne
Betulichkeit zum Ausdruck. Die soll bereits über individuelle programmatische Schwerpunkte zurückgewonnen und somit die Macht des Marktes zurückgedrängt werden. „Wir
leben in einem verrückten Markt", wird Till Weitendorf, verantwortlich für das Programm des Oetinger Verlags, zitiert. „Wenn die Belletristikverlage mit ihrer Marktpower
die Kinderbuchverlage verdrängen, bleibt die Qualität auf der Strecke." Grund genug, so
der Verleger weiter, „wieder mehr eigene Autoren aufzubauen und dabei auf Qualität zu
setzen, literarisch Überraschendes zu fördern, für das man auch verlegerischen Mut braucht
[...]. Gegen den Strich, dafür steht Oetinger, das darf man ruhig mal merken."[52]

3.3 Quo vadis 3: Mehr Selbstbewusstsein, bitte!

Gegen den Strich, selbstbewusst – das könnte der gemeinsame Nenner und das Ziel eines
„Quo vadis" sowohl für die KJL wie für deren Kritik wie für ihre Leser sein. Denn im
besten Fall ist KJL-Kritik so gut, so spannend, so kontrovers wie ihr Gegenstand. Sie kann
umso weiter gehen, je mehr literarische Titel auf dem Markt sind und je mehr die Zielgruppe für eine solche Literatur sensibilisiert ist, sie kennt, wertschätzt, lesen will. So gesehen ist KJL-Kritik heute womöglich wichtiger denn je. Sie ist wichtig, um aufmerksam zu
machen aufs Besondere und nicht auf das, was vermeintlich, gemessen an Bestsellerlisten
und Verkaufzahlen, gefällt. Sie ist wichtig, um zu zeigen, was es vom Trash bis zur Litera-

---

52 Zitiert nach: Budeus-Budde 2010a.

tur alles gibt – und das möglichst frei von Vorurteilen, aber mit geschärftem, nicht käuflichem Blick auf die Mechanismen des Marktes.

Eine derart sich definierende und praktizierende KJL-Kritik könnte Ausdruck, Verstärker und Initiator einer lebendigen Literaturlandschaft sein. Sie könnte bestehende Literatur nicht nur bewerten, sondern womöglich Einfluss auf deren Entwicklung nehmen. Und wenn KJL-Kritik im Sinne einer „Für"-Kritik heute überhaupt noch pädagogisch wirken will, dann hätte sie hier ein Aufgabenfeld, das sich zu beackern lohnt: die auswählenden Erwachsenen und die Kinder und Jugendlichen als die Leser von heute über eine Kritik mit offenen Kriterien-Karten zu selbstbewussten, selbstständigen Lesern (von morgen) zu erziehen. Indem KJL wie deren Kritik Lust machen aufs Lesen und auf die Profilierung eigener Maßstäbe.

Dafür braucht es eine breite Auswahl an Titeln sowie eine möglichst kontrovers geführte Diskussion mit nachvollziehbaren Kriterien auf Foren, die es auszubauen oder neu zu schaffen gilt und die außerhalb der KJL-Szene interessieren und überhaupt zu lesen, zu hören, zu sehen sind. Dafür ist es nötig, die Leser in das Spiel von Auswahl, Auseinandersetzung und Bewertung mit einzubeziehen, bis sie im besten Falle selbst beurteilen und entscheiden, was sie wann, warum und zu welchem Zweck lesen wollen, um die eigene Lesebiografie so kompetent wie neugierig, so initiativ wie aktiv zu gestalten – und zwar anhand einer eigenständigen KJL, fernab von Massenware, mit Betonung auf Literatur, und einer entsprechend eigenständigen KJL-Kritik, die diese Auseinandersetzung fordert, fördert, kurz: lohnt. Das Ziel: die Emanzipation der Leser.

Doch die wird nicht erfolgen ohne eine andere Emanzipation. Und das ist die von KJL und KJL-Kritik. Erst wenn sie sich selbstbewusst wahrnehmen, erst wenn sie nicht länger auf eine gütliche Einigung im alten Schwesternstreit warten, werden sie sich endlich als kleine Schwestern befreien und groß werden. Bockig und störrisch, wie Jutta Bauer es gefordert hat, sind sie bereits. Das haben sie im Rahmen des *Zeit*-Streits bewiesen. Steht ein letzter Schritt auf der Quo-vadis-Skala aus – und der würde auch dem Rechnung tragen, dass jede Krise die Möglichkeit zur grundständigen Veränderung ist: sich endlich selbst als das zu sehen und nach dem zu verhalten, was sie zuweilen und mancherorts bereits sind, eine eigenständige KJL und eine eigenständige KJL-Kritik.

Denn diese bedingen einander. Sie brauchen einander. Sie machen einander: eine eigenständige KJL-Kritik die KJL. Und umgekehrt.

Literatur

Primärliteratur

Boie, Kirsten: Monis Jahr. Hamburg: Oetinger 2003.
Boie, Kirsten: Ringel Rangel Rosen. Hamburg: Oetinger 2010.
Boyne, John: Der Junge im gestreiften Pyjama. Eine Fabel. Aus dem Englischen von Brigitte Jakobeit. Frankfurt am Main: Fischer 2007.
Burgess, Melvin: Doing it. Aus dem Englischen von Andreas Steinhöfel. Hamburg: Carlsen 2004.
Ende, Michael: Der satanarchäolügenialkohöllische Wunschpunsch. Stuttgart: Thienemann 1989.

Engström, Michael: Ihr kriegt mich nicht! Aus dem Schwedischen von Birgitta Kicherer. München: Hanser 2009.

Fehér, Christine: Jeder Schritt von dir. Geschichte einer Stalkerin. Düsseldorf: Sauerländer 2006.

Fox, Paula: Ein Bild von Ivan. Aus dem amerikanischen Englisch von Brigitte Jacobeit. Köln: Boje 2007.

Fox, Paula: Ein Dorf am Meer. Aus dem amerikanischen Englisch von Brigitte Jacobeit. Köln: Boje 2008.

Fox, Paula: Wie weit ist es nach Babylon? Aus dem amerikanischen Englisch von Brigitte Jacobeit. Köln: Boje 2009.

Günther, Herbert: Roberts Land – Eine Familien-Geschichte. Hildesheim: Gerstenberg 2010.

Hanika, Beate Teresa: Rotkäppchen muss weinen. Frankfurt am Main: Fischer 2009.

Howe, James: Augenblicke. Aus dem Amerikanischen von Mirjam Pressler. Ravensburg: Ravensburger Verlag 2003.

Linker, Christian: RaumZeit. München: dtv 2002.

McCormick, Patricia: Verkauft. Aus dem Amerikanischen von Alexandra Ernst. Frankfurt am Main: Fischer 2008.

Murail, Marie-Aude: Über kurz oder lang. Aus dem Französischen von Tobias Scheffel. Frankfurt am Main: Fischer 2010.

Roche, Charlotte: Feuchtgebiete. Köln: Dumont Buchverlag 2008.

Rosenblum, Amalia: Der schönste Hundesommer der Welt. Aus dem Hebräischen von Mirjam Pressler. Weinheim: Beltz & Gelberg 2009.

Steinhöfel, Andreas: Rico, Oskar und die Tieferschatten. Mit Bildern von Peter Schössow. Hamburg: Carlsen 2008.

Steinhöfel, Andreas: Rico, Oskar und das Herzgebreche. Mit Bildern von Peter Schössow. Hamburg: Carlsen 2009.

Stuckrad-Barre, Benjamin von: Soloalbum. Köln: Kiepenheuer & Witsch 1998.

Valentine, Jenny: Kaputte Suppe. Aus dem Englischen von Klaus Fritz. München: dtv 2010.

Walser, Martin: Tod eines Kritikers. Frankfurt am Main: Suhrkamp 2002.

Sekundärliteratur

Albrecht, Wolfgang: Literaturkritik. Stuttgart/Weimar: Verlag J. B. Metzler 2001.

Anz, Thomas/Baasner, Rainer (Hrsg.): Literaturkritik: Geschichte – Theorie – Praxis. München: C. H. Beck 2004.

Baacke, Dieter: Jugend und Jugendkulturen. Darstellung und Deutung. Weinheim/München: Juventa, 3. überarb. und erg. Aufl. 1999.

Bardola, Nicola: Lies doch mal! Ganz aktuell – Die 50 besten Kinder- und Jugendbücher. München: Omnibus 2005 ff.

Baßler, Moritz: Der deutsche Pop-Roman. Die neuen Archivisten. München: C. H. Beck 2002.

Beck, Ulrich: Risikogesellschaft. Auf dem Weg in eine andere Moderne. Frankfurt am Main: Suhrkamp 1986.

Bogdal, Klaus-Michael/Korte, Hermann (Hrsg.): Grundzüge der Literaturdidaktik. München: dtv 2002.

Breitmoser, Doris/Stelzner, Bettina (Hrsg.): Das Jugendbuch. Lesetipps für Junge Leute. München: Arbeitskreis für Jugendliteratur e. V., 2002.

Budeus-Budde, Roswitha: Das Selbstbewusstsein der kleinen Schwester. In: Süddeutsche Zeitung vom 20. 10. 2009, Nr. 241, S. 14.

Budeus-Budde, Roswitha: Such was aus, aber schnell. In: Süddeutsche Zeitung vom 30. 3. 2010, Nr. 74, S. 14 (2010a).

Budeus-Budde, Roswitha: Jugendliteratur – ab in die Kinderzimmerecke. In: Süddeutsche Zeitung vom 7. 5. 2010, Nr. 104, S. 32 (2010b).

Dahrendorf, Malte (Hrsg.): Kinder- und Jugendliteratur. Material. Berlin: Volk und Wissen 1995.

Doderer, Klaus (Hrsg.): Lexikon der Kinder- und Jugendliteratur. Bd. 1–4. Weinheim/Basel: Beltz 1984.

Doderer, Klaus: Literarische Jugendkultur. Kulturelle und gesellschaftliche Aspekte der Kinder- und Jugendliteratur in Deutschland. Weinheim/München: Juventa 1992.

Ewers, Hans-Heino: Vom „guten Jugendbuch" zur modernen Jugendliteratur. Jugendliterarische Veränderungen seit den 70er-Jahren – eine Bestandsaufnahme. In: Köhnen, Ralph (Hrsg.): Wege zur Kultur. Perspektiven für einen integrativen Deutschunterricht. Frankfurt am Main: Peter Lang 1998, S. 385–399.

Ferchhoff, Wilfried: Jugend an der Wende vom 20. zum 21. Jahrhundert. Lebensformen und Lebensstile. Opladen: Leske + Budrich, 2. überarb. und erg. Aufl. 1999.

Gansel, Carsten: Moderne Kinder- und Jugendliteratur. Ein Praxishandbuch für den Unterricht. Berlin: Cornelsen Scriptor 1999.

Gansel, Carsten: Unendliche Geschichte und Pluralität der Formen – ein literaturwissenschaftlicher Rückblick. In: JuLit, 1/2000, S. 3–22 (Arbeitskreis für Jugendliteratur e. V., München).

Gansel, Carsten: Der Adoleszenzroman. Zwischen Moderne und Postmoderne. In: Gaschke, Susanne: Hexen, Hobbits und Piraten. Die besten Bücher für Kinder. Stuttgart/München: Deutsche Verlagsanstalt 2002.

Gaschke, Susanne: Wenn du alles verloren hast. In: Die Zeit vom 12. 5. 2010, Nr. 20, S. 48.

Glasenapp, Gabriele von: Die moderne Jugendliteratur. Themen, Trends und Leser – eine Einführung. In: Breitmoser, Doris/Stelzner, Bettina (Hrsg.): Das Jugendbuch. Lesetipps für Junge Leute. München: Arbeitskreis für Jugendliteratur e. V., 2002, S. VIII–XIV.

Greiner, Ulrich: Leseverführer. Eine Gebrauchsanweisung zum Lesen schöner Literatur. München: C. H. Beck 2005.

Gruß, Karin/Hoffmann, Gabriele: Wir brauchen eine sachliche Begründung. In: Special Junge Zielgruppe, Buchmarkt 9/2009, S. 146 ff.

Härtling, Peter: Reden und Essays zur Kinderliteratur. Hrsg. v. Hans-Joachim Gelberg. Weinheim/Basel/Berlin: Beltz & Gelberg 2003.

Kahlweit, Cathrin: Marshmallows grillen. In: Süddeutsche Zeitung vom 7. 8. 2009, Nr. 180, S. 30 (zu: Rosenblum, Amalia: Der schönste Hundesommer der Welt).

Kaulen, Heinrich: Jugend- und Adoleszenzroman zwischen Moderne und Postmoderne. In: 1000 und 1 Buch, 1/1999, S. 4–11.

Knobloch, Jörg/Peltsch, Steffen (Hrsg.): Lexikon Deutsch. Kinder- und Jugendliteratur. Autorenporträts und literarische Begriffe. Freising: Stark 1998.

Knödler, Christine: Hier in Auswisch. In: Die Welt vom 2. 8. 2007.

Köhnen, Ralph (Hrsg.): Jugendkultur im Adoleszenzroman. Jugendliteratur der 80er- und 90er-Jahre zwischen Moderne und Postmoderne. Weinheim/München: Juventa 1994.

Lange, Günther (Hrsg.): Taschenbuch der Kinder- und Jugendliteratur. Bd. 1. Baltmannsweiler: Schneider-Verlag Hohengehren 2000, S. 359–398.

Maar, Paul: Vom Lesen und Schreiben. Reden und Aufsätze zur Kinderliteratur. Hamburg: Oetinger 2007.

Michel, Gabriele: Waisen, Stalker, Selbstmordkandidaten. In: Literaturen. Das Journal für Bücher und Themen, 9/2006 (zu: Fehér, Christine: Jeder Schritt von dir. Geschichte einer Stalkerin).

Miller, Norbert/Stolz, Dieter (Hrsg.): Positionen der Literaturkritik. Sonderheft der Zeitschrift Sprache im technischen Zeitalter, Köln 2002.

Neuhaus, Stefan: Literaturkritik. Eine Einführung. Göttingen: Vandenhoeck & Ruprecht 2004.

Raecke, Renate (Hrsg.): Kinder- und Jugendliteratur in Deutschland. München: Arbeitskreis für Jugendliteratur e. V., 1999.

Reich-Ranicki, Marcel: Der doppelte Boden. Ein Gespräch mit Peter von Matt. Frankfurt am Main: Fischer Taschenbuch 1994 (Erstausgabe Zürich: Ammann 1992).

Schikorsky, Isa: Schnellkurs Kinder- und Jugendliteratur. Köln: Dumont 2003.

Schmidt-Dengler, Wendelin/Streitler, Nicole Katja (Hrsg.): Literaturkritik. Theorie und Praxis. Innsbruck/Wien: Studienverlag 1999 (= Schriftenreihe Literatur des Instituts für Österreich-kunde 7).

Schuh, Franz: Schreibkräfte. Über Literatur, Glück und Unglück. Köln: Dumont 2000.

Schuh, Franz: Schwere Vorwürfe, schmutzige Wäsche. Wien: Paul Zsolnay Verlag 2006.

Seuss, Siggi: Auf der Flucht. In: Süddeutsche Zeitung vom 7. 8. 2009, Nr. 180, S. 30 (zu: Engström, Michael: Ihr kriegt mich nicht!).

Stiftung Lesen/Spiegel-Verlag (Hrsg.): Schriftenreihe Lesewelten. Bd. 3: Leseverhalten in Deutschland im neuen Jahrtausend. Mainz/Hamburg, 2001.

Ueding, Gerd: Literatur mit beschränkter Haftung? Über die Misere der Kinder- und Jugend-buchkritik. In: Scharioth, Barbara/Schmidt, Joachim (Hrsg.): Zwischen allen Stühlen. Zur Situation der Kinder- und Jugendliteraturkritik. Tutzing: Evangelische Akademie 1990 (Stutt-garter Studien 2/1990).

Wengeler, Susanne: Ein Buch, das verunsichert – Ist „Der Junge im gestreiften Pyjama" ein gro-ßer Wurf oder ein Spannungs- und Rührstück?" In: Buchmarkt, 9/2007, S. 90 f.

Wild, Reiner (Hrsg.): Geschichte der deutschen Kinder- und Jugendliteratur. Stuttgart: Metzler 1990 (2. Aufl. 2002).

Longseller in der Kinder- und Jugendliteratur

Nicola Bardola

Wodurch wird ein Kinder- oder ein Jugendbuch zum Longseller? Zunächst gelten dieselben Kriterien wie für gute Kinder- und Jugendliteratur (KJL) allgemein:
- Die Themen sollen den Interessen der Kinder und Jugendlichen entsprechen.
- Die Wortwahl und der Stil sollen den Themen adäquat sein.
- Bild- und Textsprache sollen einfach, klar und gehaltvoll sein und zugleich differenziert und treffend.
- KJL soll kind- und jugendgemäß Lösungsvorschläge für Probleme anbieten.
- Die Aussage von KJL soll positiv und konstruktiv sein, soll ethisch und moralisch überzeugen und Selbstvertrauen wecken.
- KJL soll sensibilisieren, Gefühle wecken, beispielsweise Gerechtigkeitsgefühl, Anteilnahme oder Empathie.
- KJL fungiert also auch als soziale Orientierungshilfe.
- Sie soll aber keine Ideologien transportieren.
- Sie soll „pc", politisch korrekt, sein. Das umfasst auch die Vermeidung von Fremdenfeindlichkeit, von Kriegstreiberei, von Diskriminierung oder von Rassismus.
- Sie soll der Aufklärung verpflichtet sein, dem Humanismus, der Demokratie und allgemeine Wahrheiten und Werte enthalten.

Das ist alles wichtig für ein gutes Kinderbuch, das zum Longseller wird. Es sind Grundlagen, und sie lassen sich auch in der Praxis testen, aber sie sind auch selbstverständlich, und glücklicherweise erscheinen nur wenige Bücher im deutschsprachigen Raum, die solche Erwartungen nicht erfüllen.

Komplizierter wird das Thema dadurch, dass schon seit den 1970er-Jahren Bücher veröffentlicht werden, die obigen Kriterien in ganz besonderer Weise nicht entsprechen, sie manchmal bewusst leugnen und Tabus brechen und gerade dadurch begeistern.

Das grundlegende Problem besteht also darin, dass sehr viele Kinderbücher erscheinen und schwer erkennbar ist, weshalb einige wenige davon zu Longsellern mutieren. Vielleicht gibt es, wie bei der emotionalen Intelligenz, auch eine literarische Intelligenz? Ist es möglich, ein Qualitätsgefühl zu entwickeln und besondere Kriterien für Longseller zu definieren?

Ein der Voraussetzungen hierfür ist das „Viellesen", das erst Vergleichsmöglichkeiten erlaubt und schließlich zu Detailkriterien führt, beispielsweise im Bilderbuch. Ein herausragendes Exempel für einen Longseller für die kleinsten Leser und Betrachter bildet Alois Carigiets und Selina Chönz' *Schellen-Ursli*.

In meinem Engadiner Heimatdorf Sent gibt es einen Brauch namens „Chalandamarz", der dank dieses Bilderbuches weltbekannt wurde: Als noch die Römer ganz Rätien besetzt hielten, war am ersten März Jahresbeginn. An diesem besonderen Tag wurden die dunklen und bösen Geister des Winters vertrieben. Jetzt sind es Schulkinder, die mit Kuhglocken singend durch die Dörfer der hochalpinen Schweiz ziehen. Im Buch *Schellen-Ursli* setzte der Maler Alois Carigiet Ereignisse in Szene, die von der Bündner Schriftstellerin Selina Chönz Ende der 1930er-Jahre in einen schlichten und eingängigen rätoromanischen Text gefasst worden waren.

Ursli ist ein Bauernjunge im idyllischen Bergdorf Guarda, der am Vortag des Chalandamarz von seinen Freunden gehänselt wird, weil er nur ein Glöckchen hat. Wütend und traurig erinnert er sich an die prächtige Kuhglocke oben in der Alphütte. Sein einsamer Beschluss steht bald fest: Alleine wandert er hoch hinauf durch Wälder, über Felsen und Brücken bis zum Maiensäß, wo der Schnee noch knietief liegt. Glücklich erreicht er die Hütte, findet die Glocke und übernachtet dort oben fernab seiner Familie in Gesellschaft nur von Tieren, während unten das ganze Dorf nach ihm sucht. Am ersten März vormittags taucht er zur Erleichterung aller mit der Glocke zu Hause auf und darf den Chalandamarz-Umzug anführen. „Mir schien, die Bilder dazu hatte ich gleichsam in der Tasche. In einem Bauernhaus geboren, war ich mit dem Leben eines Bergbuben, seinen kleinen Verrichtungen in Haus und Stall und auf dem Maiensäss eng vertraut", sagte Carigiet, der trotzdem mehr als sechs Jahre für die Illustrationen seines ersten Bilderbuches brauchte, weil es immer scheinbar Wichtigeres gab, das dazwischenkam. Und doch wuchs derart langsam ein Meisterwerk, ein kräftig koloriertes und perspektivisch eigenwilliges Glanzstück moderner Bilderbuchmalerei heran. Allein die wilde Brückenszene sucht heute noch ihresgleichen.

Schellen-Ursli erschien erstmals 1945 und ist das erfolgreichste Schweizer Bilderbuch: Es wurde millionenfach in der ganzen Welt verkauft und ist bis heute das beliebteste Buch-Souvenir aus dem Engadin. Die Geschichte des Buben, der zunächst zu kurz kommt und sich mutig selbst zu seinem Recht verhilft, fasziniert Kinder heute ebenso wie vorangegangene Generationen. Der vielseitig interpretierbare archaische Ritus aus der Bergwelt, der Spannungsbogen vom traurigen Auftakt zum finalen Triumph, der erste kleine Abschied von den Eltern, der kindliche Ehrgeiz und Wille, sich selbst einen Wunsch zu erfüllen, und die gelungene Selbstbehauptung in der Gruppe wurden in unfassbar ausdrucksstarken Bildern festgehalten. Enttäuschung, Stolz, Trotz, Aufbegehren, Risikobereitschaft, Ausdauer bis hin zur verdienten Belohnung strahlen in kräftigen Farben und in markanten Konturen. *Schellen-Ursli* ist der Schweizer Bilderbuch-Longseller schlechthin. Er hat alle kulturellen, sozialen oder pädagogischen Strömungen und Trends schadlos überlebt und wurde nie – wie etwa der *Struwwelpeter* – angezweifelt.

Ein halbes Jahrhundert nach ihrer Entstehung bleibt Carigiets Ästhetik aktuell und wegweisend, was ich auch im Ratgeber *Mit Bilderbüchern wächst man besser* schildere. Es gibt wohl keine geeignetere Publikation als den *Schellen-Ursli*, um nach Elementen der Zeitlosigkeit für ein erfolgreiches Bilderbuch zu suchen. Hierzu sollen sieben Fragen zur Bildqualität helfen:

– Machen die Bilder neugierig?
– Lösen sie Fragen aus?
– Ist der Charakter der Figuren bildlich umgesetzt?
– Wie variationsreich ist die Darstellung der Bewegungen?
– Sind die Gefühle der Figuren in Gestik und Mimik wiedergegeben?
– Kann sich das betrachtende/zuhörende Kind mit einer Figur identifizieren?
– Regen die Bilder zum Weiterdenken an?

Selbstverständlich lassen sich alle diese Fragen beim *Schellen-Ursli* positiv beantworten und im Einzelnen nachweisen. Es kann aber auch hilfreich sein, mit einer negativen Folie an die Qualitätsfragen für Longseller heranzugehen. Wie erkennt man Kitsch? Verkürzt erklärt, handelt es sich dann um ein kitschiges Bilderbuch, wenn die Erwartungen der Kinder vollkommen erfüllt werden. Wenn nichts sie darin überrascht. Wenn Bilder und Aussagen schablonenhaft sind und stereotyp. Man nehme hierzu das sogenannte Kaufhausbilderbuch mit den lieblosen Bildern und stumpfen Texten. Beim *Schellen-Ursli* hingegen dominiert die Liebe zum Detail und eine ganz eigene Ästhetik. Die muss nicht allen gefallen, aber sie ist originell. Hierzu einige empirische Erfahrungswerte:
– Kinder haben keinen festgelegten Geschmack. Sie sind offen für verschiedene Stile.
– Bilder sollen nicht nur das abbilden, was der Text evoziert.
– Bilder sollen mehr aus dem Gelesenen machen.
– Details sorgen für Spannung!
– Kinder sind die besseren Entdecker (siehe Wimmelbilderbücher).
– Es ist ein Irrglaube, dass Kinder nur leuchtende, kräftige Farben mögen. Pastelltöne, Schwarz-Weiß-Zeichnungen und sogar in Braun gehaltene Illustrationen regen die Fantasie mindestens genauso an.

Ganzheitliche Literatur

Die zurzeit sehr gute Marktlage des Kinder- und Jugendbuchs hat viele Ursachen. Betrachtet man die Neuerscheinungen kritisch, ja böse, so könnte der Erfolg von dem Geschick der Verlage zeugen, marktgängige Titel zu produzieren, die den von ihnen selbst modellierten Publikumsgeschmack bedienen.

Mainstreamiges und Geglättetes nimmt dabei in den Programmen und in den Buchhandlungen einen erheblich bedeutenderen Platz ein als Originelles und Außergewöhnliches, Innovatives und Querstehendes. Aber die Extreme – triviale und hochliterarische Texte – ebenso wie alle Schattierungen dazwischen sind vorhanden.

Wie war das früher? Vor hundert Jahren lebte der deutsche Lehrer und Schriftgelehrte Heinrich Wolgast, der auch Redakteur der Fachzeitschrift *Jugendschriften-Warte* war. Sein Aufsatz *Das Elend unserer Jugendliteratur* gewinnt gut hundert Jahre nach seinem Erscheinen an Aktualität. Wolgasts Kritik richtete sich gegen den damaligen Mainstream, nämlich gegen die Gesinnungsbücher und Moralesebücher seiner Zeit und in letzter Konsequenz auch gegen die „spezifische Jugendliteratur" insgesamt.

Damals gab es neben diesen von Wolgast kritisierten Gesinnungsbüchern das, was ich in positivem Sinne das „Familienbuch" nenne, wie etwa prächtige Ausgaben von Grimms

Märchen und viele andere Märchensammlungen. Es gab als Prototypen des Bilderbuches den 1845 erschienenen *Struwwelpeter*, der heute noch gerne und mit Gewinn gelesen und betrachtet wird – nicht nur von den Kindern. Von allen: Denn die jeweils ältere Generation erinnert sich beim Wiederlesen an die eigene Kindheit und Jugend. Solche Longseller bauen Brücken, vereinen gedanklich die Eltern mit ihrem Nachwuchs. In der Zeit des oft gemeinsamen Lesens bewegen sich alle – die ganze beteiligte Familie – auf einer Wellenlänge.

Dies scheint mir ein weiteres Kriterium für Longseller zu sein: All-Age-Kinderbücher, bei denen sich Erwachsene nicht langweilen. Verbreitet ist ja die Ansicht, es gebe keine Kinderliteratur und Literatur für Erwachsene. Es gebe nur gut erzählte Geschichten und schlecht erzählte. Die große Mehrheit der Kinderbücher von vor etwa hundert Jahren richtete sich leider mit pädagogisch erhobenem Zeigefinger auf so direkte Art an den Nachwuchs, dass Erwachsene – wenn sie nicht gerade Lehrer waren – solche Lektüreerfahrungen nicht teilen wollten. Wolgast propagierte vor diesem Hintergrund literarischen Genuss im Gegensatz zum reinen Unterhaltungsgenuss und stritt deshalb der damaligen Kinder- und Jugendliteratur ihre Existenzberechtigung ab. „Die Jugendschrift in dichterischer Form muss ein Kunstwerk sein", lautete einer seiner Kernsätze. Wolgasts Schlussfolgerung mangelte es nicht an Überzeugungskraft: Da literarische Werke zur Allgemeinliteratur gehören, sei eine spezielle Literatur für Jugendliche überflüssig. Wolgast setzte sich dementsprechend für eine ganzheitliche Literatur ein, die nicht nach Zielgruppen aufgeteilt werden sollte, und empfahl ausgewählte Klassiker als Lektüre für Jugendliche. Auch eine Art Familienbücher also – gehobene Familienbücher.

Von hochliterarischer Warte aus betrachtet, empfindet man heute die Jugendliteratur nach wie vor oft als Massenware, die ohne literarischen Wert insbesondere aus wirtschaftlichen Erwägungen produziert wird. Dieses Empfinden ist allgegenwärtig und manifestierte sich zuletzt in der Umstrukturierung bei der Wochenzeitung *Die Zeit*. Kinderbücher werden dort seit dem Sommer 2010 nicht mehr im Feuilleton, sondern auf Kinderseiten besprochen und mit dem Traditionspreis „Luchs" ausgezeichnet.

KJL nimmt in der literaturkritischen und literaturwissenschaftlichen Wertschätzung meist immer noch nur einen unteren Rang ein. Und doch ist hier auch erfreuliche Bewegung festzustellen. Das Auflösen der Grenzen im Feuilleton – wie schon in ausländischen Zeitungen – wird immerhin laut gefordert. Ähnliche Überlegungen beziehen sich auch auf Buchhandlungen, Universitäten oder Verlage. Der vermeintlich heile Garten Jugendbuch bleibt zwar meistens bestehen. Aber vereinzelt, vor allem bei einigen Autoren und Verlagsmitarbeitern, hat ein Umdenken eingesetzt. Wolgasts Wunsch nach einer ganzheitlichen Literatur geht in der Gegenwart zumindest teilweise in Erfüllung, indem sich die besten Jugendbuchautoren literarischer Qualitäten besinnen, wie sie heute in herausragender Belletristik für Erwachsene zu finden sind. Nur durch das Alter der Protagonisten und die Wahl entsprechender Themen heben sie sich davon ab. An den Multiplikatoren im Bereich der Jugendliteratur liegt es, diese sich seit den 1990er-Jahren abzeichnende literaturhistorische Besonderheit wahrzunehmen, um der Jugendliteratur und der Leseförderung bei Heranwachsenden zwischen dem 12. und 16. Lebensjahr eine erhöhte und längst verdiente gesellschaftliche Relevanz zukommen zu lassen. Längst spielen All-Age-Best- und Longseller auch für den Buchmarkt eine wichtige Rolle.

Longseller zum Hochlesen

In den letzten hundert Jahren sind Bücher entstanden, die vieles in Bewegung gebracht haben. Als 1926 in der englischen Universitätsstadt Oxford die Literatenfreundschaft zwischen dem Dozenten John Ronald Reuel Tolkien mit dem sechs Jahre jüngeren Clive Staples Lewis beginnt, setzt daraufhin der bis heute anhaltende Siegeszug der Fantasy-Literatur ein. *Der Herr der Ringe* und *Die Chroniken von Narnia* sind das Ergebnis vieler Gespräche der beiden Sprachwissenschaftler in ihrem Lieblingspub „The Eagle and Child“, wo sich der Dichterclub „Inklings“ (Tintenkleckser) trifft. Seither dominieren Zauberer und Zwerge, beherrscht Märchenhaftes und Magisches den internationalen Kinderbuchmarkt. Was sich in den Schauerromanen spätromantischer Autoren ankündigt, entfaltet in „neuen“ Mythen, Märchen, Sagen, Heldenepen und Legenden eine unüberschaubare Vielfalt, die Jung und Alt in ihren Bann schlägt.

Das Genre entwickelte sich langsam. Die Fantasy-Literatur entstand als Subgenre der Fantastik (zu denen auch die Science-Fiction- oder die Horror-Literatur zählt). Der Fantasy-Erfolg im deutschsprachigen Raum steigerte sich in drei Wellen: Tolkien, Michael Ende und Joanne K. Rowling sorgten für herausragende Longseller und dafür, dass heute mehr Fantasy gelesen wird als je zuvor. Seit 1998 der erste Band der siebenteiligen *Harry-Potter*-Reihe erschienen ist, türmen sich in Buchhandlungen Bestseller-Novitäten ähnlicher Art.

Parallel zu den Tintenkleckser von Oxford entstanden aber sehr viele weitere Longseller der KJL. Ich erinnere nur an Enid Blyton, Astrid Lindgren, Erich Kästner, Jack London oder Mark Twain. Weltweit fand eine beispiellose Diversifizierung in viele verschiedene Genres und Untergenres der KJL statt.

Welches sind nun Faktoren, welche die Fortführung des Familienbuches begünstigen? Zunächst ist da unser aller Jugendwahn. Viele von uns kleiden sich noch als Senioren so, als wären wir Teenager. Von allen Seiten wird versucht, das Alter abzumildern und tolerant und verständnisvoll zu sein. Eltern treten oft nicht mehr als Autoritätspersonen auf, sondern als Freunde und Partner. Es würde zu weit führen, die pädagogischen Implikationen auszuführen, aber der Trend zur Verwischung von Generationsgrenzen hält an. Die Lebenswelten sind nicht mehr so getrennt wie früher. Und das betrifft letztlich auch die KJL und fördert das Phänomen All Age und Longseller.

Ein weiteres Indiz für die Öffnung des KJL-Gartens zeigt sich im Umgang mit der immer komplexer werdenden Welt. Kindersachbücher wie die Reihe *Kinder-Uni* sind sehr beliebt, weil sie schwierige Sachverhalte, die auch Erwachsene kaum verstehen, gut erklären. Die Verlage haben das bemerkt. Solche Bücher werden nicht nur für den Nachwuchs gekauft. Also auch im Sachbuch ist ein Trend hin zu All Age und Crossover festzustellen. Das alles führte dazu, dass es dem Segment Kinder- und Jugendbuch in den vergangenen Jahren sehr gut gegangen ist, obwohl die Geburtenrate sinkt.

Ein Blick auf die Bestsellerlisten bestätigt den Eindruck: Eoin Colfers *Artemis Fowl*, Cornelia Funkes *Tintenherz*, Christopher Paolinis *Eragon*, Jonathan Strounds *Bartimäus* und andere mehr verdrängen Romane für Erwachsene von den Spitzenpositionen. Hier ist auch die *Bis(s)*-Reihe von Stephenie Meyer zu nennen, ein Prototyp für den All-Age-Roman, der schon von zehnjährigen Mädchen gelesen wird, aber eben auch von vielen Müttern, den sogenannten Twilight-Moms. Die Vampirsaga ist ein Bestseller mit komplexen Erfolgsformeln: Familiensinn und Romantik dominieren, wodurch Mütter und Töchter kommunizieren. Im Buch *Bestseller mit Biss* habe ich versucht, das Phänomen zu analysieren. Jedenfalls hat spätestens mit dieser großen Liebesgeschichte um Bella und Edward die Post-Potter-Ära begonnen, wobei Twilight keine Fantasy ist – der Hauptschauplatz Forks ist real –, sondern die minutiöse Darstellung einer ersten großen Liebe, bei der Vampir-Elemente lediglich als Katalysatoren wirken, die letztlich den Realitätsgehalt verstärken sollen. Bemerkenswert hierbei sind die vielen Klassiker – ihrerseits Longseller –, die von Stephenie Meyer thematisiert werden: Jane Austen, Emily Brontë oder Shakespeare, wodurch sich viele Twilight-Fans von der Vampirgeschichte zu den Erfolgsromanen vergangener Jahrhunderte hochlesen. Dieser Effekt bestand bei *Harry Potter* nicht und wird von den Verlagen mit Werbeslogans wie „Lies Bellas Lieblingsbuch" erkannt und gefördert.

Brüche und Innovationen

Ob Kinder- und Jugendbücher zu Longsellern werden, hängt wesentlich davon ab, ob sie in den Kanon der Schullektüre aufgenommen werden. Dies ist beispielsweise bei Scott O'Dells Roman *Insel der blauen Delfine* geschehen. Einsamkeit, Trauer, Neugier, Mut und Tapferkeit des Mädchens Won-a-pa-lei werden unmittelbar und auf außerordentliche Weise erzählt. Die Geschichte des Mädchens, das 18 Jahre allein auf einer Insel verbringt, ist an Dramatik kaum zu überbieten. O'Dells erstmals 1960 veröffentlichte Geschichte war auf Anhieb ein großer internationaler Erfolg und gilt seither als Klassiker der modernen Kinderliteratur. Sowohl Pater Gonzales, der das Mädchen findet und betreut, und Won-a-pa-lei selbst treten als Ich-Erzähler auf. Das verstärkt die Authentizität suggerierende Erzählatmosphäre und verweist auf die historische Grundlage dieser Geschichte. Der Überlebenswille des Mädchens, sein Umgang mit den Tieren, sein Misstrauen gegenüber Fremden, gepaart mit der Bereitschaft zur Freundschaft sind 1960 in verschiedener Hinsicht Neuerungen, die bis heute überzeugen und begeistern. Nicht ein Junge, sondern ein Mädchen – das von Gonzales sogenannte „Robinson-Crusoe-Mädchen" – ist die Hauptfigur. Vor O'Dell waren Helden von Robinsonaden immer männlich. Zudem steht erstmals ein Ureinwohner, nicht ein Weißer im Mittelpunkt des Geschehens. Das ist ein doppelter Bruch O'Dells mit der Erzähltradition. Der Autor schildert Won-a-pa-lei als intelligentes, ausdauerndes und kräftiges Mädchen, das damit jedem europäischen Romanhelden ebenbürtig ist. Um zu überleben, muss es sogar die Gesetze ihres Stammes missachten, muss als Frau Waffen schnitzen und jagen.

Der Historiker Scott O'Dell fand bei seinen Quellenstudien einen Bericht, in dem von einer Indianerfrau berichtet wurde, die 1853 auf der unbewohnten Insel San Nicolas vor der kalifornischen Küste gefunden wurde. Man brachte sie in die Missionsstation Santa Barbara, wo ihre Erlebnisse so gut wie möglich festgehalten wurden. Die Verständigung war schwierig: Sie sprach eine Indianersprache, die niemand mehr verstand, da sie die letzte Vertreterin ihres Stammes und damit auch ihrer Sprache war. Nach einigen Jahren starb die Frau in der Missionsstation. Sie wurde als „Die Verschollene von San Nicholas" bekannt. Scott O'Dell hat auf der Grundlage der überlieferten Erlebnisse dieser Frau eine innovative und vielfach preisgekrönte Geschichte geschrieben, die zunächst nicht für Jugendliche gedacht war, sondern erst vom Verlag so positioniert wurde. Seit der Titel 1977 in einer Taschenbuchausgabe bei dtv junior erstmals erschien, wurde *Die Insel der blauen Delfine* in einer Gesamtauflage von 3,5 Millionen Exemplaren verkauft; der Absatz ist seit Jahren auf hohem Niveau stabil. In meiner Kolumne auf www.zvab.de finden sich viele und immer wieder neue Einträge junger Leser, die den Roman kommentieren.

Grad der Notwendigkeit

„Leben ist gefährlich. Umso wichtiger ist es, dass wir auch Konflikte kennen, dass wir uns in Gedanken mit schlimmen Ereignissen vertraut gemacht haben, dass wir unsere Position im Voraus oft genug differenziert, variiert und immer wieder neu angepasst haben. Diese Chance wird uns nur in Büchern geboten, im Leben gibt es keine zweite Chance, da passiert alles nur einmal", schreibt Mirjam Pressler, selbst Autorin zahlreicher Longseller. Diese sind in der KJL oft wertvolle Brückenromane von kultureller Bedeutung, mit thematischer Relevanz und hohem Wirkungspotenzial, da sie die jugendlichen Lebenswelten spiegeln und die Fremd- und Selbstwahrnehmung vertiefen. Es sind Geschichten, die den Heranwachsenden viel zu sagen haben, die Probleme ihrer Generation behandeln und gleichwohl selbstvergessenes Lesen ermöglichen.

Die Qualität eines Buches ist jedoch keine absolute Größe, sondern vom Rezipienten abhängig. Wer liest welches Buch wann und in welcher Stimmung? Bei Kinder- und Jugendbüchern ist der situationsabhängige Lesemoment noch viel wichtiger als bei der Belletristik für Erwachsene. Dasselbe Buch, von demselben Kind ein Jahr früher oder ein Jahr später gelesen, kann furchtbar langweilen oder für immer für das Lesen begeistern. Deshalb ist es wichtig, Kinder beim Lesen zu begleiten, ihre Reaktionen zu beobachten, um dann besser einschätzen zu können, für welche Bücher sie in welchen Lebenslagen offen sind. Das setzt voraus, dass die Erwachsenen empfohlene Bücher selbst kennen. Der Satz Hans-Joachim Gelbergs „Kinderliteratur ist ja, ist sie nicht mittelmäßig, immer eine Literatur größter Anforderung: Sie muss Kindern und Erwachsenen gleichermaßen gefallen" scheidet die Geister. Goutieren können literarisch interessierte Erwachsene manch Kinderbuch nicht, das den Kleinen die Welt zur großen Literatur erst öffnet.

Ich habe hier nur Longseller ausgewählt, die über die Altersgrenzen hinweg die Leser begeistern. Dabei arbeite ich einerseits mit dem Handwerkszeug eines Rezensenten, andererseits mit einer literaturkritischen Kategorie, die im Germanistikstudium nicht vorkommt. Ich nenne sie „Grad der Notwendigkeit". Damit beurteile ich den existenziellen Druck beim Entstehungsprozess von Texten. Im Idealfall spüren die Leser, dass der Autor sich beim Schreiben in einer Situation befand, die der Angst vor dem leeren Blatt diametral entgegengesetzt ist: Es ist die Angst, kein leeres Blatt, keinen Stift parat zu haben, um das zu notieren, was sich im Verborgenen geformt hat. Dieses sprachliche Obligatorium versuche ich zu erspüren, u. a. beim Verfassen des Almanachs *Lies doch mal!*. Formal fehlt dann oft der schöne Schliff in den empfehlenswerten Büchern, manchmal knirscht es im

Erzählgebälk, da viele Longseller Debüts sind, aber es haftet ihnen das Zwingende an, etwas in sich Stimmiges, das sich auf die Leser überträgt.

Konjunktur des Kinderliteraturkanons

Eine Buchhandlung irgendwo in Deutschland: „Hätten Sie etwas für meine Enkel? Tim ist 13 und liest nicht gerne. Julia ist neun und eine echte Leseratte. Aber ich kenne mich überhaupt nicht aus!" Die Buchhändlerin reagiert reflexartig. Im Nu hält die Großmutter vier Bücher zur Auswahl in Händen. Aber welche? Und was sagen die Kinder dazu?

Neue Ratgeber, Orientierungshilfen und Empfehlungslisten sowohl für Buchhändler als auch für Endkunden drängen auf den Buchmarkt und tragen zur Festigung von Longsellern und zur Bildung eines aktuellen Kinderliteraturkanons bei, der die Reflexe der Buchhändlerin mitbestimmt. Noch Mitte der 1990er-Jahre war die Skepsis gegenüber normativen Traditionskanons – ob im Deutschunterricht oder schulbegleitend – groß: Bücher, die Kindern vorschreiben, was sie gelesen haben sollten und warum, waren grundsätzlich unerwünscht. Auf die Wende zum 21. Jahrhundert hin schwächte sich diese Tendenz ab, um jetzt einem entgegengesetzten Trend zu weichen, für den es gute Gründe gibt. Die KJL emanzipiert sich seit den 1960er-Jahren. Kinderbücher erreichen ein größer werdendes, oftmals auch erwachsenes Publikum. Die Kanondebatte in der allgemeinen Literaturwissenschaft und der Wandel des Kindheitsbildes in der modernen Mediengesellschaft fördern den Wunsch nach einem Kinderliteraturkanon. Der Kanonbedarf verschärft sich, historisch gesehen, in innovativ schwachen Epochen. Möglicherweise ist also auch eine mangelnde Qualität der KJL der Gegenwart mit ein Auslöser für den Wunsch nach festen literarischen Größen und somit auch für die Definition von Longsellern.

Zwei parallel verlaufende Entwicklungen sind zu beobachten: Einerseits eine schwebende und divergierende Kanonisierung der KJL, die in Fachzeitschriften, Feuilletons, Lexika, bei Preisverleihungen etc. unkoordiniert verläuft und keinen Status quo anstrebt. Andererseits häufen sich die Versuche – nicht erst seit der PISA-Studie –, diesem vermeintlichen Missstand ein Ende zu setzen. Davon zeugen die zahlreichen Neuerscheinungen. Manche sind in ihrem Ansatz bescheiden (Leinkauf), andere treten selbstbewusst auf (Osberghaus), aber allen ist das Auswählen gemein und somit das Präsentieren von Empfehlungen, die man – trotz aller gegenteiliger Beteuerungen – doch eher lesen sollte als andere Bücher.

Einen viel beachteten Auftakt machte 1999 Bettina Kümmerling-Meibauer mit ihrem internationalen Lexikon *Klassiker der Kinder- und Jugendliteratur*, worin die Universitätsdozentin nicht nur die anerkannten Werke aus europäischen und nordamerikanischen Ländern, sondern auch viele hier wenig oder gänzlich unbekannte Bücher afrikanischer, südamerikanischer und asiatischer Kinderbuchautoren vorstellte. Es gelang ihr damit, eine wissenschaftliche Kanondiskussion auszulösen, die sich auch auf dem populären Buchmarkt auswirkte.

Susanne Gaschkes *Hexen, Hobbits und Piraten – Die besten Bücher für Kinder* stellt 100 Werke vor. Die Auswahl ist stark mit der eigenen Lesebiografie verknüpft und schwankt zwischen der Ablehnung eines Kanons und jeglicher Lektürevorschriften und der dann doch belehrend und mahnend formulierten Empfehlung.

Simone Leinkaufs Ratgeber *Leseratte, Bücherwurm & Co.* ist eine relativ aktuelle Empfehlungsliste, die vorwiegend aus thematisch geordneten Kurzrezensionen besteht. „Denn für die meisten Erwachsenen ist das Angebot unüberschaubar, sodass der Gang in die Buchhandlung oft mehr Verwirrung als Klarheit schafft", schreibt Leinkauf. Sie geht von ähnlichen Prämissen aus wie Gaschke: Die vorgestellten Bücher sollen Kinder begeistern, sie zum Lesen locken und ihnen möglichst eine neue Welt erschließen. Doch der literarische Anspruch ist bei Leinkauf niedriger: Sie verweist auf die Problematik, dass Titel, die auf Auswahllisten stehen, nicht immer die Bücher seien, zu denen Kinder und Jugendliche selbst greifen würden. Dementsprechend viele populäre und literarisch nicht anspruchsvolle Bücher sind in Leinkaufs Empfehlungen vertreten. Unter allen neuen Empfehlungslisten pocht diese – gemeinsam mit *Harry & Pooh* und *Warum Jungen nicht mehr lesen* (siehe unten) – am stärksten darauf, von Kindern getestet zu sein.

Bei Isa Schikorskys *Schnellkurs Kinder- und Jugendliteratur* beginnt die Kanon- und Longseller-Bildung schon mit dem Buchumschlag, auf dem optisch zehn Kinderbuchklassiker präsentiert werden. Mit großer Sachkenntnis stellt Schikorsky die Entwicklung der KJL von den Anfängen in der Antike bis zur Gegenwart vor. Sie konzentriert sich dabei auf den Fortschritt in jeder Epoche und auf die innovativen Momente, insbesondere auf inhaltliche, sprachlich-stilistische und formale Neuerungen. Ihre objektivierende Distanz zu den vorgestellten Werken gibt sie selten auf. Manchmal aber spürt man Schikorskys Begeisterung (beispielsweise für Saint-Exupérys *Der kleine Prinz*: „eine der liebenswertesten Figuren der gesamten KJL") oder ihre Skepsis (beispielsweise bei Gudrun Pausewangs *Die Wolke*: „ein eindringliches, allerdings zuweilen tendenziöses Buch" oder bei *Crazy*: „Zuletzt bemühte sich Benjamin Lebert vergeblich, Holden Caulfield zu kopieren."). Schikorsky beendet ihren KJL-Kurs mit einem Lob für Rowling. Der Schnellkurs bietet kaum Überraschungen und bejaht einen schwebenden Kanon. Er ist vor allem für KJL-Einsteiger interessant, die sich einen Überblick verschaffen wollen.

Unterhaltsamer, aber auch subjektiver, ohne historisches Wissen vermitteln zu wollen, zielt Monika Osberghaus mit *Was soll ich denn lesen? 50 beste Kinderbücher* auf die Bildung eines neuen Kanons für Kinder zwischen acht und zwölf Jahren, wobei sie pädagogische oder didaktische Erwägungen eher beiseitelässt. Ihre zwei wichtigsten Auswahlkriterien: Der Eindruck, den ein Buch macht, muss tief sein und lange anhalten, und das Buch muss für Kinder von heute leicht lesbar und interessant sein. Die frühere *FAZ*-Mitarbeiterin, die heute als Verlegerin tätig ist, vermeidet bewusst eine Bestseller- und Klassikerversammlung und nimmt in ihre persönliche Bestenliste mehrere Bücher auf, die nie den großen Durchbruch geschafft haben. Dieser Kanon ist wohl der witzigste und überraschendste aller Versuche, Erziehern einen guten Lektüre-Überblick zu geben, zumal es ein Buch ist, das nicht nur Verweischarakter, sondern einen literarischen Eigenwert besitzt.

Weitere wichtige und wertvolle Empfehlungslisten erschienen periodisch: Gabriele Hoffmanns *Harry & Pooh* will ebenso wie die *Bücher-Box* oder die verschiedenen, sehr sorgfältig erarbeiteten Publikationen des Arbeitskreises für Jugendliteratur und die *White Ravens* der Internationalen Jugendbibliothek all jenen eine Orientierungshilfe bieten, die mit Kindern leben und arbeiten und nach guten neuen Kinderbüchern suchen. Der großformatige Katalog (auch „Leanders Lieblinge" genannt) der Buchhändlerin Gabriele Hoffmann überzeugt zudem durch die gesonderten Rubriken „Klassenlektüre" und „Kinderbeschäftigung" und durch ein übersichtliches Symbolsystem. Thieles und Steitz-Kallenbachs *Handbuch Kinderliteratur* möchte Erzieher anregen, sich mit aktuellen Fragen der Kinderliteratur vor allem für die Arbeit in Kindergärten auseinanderzusetzen. Die Herausgeber stellen alle kinderliterarischen Gattungen in heutige Zusammenhänge und beziehen das mediale Umfeld kritisch mit ein, in dem Texte und Bilder wirken. Anhand aktueller Beispiele wird klar, wie Kinder heute in bildnerische und literarische Welten hineinwachsen. Gezeigt wird auch, wie sich traditionelle Formen der Kinderliteratur in Auflösung befinden und wie Grundstrukturen literarischen Erzählens inmitten hochbeschleunigter Bilder (Filme, PC-Spiele) verloren gehen. Jens Thiele konstatiert, dass die Mediatisierung der Kinderkultur Einzug in die Kinderliteratur hält und dass dadurch bereits im Bilderbuch lineare narrative Prozesse aufgelöst werden. Das Fragmentarische und Patchworkartige habe sich zu einer Tendenz im Bilderbuch entfaltet; bestimmende Merkmale seien nicht mehr die Einheitlichkeit des Stils und die Geschlossenheit der Form, sondern im Sinne postmoderner Entgrenzung eine Vielfalt der Bildstile und eine Nonlinearität der Erzählung, so Thiele. Daher mündet das *Handbuch Kinderliteratur* in ein konservatives und provozierendes Plädoyer für traditionelle Erzählformen: „Wenn Kinder im Kindergarten lernen, dass literarisches Erzählen aus zwar anregenden, ästhetisch stimulierenden, aber letztlich beliebigen Fragmenten besteht, werden sie die eigentliche literarische Bedeutung für ihr eigenes Leben nicht mehr entdecken können." Das sind Argumente, die auch in die akademische Kanondiskussion einfließen können. Bettina Kümmerling-Meibauer fordert in *Kinderliteratur, Kanonbildung und literarische Wertung* für jeden kanonbildenden Versuch die Offenlegung der Auswahlkriterien. Die Wirkungs- und Wertungsgeschichte, die literarisch-ästhetische Qualität, die Vorbildfunktion und die Popularität der Werke sind Kriterien, die in jedem Fall berücksichtigt werden sollen.

Katrin Müller-Walde gibt in ihrem Buch *Warum Jungen nicht mehr lesen und wie wir das ändern können* stark praxisbezogene Lesetipps. Lesenswert ist ihr Ansatz vor allem, weil sie sich strikt auf die Problematik bei Jungen konzentriert. Wie viele ihrer Kollegen geht sie dabei systematisch vor: Die Empfehlungen werden anhand von Tabellen inklusive Bewertungen ausgesprochen, fassen den Inhalt kurz zusammen und beteuern, dass dieses oder jenes Buch lesenswert sei. Leider ist von der Begeisterung der Person, die den Buchtipp gibt, wenig zu spüren. Oft ist das auch unmöglich, denn Müller-Walde und ihre erwachsenen Experten berufen sich auf Umfrageergebnisse unter Kindern und Jugendlichen und geben diese wieder, manchmal ohne die Bücher, um die es geht, selbst gelesen zu haben.

Kinderliteratur ist einem ständigen Wertungsprozess unterworfen. Die Fülle an kanonbildenden Publikationen verdeutlicht den Wunsch nach einem Kernkanon, der Allgemeingültigkeit und Repräsentativität beansprucht. Die Pflichtlektürelisten der Schulen reichen hierfür nicht aus. Erfreulich an der aktuellen Entwicklung ist deshalb der Zustand eines durchlässigen und aktiven Kanons. Ob Tim und Julia mehr und bessere Bücher lesen, hängt entscheidend vom Reflex der Buchhändlerin ab. Er bleibt unvorhersehbar und ist immer wieder neu und überraschend, denn der Bestseller von heute muss nicht der Longseller von morgen sein.

Literatur

Bardola, Nicola: Bestseller mit Biss. Liebe, Freundschaft und Vampire – alles über die Autorin Stephenie Meyer. München: Heyne 2009.

Bardola, Nicola: Lies doch mal! München: cbj 2009.

Bardola, Nicola/Hauck, Stefan/Jandrlic, Mladen/Wengeler, Susanna: Mit Bilderbüchern wächst man besser. Stuttgart: Thienemann 2009.

Gaschke, Susanne: Hexen, Hobbits und Piraten – Die besten Bücher für Kinder. München: DVA 2002.

Hoffmann, Gabriele: Harry & Pooh. Leanders Lieblinge bei Libri (jährlich erscheinender Katalog). Hamburg: Libri.

Kümmerling-Meibauer, Bettina: Kinderliteratur, Kanonbildung und literarische Wertung. Stuttgart: Metzler 2003.

Kümmerling-Meibauer, Bettina: Klassiker der Kinder- und Jugendliteratur. Ein internationales Lexikon. 3 Bde. Stuttgart: Metzler 2004.

Leinkauf, Simone: Leseratte, Bücherwurm & Co. München: Beust 2003.

Müller-Walde, Katrin: Warum Jungen nicht mehr lesen und wie wir das ändern können. Frankfurt am Main: Campus 2005, 2., aktualisierte Aufl. 2010.

Osberghaus, Monika: Was soll ich denn lesen? 50 beste Kinderbücher. München: dtv 2003.

Schikorsky, Isa: Schnellkurs Kinder- und Jugendliteratur. Köln: Dumont 2003.

Thiele, Jens/Steitz-Kallenbach, Jörg: Handbuch Kinderliteratur. Grundwissen für Ausbildung und Praxis. Freiburg: Herder 2003.

Macht, Gewalt und Eskapismus
Otfried Preußlers *Krabat*
zwischen politischem Kinderbuch und All-Age-Titel

Constanze Drumm

„Missbrauch an der Odenwaldschule. Gemobbt, geschlagen, vergewaltigt" (*Frankfurter Rundschau*, 6. 3. 2010)[1], „Internate. Geschlossene Gesellschaft" (*Frankfurter Rundschau*, 6. 3. 2010)[2], „Missbrauchsskandal. Das Bürgertum, das Internat und der Sex" (*Die Welt*, 13. 3. 2010)[3], „Brutales Misshandlungssystem in Ettal" (*Frankfurter Allgemeine Zeitung*, 14. 4. 2010)[4] lauteten die Titel einiger Zeitungsartikel zu den Anfang 2010 aufgedeckten Missbrauchsfällen an zahlreichen deutschen Schulen und Internaten.[5] Nicht zuletzt durch die derzeitige öffentliche Diskussion um (sexuelle) Gewalt in kirchlichen wie laizistischen pädagogischen Einrichtungen gewinnen Werke, in denen Internats- bzw. Schulsituationen thematisiert werden, erneut an Aktualität. Dem ambivalenten Schüler-Lehrer-Verhältnis, das sich zwischen Bewunderung, Abhängigkeit, Freundschaft, Feindschaft, Macht und Ohnmacht bewegt, und der oftmals gewalttätigen Beziehung zwischen Schülern widmen sich einige der bedeutendsten Werke deutscher (Jugend-)Literatur, von Robert Musils *Die Verwirrungen des Zöglings Törleß* (1906) über Hermann Hesses *Unterm Rad* (1906) bis hin zu Friedrich Torbergs *Der Schüler Gerber* (1930), um nur einige zu nennen. Neueren Datums ist Paul Ingendaays zum Teil autobiografischer Roman über die Zustände in einem katholischen Internat der 1970er-Jahre *Warum du mich verlassen hast*, der 2006 erschien.

Die beengte Wirklichkeit des Schulalltags stellt für das Kind und den Heranwachsenden die Wirklichkeit schlechthin dar, jenseits derer es nichts zu geben scheint, sodass etwa das „Sitzenbleiben", d. h. der Verlust von Freundschaften und sozialen Beziehungen, als existenzielle Bedrohung erfahren wird. Hinzu kommt der Leistungsdruck vonseiten der Gesellschaft, der Eltern und Mitschüler sowie oftmals das Gefühl, dem System und seiner strukturellen Gewalt ohnmächtig ausgeliefert zu sein. Nimmt man die schwierige psycho-

---

1 URL: http://www.fr-online.de/top_news/2388381_Missbrauch-an-der-Odenwaldschule-Gemobbt-geschlagen-vergewaltigt [25. 5. 2010].
2 URL: http://www.fr-online.de/in_und_ausland/politik/dossiers/sexueller_missbrauch/2388389_Internate-Geschlossene-Gesellschaft.html [25. 5. 2010].
3 URL: http://www.welt.de/vermischtes/article6757816/Das-Buergertum-das-Internat-und-der-Sex.html [25. 5. 2010].
4 Frankfurter Allgemeine Zeitung vom 14. 4. 2010, Nr. 86.
5 Eine umfangreiche Zeitungsdokumentation findet sich auf der Internetseite des deutschen Bildungsservers, URL: http://www.bildungsserver.de [9. 5. 2010].

logische Situation hinzu, in der sich Heranwachsende auf dem Weg zu sich selbst ohnehin befinden, wird verständlicher, weshalb Schulgeschichten und -realität oft von Gewalt geprägt sind. Vor dem Hintergrund, dass sich gewaltsame Übergriffe durch Lehrer auf Schüler sowohl in streng christlichen Einrichtungen als auch in dezidiert progressiven Reformschulen ereigneten, gewinnt die Frage nach dem allgemeinen Zusammenhang von Gewalt, Macht und Erziehung wieder an Bedeutung.

1971, zu einer Zeit, als sich die Reformpädagogik mit ihren Konzepten einer antiautoritären, den ganzen Menschen mit einbeziehenden Erziehung gegen die überkommenen autoritären Modelle zu etablieren begann, erschien Otfrieds Preußlers „Schüler-Roman" *Krabat*. 2008 wurde der Roman für das Kino adaptiert. Wie ich im Folgenden zeigen werde, lassen sich die nicht zuletzt an der Diskussion um die Verfilmung ablesbaren aktuellen Aspekte des Buches an zwei in gewisser Hinsicht widersprüchlichen Kritiken festmachen, die bereits in den ersten Besprechungen des Romans geäußert wurden. Dort erschien *Krabat* den einen problematisch, weil er Gewalt, Hass und Rachefantasien zu realistisch darstelle und damit dem jugendlichen Leser zu viel zumute, den anderen war das Werk ein abschreckendes Beispiel für bürgerlich-reaktionären „Eskapismus" und fehlenden sozialen Realismus. Gewalt und Eskapismus werden heute anders beurteilt: Mit den Gewaltszenen hat das zeitgenössische Publikum keine Probleme mehr, ja die offene Thematisierung von Gewalt kann heute als einer der Gründe für die fortwährende Aktualität des Buches gelten; der Eskapismus-Vorwurf, der heute im Rahmen der Debatte um die All-Age-Literatur geführt wird, steht hingegen spätestens seit der Kinoverfilmung wieder im Raum.

Wie verhält es sich nun mit Gewalt und Eskapismus in Preußlers *Krabat*? Betreibt Preußler Gewaltverherrlichung oder Realitätsflucht? Und wie steht es mit der Behauptung, der Roman werde durch die Verfilmung zu einem All-Age-Titel? Auch diese Fragen sollen im Folgenden beantwortet werden. Unter Miteinbeziehung von älteren literarischen *Krabat*-Adaptationen (namentlich Jurij Brězans 1968 in der DDR erschienenem Werk *Die schwarze Mühle*) wird sich zeigen, dass es sich bei Preußlers Roman um ein weit realistischeres Werk handelt, als es zunächst den Anscheinen haben mag – und dass ein gutes Buch nicht dadurch schlechter wird, dass es mit einem anderen Label versehen wird.

Die Vorgeschichte: Krabat, der sorbische Faust

Krabat gehört zu den erfolgreichsten und bekanntesten westdeutschen Jugendbüchern der Nachkriegszeit (u. a. Deutscher Jugendbuchpreis 1972, Europäischer Jugendbuchpreis 1973), war bei seinem Erscheinen aber aufgrund seiner angeblich „mythologisierenden" und „irrationalen" Tendenzen durchaus nicht unumstritten. „Der *Krabat* kann als ein in seiner Zeit gegenläufiges Buch bezeichnet werden. Er erschien in einer Epoche [der] [...] Neuorientierung, die mit Märchen und Sage nur sehr wenig, um so mehr aber mit emanzipatorischer und gesellschaftskritischer Relevanz der Jugendliteratur im Sinn zu haben schien."[6] So wurde Preußler in westdeutschen fortschrittlichen Kreisen mangelnde Wirklichkeitsnähe vorgeworfen: „Damals stand hoch im Kurs, was in der Rückschau als ‚neue

---

6   Schaller 1983, S. 61.

Aufklärung' firmiert: eine ‚anti-autoritäre Literatur', wenigstens aber ein ‚sozialkritischer Realismus', der ‚Alltagswirklichkeit' predigte, die ‚Heile-Welt-Sicht' verdammte und sich mit Gudrun Pausewangs Atomkriegsuntergangsfantasien (*Die letzten Kinder von Schewenborn*) endgültig an den Kindern schuldig machte. [...] ‚Wie man Kinder vermurkst' war etwa damals in der berühmt-berüchtigten Zeitschrift *Pardon* nachzulesen – ‚dargestellt an einigen Werken Otfried Preußlers', dem in der Folge politisch verantwortungslose Realitätsferne und rettungslose Spießbürgerlichkeit vorgeworfen wurde."[7] In einer Rezension der *Süddeutschen Zeitung* vom 17. November 1971, die zeigt, wie sehr sich die öffentliche Wahrnehmung von Gewalt in den Medien in den letzten 40 Jahren verändert hat, wirft Klaus Kastner Preußler hingegen indirekt Gewaltverherrlichung vor: „Nicht [...] hinzunehmen ist es [...], wenn während des ganzen letzten Teils der Erzählung der Held sich systematisch auf die Auseinandersetzung mit dem Meister vorbereitet, ihm den Tod wünscht, aus dem Haß auf ihn Kräfte zu seiner Vernichtung zieht. Man sollte Kindern nicht die Erfahrung des Hasses aufbürden. [...] [E]s scheint unerträglich, daß dem jungen Leser, der sich ja mit dem Helden identifiziert, der Haß auf einen anderen, seine Vernichtung als Lösungsmöglichkeit vorgeführt wird – wenn dieser andere dabei als Person gezeichnet ist."[8]

Darauf, dass sich Preußlers *Krabat* weit politischer als etwa die Version des sozialistischen Schriftstellers Brězan – dem in der westdeutschen Jugendbuchforschung wohl nicht ganz zu Unrecht vorgeworfen wurde, leicht durchschaubare politische Motive zu verfolgen[9] – und durchaus als kritische Auseinandersetzung mit den Ereignissen des Zweiten Weltkriegs deuten lässt, wird noch genauer einzugehen sein.

In der ins 17. Jahrhundert zurückreichenden sorbischen Sage vom zauberkundigen Krabat vermischen sich reale geschichtliche Ereignisse um den kroatischen (daher wohl der Name „Krabat" aus „Kroat") Obristen Johannes Schadowitz, der 1704 in Groß-Särchen verstarb – wo ihm der sächsische Kurfürst August der Starke ein Gut als Dank für seine im Türkenkrieg und im Großen Nordischen Krieg geleisteten Dienste vermacht hatte –, mit Elementen zeitgenössischer Volkssagen und Märchen. Wie der Faust[10] der Volkssage ist Krabat ein zauberkundiger Teufelsbündner[11], der in fliegenden Kutschen reist und wie andere Schwarzmagier seiner Zeit über die Fähigkeit verfügt, in einem Topf aus Haferkörnern Soldaten erstehen zu lassen[12] und sich in Tiere und Gegenstände zu verwandeln.[13]

---

7 Freund 2008.

8 Zit. nach Schaller 1983, S. 66.

9 „[Brězans] 1968 in der DDR erschienenes Jugendbuch *Die Schwarze Mühle* dokumentiert, wie empfindlich Poesie auf penetrant aufgesetzte ‚Lernziele' (kollektiver Widerstand, Feudalismus- und Kapitalismuskritik) reagiert: Erzählzusammenhang und Sprache werden brüchig. (Nur ein Beispiel: Da ist die Rede von einem ‚Juniorpartner' für den Zauber-Müller – ein Begriff, der nicht ins Genre paßt, der aber offensichtlich der Kapitalismuskritik zuliebe in den Text gezwungen wurde.)" Siehe Maicher 1983, S. 95.

10 Vgl. Art. „Faust". In: Frenzel 1992, S. 218–227.

11 Vgl. Art. „Teufelsbünder". In: Frenzel 1992, S. 681–695.

12 Im Handwörterbuch des deutschen Aberglaubens ist zu lesen: „Ein besonders häufiges und viel angewandtes Zauberstück besteht darin, daß jemand, der über diesen Zauber verfügt, Soldaten oft in ganzen Regimentern erscheinen läßt. [...] der Vorgang ist dabei verschieden: Es wird Gerste abge-

Auch das aus anderen Zusammenhängen bekannte Motiv des Verwandlungsduells zwischen Zauberern[14] und jenes des (ungeschickten) Zauberlehrlings hat Eingang in die frühesten Versionen der Krabat-Sage gefunden.[15]

Nach ihrer ersten schriftlichen Fixierung durch Franz Schneider in der Chronik von Wittichenau im Jahr 1848 wird der Krabat-Stoff immer wieder aufgegriffen und literarisch verarbeitet. Bis 1976 entstehen 15 Krabat-Erzählungen bzw. -Romane in deutscher und sorbischer Sprache,[16] hinzu kommen Theaterbearbeitungen, Hörspiele und drei Filme: der DEFA-Märchenfilm *Die schwarze Mühle* (DDR 1975), die Trickfilmbearbeitung *Krabat* (BRD/CSSR 1977) und der Kinofilm *Krabat* (BRD 2008).

Die moderne Rezeptionsgeschichte des Krabat-Stoffes setzt mit Martin Nowak-Neumanns ursprünglich auf Sorbisch erschienenem und von Jurij Brězan ins Deutsche übertragenem *Meister Krabat* von 1954 ein.[17] Das Buch, das die meisten Motive und Handlungsstränge der überlieferten Krabat-Sagen verarbeitet, erzählt die Geschichte eines armen Hirten namens Krabat kurz nach dem Dreißigjährigen Krieg, der in Schwarzkollm in den Dienst des „Schwarzen Müllers" tritt – eines Hexenmeisters, der mit dem Teufel im Bunde steht, dem er jedes Jahr einen seiner zwölf Zauberschüler zu opfern hat. Krabat lernt fleißig und erfährt, dass der Müller jeden Schüler freigeben müsse, den seine Mutter freibitte. Krabat lässt sich von seiner Mutter freibitten und entwendet den Korraktor, das Zauberbuch des Meisters. Als sich der Müller an dem in ein Pferd verwandelten Krabat rächen möchte, beginnt eine wilde Verfolgungsjagd, in deren Verlauf sich die beiden Kontrahenten in unterschiedlichste Tiere verwandeln: Krabat wird zur Lerche, der Müller zum Habicht, Krabat zu einem Fisch und dann zum Ring an der Hand eines Mädchens, der Müller zum Mann, Krabat zum Haferkorn, der Meister zum Hahn, schließlich Krabat zum Fuchs, der dem Hahn die Gurgel durchbeißt.[18]

Nach diesem ersten Abschnitt der Sage, Krabats Lehrjahren, folgt ein zweiter, in dem Krabat an den Hof August des Starken berufen, aus dessen Dienst aber bald schon wieder entlassen wird, nachdem er bei einem Festmahl die Speisen in Frösche und Würmer verwandelt hat (eine Szene, die Brězan in seiner Version ins Groteske steigert)[19]

---

kocht, und aus jedem Korn entsteht ein Mann; oder schwarzer Hafer wird unter einer Zauberformel abgekocht; am häufigsten aber werden sie aus Häcksel gemacht [...]." Art. „Soldaten". In: Bächtold-Stäubli 2000, Bd. 9, S. 485–490, hier S. 489.

13 Vgl. Art. „Verwandlung". In: Bächtold-Stäubli 2000, Bd. 8, S. 1623–1651.

14 Vgl. Der Gaudeif und sein Meister. In: Brüder Grimm 2003, Bd. 1, S. 361–364. Vgl. auch den Kommentar in Bd, 3, S. 117–119. Auffallend ist, wie viele der in der Krabat-Sage vorkommenden Motive, vom Verwandlungsduell über die Erlösung des in einen Vogel verwandelten Sohnes durch elterliche Wiedererkennung zum Pferdezauber, sich bis in die Einzelheiten hinein in diesem 1858 im Münsterischen aufgezeichneten Märchen wiederfinden.

15 Vgl. Petzoldt 1983, bes. S. 46 ff.

16 Vgl. Karges/Junge/Trenker 2008.

17 Nowak-Neumann 2008.

18 Solche Verwandlungsduelle finden sich in zahlreichen Varianten auch in anderen Märchen; vgl. FN 14.

19 „Der König will dem Fräulein ein Hähnchen vorlegen, in seiner Hand wird das Hähnchen eine Erdkröte, die dem Fräulein ins Kleid hüpft. Das Fräulein fällt in Ohnmacht und sinkt vom Stuhl. Der

Den dritten Teil der Sage bilden Krabats Wanderjahre, in denen er wie Pumphutt (ein ebenfalls in den Umkreis der Krabat-Sage gehörender zauberkundiger Müllergeselle) als zaubernder Mühlknappe durch die Lande zieht, um ungerechte Meister zu bestrafen, bis er in den Krieg eingezogen wird. In Ungarn wird August der Starke von den Türken gefangen genommen und Krabat gebeten, seine Zauberkräfte einzusetzen, um den König zu befreien. Auf einem fliegenden Pferd gelingt es Krabat, August aus dem feindlichen Lager zu entführen, doch werden die Flüchtenden bald von einem riesigen Adler verfolgt, den Krabat nur unter Zuhilfenahme eines golden Knopfes der königlichen Uniform, die er als Gewehrkugel verwendet, töten kann. Erst beim Todesschrei des Adlers wird Krabat der Tatsache gewahr, dass es sich bei dem Adler um einen alten Freund aus der Zeit in der Zauberschule des Schwarzen Müllers handelte, der sich, ohne dass Krabat davon wusste, als Magier bei den Türken verdingt hatte.

Den letzten Sagenkreis bilden die Taten Krabats als guter Herr von Groß-Särchen. In fortgeschrittenem Alter legt er das Moor trocken und entlässt seine Leibeigenen in die Freiheit. Kurz vor seinem Tod schließlich lässt er den Korraktor von einem Diener vernichten.

Der *Krabat* Otfried Preußlers

Der von Neumann-Nowak so zusammengestellte Sagenstoff diente, neben weiteren Quellen, sowohl Brězan als auch Preußler als Vorlage für ihre Bearbeitungen des *Krabat*. Dabei behandelt Brězans gewalttätigeres und zum Teil expressionistisch[20] gehaltenes Märchen *Die schwarze Mühle* alle vier Sagenkreise (wenn auch nicht in chronologischer Abfolge), während sich Preußlers Version auf die Darstellung von Krabats Lehrjahren beschränkt. Das Märchenhafte an Brězans Version zeigt sich nicht zuletzt an der klaren Trennung zwischen Gut und Böse, während Preußler stärker psychologisiert:

> Sieht man Preußlers *Krabat* im Zusammenhang seiner Quellen, so ist festzustellen, daß er sich offensichtlich anders als Brězan von den Vorlagen entfernt hat. Preußler reduziert die Sagengestalt des Zauberers auf einen vierzehnjährigen Jungen, der am Ende des Geschehens siebzehn [sic] Jahre alt ist, das heißt auf einen Jungen Krabat, der die Pubertätszeit durchlebt. Die ihm aus der Zaubersage vorliegenden Motive macht Preußler zu Elementen psychischer Reifungsvorgänge und transponiert damit einen Teil der Sage in die Realität der Gegenwart, das heißt, er „entzaubert" die Motive. Schwerpunkte der pubertären Entwicklungsstufe wie Kameradschaft, Liebe und Auseinandersetzung mit Autorität werden von Krabat – durch Preußler

---

König holt die Kröte aus ihrem Ausschnitt und wirft sie dem Minister ins Gesicht. Der Minister wird totenbleich, will etwas stammeln, aber da sieht er den Tisch voller Kröten, sieht wie aus den Makkaroni-Schüsseln Regenwürmer kriechen, sieht die Wut auf dem Gesicht des Königs, reißt dem Zeremonienmeister den Stab aus der Hand und rennt in die Küche." (Brězan 2007, S. 79).

20 „Mit einem fürchterlichen Fluch befreit er sich von der Lähmung, heult auf wie ein Wolf und reißt sich das Gehirn aus dem Kopf und schleudert es gegen die Frau. Krabat fängt des Müllers Gehirn, das aus dem gleichen harten fließenden Glanz besteht wie der Ring, auf und wirft es gegen die aufgeworfenen Erdmassen, die das Sumpfwasser stauen. Tosend wälzt sich das Sumpfwasser wieder dem Strom in der Ebene zu." (Brězan 2007, S. 119 f.).

kunstvoll verfremdet – in der Zauberwelt des Müllers durchlebt. Besonders konse-
quent ist dabei die Transposition der einzelnen Motive in die Traumwelt. Folgerichtig verliert Krabat seine Funktion als Zauberer; das Zaubern hat für ihn vielmehr nur die Bedeutung einer Übergangsstufe zwischen Wunschdenken und
Realität. Der individuelle Entwicklungsprozeß endet mit der Selbsterlösung Krabats, wobei die Kantorka nicht in der einmaligen Rolle der Helfenden fungiert,
sondern Gegenpol einer Liebesbeziehung ist.[21]

Dass es Preußler in seinem *Krabat* – anders als Brězan – um die parabelhafte Darstellung
der Pubertät gehe, ist auch die These Jakob Ossners[22], während Nils Kulik Preußlers *Krabat* als Auseinandersetzung mit dem anthropologischen Problem des Bösen bzw. des me-
taphysischen Kampfes zwischen Gut und Böse deutet, den Kulik bei Preußler als christlich
bzw. teuflisch konnotiert ansieht.[23] Vielleicht lässt sich mit dieser Interpretation die Figur
des Gevatters fassen, der tatsächlich so etwas wie den letzten, unhintergehbaren Ursprung
des Bösen symbolisieren mag, der selbst dann noch bestehen bleibt, wenn der Müller und
seine Mühle untergegangen sind, und so für die immer bestehende Gefahr der Rückkehr
des Bösen stehen könnte, doch geht es Preußler ganz offensichtlich mehr um den Müller als
um den Gevatter, d. h. weniger um das „mysterium inequitatis" als um das reale, ganz ba-
nale menschliche Böse. Denn im Unterschied etwa zu Brězan werden bei Preußler, wie
wir noch sehen werden, die Motive des Müllers als durchaus nachvollziehbar geschildert.

   Während es bei Preußler letztlich der Einzelne, das einzelne Gewissen ist, das den Sieg
über den ungerechten Despoten erringt – wenn auch unter Mithilfe eines Freundes und
seiner Liebsten –, gelingt in Brězans Version der Sage der Sieg über den Müller nur, wenn
das ganze Volk zusammenhält und der „Mühle, die dem Müller die Macht mahlt"[24] das
Wasser abgräbt. Womit die „Märchenerzählung [...] *Die schwarze Mühle* [...] [zu] einem
literarischen Gleichnis für den tausendjährigen sozialen Kampf des sorbischen Volkes gegen seine Unterdrücker"[25] wird.

   Preußlers *Krabat* hingegen erzählt die Geschichte eines 14-jährigen sorbischen Wai-
senknaben, der mit zwei Freunden als Heilige Dreikönige zur Zeit des Großen Nordischen Krieges bettelnd durch die Lausitz zieht. Krabat verdingt sich als Müllerbursche in
einer Mühle, die sich später als „Schwarze Schule" entpuppt, obwohl Krabat wohl von
vornherein ahnt, dass es sich um mehr als eine Ausbildung zum Müller handelt: Denn als
ihn der Müller fragt, ob er nur das Müllern lernen wolle „oder auch alles andere"[26], schlägt
Krabat ein. Da an dieser Stelle die Handlung des Romans mit seinen eingestreuten kurzen
Schwankepisoden (dem Ochsenzauber auf dem Markt von Kamenz, der Lächerlichma-

---

21 Erhardt 1983, S. 93.
22 Ossner 1999.
23 Kulik 2003.
24 „Der Sumpf speist den Mühlbach. Der Mühlbach treibt die Mühle. Die Mühle mahlt dem Müller
   die Macht." (Brězan 2007, S. 117).
25 Šen 1998, S. 163.
26 Preußler 1981, S. 16.

chung der Anwerber etc.) nicht detailliert wiedergegeben werden kann, sollen nur einige für das Verständnis des Werkes besonders wichtige Szenen näher betrachtet werden.

Worum geht es in diesem Jugendroman? Hinter der äußerlichen Schilderung der Abenteuer des jungen Krabat verbirgt sich nicht nur ein „Pubertätsroman" um die Entwicklung eines 14-jährigen Kindes zu einem 19-jährigen Erwachsenen (da man in der Mühle im ersten Jahr um drei Jahre altert), wie ihn Ossner analysiert, sondern vor allem eine Auseinandersetzung mit der Thematik der Macht und des möglichen Widerstandes. Für diese Deutung spricht nicht nur Preußlers eigene Aussage, gemäß der es im *Krabat* um die Kriegsgeneration gehe – „[*Krabat*] ist die Geschichte eines jungen Menschen, der sich mit finsteren Mächten einläßt, von denen er fasziniert ist, bis er erkennt, worauf er sich eingelassen hat. Es ist zugleich meine Geschichte, die Geschichte meiner Generation, und es ist die Geschichte aller jungen Leute, die mit der Macht und ihren Verlockungen in Berührung kommen und sich darin verstricken"[27] –, sondern vor allem der Text selbst.

Die Schlüsselszene für diese Deutung des Romans stellt das Kapitel „Der Adler des Sultans" dar, die Preußler aus der Überlieferung übernimmt und die sich ebenfalls sowohl bei Neumann-Nowak als auch bei Brězan findet, bei Preußler aber eine ganz entscheidende Veränderung erfährt. Nachdem der Müller den darüber entsetzten Burschen erzählt hat, dass er seinen besten Freund ermorden „musste", lässt er sie die damaligen Ereignisse in einer Art magischem Psychodrama nachspielen, wobei Krabat die Rolle des mordenden Meisters und sein bester Freund und Mitverschwörer Juro die Rolle des zu Tötenden einnehmen soll.

Mehr als Krabat eine Falle zu stellen oder seine unumschränkte Macht beweisen zu wollen, geht es dem Meister darum, den über den von ihm verübten Freundesmord entsetzten Burschen vorzuführen, dass er nicht anders hatte handeln können, ja dass in seiner Situation jeder von ihnen auch so gehandelt hätte: „Ich hab ihn erschossen! Ich hab meinen Freund getötet, ihn töten müssen – [...] wie jeder von euch es an meiner Stelle getan hätte, jeder!"[28] Diese Argumentation, die frappant an die Rechtfertigung der Kriegsgeneration gegenüber den im Zuge der 1968er-Revolte aufkommenden Fragen zu „Befehlsnotstand" und „Pflicht" erinnert, wird von Krabat und Juro widerlegt, indem sie durch ihr abweichendes Verhalten in der nachgespielten Szene beweisen, dass der Meister (und sein Freund) durchaus anders hätten handeln, dass die Situation ganz anders hätte ausgehen können – und dass es zu der vom Meister zu seiner Rechtfertigung angeführten Unausweichlichkeit seiner Tat sehr wohl eine Alternative gegeben hätte. Dabei liegt die Bedeutung dieser Szene nicht darin, aufzuzeigen, dass man den Meister täuschen kann, sondern darin, die angebliche Rechtfertigung des Meisters als bloße Ausrede zu entlarven und sichtbar zu machen, dass der Mord an seinem Freund nicht den Umständen geschuldet war, sondern allein seinem Verhalten, er also die volle Verantwortung für den Mord trägt.

Dass Krabat Juro in der nachgespielten Szene nicht tötet, sondern nur scheinbar auf ihn schießt, und Juro nur so tut, als ob er getroffen worden wäre, ergibt sich aus der Freundschaft der beiden und ihrem gegenseitigen Vertrauen. Denn nur weil Krabat sich

---

27 Preußler 1998, S. 177.
28 Preußler 1981, S. 230.

sicher ist, dass (der in einen Adler verwandelte) Juro ihn nie wirklich ernsthaft verletzen würde, *und* Juro darauf zählt, dass Krabat nie mit scharfer Munition auf ihn schießen würde, endet die Szene nicht in einer Katastrophe. „Ich versteh das nicht, Juro‘, sagte er [Krabat]. ‚Ich versteh das nicht – daß ich auf dich geschossen habe.‘ ‚Du hast nicht auf mich geschossen, Krabat – nicht mit dem Goldknopf.‘ ‚Das wußtest du?‘ ‚Ich hatte es kommen sehen, ich kenn dich doch.‘" In der vom Meister vorgegebenen Situation können beide nur überleben, wenn einer dem anderen blind vertraut. Was dabei deutlich wird: dass der Meister seinen Freund tötete, weil er ihm eben nicht vertraute, sondern davon ausging, dieser würde ihn töten. Nur dann nämlich kann er sein Handeln als notwendig darstellen.

Die Szene illustriert aber nicht nur die immer gegebene Macht menschlicher Freiheit und Verantwortung, sondern wirft auch ein eigentümliches Licht auf den schillernden Charakter des Meisters. Dieser ist nicht einfach böse, sondern selbst ein in mannigfaltige Machtmechanismen Verstrickter. Das Interessante an der Figur des Meisters ist eben, dass er so zwiespältig dargestellt wird, dass man seine Motivation bis zu einem bestimmten Punkt nachvollziehen kann. Der Meister hat sich dem Gevatter in einer Art Teufelspakt verschrieben, der ihn dazu verpflichtet, die Schwarze Schule mindestens zwölf Jahre lang zu führen, jedes Jahr einen seiner Schüler zu opfern und einen Nachfolger zu finden. Gelingt ihm dies, steht es ihm frei, zu gehen und seine Zauberkünste einzusetzen, wofür immer er will. Im Gespräch mit Krabat, in dem er ihm anbietet, sein Nachfolger zu werden, träumt er von einem Leben am Hof als mächtiger politischer Berater, dem selbst der König hörig ist:

> „Nach zwölf oder fünfzehn Jahren, in denen du auf der Mühle im Koselbruch Meister gewesen bist, suchst du dir unter den Mühlknappen einen Nachfolger aus, übergibst ihm den ganzen Kram – und bist frei für ein Leben in Pracht und Herrlichkeit. [...] Ich werde mich an den Hof begeben. Als Staatsminister, als Feldherr, als Kanzler der Krone von Polen vielleicht – je nachdem, was mir Spaß macht. Die Herren werden mich fürchten, die Damen mir um den Bart gehen, weil ich reich und von Einfluß bin. Jede Tür steht mir offen, man sucht meinen Rat, meine Fürsprache. Wer es wagt, sich nicht zu fügen, den schaffe ich mir vom Hals, denn ich kann ja zaubern und werde mich meiner Macht zu bedienen wissen, das darfst du mir glauben, Krabat!"[29]

Im Konflikt Krabat – Schwarzer Müller spielt Preußler das Problem Macht und Freiheit durch. Der Müller übt mithilfe seiner aus dem Korraktor geschöpften Zauberkraft Macht auf die Müllerburschen aus. Diese Macht über die Müllerburschen, die sich ihrerseits die Schwarze Kunst aneignen, äußert sich darin, daß er ihnen seinen Willen magisch aufzwingt, ihren Widerstand, wenn er aufkommt, bricht, sie bei Ungehorsam bestraft, sogar mit dem Tod, denn in jeder Neujahrsnacht muß einer sterben, damit der Meister weiterleben kann. Der Meister, selbst Untertan einer höheren Macht, opfert seinem übergeordneten Herrn, dem Gevat-

---

29 Preußler 1981, S. 245.

ter Teufel, jährlich einen seiner Burschen, um sich selbst freizukaufen. Preußler baut in seiner Erzählung eine Kräftehierarchie auf (Lehrjunge – Gesellen – Altgeselle – Meister – Gevatter), die vor allem auf dem Zwang zum Gehorsam und zur Arbeit beruht.[30]

Die Motive des Meisters, der im Gegensatz zu Krabat wohl nicht in der Lage ist, wahre Freundschaft und Vertrauen zu leben, sind relativ klar. Warum aber rebellieren die Müllerburschen nicht gegen dieses unmenschliche Regime? Dieses Verhalten liegt nicht nur in der Angst vor dem Müller, sondern ebenso im Verlangen nach eigener Macht sowie in blankem Opportunismus begründet. Denn jeder der Burschen hofft, dass es in der Silvesternacht einen anderen treffen werde und der Müller im nächsten Jahr vielleicht eines natürlichen Todes sterben könnte, denn dann wären sie frei und könnten darüber hinaus ihre Zauberkräfte behalten, die sie verlieren, sollte der Meister von einem von ihnen besiegt werden, indem er ein Mädchen dazu bringt, ihn freizubitten:

> „Eines begreife ich nicht", sagte Krabat nach langem Schweigen. „Warum hat kein anderer je versucht, diesen Weg zu gehen?" „Die meisten", erwiderte Juro, „kennen ihn nicht – und die wenigen, die Bescheid wissen, hoffen von Jahr zu Jahr, daß sie ungeschoren davonkommen: Wir sind zwölf und es trifft ja nur einen in jeder Silvesternacht. Außerdem ist da noch was im Spiel, was du wissen solltest. Gesetzt, daß ein Mädchen die Probe besteht und der Meister wird überwunden, dann ist es im Augenblick seines Todes um alles geschehen, was er uns je gelehrt hat: dann sind wir mit einem Schlag weiter nichts als gewöhnliche Müllerburschen – und aus ist's mit aller Zauberei. [...] Und dies ist ein weiterer Grund für die wenigen Eingeweihten, alljährlich den Tod eines Mitgesellen in Kauf zu nehmen."[31]

Krabat, der zunächst wie die anderen von der Möglichkeit fasziniert ist, „Macht über andere Menschen" auszuüben – „Denn Krabat hatte inzwischen begriffen: Wer in der Kunst der Künste bewandert war, der gewann über andere Menschen Macht; und Macht zu gewinnen – soviel, wie der Meister besaß, wenn nicht mehr –, das erschien ihm als hohes Ziel, dafür lernte und lernte und lernte er"[32] –, gelangt durch den Tod seiner Freunde, die Liebe zur Kantorka und die Freundschaft mit Tonda und Juro schließlich zur Einsicht, dass seine (Gewissens-)Freiheit und das Ende der Gewaltherrschaft des Meisters mehr wert ist als alle Macht. Vor allem, wenn sie mit dem Zwang einhergeht, dafür töten zu müssen, wie es in der Szene deutlich wird, in welcher der Meister Krabat anbietet, sein Nachfolger zu werden, wenn er dafür der Ermordung seines Mitgesellen Lyschkos zustimmt, und Krabat ihm entgegnet: „Dazu wirst du mich niemals bringen, Müller im Koselbruch."[33]

Im Sinne der Äußerung Preußlers, dass es in seinem Roman (auch) ganz konkret um seine Generation, also um die Erlebnisse im Nationalsozialismus und den Zweiten Welt-

---

30 Krause 1983, S. 91.
31 Preußler 1981, S. 219 f.
32 Ebd., S. 58.
33 Ebd., S. 246.

krieg geht, lässt sich auch die Rolle interpretieren, die der Krieg in der Erzählung spielt. Anders als im Film ist der Krieg – der Türkenkrieg in den Erzählungen des Müllers und der Große Nordische Krieg während Krabats Lehrjahren – nicht real präsent, bildet aber den Hintergrund der gesamten Handlung, der nur stellenweise durchbricht: etwa in den Erinnerungen des Meisters, seinen kriegstreiberischen Bemühungen am Hofe Augusts des Starken und in der schwankartigen Episode mit den Werbern und deren Verhöhnung. Entgegen der Kritik, die dem Text zur Zeit seines ersten Erscheinens, wie bereits erwähnt, mangelnden Realismus, gefährliches Mythologisieren und Flucht in den Irrationalismus vorwarf, lässt sich Preußlers *Krabat* durchaus als Auseinandersetzung mit den Schrecken der deutschen Vergangenheit interpretieren.

Auf alle Fälle aber ist dieser Roman, trotz seiner zunächst obskurantistisch anmutenden Szenerie, ein durchaus politisches Buch, das den Mythos lediglich bemüht, um das allgemein Menschliche darzustellen, das über die konkrete historische Situation hinausgeht. Das mag ein Grund dafür sein, dass der *Krabat* immer noch gelesen wird, denn das Problem des Gewissens und die Frage nach dem Verhältnis von Macht, Angst, Anpassung, Widerstand und Freiheit werden hier in gleichsam zeitloser Gültigkeit dargestellt. Besonders das Phänomen der Macht, ihre verführerische Verlockungen und die Schwierigkeiten, ihr zu widerstehen, sind es, die Preußler auf eindringliche Weise darzustellen vermag.

In zeitgenössischen soziologischen bzw. philosophischen Arbeiten zum Macht- und Herrschaftsbegriff wird Macht in Anlehnung an Max Weber zunächst formal als Fähigkeit, einem anderen seinen Willen aufzuzwingen, und Herrschaft als Erlangung von Gehorsam definiert: „Macht bedeutet jede Chance, innerhalb einer sozialen Beziehung den eignen Willen auch gegen Widerstreben durchzusetzen, gleichviel worauf diese Chance beruht. Herrschaft soll heißen die Chance, für einen Befehl bestimmten Inhalts bei angebbaren Personen Gehorsam zu finden [...]."[34] Dabei wird zwischen potenzieller und tatsächlicher Machtausübung unterschieden, denn zumeist genügt es, dass die Beherrschten von der Fähigkeit des sie beherrschenden Individuums oder Kollektivs wissen, seinen Willen im Ernstfall mit Gewalt durchsetzen zu können, sodass die Macht zumeist wirkt, ohne dass sie tatsächlich durchgesetzt werden müsste, wobei freilich die aktuelle Übermächtigung des fremden Willens doch ab und zu realisiert werden muss, um die potenzielle Macht, die freilich als solche immer schon aktuell wirkt, aufrechtzuerhalten. Obschon potenzielle und aktuelle Macht also in concreto oft nur schwer zu trennen sind, lassen sich vier Bedingungen, bzw. Voraussetzungen von potenzieller bzw. aktueller Macht ausmachen, die verschiedene, in der Realität meist vermischte Formen von Macht bezeichnen:

1.   Technische Macht – also Macht über andere, die sich aus besonderen Fähigkeiten oder besonderem (Experten-)Wissen des Mächtigen speist.

2.   Materielle Macht – Macht, die sich aus dem Besitz der materiellen Lebensgrundlagen (Produktionsmittel) der Beherrschten ableitet.

3.   Gewalt – Macht, die aus der Fähigkeit erwächst, dem Beherrschten (körperlichen, seelischen, ökonomischen etc.) Schaden zufügen zu können.

---

34 Weber 1984, S. 89.

4.   Manipulationsmacht – die Fähigkeit, die Wissens- bzw. Handlungsbedingungen der Beherrschten so einzuschränken, dass diesen die Möglichkeit zum Widerstand genommen wird.

Allen diesen Machtformen ist gemein, dass sie sich aus einem Fähigkeitsgefälle zwischen Beherrschendem und Beherrschtem ableiten. Der Mächtige ist mächtig, weil er mehr (Wissen, Kraft, Kapital etc.) besitzt als der/die Beherrschte(n). Während es sich bei der materiellen Macht und der Gewalt um ursprüngliche Formen der Machtausübung handelt, die bereits Denker wie Macchiavelli oder Marx thematisieren, handelt es sich bei der Manipulationsmacht und der technischen Macht um moderne Formen. Auch tritt Macht in modernen Gesellschaften heute primär als potenzielle Macht auf bzw. sogar als vom beherrschten Individuum verinnerlichte Norm, sodass man mit Michel Foucault von einer „Normalisierungsgesellschaft"[35] sprechen kann.

Wendet man die Kategorisierung der Machtverhältnisse auf Preußlers *Krabat* an, so zeigt sich, dass der Müller tatsächlich alle vier Formen der Macht ausübt. Die materielle Macht ist ihm eigen, da er über Nahrung und Wohnung der Müllerburschen verfügt[36], rohe Gewalt wendet er an, um die Burschen zu züchtigen (so, wenn er den in ein Pferd verwandelten Krabat schindet, um ihn für seinen Ungehorsam zu bestrafen)[37], technische Macht kommt ihm zu, weil er allein über die Kenntnisse verfügt, den Korraktor zu befragen, und er die geheimen Zauberformeln kennt, Manipulationsmacht wendet er an, wenn er die neuen Burschen bezüglich der wahren Verhältnisse in der Mühle hinters Licht führt[38].

Naheliegend ist auch Georg Krauses Interpretation des *Krabat* als (unbewusster) Kritik am kapitalistischen Wirtschaftssystem:

> Es ist offensichtlich, und die bürgerliche Kritik erahnt es, daß Preußlers Gestaltung hier einem Grundmodell seiner Gesellschaftsordnung einschließlich ihrer ideologischen Erscheinungen entspricht. Die Unterwerfung unter die Herrschaft des Kapitals ist in der bürgerlichen Gesellschaft für jeden eine zwingende Notwendigkeit. Und die Herrschaft vollzieht sich in einer totalen, dem Unwissenden fast magisch erscheinenden Form. Obwohl Preußler, seinem künstlerischen Bild entsprechend,

---

35 Vgl. Foucault 1977.

36 „Weglaufen?' ging es ihm [Krabat] durch den Kopf. ,Wovor denn? Die Arbeit, gewiß, ist kein Honigschlecken – und hätte ich Tondas Hilfe nicht, stünde es schlimm um mich. Aber das Essen ist gut und reichlich, ich habe ein Dach über dem Kopf – und ich weiß, wenn ich morgens aufstehe, daß mein Schlafplatz mir für den Abend sicher ist: warm und trocken und leidlich weich, ohne Wanzen und Flöhe. Ist das nicht mehr, als ein Betteljunge sich durfte träumen lassen?'" (Preußler 1981, S. 26).

37 „Dich werd ich lehren, wie man pariert!' Wenn Krabat nachließ, zog ihm der Müller die Peitsche über. Er gab ihm die Sporen, daß es den Burschen schmerzte, als ob sich ihm Nägel ins Fleisch bohrten." (ebd., S. 137).

38 „Noch ahnte der Junge nicht, daß er dem Meister von nun an [nach dem rituellen Durchgang durch das über die Tür genagelte Ochsenjoch] verfallen war, ausgeliefert mit Leib und Seele, auf Tod und Leben, mit Haut und Haar." (ebd., S. 53).

den Sinn der Arbeit außerhalb ihrer sozialen Funktion und abstrakt gestaltet (in der Mühle wird gemahlen, jedoch kommen keine Mahlgäste, über Herkunft des Getreides und Zweck des Mahlens wird nichts gesagt bis auf das Mahlgut des Gevatters), ist sie für den Müller insofern die wichtigste Grundlage seiner Machtausübung, als er den Müllerburschen darin täglich ihre Unterlegenheit demonstriert. Sie arbeiten für Unterkunft, Verpflegung und für die Unterweisung in der Schwarzen Kunst.[39]

Noch augenfälliger wird dieser Aspekt in der Version Brězans, in der die Arbeit der Müllerburschen als (entfremdete) Sisyphusarbeit beschrieben wird, die Schweiß in Gold verwandelt. Plakativ ist die bildliche Umsetzung in Cellino Weißblaus DEFA-Märchenfilm *Die schwarze Mühle*, in dem die berühmte Szene aus Buster Keatons *Modern Times* zitiert wird, in welcher der Protagonist während der monotonen Arbeit in der Fabrik von den Zahnrädern der Maschine erfasst wird.

Der Film

Eine ganz andere Verarbeitung des Stoffes stellt die höchst erfolgreiche Preußler-Verfilmung *Krabat oder Das Geheimnis der Schwarzen Mühle* von 2008 dar. Der Film des Regisseurs Marco Kreuzpaintner gehört dabei mit rund 8 Millionen Euro Produktionskosten nicht nur zu den teuersten deutschen Produktionen der letzten Jahre, sondern auch zu einem der größten Kassenerfolge: Mit mehr als 1.471.000 Kinobesuchern spielte der Film über 8.582.000 Euro ein.[40]

Nachdem sich die Produktionsfirma einvernehmlich vom ursprünglich vorgesehenen Regisseur Hans-Christian Schmidt trennte, weil dieser auf größtmöglicher Texttreue bestanden hatte,[41] realisierte Marco Kreuzpaintner einen in den Medien allgemein als „Fantasy-Film" bezeichneten Streifen, der aber wohl eher ein „fantastischer Film" ist, wenn man etwa Reinbert Tabberts Unterscheidung zugrunde legt, gemäß der sich Fantasy-Literatur, ähnlich dem Märchen, dadurch auszeichnet, dass die dargestellte Traumwelt als in sich geschlossene Wirklichkeit dargestellt wird bzw. als selbstverständliche Normalität (wie etwa in Tolkiens *Herr der Ringe*), während sich fantastische Literatur darüber definiert, dass in ihr das Fantastische nur einen (unheimlichen, geheimnisvollen) Teil der Wirklichkeit bzw. eine Gegen- oder Parallelwelt darstellt, der die reale Wirklichkeit gegenübergestellt wird (wie z. B. in Michael Endes *Die Unendliche Geschichte*).[42] In den Worten Wolfgang Meißners handelt es sich dann um fantastische Literatur, „wenn in einem Werk (mindestens) zwei Handlungsebenen erkennbar sind, die sich nicht miteinander vereinbaren lassen. Eine der Handlungsebenen muß dabei dem Realitätsprinzip entsprechen, d. h., die in dieser Ebene eingesetzten Textkonstituenten folgen den Gesetzmäßigkeiten des logisch-

---

39 Krause 1983, S. 91.
40 Vgl. Deutsch-Französische Filmakademie 2009,
    URL: www.das-rendez-vous.org/uploads/media/dt_Filmland_dt_01.pdf [9. 5. 2010].
41 Vgl. Huber 2008.
42 Vgl. Tabbert 2000.

empirischen Denkens und dem darauf aufbauenden Weltbild. Eine zweite Handlungsebene muß dem Realitätsprinzip widersprechen."[43]

Ohne hier weiter auf die Feinheiten der Debatte um eine angemessene Definition des Fantastischen in der Jugend- und Kinderliteratur eingehen zu können,[44] die, wie jede literarische Kategorisierung, bei genauerer Betrachtung einzelner Werke oft schwierig ist, lässt sie sich in ihrer allgemeinsten Fassung – die das Merkmal der fantastischen Literatur in der Gegenüberstellung einer „realen" und einer „fantastischen" Sphäre sieht – auf Preußlers *Krabat* und seine Verfilmung gewinnbringend anwenden. Denn *Krabat* ist eindeutig fantastische Literatur: Das unheimliche Reich der Mühle stellt sowohl für die Figur Krabat als auch für den Leser eine Art magischen Sperrbezirk dar. So gibt es nie Mahlgäste, und die wenigen Male, in denen Menschen von „draußen" sich der Mühle nähern, werden sie vertrieben. Die Mühle verkörpert somit eine unheimliche Gegenwelt zur Realität des Dorfes der Kantorka und zu Krabats Vergangenheit, eine geschlossene Anstalt, ein Zauberinternat, ein Gefängnis, eine Kaserne, einen Ausnahmezustand, wie es auch der Krieg ist, der den Hintergrund der gesamten Erzählung bildet. Das Unheimliche an der Mühle und ihren undurchsichtigen Regeln und Ritualen besteht gerade in ihrem Gegensatz zur „wirklichen" Welt.

Der Film, der mit deutscher Starbesetzung in Rumänien gedreht wurde, komprimiert die Handlung des Buches auf zwei Jahre, wobei das zweite und dritte Jahr des Romans zu einem zusammengeschmolzen werden. Obschon der Film einige Dialoge des Buches wörtlich zitiert und der Regisseur in einem Interview betont, dass er bewusst einen „deutschen" Film auf Deutsch machen wollte, weil Preußlers *Krabat* auf Englisch nicht zu verfilmen gewesen wäre, weicht der Film an entscheidenden Stellen und Motiven doch sehr stark von seiner Vorlage ab. Der Film fällt vor allem durch eine wohl dem Zeitgeist bzw. der Konkurrenz aus Hollywood geschuldete Effekthascherei auf. So wird das Ende des Müllers und der Mühle, die in Preußlers Text lediglich im Gespräch zwischen den Müllerburschen geschildert wird, im Film zu einem Showdown mit Hollywood-gerechter Schlussexplosion. Die Szene, in der das Gesicht des Gevatters wie in einem billigen Horrorfilm gezeigt wird, überschreitet bereits die Grenze ungewollter Komik. Inhaltlich fällt an der cineastischen Bearbeitung auf, dass sie besonders christliche Motive betont. Zwar sind diese bereits in der Vorlage Preußlers vorhanden,[45] so die Thematik der Osterfeier (mit dem Erlösungsgeschehen), die Mühlengemeinschaft als Negativfolie der zwölf Jünger

---

43 Meißner 1989, S. 24.

44 Neben den bereits erwähnten Werken von Tabbert und Meißner vgl. Haas/Klingberg/Tabbert 1984.

45 „Ich halte den Krabat für ein eminent religiöses Werk, obgleich es gewöhnlich als spannendes Abenteuerbuch gilt [...]. Der Sagenstoff vom Teufelsbündner bietet jedoch den Rahmen für eine gleichsam negative Matrix dessen, was das Religiöse, ja hier wohl das Christliche sein dürfte. [...] Wie weiland der Versucher an Jesus, so tritt der Müller an Krabat heran mit dem Angebot, ihm Macht, Ehre und Ansehen zu geben, wenn er sein Nachfolger werden will und in den Pakt eintritt. Krabat entscheidet sich für das Recht des Schwächeren und weiß, daß ihm das das Leben kosten kann." In: Dinges 1979. Zum Christlichen bei Preußler vgl. auch: Happ, Helga/Happ, Alfred 1983, bes. S. 127.

Jesu, die Nähe der Beschreibung der Kantorka zu ikonografischen Darstellungen der Schutzmantelmadonna[46], die Strukturierung der Erzählung anhand des Kirchenjahres etc., doch fehlt in Preußlers *Krabat* die plakative Kreuzessymbolik, die so eher aus Vampirfilmen bekannt ist. Im Film von Kreuzpaintner spielt auch, wie im ursprünglichen Sagenstoff und in der Bearbeitung Brězans, die Mutter Krabats eine größere Rolle, die in Erinnerungsrückblenden auftaucht und sich das Erlösungsgeschehen gleichsam mit der Kantorka teilt. Die Schlüsselszene des Romans, der Traum vom Adler des Sultans, kommt im Film nicht vor. Daher verwundert es auch nicht, dass die Grundaussage des Buches im Film nicht transportiert wird: Um Schuld und Gewissen geht es in diesem Film nicht, am ehesten noch kommen die Motive der Freundschaft und der Freiheit sowie jenes der Verführbarkeit durch die Macht zum Tragen. Zu früh aber spitzt sich die Geschichte im Film auf den Zweikampf zwischen Krabat und dem Meister zu, ohne dass einsichtig würde, worum es eigentlich in diesem Kampf geht.

Krabat als All-Age-Titel

Preußlers *Krabat* lässt sich als Metapher der allgemeinen Frage nach dem Verhältnis von Macht und Freiheit deuten. Obschon die oben behandelten normativen literaturtheoretischen Debatten der 1970er-Jahre darüber, wie realistisch, gewalttätig und sozialkritisch bzw. wie fantastisch und eskapistisch Jugendbücher sein dürfen – in der sich die Auseinandersetzung der 68er-Generation mit der Generation ihrer oftmals aktiv in die Verbrechen des Dritten Reiches verstrickten Eltern spiegelt –, in ihrer Heftigkeit heute kaum mehr nachvollziehbar sind, scheint die damalige Eskapismusdebatte heute in der Kontroverse um Sinn oder Unsinn, Nutzen oder Schaden der All-Age-Literatur fröhliche Urständ zu feiern.

In einem Artikel zum bevorstehenden Kinostart der *Krabat*-Verfilmung schreibt der Autor Wieland Freund in der *Welt*: „Es ist die Berühmtwerdung eines Berühmten, was weniger unsinnig ist als es klingt. Denn mit Marco Kreuzpaintners *Krabat*-Film bekommt der Ruhm des *Krabat*-Schöpfers Otfried Preußler ziemlich genau ab Donnerstag eine neue Qualität. Von einer Kinowoche auf die nächste nämlich wird aus Preußler, dem Rosenheimer Volksschullehrer und wohl bekanntesten, wahrscheinlich meistgelesenen Kinderbuchautor der seligen Bonner Republik, dieses werden: ein Vertreter der allmächtigen Fantasy und des neuen Genres ‚All Age‘.“[47]

In den Feuilletons der deutschsprachigen Qualitätszeitungen gehen die Meinungen bezüglich dieser neuen Literaturgattung – denn früher griffen zwar Jugendliche wie selbstverständlich nach Erwachsenenliteratur, dass Erwachsene Kinderbücher lesen, ist aber eine offenbar neue Entwicklung – allerdings auseinander. Während die einen die zunehmende Infantilisierung der Gesellschaft brandmarken und das Ende des genuinen Kinderbuches

---

46 „Sie [die Kantorka] legt Krabat den Arm um die Schulter, dann hüllt sie ihn in ihr wollenes Umtuch ein. Weich und warm ist es, wie ein Schutzmantel." (Preußler 1981, S. 182).
47 Freund 2008.

befürchten,[48] freuen sich die anderen am gewachsenen Interesse an Kinder- und Jugendliteratur auch bei erwachsenen Lesern und stellen die Sinnhaftigkeit einer strikten Trennung von Jugendbuch und Erwachsenenliteratur grundsätzlich in Frage.

Für den Politikwissenschaftler Samuel R. Barber ist die gegenwärtig zu beobachtende Infantilisierung der Gesellschaft, also die Flucht ins Einfache, Unkomplizierte, wie sie sich auch im Phänomen der All-Age-Bücher und -Filme spiegelt, das Produkt des Scheiterns einer wachsenden Zahl von Menschen an der Komplexität der modernen Welt.[49] Wem ernsthafte Literatur zu schwierig ist, der flüchtet sich (in die gegebenenfalls mit anderem Cover versehenen) Erwachsenenausgaben von *Harry Potter* oder *Twilight*. Wem die Wirklichkeit zu komplex geworden ist, um sich mit ihr zu beschäftigen, wird schließlich aber auch leicht zum Opfer gewiefter Marketingstrategien und anfällig für einfache Lösungen – auch in politischen Belangen. Natürlich wäre es Unsinn, den Erfolg von All-Age-Literatur für die Unmündigkeit der Konsumenten oder das Erstarken populistischer Parteien verantwortlich zu machen; aber als Symptom einer Flucht vor den Herausforderungen der Realität und damit auch vor der eigenen Verantwortung könnte das Phänomen „All Age" durchaus gelten.

Freilich wären in dieser Hinsicht Kinderbücher lesende Erwachsene aber in erster Linie dann problematisch, wenn die All-Age-Titel komplexere Literatur ersetzen bzw. verdrängen würden. Tatsächlich scheint es aber vielmehr so, dass All-Age-Titel vornehmlich von Erwachsenen gelesen werden, die sonst weniger oder überhaupt nichts lesen würden. So meint etwa Renate Gruber von der Verlagsgruppe Random House, „der *Potter*-Saga oder den Bestsellern von Funke komme das große Verdienst zu, dass sie Grenzen geöffnet haben [...] – mehr Leser lesen mehr Bücher"[50]. Und ein gutes (Jugend-)Buch wird schließlich nicht schlechter, wenn es auch für Erwachsene vermarktet wird – die literarische Qualität und das emanzipatorische Potenzial von Preußlers Roman bleiben auch im „Buch zum Film" erhalten. Als Interpretation von Preußlers *Krabat* ist Kreuzpaintners (All-Age-)Film problematisch, da hier die Inhalte des Buches tatsächlich bis zur Unverständlichkeit vereinfacht und banalisiert wurden und der Film somit durchaus als Symptom der allgegenwärtigen Infantilisierung der Gesellschaft angesehen werden kann. Als Weg, dem anspruchsvollen (Jugend-)Buch *Krabat* einer größere, sich über alle Generationen erstreckende Leserschaft zu verschaffen, ist die Verfilmung jedoch zu begrüßen. „Aber da ist noch etwas, wozu Kino-*Krabat* und allgemeine Fantasy-Begeisterung beitragen könnten: zur Erkenntnis nämlich, dass es neben der großen Literatur der Grass und Walsers, der Lenz und Handkes von Beginn der Bundesrepublik an eine kleine Literatur gegeben hat, die vielleicht nicht minder bedeutend ist, jedenfalls nicht minder wichtig."[51]

---

48 Dies befürchtet etwa die Vorsitzende des Arbeitskreises für Jugendliteratur (AKJ), Regina Pantos. Vgl. Vogel 2010.
49 Barber 2008.
50 Vogel 2010.
51 Freund 2008.

Literatur

Primärliteratur

Brězan, Jurij: Die schwarze Mühle. Bautzen: Domowina-Verlag 2007.

Nowak-Neumann, Martin: Meister Krabat. Ins Deutsche übertragen von Jurij Brězan. Bautzen: Domowina-Verlag 2008.

Preußler, Otfried: Krabat. Stuttgart: Thienemann 1981.

Sekundärliteratur

Bächtold-Stäubli, Hanns (Hrsg.): Handwörterbuch des deutschen Aberglaubens. 10 Bde. Berlin: De Gruyter 2000.

Barber, Samuel R.: Consumed. Wie der Markt Kinder verführt, Erwachsene infantilisiert und die Bürger verschlingt. Aus dem Englischen von Friedrich Griese. München: C. H. Beck 2008.

Brüder Grimm: Kinder und Hausmärchen. Gesamtausgabe mit den Originalanmerkungen der Brüder Grimm. 3 Bde. Stuttgart: Reclam 2003.

Busch, Michael: Das Machtsystem des Schwarzen Müllers. In: Luban, Kristin (Hrsg.): Krabat. Analysen und Interpretationen. Cottbus: Brandenburgische Technische Universität Cottbus, IKMZ-Universitätsbibliothek 2008, S. 85–95.

Dinges, Ottilie: Die Religiöse Dimension in heutigen Kinderbüchern. In: Katechetische Blätter, 7/1979.

Erhardt, Marie-Luise: Die Krabat-Sage. Quellenkundliche Untersuchung zu Überlieferung und Wirkung eines literarischen Stoffes aus der Lausitz. Kultur- und geistesgeschichtliche Ostmittteleuropastudien, Bd. 1, Marburg 1982. Zit. nach Schaller, Horst: *Krabat* – zur Wirkungsgeschichte eines erfolgreichen Jugendbuchs. In: Pleticha, Heinrich: Otfried Preußler. Werk und Wirkung. Stuttgart: Thienemann 1983, S. 61–105.

Foucault, Michel: Der Wille zum Wissen. Sexualität und Wahrheit 1. Frankfurt am Main: Suhrkamp 1977.

Frenzel, Elisabeth: Stoffe der Weltliteratur. Stuttgart: Kröner 1992.

Freund, Wieland: Otfried Preußler und der Streit mit J. K. Rowling. In: Die Welt vom 6. 10. 2008.

Haas, Gerhard: Spielwelten – Spiegelwelten – Gegenwelten. Das Phantastische im Werk Otfried Preußlers. In: Pleticha, Heinrich: Otfried Preußler. Werk und Wirkung. Stuttgart: Thienemann 1983, S. 33–40.

Haas, Gerhard/Klingberg, Göte/Tabbert, Reinbert: Phantastische Kinder und Jugendliteratur. In: Haas, Gerhard (Hrsg.): Kinder- und Jugendliteratur. Ein Handbuch. Stuttgart: Reclam 1984, S. 267–295.

Happ, Helga/Happ, Alfred: Theologische Aspekte in Preußlers Werk. In: Pleticha, Heinrich: Otfried Preußler. Werk und Wirkung. Stuttgart: Thienemann 1983, S. 124–129.

Huber, Christoph: Krabat: Kein Teufel in der Todesmühle. In: Die Presse vom 30. 11. 2008, URL: http://diepresse.com/home/kultur/film/filmkritik/434020/index.do [9. 5. 2010].

Karges, Melanie/Junge, Katrin/Trenker, Christina: Übersicht ausgewählter Bearbeitungen der Krabatsage. In: Sorben (Wenden). Eine Brandenburger Minderheit und ihre Thematisierung im Unterricht. Teil III: Krabat – Aspekte einer sorbischen Sage. Hrsg. v. Zentrum für Lehrerbildung der Universität Potsdam, Potsdam 2008, S. 4–14. URL: http://opus.kobv.de/ubp/volltexte/2008/2731/pdf/zfl_krabat_iii.pdf [9. 5. 2010].

Krause, Georg: Die Adaption der sorbischen Krabat-Sage in der künstlerischen Literatur. Hrsg. von der Akademie der Wissenschaften der DDR (Institut für sorbische Volksforschung), Berlin 1997. Zit. nach Schaller, Horst: *Krabat* – zur Wirkungsgeschichte eines erfolgreichen Jugendbuchs. In: Pleticha, Heinrich: Otfried Preußler. Werk und Wirkung. Stuttgart: Thiene-mann 1983, S. 61–105.

Kulik, Nils: Das Gute und das Böse in der phantastischen Kinder- und Jugendliteratur. Eine Un-tersuchung bezogen auf Werke von Joanne K. Rowling, J. R. R. Tolkien, Michael Ende, As-trid Lindgren, Wolfgang und Heike Hohlbein, Otfried Preußler und Fredrik Hetmann. Frankfurt am Main: Peter Lang 2003.

Luban, Kristin (Hrsg.): Krabat. Analysen und Interpretationen. Cottbus: Brandenburgische Technische Universität Cottbus, IKMZ-Universitätsbibliothek 2008.

Maicher, Peter: Poesie in der Schule. In: Schaller, Horst (Hrsg.): Umstrittene Jugendbücher. Bad Heilbrunn: Klinkhardt 1976. Zit. nach Schaller, Horst: *Krabat* – zur Wirkungsgeschichte ei-nes erfolgreichen Jugendbuchs. In: Pleticha, Heinrich: Otfried Preußler. Werk und Wirkung. Stuttgart: Thienemann 1983, S. 61–105.

Meißner, Wolfgang: Phantastik in der Kinder- und Jugendliteratur der Gegenwart. Würzburg 1989.

Ossner, Jakob: Im Sog der Pubertät: Otfried Preußlers *Krabat*. In: Rank, Bernhard (Hrsg.): Erfolg-reiche Kinder- und Jugendbücher: Was macht Lust auf Lesen? Hohengehren: Schneider 1999, S. 107–124.

O. V.: Zwei Paar Schuhe. In: Pleticha, Heinrich (Hrsg.): Sagen Sie mal, Herr Preußler ... Fest-schrift für Otfried Preußler zum 75. Geburtstag. Stuttgart: Thienemann 1998, S. 121–126 (zuerst erschienen in: Jugendbuchmagazin, 4/1989, S. 174 ff.).

Petzoldt, Leander: Otfried Preußler und die Tradition. Elemente der Volkserzählung im Werk Otfried Preußlers. In: Pleticha, Heinrich: Otfried Preußler. Werk und Wirkung. Stuttgart: Thienemann 1983, S. 42–51.

Pleticha, Heinrich (Hrsg.): Otfried Preußler. Werk und Wirkung. Stuttgart: Thienemann 1983.

Pleticha, Heinrich (Hrsg.): Otfried Preußler. Krabat. Lehrerbegleitheft. Stuttgart: Thienemann 1992.

Pleticha, Heinrich (Hrsg.): Sagen Sie mal, Herr Preußler ... Festschrift für Otfried Preußler zum 75. Geburtstag. Stuttgart: Thienemann 1998.

Preußler, Otfried: Kein Schriftsteller ist allwissend. Krabat und seine Geschichte. In: Pleticha, Heinrich (Hrsg.): Sagen Sie mal, Herr Preußler ... Festschrift für Otfried Preußler zum 75. Geburtstag. Stuttgart: Thienemann 1998, S. 174–179.

Schaller, Horst (Hrsg.): Umstrittene Jugendbücher. Bad Heilbrunn: Klinkhardt 1976.

Schaller, Horst: *Krabat* – zur Wirkungsgeschichte eines erfolgreichen Jugendbuchs. In: Pleticha, Heinrich: Otfried Preußler. Werk und Wirkung. Stuttgart: Thienemann 1983, S. 61–105.

Schmidt, Maike: Krabat. Die Aktualität eines Sagenstoffes in Literatur und Film. In: Luban, Kris-tin (Hrsg.): Krabat. Analysen und Interpretationen. Cottbus: Brandenburgische Technische Universität Cottbus, IKMZ-Universitätsbibliothek 2008, S. 37–56.

Šěn, Franz: Jurij Brězan, Krabat oder die Verwandlung der Welt. In: Kindlers Neues Literatur Le-xikon, 22 Bde. Bd. 3, München: Kindler 1998.

Tabbert, Reinbert: Phantastische Kinder- und Jugendliteratur. In: Lange, Günther (Hrsg.): Ta-schenbuch der Kinder- und Jugendliteratur. Hohengehren: Schneider 2000, S. 187–200.

Vogel, Elke: „All Age"-Bücher im Trend. Sogar Erwachsene flüchten sich in Phantasiewelten. In: Die Berliner Literaturkritik vom 18. 3. 2010.

Weber, Max: Soziologische Grundbegriffe. Tübingen: UTB 1984.

„In einem unbekannten Land / Vor gar nicht allzu langer Zeit"

Waldemar Bonsels' Literatur und ihre Folgen: Skizze eines Forschungsprogramms

Sven Hanuschek

Die Bücher, die Waldemar Bonsels geschrieben hat, gehörten zwischen 1912 und etwa dem Ende der 1930er-Jahre zu den erfolgreichsten ihrer Zeit, auch nach 1945 war er zumindest noch ein bekannter Name. Heute ist die *Biene Maja*, besonders durch die japanisch-österreichische Trickfilmserie Mitte der Siebzigerjahre, weiterhin ein ungemein populärer Stoff, eine neue Trickfilmversion ist gerade in Vorbereitung; aber auch Bonsels' Buch war schon sehr erfolgreich gewesen, von der ersten Auflage 1912 an. Der „Roman für Kinder", so der Untertitel der ersten Auflagen, wurde früh in alle Weltsprachen übersetzt und gehört damit, zusammen mit dem Nachfolgeband *Himmelsvolk* (1915), ins Thema dieser Tagung. Über den Gang der Maja durch alle Medien hindurch entsteht gerade eine medienwissenschaftliche Dissertation in Tübingen, finanziert von der Bonsels-Stiftung.[1] Die *Biene-Maja*-Rezeption hat erstaunliche Blüten getrieben, eine der erstaunlichsten haben die Macher der NDR-Satiresendung *extra 3* fabriziert: Zu schrillen Dokumentaraufnahmen von Osama bin Laden, amerikanischen Soldaten, tanzenden Orientalen und bildfüllenden Explosionen ist ein Sänger zu hören, der mit einer Karel Gott verblüffend ähnlichen Stimme samt dem bekannten böhmischen Akzent den folgenden Text zur originalen Orchesterbegleitung singt:

> In einem unbekannten Land
> Vor gar nicht allzu langer Zeit
> war ein bin Laden sehr bekannt
> Den suchten alle weit und breit.
>
> Und der bin Laden, den ich meine, heißt Osama
> Kleiner frecher Terrorfürst Osama
> Osama bombt sich durch die Welt
> Wohnt in Höhle oder Zelt.
>
> Sie verpassen ständig den al-Qaida-Chef Osama
> Vielleicht schafft's ja wenigstens Obama
> Osama – jeder sucht Osama

---

1 Der Verfasser der Arbeit ist Harald Weiß; erscheinen wird sie voraussichtlich 2011.

Osama! (*Chor:*) Osama!
Osama! (*Chor:*) Osama!
Osama, befehle uns noch mehr!

Er zeigt sich oft auf Videoband
Wo er dann gern zum Krieg aufruft
Hat sich die Finger nie verbrannt
Für ihn geh'n andre in die Luft.

Und der bin Laden, den ich meine, heißt Osama
Kleiner frecher Terrorfürst Osama
Bomben findest du o. k.
Hockst in Höhle und trinkst Tee.

Wir treffen heute den al-Qaida-Chef Osama
Du versprichst zehn Jungfrau'n ohne Schamhaar
Osama – jeder sucht Osama
Osama! (*Chor:*) Osama!
Osama! (*Chor:*) Osama!
Osama, befehle uns noch mehr![2]

Es gibt noch ähnlich abstruse Folgen der *Biene Maja* und ihrer Vermarktung, auf die an dieser Stelle nicht weiter eingegangen werden soll. Eine Frage, die an die Rezeption zu stellen wäre, ist sicher: Wie kommt es, dass der Autor Bonsels hinter diesem Stoff, hinter diesen Figuren so vollständig verschwunden ist? Denn Bonsels *ist* ein vergessener Autor. Literaturwissenschaftliche Beiträge der letzten Jahre, man kann schon sagen: Jahrzehnte, sind durchweg in Kontexten wie *Im Schatten der Literaturgeschichte*[3], *Geehrt – geliebt – vergessen?*[4] oder *Vergessene Texte der Moderne wiedergelesen*[5] erschienen, außerdem in Publikationen der Bonsels-Gesellschaft selbst, die oft auf biografische Seitenwege gerichtet und für ein kleines Publikum gedacht waren.[6] Bei Umfragen im nichtgermanistischen, nichtprofessionellen Umfeld oder beim sprichwörtlichen Mann von der Straße werden immer noch mehr Leute die Biene Maja kennen als Goyas *Maja desnuda*, die einschlägigen mythologischen Wurzeln des Namens oder die südamerikanische Hochkultur; Waldemar Bonsels kennt niemand mehr.

　　Im Folgenden soll – notgedrungen in diesem Rahmen nur sehr kursorisch – ein Gang durch einen Teil des Werkes von Waldemar Bonsels unternommen werden in der Hoffnung, dass sich dabei eine mögliche Antwort für die Marginalisierung dieses Autors ab-

---

2　Gesendet am 14. 8. 2008,
　　URL: http://video.google.com/videoplay?docid=8825132996778969223# [1. 7. 2010].
3　Delvaux 2005.
4　Horn 1985.
5　Wrobel 2006.
6　Genannt seien beispielsweise die gesammelten Freundlichkeiten des von Rose-Marie Bonsels herausgegebenen Bandes *Menschenbild und Menschenwege im Werk von Waldemar Bonsels* (siehe Bonsels, Rose-Marie 1988).

zeichnet. Ich werde zuerst nach den Gründen für den Erfolg der *Biene Maja* fragen (1.), vor allem will ich aber die Themen nennen, die eine literaturwissenschaftliche Überprüfung dieses Autors und seines Œuvres lohnen könnten (2.). Von welcher Brisanz, auch Schwierigkeit eine Beurteilung dieses Autor ist, will ich abschließend wenigstens an einem Beispiel, an seinem letzten Roman *Dositos* (1948), skizzieren, also *nicht* an der *Biene Maja* (3.).

1.

Zuerst also zur *Biene Maja*. Die Gründe für den Erfolg liegen fast auf der Hand, sie sind zum Teil in einzelnen Forschungsbeiträgen auch bereits benannt oder wenigstens angedeutet worden. *Die Biene Maja und ihre Abenteuer*, so der vollständige Titel, wurde sofort breit gelesen, auch im Hofstaat Wilhelms II. und von den Soldaten an der Front des Ersten Weltkriegs. Das Buch passte in die Neuromantik und zur Welle der Tierbücher von Hermann Löns, Selma Lagerlöf, Rudyard Kipling, Jack London und anderen. Die aufmüpfige Biene lebt nicht mit ihrem Stamm und lernt neugierig nach und nach die Lebewesen auf ihrer Wiese kennen, in einer episodischen Struktur, die für den Trickfilm weiter ausgebaut worden ist. Die Tiere, die sie kennenlernt, sind mal gefährlich, mal komisch oder freundlich, der dramaturgische Aufbau ist stark repetitiv, also erfreulich durchschaubar. Als Höhepunkte und somit auch anders instrumentiert können zwei Episoden gelten: Mit dem Auftreten eines Blumenelfen geht Bonsels ins Märchenhaft-Fantastische; der Elf erfüllt Maja den Wunsch, Menschen zu sehen, und sie bekommt ein Liebespaar auf einer Bank zu sehen, als Krönung aller Lebewesen schlechthin. Die andere Episode ist das Finale: Maja wird von einer Hornisse gefangen genommen und in die Vorratskammer des Hornissennests gesperrt, sie hört vom Plan, am nächsten Morgen den Bienenstock zu überfallen, dem sie entstammt. Ihr gelingt die Flucht, sie kehrt in ihren Stock zurück und warnt das Bienenvolk rechtzeitig. Die Königin Helene die Achte kann Vorsichtsmaßnahmen ergreifen, die Bienen gewinnen ihre große Schlacht gegen die Hornissen, wenn auch unter großen Verlusten. Die Maja wird in Ehren wieder aufgenommen und reüssiert zur Beraterin der Königin.

Helga Karrenbrock hat in ihrem grundlegenden Aufsatz auf die Finessen des Buchs hingewiesen: Die *Biene Maja* war ein Lieblingsbuch von Mädchen, nicht weil die Biene sich so affirmativ-backfischhaft verhält (so eine frühe literaturwissenschaftliche Kritik aus den 1920er-Jahren), sondern weil der Backfisch-Tugendkatalog gerade umgekehrt wird: eine „Glorifizierung der Trotzkopfphase"[7], hier lässt sich eine Biene ja gerade nicht als Arbeitsbiene „einspannen". Sie verhält sich ganz kindgemäß, indem sie ihrer Erzieherin Kassandra nicht folgt, tut, wozu sie Lust hat, auch wenn sie oft die Folgen nicht überblickt. Sie erfüllt damit, so Karrenbrock, die Gesetze von „Kinderwünschen und Tagträumen" (und die Vorstellungen der Antipädagogik, ließe sich ergänzen), es realisiert sich hier „der Traum vom Ausbrechen, der Traum vom Fliegen, die Lust am Entdecken der Außenwelt und die Möglichkeiten von Sprache bis hin zur Lust am Nonsense"[8]. Das sind überdies auch Wünsche, die bei vielen Erwachsenen mindestens *als Wünsche* noch präsent sind,

---

7   Karrenbrock 1999, S. 152–169.
8   Ebd., S. 159.

schon hier funktioniert also die Doppeladressierung. Auch die Anthropomorphisierung der Tiere wirkt in zwei Richtungen: Kindern ist sie noch selbstverständlich, sie gehen selbst in dieser Weise mit der (Tier-)Welt um, auch und erst recht im Trickfilmzeitalter; die Erwachsenen sehen sich in ihrer Erwartung an Kinderliteratur bestätigt, sie können aber auch ein Kunstmittel darin erkennen, mit dem versucht wird, Distanz aufzuheben, und sie können zumal die Dialoge, die die Tiere führen, komisch finden – Bonsels' Tiere siezen sich beispielsweise. Einer der schönsten Dialoge, zwischen Maja und dem Weberknecht Hannibal:

> „Das ist unmöglich", sagte die kleine Biene ganz eingeschüchtert, „ein abbes Bein kann nicht krabbeln."
> „Was ist ein abbes Bein?" fragte Hannibal.
> Maja sah ihn an. „Das ist ein Bein, das ab ist", erklärte sie. „Bei uns zu Hause sagt man so."
> „Ihre Ausdrücke aus der Kinderstube gewöhnen Sie sich im großen Leben und vor gebildeten Leuten besser ab", forderte Hannibal mit Strenge. „Man sagt ein ausgerissenes Bein. Jedenfalls ist es wahr, daß unsere Beine noch lange zappeln, nachdem sie ausgerissen worden sind."
> „Nein", sagte Maja, „das glaub ich nicht ohne Beweis." (II, S. 73)[9]

Neben der antiautoritären Lesart, die Helga Karrenbrock vorgeschlagen hat, wäre auch noch die eher zeittypische zu betonen: Der Kinderroman lässt sich auch als affirmative Beschreibung des autoritären Kaiserreichs lesen, Majas Auflehnung bzw. Absonderung mündet ja gerade in ihre Wieder-Eingliederung, in die Rettung ihres Bienenstaates, die strenge Ordnung ist wiederhergestellt worden. Durchgängig findet sich ein Unterton, der von den ökologischen Zusammenhängen in der Natur nicht gedeckt ist, wohl aber von politischen Diskursen im Kaiserreich: Die Wespen gelten als „nutzloses Raubgesindel", als „Diebsvolk" (II, S. 40), die Stubenfliege ist „Gesindel" (II, S. 45). In der Schlacht um den Bienenstock stirbt man natürlich den kühnen Soldatentod (II, S. 113), und die Bienenkönigin schickt als Botschaft an die Hornissen: „Gefangene sind nicht gemacht. Die Euren, die eingedrungen sind, sind alle tot. [...] wenn ihr fortkämpfen wollt, findet ihr uns bis auf den letzten Mann bereit." (II, S. 115) In dieser Botschaft finden sich einige Anklänge an die sogenannte Hunnenrede Wilhelms II., die er am 27. Juli 1900 in Bremerhaven den deutschen Truppen auf den Weg gab, die in China den Boxeraufstand niederschlagen sollten. Die Anklänge betreffen gerade auch die berühmtesten Sätze der Rede („Pardon wird nicht gegeben. Gefangene werden nicht gemacht. Führt eure Waffen so, daß auf tausend Jahre hinaus kein Chinese mehr es wagt, einen Deutschen scheel anzusehen. Wahrt Manneszucht.")[10]. Solche Stellen, die unzweifelhaft im Kaiserreich entstanden sind

---

9 Bonsels-Zitate, soweit nicht anders angegeben, mit Band- und Seitenzahl nach der Sammelausgabe: Bonsels, Waldemar 1980.

10 URL: http://de.wikisource.org/wiki/Hunnenrede [1. 7. 2010], dort zit. nach Hohlfeld o. J., S. 114 f. (mit Dank für den Hinweis an Hans-Heino Ewers!). Der deutsche Oberbefehlshaber kam

und gar auf den Kaiser selbst referieren, klingen schon nicht mehr nach Kaiserreich, sondern nach dem kommenden „Tausendjährigen" Reich. Sie machen verständlich, warum *Die Biene Maja und ihre Abenteuer* 1933 mitnichten verboten wurde.

Diese Unterströmung ist zum einen zeittypisch-politisch, gleichzeitig hat sie auch die Funktion, gegen die Verharmlosung von Natur anzugehen; in der Natur sind eben Fressen und Gefressenwerden an der Tagesordnung. Niedlich ist das nicht, wenn beispielsweise die Libelle den Brummer Hans Christoph fängt:

> Die Libelle ließ den Brummer aus ihren Fängen, hielt ihn aber sorgfältig mit den Armen fest und drehte den Kopf nach Maja um. Maja erschrak sehr über die großen, ernsten Augen der Libelle und über die bösen Beißzangen, die sie hatte, aber das Glitzern ihrer Flügel und ihres Leibes entzückte sie. Es blitzte wie Wasser, Glas und Edelsteine. Nur die ungeheure Größe der Libelle entsetzte sie, sie begriff ihren Mut nicht mehr und begann auf das heftigste zu zittern.
> Aber die Libelle sagte ganz freundlich: „Kind, was ist denn mit Ihnen?"
> „Lassen Sie ihn los!" rief Maja, und in ihre Augen kamen Tränen. „Er heißt Hans Christoph [...] er ist doch ein so netter, sauberer Herr und hat Ihnen, soweit ich weiß, nichts zuleide getan."
> Die Libelle sah Hans Christoph nachdenklich an: „Ja, er ist ein lieber kleiner Kerl", antwortete sie zärtlich und biß ihm den Kopf ab.
> Maja glaubte die Besinnung zu verlieren, so sehr erschütterte sie dieser Vorgang. Sie konnte lange kein Wort hervorbringen und mußte nun voll Grauen die krachenden und knuspernden Laute hören, unter denen der Körper des stahlblauen Hans Christoph über ihr zerlegt wurde. (II, S. 21 f.)

Einige Gründe für das Verschwinden des Autors hinter seinem Text können schon nach dieser kurzen Einführung ins Auge gefasst werden: Sie liegen zum einen in den Bearbeitungen des Stoffes selbst, die hier nicht ausgeführt werden können; am wichtigsten für den Trickfilm, unter den zahlreichen neu eingeführten Figuren, ist sicher der Bienenjunge Willi, Majas Freund. Er ist eine ganz un-Bonsels'sche Figur, ohne die der Stoff aber gar nicht mehr vorstellbar ist. Neben ihm wirkt Maja selbst brav und fast langweilig trotz ihres Muts, ihrer Unvorsichtigkeit, ihres allzu schnellen Enthusiasmus. Der Bremser, Zauderer, Faulpelz, Mäkler Willi mit der markanten Stimme von Eberhard Storeck, der auch die deutschen Dialoge der Serie geschrieben hat, verfügt entschieden über den komplexeren Charakter; die Rezeption hat somit den Stoff selbst dauerhaft verändert (auch die neue Verfilmung wird die Figur Willi fortführen müssen). Ein zweiter möglicher Grund, noch recht vorsichtig und als Frage gestellt: Womöglich hat das Vokabular eine gewisse Distanz zum Autor und seinem Originaltext erzeugt; es mag überzogen klingen, danach zu fragen, wie „völkisch" ein Buch von 1912 ist, andererseits betont die Biene Maja immer wieder die Superiorität des Bienenvolks über die anderen Insekten, und der Folgeband *Himmels-*

---

zu spät in China an, um noch entscheidend ins Geschehen eingreifen zu können, die anderen Kolonialmächte hatten schon ganze „Arbeit" geleistet; die Rede war also hohl und folgenlos. Zum Kontext des Boxerkriegs vgl. z. B. Mommsen 1998, S. 169 f.

volk (1915) trägt das „Volk" ja schon im Titel. Das konnte 1933, um das Mindeste zu sagen, leicht eingemeindet werden – Bonsels' Bücher blieben anschlussfähig, obwohl sie zunächst noch die emanzipatorische genauso wie die autoritäre Lesart zulassen.

2.

Wo sind sie heute noch anschlussfähig, wo ist Bonsels' literarisches Werk überhaupt einzuordnen? Die ausführlicheren Arbeiten über ihn beschränken sich meist auf biografische Kontexte, Spezialinteressen. In Lexika wird er zumeist, neben der *Biene Maja* als Haupttext der Kinder- und Jugendliteratur, als neuromantischer Autor geführt, wenn auch mit stärker weltanschaulichem Anspruch. Er gilt als Erfolgsautor der Zwanziger- und Dreißigerjahre, dem es gelungen ist, eine Gemeinde aufzubauen, die dann offensichtlich nach Kriegsende – unter anderem unter den Antisemitismus-Anwürfen – wieder weggeschmolzen ist, übrig geblieben ist nur die *Biene Maja* mit all ihren Folgen. Die Aura, die Bonsels erfolgreich zu erzeugen suchte, hat Lothar Müller kaum polemisch in einer Würdigung der *Biene Maja* 1986 beschrieben; nach längerer Bonsels-Lektüre notiert er:

> 1. Im Umkreis von Waldemar Bonsels haben stets die großen Worte Vorfahrt vor den kleinen. 2. Ein Hauch von Exotik umgibt diesen Erfolgsautor. Er muß ein Geheimnis haben. 3. Das Geheimnis wird gut gehütet. Es ist eine verborgene Weisheit, man darf sie nur aus der Ferne und ziemlich undeutlich sehen.[11]

Der „Erfolgsautor" betrifft eben nicht nur *Biene Maja*, die in den Fünfzigerjahren eine Million Auflage überschritt, sondern die meisten seiner Bücher. Einige Vergleichszahlen: Die frühe, heute vergessene Erzählung *Das Anjekind* (1913) stand 1927 im 134. Tausend. Einige letzte Auflagen zu Lebzeiten: *Himmelsvolk* (1915), der Folgeband der *Biene Maja*, erreichte die halbe Million Anfang der Fünfzigerjahre, *Indienfahrt* (1916) stand 1951 im 462. Tausend, die *Notizen eines Vagabunden* trotz des Verbots im „Dritten Reich" 1949 im 644. Tausend, der erste Band der Trilogie *Mario, ein Leben im Walde*, betitelt *Mario und die Tiere* (1927), erreichte 1951 das 129. Tausend.[12] Außerdem gibt es noch Novellen, einen frühen Eheroman, einen Kriminalroman, Gedichte, ein Versepos, weltanschauliche Traktate und Verteidigungsschriften; die zehnbändige Werkausgabe, die seine Witwe 1980 zum 100. Geburtstag herausgab, enthält entgegen dem Untertitel „Gesamtwerk" nur eine – obendrein bearbeitete – Auswahl. Mit seinem umfangreichen Werk hat Bonsels sich in einer Fülle von Kontexten, die allesamt von der Literaturwissenschaft noch nicht schärfer betrachtet wurden, obwohl seit den Siebzigerjahren ausdrücklich auch Schema- bzw. Trivialliteratur zum Untersuchungsfeld unseres Faches gehören – falls Bonsels' Arbeiten denn hierhin gehören sollten, hohe Auflagen wecken ja leicht diesen Verdacht. (Bonsels ist allemal auch ein buchwissenschaftliches Thema, nicht nur seiner eigenen Auflagen wegen; er hatte zusammen mit Freunden auch einige Jahre einen eigenen Verlag, in dem die ersten eigenen Arbeiten erschienen, aber auch Arbeiten von Johannes Schlaf, Max Dauthendey, Heinrich und Thomas Mann.)

---

11 Müller 1986, S. 62.
12 Angaben (bis auf *Das Anjekind*) nach Lennartz 1984.

Ich nenne einige dieser Kontexte, welche die weitere Beschäftigung lohnen würden, allein um ein gesichertes Bild dieses Autors zu erhalten. Es gibt immer wieder Biographica, die genauer betrachtet werden sollten; so war Bonsels im Ersten Weltkrieg Kriegsberichterstatter und veröffentlichte 1918 seine Beiträge unter dem Titel *Die Heimat des Todes. Empfindsame Kriegsberichte.* Ich will aber im Folgenden eher entlang einigen der Werke argumentieren: An der *Biene Maja* ist nicht nur die unglaubliche Rezeptionsgeschichte zu rekonstruieren; ein weiteres Thema wäre die Frage nach dem Bild von Natur, das hier geboten wird. Bonsels und sein Freundeskreis interessierten sich ja durchaus für Natur in einem auch wissenschaftlichen Sinn, die Abweichungen von den tatsächlichen entomologischen Kenntnissen der Zeit, die ständigen Anthropomorphisierungen erfolgten durchweg absichtlich; auf besserwisserische Hinweise aus dem Leserkreis soll Bonsels stets gern und spöttisch geantwortet haben, Rotkäppchens Mutter habe sich stundenlang im Bauch eines Wolfes aufgehalten.[13] Was würde ein heutiger Biologe zu Bonsels' Charakterisierung der Wiesenfauna sagen?

Zu anderen Titeln: *Indienfahrt* (1916), von Bonsels ausdrücklich als nicht autobiografischer Text bezeichnet, obwohl er 1903/04 in Indien war und – zunehmend distanziert – für eine evangelische Missionsstation arbeitete, gehört dennoch in die zeitgenössische Indienrezeption etwa Hermann Hesses (*Aus Indien*, 1913; *Siddharta*, 1922) und Hermann Graf Keyserlings, dessen *Reisetagebuch eines Philosophen* 1919 erschien. Angereichert von der eigenen Wahrnehmung des fremden Landes, der fremden Kultur, geht es Bonsels um die Entwicklung eines eigenen religiösen Blicks zwischen Hinduismus und Christentum, der Anspruch ist natürlich immer: eines Blicks *über* den Religionen, der allerdings kaum ausgefüllt, eben nur beansprucht wird. Obwohl nicht deutlich wird, welche Teile rein imaginär sind, lässt sich *Indienfahrt* als abenteuerliches Reisebuch lesen; auch hier hat sich der Autor um eine Mehrfachadressierung bemüht, wenn auch nicht zwischen Kindern und Erwachsenen. Das Werk ist bislang nicht im Zusammenhang der zeitgenössischen exotistischen, speziell Indien aufnehmenden Texte untersucht worden.[14]

Das Gleiche gilt für die immer wieder behauptete Neoromantik Bonsels'. Diese Strömung wird von der Literaturwissenschaft als eine der Gegenbewegungen zum Naturalismus beschrieben, und zweifellos gibt es Berührungspunkte mit Bonsels' Werken: Sein Interesse für das Wunderbare, für (Natur-)Magisches, für das Märchen als Gattung ist evident, Bonsels bezeichnete sogar alle seine Arbeiten einmal als Märchen. Auch Lyrik schrieb er, wenngleich diese Gattung keines der Hauptwerke betrifft. Die Zuordnung stimmt auch nicht ganz; am Mittelalter und an der italienischen Renaissance, an denen die Neoromantiker einen Narren gefressen hatten, hatte Bonsels kein Interesse, die meisten seiner Werke sind in der Gegenwart angesiedelt. Für seine einschlägigen frühen Arbeiten (u. a. *Blut*, 1909; *Der tiefste Traum*, 1911; *Das Anjekind*, 1913) wäre eher danach zu fragen, ob sie nicht der Dekadenzliteratur der Jahrhundertwende stärker verpflichtet sind. Durchweg

---

13 Grieser 1991, S. 168.
14 Der Band zur *Indienfahrt* in den „Ambacher Schriften" befasst sich vor allem mit Einschätzungen des biografischen Kontextes und hermeneutischer Rekonstruktion des Textes selbst. Vgl. Bonsels, Rose-Marie 1990.

sind die Protagonistinnen im hysterischen Paradigma der Zeit überfeinerte, edle, blasse
Mädchen – es kann auch mal ein junger Pfarrer sein – , die in der Folge ihrer Frömmig-
keitserziehung im elterlichen Pfarrhause an der Schwangerschaft sterben oder doch an
deren Verwicklungen. Das *Anjekind* soll zwar besonders naturverbunden sein und verbringt
den Großteil ihres Lebens im Wald, aber auch sie überlebt die Erzählung nicht. Im fünften
Akt stirbt immer eine Frau, hat Alexander Kluge anhand der großen Opern des 19. Jahrhunderts konstatiert; auch in Bonsels' Büchern haben Frauen keine großen Überlebens-
chancen.

Ein großes Thema ist die Frage nach dem Zusammenhang Bonsels' mit den Jugend-
und Reformbewegungen der Jahrhundertwende, mit den Wandervögeln und den Vaganten. Bonsels rückte als 17-Jähriger aus seinem Elternhaus aus und lebte zeitweilig tatsächlich als Vagabund, wenngleich er 1900, mit 20 Jahren, wieder ganz bieder eine Kauf-
mannslehre begann. Mindestens seine lockere Auffassung der Ehe – er war mehrmals
verheiratet, hatte Kinder von (mindestens) drei verschiedenen Frauen und hatte wohl auch
einen recht „lockeren" Umgang mit seinen weiblichen Verehrerinnen – stellt ihn in den
Zusammenhang der Reformbewegungen wie den Künstlern auf dem Monte Verità, die an
freier Liebe ebenso interessiert waren wie an esoterischen Weltentwürfen, freilich auch an
politischer Anarchie, die Bonsels' Sache nicht war. Immerhin will Robert Neumann noch
in den späten Sechzigerjahren Besuch von einer der zahlreichen Bonsels-Witwen erhalten
und sich über ihre Kleidung gewundert haben: „[...] natürlich die burschikose Kleidung
trampender Jugendkultur-Jüngerinnen aus der Vornazi-Vorkriegszeit, [...] meine Besuche-
rin hat einfach seit damals ihre Kleider nicht abgelegt, es ist gespenstisch."[15]

Wie nah stand Bonsels diesen Bewegungen? Was hat er mit der Vagantenliteratur zu
tun, die ja nicht nur im Mittelalter existierte? Es gibt Autoren wie Theodor Däubler oder
Werner Helwig, noch später Walter Kolbenhoff, die durchaus als verspätete Vaganten
betrachtet werden können, auch Peter Hille oder in Wien Peter Altenberg gehörten dazu.
Die ganze Vagantenkultur, die mit dem Rotwelschen in zahlreichen Regionalformen auch
eine eigene Sprache entwickelt hatte, existierte bis nach 1933; die letzten Vertreter starben
in den nationalsozialistischen Konzentrationslagern oder wurden umgebracht wie die
Sinti und Roma auch. Bonsels' Zusammenhang mit dieser Bewegung wäre zu untersuchen,
wenngleich er immer den Eindruck eines Luxusvaganten macht, der eben auch nach Indien kam und dort Häuser, Boote, Koch und Butler mietete. Altenberg und Hille waren
1933 ja längst tot, Werner Helwig allerdings war emigriert. Die Jugend- und Wandervo-
gelbewegung hatte sich 1933 sozusagen geteilt; ein Teil war in den Untergrund oder ins
Exil gegangen, ein Teil war in den entsprechenden NS-Formationen aufgegangen, etwa in
der HJ, es gab auch eine rassistische Nacktkultur, welche die NS-Körperideale verherr-
lichte. In welchem Ausmaß war Bonsels hier nur ein Außenseiter mit mehr oder minder
zufälligen Berührungspunkten? Immerhin wurden die *Notizen eines Vagabunden* (1917)
im Nationalsozialismus verboten.

Das alles sind recht große Gebiete; immer wieder aber kommt man zur Gretchenfrage
des deutschen 20. Jahrhunderts (die sich bei Bonsels tatsächlich etwas mit der ursprüngli-

---

15 Neumann 1968, S. 355.

chen Gretchenfrage verknüpft): Wie hältst du's mit dem Nationalsozialismus? Wie viele Kompromisse waren überlebensnotwendig, war Bonsels als Nicht-Emigrant darauf angewiesen, weiterhin veröffentlichen zu dürfen? Immerhin war er ein Erfolgsautor, fast keines seiner Bücher wurde verboten, auch über ihn wurde weiterhin geschrieben, nicht nur in der Tagespresse, auch ganze Studien.[16] Ich zitiere abermals Robert Neumann, der das „Penina"-Kapitel von Bonsels' *Aus den Notizen eines Vagabunden* parodiert hatte: „Wir waren Freunde gewesen; als Hitler kam, veröffentlichte er einen Aufsatz ‚Warum ich Antisemit bin', von dem hörte ich und verlangte von ihm einen Abdruck, er schrieb: ‚Ihr Banditenüberfall mit vorgehaltenem Revolver aus dem Dickicht der Wiener Opposition gegen das Reich Adolf Hitlers wird mich nicht dazu veranlassen, die Börse meiner Veröffentlichung darzureichen.'"[17]

3.

Wie antisemitisch war Waldemar Bonsels? Ich komme zum letzten Teil dieses Beitrags, zum schwierigsten; offenbar wurden einige Arbeiten von Bonsels nach 1933 verboten, im Anschluss versuchte er, seine Position zu erklären, mit zum Teil fragwürdigen Mitteln, um zu zeigen, was er doch für ein guter Antisemit sei – so stellt sich die Sachlage beim ersten Blick dar, so ist es in Überblicksdarstellungen immer wieder einmal zu lesen. Das ist nicht ganz falsch, aber die Angelegenheit ist doch um einiges komplexer und auch nicht leicht zu recherchieren, es gibt zudem noch einige Unklarheiten; ich kann in diesem Rahmen nur einen ganz kurzen Abriss geben. Bonsels galt den Funktionären der NSDAP zeitweise als ein Autor eines „Zwischenreichs", der nicht ganz dazugehörte, aber auch kein Gegner war (wie Andres, Bergengruen, Horst Lange u. a.).[18] 1935 wurden sechs Bücher Bonsels' indiziert, 1938 stand er nicht mehr auf der Liste, im „Hinblick auf die gute Auslandswirkung"[19]. Bonsels' publizistische Tätigkeit im „Dritten Reich" ist noch nicht systematisch untersucht, wenn Robert Neumanns Hinweis auf einen Antisemitismus-Artikel stimmt, wird es noch andere dieser Art geben. Bonsels' 60. Geburtstag 1940 wurde in der Tagespresse durchaus gefeiert, er schrieb für ein Buch von Hanns Johst, der Präsident der Schrifttumskammer war, ein Geleitwort, 1944 einen Artikel über den „Haß der Entheimateten. Über die Stellung Amerikas in diesem Kriege"[20], hinzu kommt die antisemitische Einleitung zu einer Novalis-Ausgabe.[21] Johst scheint ihm zu Veröffentlichungen, mindestens auch zu einer öffentlichen Lesung verholfen zu haben,[22] es gibt außerdem Korrespondenzen mit Kolbenheyer und Blunck im Nachlass – allerdings erst aus den Jahren nach

---

16 Z. B. Bulgrin 1941.
17 Neumann 1968, S. 354. – Die Parodie *Pennora. Nach Waldemar Bonsels* ist erschienen in Neumann 1929, S. 121–123.
18 Barbian 1995, S. 289.
19 Ebd., S. 411.
20 Müller 1986, S. 74.
21 Novalis 1942.
22 Vgl. die schmale Korrespondenz zwischen Bonsels und Johst im Bonsels-Nachlass in der Monacensia (WB B 998) 1938 und 1943.

1945. (Das heißt noch lange nicht, dass es vor 1945 keine gegeben hat, im Nachlass sind auffällig wenige Korrespondenzen aus der Zeit des Nationalsozialismus erhalten.)

Am aufschlussreichsten ist aber der Roman *Dositos. Ein mythischer Bericht aus der Zeitwende*. Von diesem Roman hat Bonsels 1942 100 Exemplare als Privatdruck herstellen lassen – eingedruckt ist die Jahreszahl 1943 – und signiert an Freunde und eben auch einige NS-Größen verteilt (daher die gelegentlich zu lesende Legende, er habe den Roman dem Innenminister Wilhelm Frick gewidmet – das hat er nicht, aber er hat auch Frick ein Exemplar geschenkt). Die Aktion sollte die reguläre Veröffentlichung des Romans ermöglichen, das ist Bonsels aber nicht gelungen. Stattdessen erschien die erste Buchhandelsausgabe 1948 (eingedruckt: 1949) unter dem mit dem Privatdruck identischen Titel *Dositos. Ein mythischer Bericht aus der Zeitwende* im Corona Verlag in Neustadt (Haardt), in der französischen Zone. In der amerikanischen Zone konnte der Roman zunächst als antisemitisch nicht erscheinen, wie auch das folgende Bändchen *Runen und Wahrzeichen* (1949); es gab eine kleinere öffentliche Debatte, der Roman wurde auch öffentlich als antisemitisch angegriffen, Bonsels antwortete in einer kleinen Broschüre auf die Vorwürfe (*Randbemerkungen zu einer Kritik über „Dositos"*, 1950). Bonsels überarbeitete den Text für die spätere Ausgabe, wenn auch nur in bescheidenem Ausmaß; er fügte ein Kapitel ein und strich das Geleitwort am Anfang. Darin hatte er (1942) das Anliegen seines Romans erläutert; er wolle „ein inneres Bild der Gestalt Christi" darstellen, „wie es, meiner Ansicht nach, den Menschen seiner Zeit erscheinen mußte, und wie es, meiner Überzeugung nach, gewesen ist"[23]. Er setzt fort:

> Die allmenschliche und geschichtliche Aufgabe, die mir diese Arbeit im Zusammenhang mit allem stellte, was ich bisher veröffentlicht habe, lag in dem Versuch, diese erhabene Gestalt unabhängig von der jüdischen Auffassung und von der zweitausendjährigen Entstellung zu sehen, die ihr dadurch widerfahren ist.
> Wenn ich dieses Vorhaben und seinen Hergang erwähne, so will ich damit nicht aussagen, daß das vorliegende Buch eine Tendenz habe, wohl aber wird sich eine Folge einstellen, und sie ziehe ich in Betracht. Diese Folge wird in der Welt eine Bekräftigung des Antisemitismus sein, eine Entfesselung der Seelen aus der Zwischenmacht der jüdisch-christlichen Kirche, und ein freier Blick auf die Gestalt Christi, der kein Jude war, sondern ein Galiläer.
> Der gewaltige und gewaltsame Anstoß, der auch auf diesem Gebiet durch Adolf Hitler in die Welt getragen worden ist, erschütterte nicht nur das Judentum, sondern naturgemäß zugleich alles, was in der christlichen Kirche am Judentum krankt, und das ist mehr und viel Entscheidenderes, als die meisten Menschen, selbst heute noch, wissen und wahr haben wollen.[24]

Ich breche hier ab; „selbst heute noch", das heißt 1942: heute, wo die Vernichtungslager in Osteuropa auf Hochtouren arbeiten; „mehr, als die meisten Menschen wahr haben wollen", weil die meisten sich alle Mühe geben, entschlossen wegzusehen (soweit sie nicht

---

23 Bonsels, Waldemar 1943, S. 7.
24 Ebd., S. 7 f.

ohnedies beteiligt sind am Holocaust). Das ist unerträglich, und eine beliebte Entschuldigung für solche Geleitworte ist, sie zur rhetorischen Pflichtübung zu erklären – schließlich wollte der Autor vom Regime etwas erreichen, nämlich den Druck seines Romans, und er hat ja in der 1948er-Ausgabe diese Einleitung weggelassen. Bloße Zweckrhetorik also?

Leider ist es damit nicht getan. Der Protagonist des Romans, der wohlhabende Grieche Dositos, ist ein Antisemit, der gefesselt ist von der Erscheinung Jesu. Er führt ein paar weltanschauliche Diskussionen mit Pilatus, Barabbas, Oberpriestern, seiner Haussklavin, und schließlich wird er bei der Gefangennahme Barabbas' von einem römischen Soldaten umgebracht. Es ist eine Zeit der „politischen Wirren und völkischen Kämpfe".[25] Jerusalem ist eine „Hochburg der mosaischen Gesetzgebung, die die Juden, wie kein anderes Volk der bewohnten Erde, mit einem Fanatismus behaupteten, der bis in alle Gebiete der staatlichen und völkischen Fügungen drang" (S. 13 f.). Dositos selbst hat in Barabbas einen Gefolgsmann mit einem „fanatischen Glauben an dessen Führereigenschaften" (S. 22), auch die Juden haben ihre „politischen und völkischen Parteien [...] und ihre Führer" (S. 251). Jesus selbst ist alles andere als ein Friedensfürst oder ein guter Hirte, er ist ein „neuer Menschentyp" (S. 106), der sich erst „durch Ströme von Jammer und Blut" (S. 106) vollenden wird. Der „Galiläer", wie er beharrlich genannt wird, bringt nicht Frieden, „sondern die Entscheidung" (S. 129), er dekretiert, die Toten sollten ihre Toten begraben (S. 130), ein tatsächlich neutestamentarischer Satz, der im NS-Zusammenhang sehr eigenartig klingt. Dabei ist Jesus selbst zwar „auffällig hart und leidenschaftlich", aber offensichtlich kein Faschist, ist *er* doch „keinesfalls fanatisch" (S. 315). Auf diese Weise ließen sich lange Zitate montieren, die Beispiele sollen genügen – „völkisch" ist ein häufiges Adjektiv. Alle diese Zitate stammen aus der 1948er-Ausgabe; Bonsels befand es nicht für nötig, seine Sprache in der Überarbeitung etwas schärfer anzusehen. Der Roman lässt sich in seinen weltanschaulichen Debatten als Versuch lesen, eine philosophische Begründung für den Antisemitismus zu finden – der alte Mensch habe sich mit den antiken Griechen vollendet, ein bisschen Nietzsche-Klischee vom Apollinischen mag man durchhören, und mit Jesus beginnt der neue Mensch, den die Juden, die höhnisch als auserwähltes Volk bezeichnet werden (S. 106), in ihrer Beschränktheit nicht erkennen können. Wenn man allerdings die Bonsels-Werkausgabe nach den entsprechenden Passagen durchsucht (1980, Band X), findet sich dort ein anderes Buch – die Witwe hat versucht, alle einschlägigen Stellen zu streichen, zu überarbeiten, sie spricht in ihrem Geleitwort zur Ausgabe euphemistisch von „gelegentliche[n] Textstraffungen", von denen sie „zuversichtlich" hofft, „dieses Aufgabe in seinem [Bonsels'] Sinne gelöst zu haben" (I, S. 7). In Bonsels' Nachlass finden sich zahlreiche Briefe aus den Vierzigerjahren, die sich zu den Antisemitismus-Anwürfen und *Dositos* äußern; auch hier unterscheidet sich die Terminologie nicht von der vor 1945, etwa in einem Brief an den Abendland-Verlag (vom 6. Januar 1948):

> Es hiesse jedem Problem, jedem Kampfeswillen zu geistiger Klarheit und ordnender Vernunft den Lebensnerv zu nehmen, wenn man der Erörterung der Probleme, auf der Hochebene meiner Spekulation, das Recht nähme. [...] In diesen Dingen

---

25 Bonsels, Waldemar 1949, S. 9; künftig Seitenzahlen nach dieser Ausgabe in Klammern.

ist das letzte Wort noch nicht gesagt und ich fürchte, dass es für das Judentum ein zweischneidiges Schwert wird, wenn man eine rechtliche und besonnene Beschäftigung mit dem jüdischen Problem schlechthin als Antisemitismus hinstellt.[26]

Bonsels geht sogar so weit, eine neue jüdische Verschwörung, nun gegen seinen Roman (!), zu wittern, er glaube nicht an ein amerikanisches Verbot, schreibt er, „sondern nur an ein jüdisches". Er habe weder der Partei noch einer ihrer Gliederungen angehört, und man könne seine „Spekulationen wirklich nur in böser, entstellender Absicht" in den „niedrigen Antisemitismus der Partei" einreihen.[27] Bonsels pflegte also sozusagen einen „höheren" Antisemitismus. Daran zeigt sich, dass dieser Autor kein Opportunist war, er konnte nicht sofort wieder ganz umschwenken, sondern er führte Rückzugsgefechte, versuchte zu begründen, warum er sich von dem massenmörderischen Regime unterschieden habe, beharrte aber darauf, er setze sich mit dem Judentum nicht als Antisemit auseinander, sondern sozusagen als Religionsphilosoph. Es scheint genügend Antisemiten dieser neuen Art gegeben zu haben; der Corona Verlag druckte *Dositos* vor dem Bankrott infolge der Währungsreform in einer Auflage von 30.000 Stück. Skandalös an diesen Äußerungen Bonsels' ist vor allem der Duktus des Unbelehrbaren, in der Sprache des „Dritten Reiches" setzte er einen Diskurs fort, ohne zu erkennen, dass er in dieser Weise nicht mehr fortzuführen war.

Vielleicht hatte Stefan Raab also doch recht, als er meinte, man hätte doch schon nach der ersten Folge der Trickfilm-*Maja* ahnen können, was es mit dem Schöpfer dieser Figur auf sich hatte; in seiner Unterhaltungssendung *TV total* zeigte er zum 50. Todestag von Waldemar Bonsels eine Montage der Biene mit Hitlerbärtchen und akustisch unterlegter Hitlerrede, gefolgt von marschierenden Ameisensoldaten und Bienenheeren im Kampfflug[28] (um doch noch eine weitere schräge Rezeption der *Biene Maja* zu erwähnen). Damit ist das Spektrum einigermaßen skizziert; am besten durchführbar wäre dieses Forschungsprogramm in Zusammenarbeit mit der Bonsels-Stiftung sowie dem Ziel, eine Ausstellung zu erarbeiten und für den Katalog Theologen, Biologen, Historiker, Buchwissenschaftler, Germanisten an die jeweiligen Spezialthemen zu setzen. Das ist für das 100-Jahr-Jubiläum der Biene, zusammen mit dem Münchner Literaturhaus, geplant.

Literatur

Barbian, Jan-Pieter: Literaturpolitik im „Dritten Reich". Institutionen, Kompetenzen, Betätigungsfelder. München: dtv 1995.

Bonsels, Rose-Marie (Hrsg.): Menschenbild und Menschenwege im Werk von Waldemar Bonsels. Wiesbaden 1988 (= Ambacher Schriften 4).

Bonsels, Rose-Marie (Hrsg.): Indien als Faszination. Stimmen zur *Indienfahrt* von Waldemar Bonsels. Wiesbaden 1990 (= Ambacher Schriften 6).

Bonsels, Waldemar: Dositos. Ein mythischer Bericht aus der Zeitwende. München: Münchner Buchverlag 1943.

---

26 Nachlass Bonsels in der Monacensia, WB B 1666.
27 Ebd., Brief an den Abendland-Verlag, 20. 2. 1948.
28 URL: http://www.youtube.com/watch?v=WaeXm2hYx_0&feature=related [1. 7. 2010].

Bonsels, Waldemar: Dositos. Ein mythischer Bericht aus der Zeitwende. Roman. Neustadt (Haardt): Corona 1949.

Bonsels, Waldemar: Wanderschaft zwischen Staub und Sternen. Gesamtwerk, hrsg. von Rose-Marie Bonsels. München/Wien: Langen-Müller 1980, 10 Bde.

Bulgrin, Reinhold: Waldemar Bonsels. Ein deutscher Dichter. Berlin 1941.

Delvaux, Peter: Waldemar Bonsels. In: Enklaar, Jattie/Ester, Hans (Hrsg.), unter Mitarbeit von Evelyne Tax: Im Schatten der Literaturgeschichte. Autoren, die keiner mehr kennt? Plädoyer gegen das Vergessen. Amsterdam/New York: Editions Rodopi 2005, S. 129–133.

Grieser, Dietmar: Von Ameisen, Bienen und Hornissen. Waldemar Bonsels: *Die Biene Maja und ihre Abenteuer*. In: ders.: Im Tiergarten der Weltliteratur. Auf den Spuren von Kater Murr, Biene Maja, Bambi, Möwe Jonathan und anderen. München: Langen-Müller 1991, S. 156–170.

Hohlfeld, Johannes (Hrsg.): Dokumente der deutschen Politik und Geschichte von 1848 bis zur Gegenwart. Ein Quellenwerk für die politische Bildung und staatsbürgerliche Erziehung. Bd. 2: Das Zeitalter Wilhelms II. 1890–1918. Berlin/München o. J.

Horn, Elfriede: Nicht nur Vater der *Biene Maja*. Waldemar Bonsels. 21. 2. 1880–31. 7. 1952. In: Dies.: Geehrt – geliebt – vergessen? Begegnungen mit 38 Dichtern. Melsungen 1985, S. 39–42.

Karrenbrock, Helga: Tagträume und Kinderwünsche. Die *Biene Maja* und ihre mannigfaltigen Brüder und Schwestern. In: Römhild, Dorothee (Hrsg.): Die Zoologie der Träume. Studien zum Tiermotiv in der Literatur der Moderne. Opladen: VS 1999, S. 152–169.

Lennartz, Franz: Deutsche Schriftsteller des 20. Jahrhunderts im Spiegel der Kritik. 3 Bde. Bd. 1, Achleitner–Gurk. Stuttgart: Kröner 1984, S. 214–217.

Mommsen, Wolfgang: Das Zeitalter des Imperialismus. Augsburg: Weltbild 1998 (= Weltbild Weltgeschichte, Bd. 28).

Müller, Lothar: Die Biene Maja von Waldemar Bonsels. In: Weil, Marianne (Hrsg.): Wehrwolf und Biene Maja. Der deutsche Bücherschrank zwischen den Kriegen. Fulda: Fachbibliothek 1986, S. 56–75.

Neumann, Robert: Pennora. Nach Waldemar Bonsels. In: ders.: Mit fremden Federn. Stuttgart: Engelhorn 1929, S. 121–123.

Neumann, Robert: Vielleicht das Heitere. Tagebuch aus einem andern Jahr. München/Wien/Basel: Desch 1968.

Novalis: Der Hüter der Schwelle. Von Weisheit und Liebe in der Geisteswelt des Novalis, ausgewählt und eingeleitet von Waldemar Bonsels. München: Münchner Buchverlag 1942.

Wrobel, Dieter: Vergessene Texte der Moderne wiedergelesen. Waldemar Bonsels: *Die Biene Maja und ihre Abenteuer*. In: Literatur im Unterricht. Texte der Moderne und Postmoderne in der Schule 3 (Dezember 2006), S. 243–256.

Kinder machen Bücher – ein Kind, das schreibt, liest

Birgit Schulze Wehninck

Die Arbeit mit Kindern und Jugendlichen

In Buchkinder Leipzig e. V. – einer Buch- und Schreibwerkstatt für Kinder und Jugendliche im Alter von 4 bis 18 Jahren – entwickeln Jungen und Mädchen ihre Geschichten zu eigenen Büchern. Sie überlegen und diskutieren ihre Idee, schreiben sie auf, illustrieren, setzen und drucken, bis die bunten Produkte ihrer Fantasie gebunden zwischen Buchdeckeln vorliegen. Die Besonderheit der Buchkinder-Arbeit besteht neben dem freien und selbstständigen Arbeiten in der Einbindung der Kinder und Jugendlichen in alle Prozesse des Büchermachens, vom ersten Strich auf dem Papier bis hin zur Präsentation ihres eigenen Buches, das in originalgrafischen Kleinstauflagen in der Buchkinder-eigenen Werkstatt hergestellt wird. Vertrieben werden die Bücher über den eigenen Verlag im Online-Shop, auf Festen, Märkten und Buchmessen. Buchkinder wachsen mit ihren Büchern. Sie übernehmen Verantwortung und entwickeln neben Kreativität und kommunikativen Fähigkeiten auch soziale Kompetenz. Ein eigenes Buch macht stolz.

Obwohl bei der Buchkinder-Arbeit in erster Linie das Büchermachen im Fokus steht, ist es nahe liegend, Streifzüge in benachbarte Disziplinen der Kunst und Kultur zu unternehmen. So geschehen ist dies mit der Entwicklung eines Hörspiels zu einem Buchkinder-Buch (*Wolf Max*, nach dem Buch von Caroline Vossberg), mit Tonbandaufnahmen von Buchkinder-Texten zum Hörbuch oder bei der Animation von Buchkinder-Büchern zum Trickfilm (*Die Maus Tim* von Wyra Riday) sowie mit der Inszenierung szenischer Lesungen (*Dornröschen* als szenische Lesung, Papiertheater *Bild dir was ein*).

Die geografische Ausdehnung in der Stadt Leipzig

Mit der Nachfrage nach weiteren Kursen und dem Bewusstsein, die Kinder jeweils vor Ort erreichen zu wollen, hat sich im Laufe der vergangenen Jahre ein Buchkinder-Netz – verteilt über die Stadt Leipzig – gesponnen. Der Verein betreibt Werkstätten in drei verschiedenen Stadtteilen, in der Südvorstadt, in Lindenau und im Leipziger Osten im Grafischen Viertel. Letzterer gilt als Hauptstandort mit zusätzlichen Werkstätten für die Buchherstellung und die Koordination des bundesweiten Netzwerkes Buchkinder. Insgesamt erreicht der Verein durchschnittlich 180 Kinder und Jugendliche in fünf Stadtteilen wöchentlich, die Kooperationen (Schule/Hort/Kindergarten) eingeschlossen.

Buchkinder-Netzwerk im deutschsprachigen Raum – weitere Buchkinder-Standorte

Über die Messeauftritte in Leipzig und Frankfurt und die Internetpräsenz hatte der Verein seit seiner Entstehung eine überregionale öffentliche Plattform. Es gab viele Nachfragen, ob eine solche Arbeit nicht auch in anderen Orten umgesetzt werden könne. Mit Unterstützung der Bundeskulturstiftung konnten wir die Idee der Wanderausstellung mit begleitendem Seminarprogramm im Jahr 2005 erstmalig realisieren. Mit den Ergebnissen aus dem Beratungsstipendium des „Startsocial"-Wettbewerbs zum Thema Bundesweites Netzwerk kam der Verein 2005 in die Endauswahl.

Sechs Jahre Wanderausstellung und Seminarprogramm zeigen nun erste Erfolge. Neben Leipzig haben zehn weitere Buchkinder-Werkstätten in verschiedenen Städten den Anfang gemacht. Diese sind: Aachen, Berlin, Dresden, Frankfurt, Gütersloh, Halle a. d. Saale, Höxter, Mainz, München und Weimar. Mit seiner Ausstellung und dem Seminarprogramm war der Verein ebenfalls im Ausland präsent, in Neapel, Nairobi und Johannesburg. So gewinnt die Vereinstätigkeit zunehmend an überregionaler Bedeutung. Dabei sind alle Initiativen durch Personen getragen, die aus den Buchkinder-Seminaren heraus die Buchkinder-Idee vor Ort umsetzen wollen. Später organisieren sie sich dann gegebenenfalls als Verein. Lediglich im ersten Jahr gab es für die Wanderausstellung und das Seminarprogramm finanzielle Unterstützung von der Kulturstiftung des Bundes. Danach hat sich die Wanderausstellung als Selbstläufer entwickelt, das heißt: Die Einladenden finanzieren die Wanderausstellung über eigene Mittelakquise jeweils vor Ort.

Kultur- und bildungspolitische Arbeit

Wir verstehen unsere Arbeit als Bildungsarbeit und nutzen verschiedene Möglichkeiten, auf unsere Form der kulturellen Bildung aufmerksam zu machen bzw. sie zu diskutieren, soweit die Zeit es zulässt. Beispiele hierfür sind die Podiumsdiskussionen zu den Buchmessen in Leipzig, selbstverständlich unter Einbeziehung der Kinder und Jugendlichen („Wege zum Lesen", 2005; „Unterwegs sein – unterwegs zu sich", 2006; Bild dir was ein – die Buchstadt Leipzig und die jüngste Generation, 2007; Das Buch im Kindergarten – frühkindliche Bildung, 2008), die aktive Teilnahme an der arbeitsmarktpolitischen Konferenz (Dezember 2007), Vorträge, beispielsweise im Rahmen des Kolloquiums zur „Leseförderung im Kindergarten- und Grundschulalter" eines Kongresses der Universität Erlangen zur frühkindlichen Bildung (2008), die Beteiligung an der Ringvorlesung im Wintersemester 2008/2009 der Universität Leipzig zum Thema Buchstadt sowie die Funktion als Impulsgeber im Workshop zur Fachkonferenz „Kulturelle Bildung an Ganztagsschulen" (2008) in Berlin.

Der Teufel kam
in Geschtalt
eines risigen Risen
mit Hörnern.

Arbeitsfelder für Absolventen der buchrelevanten Studiengänge der Stadt Leipzig – Lernort für Kinder wie Erwachsene

Mit unseren Buchkinder-Werkstätten sind wir in der Lage, für Absolventen buchrelevanter Studiengänge und Ausbildungsstätten in Leipzig entsprechende Arbeitsfelder zu bieten. Über das Ehrenamt oder mit Unterstützung der ARGE als AB-Maßnahme konnten wir junge Akademiker der Universität Leipzig (Buchwissenschaft), der HTWK (Verlagsherstellung) und der HGB (Buchgestaltung) in die Buchkinder-Arbeit einbinden und somit ihr Potenzial in der Stadt Leipzig halten.

Lernen funktioniert bei Kindern wie auch Erwachsenen über das Ausprobieren. Die Arbeit des Vereins übt gerade auf junge Erwachsene eine große Faszination aus. Wöchentlich erhalten wir Anfragen nach einem Praktikumsplatz oder nach einer ehrenamtlichen Mitarbeit. So arbeiten bei uns junge Erwachsene mit unterschiedlichem Entwicklungshintergrund: Es sind Schüler, Schulabbrecher, junge Erwachsene zwischen Schule und Ausbildung, Studenten und Absolventen. Das Projekt Buchkinder ist in Entwicklung. Wachstums- und Änderungsprozesse bieten viele Möglichkeiten, sich einzubringen, sich zu erproben, sich (neu) zu orientieren. Die Buchkinder-Struktur verlangt und ermöglicht eigenständiges Mitdenken und selbstständiges Arbeiten. Sich eigene Arbeitsfelder erobern zu können, Spuren zu hinterlassen – das sind Schätze, prägende Arbeitserfahrungen. Es gibt vielfältige praktische Weiterbildungsmöglichkeiten in den Werkstätten der Buchkinder. Dabei stehen erfahrene Erwachsene für praktische Tipps zur Verfügung. Die Buchkinder-Seminare geben komplexere Anleitung und die Chance, die Kontakte, das Netzwerk der Buchkinder zu nutzen.

Kultur im Stadtteil

Buchkinder sind „Hauswächter", „legale Hausbesetzer", und tragen damit zur Belebung des unmittelbaren Stadtumfeldes bei, das sie erforschen und hinterfragen. Buchkinder sind als Geschichtenschreiber unterwegs, treten dabei auch mit Erwachsenen in Interaktion und versuchen zu begreifen, was sich ihnen darstellt. Ob für die Werkstätten oder den temporären Weihnachtsverkauf, den jetzigen Buchladen oder aktuell das Kindergartenvorhaben – die Belebung leerstehender Räume durch die Buchkinder erfolgte stets zum Vorteil aller Beteiligten (Verein, Eigentümer, Umfeld). Die Entwicklung der Buchkinder-Arbeit war/ist nur möglich im Zusammenhang dieser Konstrukte. Der Verein ist hierdurch in der Lage, ungenutzte Räume mit ungenutzten Fähigkeiten zu beleben. Hier sind nicht nur die Kinder und Jugendlichen gemeint, sondern auch die vielen Ehrenamtlichen und über ABM Beschäftigten, die in den Buchkinder-Werkstätten Lern- und Ausbildungsorte finden.

Arbeit im Lebensumfeld der Kinder und Jugendlichen ist generationenübergreifend

Seit Jahren schon kooperiert der Verein mit der Nachbarschaftsschule Leipzig, gegründet in der Bürgerbewegung des Jahres 1989 mit dem Ziel, sich als Schule nach außen zu öffnen. Nach dem Motto „Raus in die Nachbarschaft" begeben wir uns mit den Kindern immer wieder auf Spurensuche in den Stadtteil. Zeitzeugenbefragungen, Interviews, fotografische Dokumentationen oder themenbezogene Spaziergänge durch den Stadtteil bilden den Ausgangspunkt. Es entstehen eigene Texte und Bilder durch die Kinder und Jugendlichen. Das Erzählen von Geschichten durch kundige Erwachsene vor Ort – Historiker, Architekten, Anwohner etc. – macht kulturhistorische Zusammenhänge auch für Kinder begreifbar. Dabei ist es wichtig, immer wieder den Kontext zur Lebenswelt der Kinder und Jugendlichen herzustellen. Alltäglichkeiten können beim genaueren Betrachten durchaus als Phänomen entdeckt werden. Das einfache Detail wird zum Besonderen. Die Kinder sind die Entdecker. Sie identifizieren sich sowohl mit der Kulturgeschichte des Stadtteils als auch mit der sie umgebenden Alltagswelt. Die Kinder fühlen sich in die Erzählungen hinein, sie interpretieren das Gehörte vor dem eigenen Erfahrungshintergrund, sie erfinden neu. Hier beginnt der künstlerische Schaffens- und Verstehensprozess.

Entstanden sind in der Buchreihe Sagenhaftes Lindenau: Von Tauchscher Knürzeln und anderen wichtigen Sachen. Kindheit im Leipziger Westen (2004), Sagenhafte Orte (2006), Au Backe Grauwacke – Karl Heine und sein Kanal (2007), Markttreiben (2008), Lützner Straße 39 (2008–2010).

Im Leipziger Osten – neben Lindenau ebenfalls ein Stadtteil mit besonderem Entwicklungsbedarf – soll durch eine ähnliche Arbeitsweise ebenfalls eine Buchreihe *Ruf des Ostens* entstehen. Begonnen haben wir in Kooperation mit dem Hort der Wilhelm-Wander-Schule im Frühjahr 2008 mit dem Buchprojekt: *Feste Feste Feiern*, das zum Ende des Jahres mit dem fertigen Buch und einer Ausstellung abgeschlossen werden soll.

Der Buchkindergarten

Seit Jahren setzen wir das Buchkinder-Konzept auch im Bereich der frühkindlichen Bildung in Zusammenarbeit mit Kindergärten um. Diese Erfahrungen sollen in einem eigenen Kindergarten aufgehen. Der Buchkindergarten mit 100 Kindern soll Ende 2011 eröffnen. Dabei spielt das Vorhaben Buchkindergarten auch aus stadtentwicklungspolitischer Sicht eine tragende Rolle in einem durch ehemalige Industrieproduktion geprägten Stadtteil. Dieses ist Konsens der von Bürgern initiierten und ämterübergreifenden Workshops zur Blockentwicklung der Josephstraße und des heutigen Bildhauerviertels. Bildungspolitisch betrachtet, stellt der Buchkindergarten für den Verein die Möglichkeit dar, sein einzigartiges kulturpädagogisches Konzept im Bereich der frühkindlichen Bildung umzusetzen und damit auch die Pflichtaufgabe einer Stadt zu übernehmen. Die gesamte Entwicklung des Blocks Josephstraße und der Nachbarschaftsgärten in Lindenau machen den Ort als Lern- und Experimentierort interessant. Es werden einerseits reformpädagogische Ansätze in der Praxis erprobt, andererseits auch soziale Lernprozesse hinsichtlich der Aneignung von Raum durch die Neubesetzung eines ehemaligen Industriestandortes angeschoben. Es kann eine Art Zentrum des Lernens entstehen, in dem Praxis gelebt und dokumentiert wird.

Ganztägiges Lernen – Abbau sozialer Unterschiede

Die Buchkinder sind mit drei Werkstätten fest verankert in drei verschiedenen Stadtteilen, zwei davon befinden sich in Stadtteilen mit besonderem Entwicklungsbedarf (Lindenau und der Leipziger Osten). Unser Angebot umfasst ein offenes Kursprogramm an den

Nachmittagen einerseits. Andererseits kooperieren wir mit Kindergärten und zunehmend mit Schulen, um möglichst vielfältig mit Kindern und Jugendlichen arbeiten zu können – unabhängig von ihrem sozialen Status oder Bildungsumfeld. Die PISA-Studie bescheinigt: Das deutsche Bildungssystem kann soziale Unterschiede nicht auffangen. Wer aus gehobener sozialer Schicht kommt, hat deutlich bessere Bildungschancen. Das bestehende dreigliedrige Schulsystem manifestiert diese Entwicklung. Initiativen wie „Kinder zum Olymp" haben deutlich gemacht, was für eine wichtige Rolle der kulturellen Bildung beim Gelingen des Aufwachsens von Kindern und Jugendlichen spielt. Kulturelle Bildung trägt über das Fachliche hinaus wesentlich zur kognitiven und psychosozialen Entwicklung und zur Entwicklung der Persönlichkeit bei. Von vielen wird die Ganztagsschule als eine Chance gesehen, kulturelle Bildung in der Schule zufriedenstellender zu verwirklichen, als dies bisher im engen Korsett von 45-Minuten-Einheiten möglich war. Wir engagieren uns in diesem Zusammenhängen und sind eingeladen, unsere Erfahrungen zur Fachkonferenz „Kulturelle Bildung an Ganztagsschulen" im November 2010 in Berlin vorzustellen.

Den eigenen Ausdruck finden – Lese- und Schreibförderung

Nach PISA und anderen Studien beherrscht etwa jedes fünfte Schulkind die Fähigkeit des sinnerfassenden Lesens nicht. Es gibt große Defizite bei der Schreibkompetenz und der Fähigkeit, sich auszudrücken. Doch Lesen und den eigenen Ausdruck finden sind lebenswichtig! Denn: Wer liest, wer vorliest, kann am gesellschaftlichen Diskurs teilnehmen. Die

Stiftung Lesen initiierte zahlreiche Lesepatenschaften, sie wählt den Weg über das Vorlesen. Die Buchkinder haben einen anderen Ansatz. Ein Kind, das selbst schreibt, liest für sich, und es liest anderen vor. Das gegenseitige Vorlesen eigener Texte in den Buchkinder-Arbeitsgruppen schult die Kritikfähigkeit untereinander und natürlich die Sozialkompetenz. Wer gelernt hat, sich auszudrücken, das eigene Produkt – das eigene Buch – nach außen zu vertreten, wird sich auch künftig selbstbewusst und aktiv in die Gesellschaft einbringen, wird in der Lage sein, sich auszubilden, sich weiterzubilden, lustvoll ein Leben lang zu lernen.

ICH HAISE JANKA.
ICH HABE PLAUE AUGEN
UND PLONDE HARE.
ICH BIN 6 JARE ALD
UND GEIN DI VORSULE
ICH KAN ALE BUCHSTABEN
SCHRAIBEN.
SEIT EINEM HALBEN JAR
GE ICH ZU DEN BUCH KINDERN.

Buchkinder-Arbeit – Lernen „wirklich und in echt"

Kinder wie Jugendliche ernst zu nehmen heißt für uns, ihre Arbeiten zu veröffentlichen, Podien zu schaffen, damit sie sich mit ihren Gedanken sowohl Gleichaltrigen stellen als auch in der Erwachsenenwelt behaupten können. Dazu werden die Bücher in der Buchkinder-eigenen Manufaktur in kleinen Auflagen hergestellt, denn um ein Buch herumreichen zu können, braucht es mehr als ein Exemplar. Die Kinder sind in die vielfältigen Arbeitsprozesse rund um das Buch eingebunden. Als Verfasser von Bild und Text, im handwerklichen Prozess des Druckens und Buchbindens bis hin zum Vertrieb ihrer Werke sind Buchkinder aktiv und kreativ dabei. Zusammenhänge werden sichtbar.

Auch problematische Seiten dieses kleinen Betriebs bleiben ihnen dabei nicht verborgen. Denn unsere Arbeit findet nicht in einer geschlossenen Gesellschaft statt. An öffentlichen Veranstaltungen – etwa Lesungen auf den Buchmessen Leipzig und Frankfurt – stellen die Buchkinder ihre eigenen Bücher vor. Auch in kleinerem Rahmen wie während der Lindenauer Nacht oder bei der monatlichen Lesung in der eigenen Buchkinder-Verlagsbuchhandlung haben die Buchkinder die Möglichkeit, ihre frischen oder auch kritischen Gedanken zu präsentieren. Dabei erleben sie, wie ihre eigenen Bücher aufgenommen werden und dass die Buchkinder ein Teil einer riesigen Bücherwelt um sie herum sind. So manches Buchkind hat diese Erkenntnis zu der Einsicht gelangen lassen, vielleicht doch kein echter Schriftsteller werden zu wollen, weil „die ja davon leben müssen, dass sie anderen gefallen".

ABER ES GIPT NOR
EiSBEREN AM NORTPOL
WERKLICH
UNT IN ESCHT

Es gab mehrere erfolgreiche Anlässe, „echte" Kinderbuchautoren mit den Buchkindern zusammenzubringen, um sich gegenseitig aus ihren Texten vorzulesen, sich zur Entstehungsgeschichte ihrer Text- und Bildideen auszutauschen oder über Persönliches zu plaudern – ein Gespräch auf Augenhöhe. Unseres Erachtens ist das immer gelungen, zuletzt zur Leipziger Buchmesse mit der mehrfach ausgezeichneten Kinderbuchillustratorin Jutta Bauer. Bei einer Benefizveranstaltung der Deutschen Kinder- und Jugendstiftung las die Schauspielerin Inka Friedrich in Berlin Geschichten von Leipziger Buchkindern. Sie sorgten für Heiterkeit, stimmten aber auch nachdenklich. Unter den Gästen waren u. a. die Gattin des ehemaligen Bundespräsidenten Eva Luise Köhler, Prof. Lothar Späth, Dr. Florian Langenscheidt, Dieter Hoeneß und Dr. Christian Jacobs.

Buchkinder – Angebote und Vorhaben
Neben den freien, außerschulischen Kursangeboten an drei verschiedenen Standorten im Stadtgebiet arbeitet der Verein mit vier Schulen (Nachbarschaftsschule, Wilhelm-Wander-Schule, Kantgymnasium, Adam-Friedrich-Oeser-Grundschule) und einem Kindergarten („Freie Raben im Zentrum") zusammen. Um die Arbeit im Laufe der Jahre – jenseits eines einmaligen Events – qualifizieren und festigen zu können, streben wir langfristige Kooperationen an. Die Arbeit mit Kindern und Jugendlichen mit Migrationshintergrund und mit Kindern und Jugendlichen aus sozial benachteiligten Familien ist Bestandteil des Programms „Lichtpunkte" der Deutschen Kinder- und Jugendstiftung gegen Kinderar-

mut. Hier arbeiten wir seit Januar 2008 mit Kindern der Wilhelm-Wander-Schule. Zu den festen Angeboten, wie oben aufgeführt, kommen Werkstattangebote und Lesungen zu öffentlichen Veranstaltungen (wie Sommer- und Stadtteilfeste, Märkte u. Ä. in Leipzig und anderen Städten, Lesungen im Rahmen der Wanderausstellung, Buchmessen in Frankfurt, Leipzig, 2008 auch in Saarbrücken).

Hervorzuheben ist der langfristige und sehr betreuungsintensive Charakter der Angebote. Die Umsetzung einzelner Bücher von der Idee bis zum fertigen Produkt kann durchaus die für ein Kind unvorstellbare Zeit von 1½ Jahren betragen. Die Präsentation der fertigen Bücher, aber auch der unfertigen Manuskripte sind wichtige Ereignisse und Motivation für die Kinder und Jugendlichen. Die Nachfrage nach unseren regelmäßigen Kursangeboten ist nach wie vor höher als das Angebot. Da wir bewusst eine geringe Kursgebühr erheben, erreichen wir Kinder und Jugendliche aus allen sozialen Schichten (20 Euro im Monat, bei Ermäßigung mit Leipzigpass oder bei Geschwisterkindern 7,50 Euro).

Das Engagement geht also verstärkt weiter, und vielfältige Aktivitäten zur Konsolidierung der Buchkinder-Arbeit in Leipzig sind geplant, so die Weiterführung und Qualifizierung der laufenden Kooperationen (Schule/Hort/Kindergarten), der Bau des Buchkindergartens (geplante Eröffnung Ende 2011), die Entwicklung der Verlagstätigkeit, die Beteiligung an den Buchmessen Leipzig, Frankfurt, Saarbrücken, Wien mit einem eigenen Stand, mobiler Werkstatt und Lesungen (Auswertung vom letzten Jahr) sowie die Weiterführung der Arbeit im Leipziger Osten (*Ruf des Ostens*)[1] und der Ausbau unseres bundesweiten Netzwerks Buchkinder, die Weiterführung des Buchkinder-Briefs als Kommunikationsorgan (zweimal im Jahr), Wanderausstellungen und Seminare.

---

1 Der Umzug hat den Verein in einen neuen Stadtteil gebracht: ins Grafische Viertel – hier knüpfen wir bewusst an die alte Tradition der Buchstadt Leipzig an. Wir befinden uns aber auch am Tor zum Leipziger Osten, einem multikulturellen Stadtteil. Buchkinder-Arbeit ist Bildungsarbeit – mit dem offen zugänglichen Angebot möchten wir zur Chancengleichheit von Kindern und Jugendlichen beitragen. Von der Deutschen Kinder- und Jugendstiftung mit der debitel AG sind wir im Rahmen des gleichnamigen Programms als „Lichtpunkt" ausgezeichnet worden, damit sind die Buchkinder eines von drei Modellprojekten. Mit der finanziellen und beratenden Unterstützung konnten wir unsere Arbeit am Buchprojekt mit Kindern aus dem Leipziger Osten (Neustadt-Neuschönefeld) aufnehmen. Unter dem Arbeitstitel *Ruf des Ostens* soll eine Buchreihe entstehen. Das erste Buch aus der diesjährigen Zusammenarbeit heißt *Feste Feste feiern*. Weitere Bücher sollen folgen, so über die Handwerkstradition im Grafischen Viertel der alten Buchstadt Leipzig.

Lesescouts:
Kinder und Jugendliche engagieren sich für das Lesen

Sarah Rickers

Bei einem Seminar lernte ich das Projekt „Lesescouts" der Stiftung Lesen kennen. Von der Idee begeistert, rief ich mit einem Aushang in meiner Schule interessierte Sechstklässler dazu auf, sich bei mir zu melden. Beim ersten Mal trafen wir uns in der Schulbibliothek und redeten über Bücher, Lieblingsbücher, Leseorte und Lesezeiten ... und fanden kaum ein Ende. Schnell war klar, dass wir auch andere mit unserer Lesebegeisterung anstecken wollen – seitdem engagieren sich diese Schülerinnen und Schüler als Lesescouts an unserer Schule, und viele neue Scouts sind hinzugekommen.
Claudia Israel, Lehrerin an der Mittelschule Neusalza-Spremberg

Auf den ersten Blick sind die Rollen klar verteilt: Erwachsene fördern das Lesen, Kinder werden „gelesefördert". Dass damit ein großes Leseförderungspotenzial lange brachlag, zeigt eindrucksvoll ein Projekt der Stiftung Lesen, das seit dem Jahr 2002 in drei Bundesländern realisiert wird: „Lesescouts". Das Prinzip: Kinder und Jugendliche teilen ihre Lesebegeisterung mit Gleichaltrigen und gestalten so eine lebendige Lesekultur an ihren Schulen maßgeblich mit.

Das Lesen benötigt in der heutigen Medienwelt glaubwürdige Fürsprecher, um im Angebot mit Computerspielen, Internet oder Filmen attraktiv zu bleiben. Diese Aufgabe übernehmen die Lesescouts. Sie planen und organisieren eigene Projekte, die sich mit Büchern und Geschichten beschäftigen und andere Kinder und Jugendliche auf packenden Lesestoff aufmerksam machen. Mit einem literarischen Quiz, Vorlesestunden in der Grundschule, einem Büchernachmittag für jüngere Klassen oder regelmäßigen Buchtipps weisen die Lesescouts anderen Kindern und Jugendlichen den Weg durch den Bücherdschungel und zeigen ihnen, wie viel Spaß und Spannung in Büchern stecken. Damit begegnen sie der unter Jugendlichen verbreiteten Ansicht, dass Lesen öde sei und nur „langweilige Stubenhocker" anspräche. Sie beweisen mit ihren fantasievollen Aktionen das Gegenteil und bieten so ihren Mitschüler/innen, der Peergroup, ein positives Rollenvorbild.

Mit diesem Projekt initiiert die Stiftung Lesen Maßnahmen für eine effektive und erfolgreiche Leseförderung und ist damit wegweisend. Die jüngsten Forschungsergebnisse machen die Notwendigkeit eines Ansatzes deutlich, der bereits die jüngeren Leser einbezieht. Die Studie der Stiftung Lesen *Lesen in Deutschland 2008* ergab, dass 25 Prozent der

Menschen in Deutschland nie ein Buch lesen.[1] Wer aber selbst nicht liest, führt in der Regel auch seine Kinder nicht an das Lesen heran, wodurch ein Teufelskreis entsteht. Nur 38 Prozent der Jugendlichen im Alter von 14 bis 19 Jahren sagen noch von sich, dass ihnen im Kindergarten oft vorgelesen wurde, 1992 waren es noch 56 Prozent.[2] Und auch die Buchpräsente nehmen ab: Der Aussage „Ich habe als Kind oft Bücher geschenkt bekommen" stimmen 51 Prozent der 14- bis 19-Jährigen zu. Zum Vergleich: 1992 waren es 72 Prozent.[3]

Das Lesescouts-Projekt stellt sich diesem Trend entgegen und greift auf die vorhandenen Potenziale unter den Schüler/innen zurück. Denn Kinder und Jugendliche übernehmen im Sinne des Peergroup-Effektes eher die Trends und Vorbilder Gleichaltriger – auch in Bezug auf Lesetipps und das Leseverhalten – als jene Erwachsener. Die Lesescouts wissen selbst am besten, welche Bücher wirklich packend und mitreißend sind und auch ihre Mitschüler/innen begeistern können. Andere Kinder und Jugendliche können sich daran ein Beispiel nehmen, nach dem Motto: „Wenn XY Bücher und das Lesen gut findet, dann muss ja etwas dran sein. Vielleicht probiere ich es auch einmal!" Die Lesescouts tragen spannenden Lesestoffe in die (Schul-)Öffentlichkeit und gewährleisten die notwendige Aufmerksamkeit, um auch lesefernere Kinder und Jugendliche zu erreichen.

Die Aktionen, mit denen Lesescouts vor allem jüngere Schüler/innen zum Lesen motivieren, konzentrieren sich dabei auf den „Spaß- und Spannungsfaktor" beim Lesen. Denn es geht nicht um die Vermittlung literarischer Kompetenzen und um das Lesen literarisch hochwertiger Texte, sondern um die Förderung der Lesemotivation durch Lesestoffe, die für die Kinder und Jugendlichen attraktiv sind.[4] Dies eröffnet gerade denjenigen, die im Umgang mit Büchern Berührungs- oder gar schulische Versagensängste spüren, einen neuen, angstfreien Zugang zum Lesen.

Schüler/innen wirken dabei selbst als Multiplikatoren in der Leseförderung, um die Lesemotivation und in einem zweiten Schritt auch die Lesekompetenz zu fördern. Wer gerne liest, liest mehr und trainiert so seine Lesefertigkeiten. Selbstverständlich sind dieser Herangehensweise auch Grenzen auferlegt: Kinder und Jugendliche, für die das Buch ein fremder Gegenstand ist, ohne Bezug zu ihrem Alltagsleben, werden nicht zu lesebegeisterten Viellesern – dies wäre ein idealisierter Anspruch. Aber die Aufmerksamkeit ihrer Mitschüler/innen auf spannende Lesestoffe zu lenken und ihre Neugier zu wecken – dies gelingt den Lesescouts mit ihrem niederschwellig ausgerichteten Angebot.

Durch ihr ehrenamtliches Engagement können die Lesescouts selbst darüber hinaus ihre eigenen Kompetenzen stärken und einen persönlichen Gewinn aus der Aktion ziehen. Denn bei der Vorstellung von Büchern vor einer jüngeren Klasse, bei der Durchführung von Bücherspielen oder beim Vorlesen können die Schüler/innen lernen, vor anderen zu sprechen und sich angemessen und wirkungsvoll zu präsentieren. Der Umgang mit ihren Mitschüler/innen, die gemeinsame Entwicklung und Planung von Ideen schult ihre so-

---

1   Vgl. Franzmann 2009, S. 34.
2   Vgl. Füller 2009, S. 95.
3   Vgl. Irle 2009, S. 98.
4   Vgl. dazu Böck 2008, S. 75.

zialen Kompetenzen wie Teamfähigkeit, Verantwortungs- und Selbstbewusstsein, kommunikative sowie organisatorische Fähigkeiten. Die Beteiligung an den Lesescouts bedeutet für sie daher zugleich eine Förderung ihrer persönlichen Entwicklung, was auch für ihre spätere berufliche Laufbahn relevant ist.

Das Pilotprojekt „Lesescouts" startete im Jahr 2002 zunächst in Rheinland-Pfalz, gefolgt von den Bundesländern Hessen (2005) und Sachsen (2006) – mit Unterstützung des jeweiligen Kultusministeriums. Mittlerweile sind Schüler/innen in diesen Ländern an rund 500 Schulen mit einer nicht nachlassenden Einsatzfreude als Lesescouts aktiv.

Die Lesescouts als leseaffine Peergroup

Die leseinteressierten Kinder und Jugendlichen können sich als Lesescouts auf einer breiten Ebene engagieren und sich über ihren Freundeskreis hinaus an ihre Mitschüler/innen wenden. Immerhin lesen 41 Prozent der Kinder im Alter von 6 bis 13 Jahren gerne bis sehr gerne[5], von den 12- bis 19-Jährigen sagen 40 Prozent von sich, dass sie täglich bzw. mehrmals pro Woche lesen.[6]

Für ihre Mitschüler/innen sind die gleichaltrigen Lesescouts die bevorzugten Ansprechpartner, und zwar auch in Hinblick auf von ihnen genutzte Medien. Diese Anschlusskommunikation ist ein bedeutsamer Indikator, denn Gesprächspartner können einen großen Einfluss auf die Lesepraxis und die Leseinteressen ausüben. Die Diskussion über Gelesenes lenkt zudem die Aufmerksamkeit auf Bücher und weist ihnen größere Bedeutung zu. „Durch Gespräche über Bücher entsteht eine soziale Präsenz dieses Mediums, die angesichts der sprunghaft gewachsenen Medienvielfalt von zunehmender Wichtigkeit ist."[7] Das Medium Buch rückt stärker ins Bewusstsein und kann eine Alternative bzw. Ergänzung zu Computer oder Fernsehen darstellen. Die Anschlusskommunikation steht demnach in einem engen Zusammenhang mit der Leseaktivität. Schon der Wunsch nach einem Gespräch über spannende Bücher und die Lesemotivation sind miteinander verknüpft. Es zeigt sich, dass die Lesemotivation umso größer ist, je stärker der Wunsch nach Kommunikation geäußert wird bzw. je häufiger sie dann auch stattfindet.[8]

Grundschüler/innen wenden sich vorzugsweise an Eltern und Freunde, wenn sie über Medien, also auch über Bücher, sprechen möchten, wie die Studie von Karin Richter und Monika Plath zur Lesemotivation in der Grundschule ergab: 65,6 Prozent bzw. 72,6 Prozent nennen diese beiden Zielgruppen als favorisierte Gesprächspartner. „Diese Ergebnisse deuten auf die hinlänglich aus der Literatur bekannte große Bedeutung der Familie und der Peergroup für die Mediensozialisation und damit auch für die Lesemotivation hin."[9]

Die Gruppe der Lehrkräfte wird hingegen nur von 28,9 Prozent der Grundschüler/innen als Gesprächspartner gewünscht. Und dieses Bedürfnis ist sogar rückläufig: Suchen in der 2. Klasse noch 39,1 Prozent das Gespräch mit den Lehrer/innen, sind es in der

---

5   Medienpädagogischer Forschungsverbund Südwest 2009a, S. 23.
6   Medienpädagogischer Forschungsverbund Südwest 2009b, S. 30.
7   Böck 2000, S. 140.
8   Richter/Plath 2005, S. 85.
9   Ebd., S. 82.

4. Klasse lediglich 20,8 Prozent.[10] Diese Tendenz bei Grundschüler/innen lässt sich auch auf Jugendliche übertragen. Bei ihnen fällt der Trend sogar noch stärker aus, da in der Pubertät die Abgrenzung von Erwachsenen und somit auch von Lehrern zunimmt.[11]

Die Einbeziehung der Kinder und Jugendlichen in die Leseförderung ist die logische Konsequenz dessen. Sie wird von der neueren Forschung gestärkt: In seiner Studie *Lesen, wenn anderes und andere wichtiger werden – Empirische Erkundungen zur Leseorientierung in der Peergroup bei Kindern aus fünften Klassen* belegt Maik Philipp gezielt den Einfluss der Peergroup auf die Lesesozialisation bei Kindern und Jugendlichen.

Zu Recht macht Philipp geltend, dass verschiedene Akteure und Aspekte in Zusammenhang mit der Ausbildung einer stabilen Lesemotivation stehen. Auch das familiäre und schulische Umfeld haben große Auswirkungen auf das Leseinteresse, gerade in den frühen Phasen der Lesesozialisation. Das Geschlecht und der soziokulturelle Hintergrund sind ebenfalls entscheidende Kategorien in Bezug auf Lesekompetenz und Leseverhalten.[12] Sein wichtigstes Ergebnis ist allerdings der „Nachweis, dass die Leseorientierung in der Peergroup eines Kindes über Schulform, Geschlecht, Leseklima in der Familie und schulische Motivation eines Kindes hinaus Einfluss auf seine Lesemotivation hat [...]. Mit anderen Worten: Für die untersuchten Fünftklässler speist sich schon früh in der Lesesozialisation ein Teil ihrer Lesemotivation daraus, wie groß die Leseorientierung ihrer Freundinnen und Freunde ist. Und dieser Einfluss steigt vermutlich mit zunehmendem Alter und der entwicklungspsychologisch größeren Relevanz der Peers."[13]

Auch wenn die Leseorientierung in der Peergroup also nicht allein verantwortlich ist für die Ausbildung der Lesemotivation, sondern in diesem Zusammenhang weitere Einflussfaktoren zu bedenken sind, so ist sie doch in hohem Maße prägend.[14] Eine leseaffine Peergroup zeichnet sich dabei insbesondere durch die Kommunikation über gelesene Bücher, Zeitschriften, Comics u. Ä. und die gegenseitige Ausleihe von Lesestoffen aus, wodurch ein lesenahes Umfeld für die Mitglieder der jeweiligen Gruppe geschaffen wird.[15] Lesen und Bücher gehören dann zur unmittelbaren Erfahrungswelt der Kinder und Ju-

---

10 Vgl. ebd., S. 82 f.

11 Vgl. Rath 2008, S. 29.

12 Vgl. Philipp 2008, S. 21–35.

13 Ebd., S. 128.

14 Dieser Einfluss kann natürlich auch negativer Art sein, wenn das Lesen in der Peergroup nicht anerkannt ist. Viele jugendliche Nichtleser weisen beispielsweise das Konzept eines „Lesers" für sich zurück und grenzen sich von dem Bild eines Vielesers ab, der freiwillig und ausdauernd längere Texte liest. Die Bezeichnung als „Leser" entspricht nicht ihrem Selbstbild, auch wenn sie Leser beispielsweise von Zeitschriften, E-Mails, SMS oder Websites sind, sodass in ihrer Peergroup keine lesenahe Atmosphäre entstehen kann. Vgl. dazu Pieper/Rosebrock/Volz/Wirthwein 2004, S. 158–162. Dies sollte aber kein Hinderungsgrund sein, die dennoch meist vorhandenen Potenziale zu nutzen, seien sie auch noch so gering. Ein erster Schritt kann dabei sein, dass sich die Kinder und Jugendlichen über ihr eigenes Leseverhalten bewusst werden und erleben, dass auch sie Leser sind. Dies kann bereits zu einer Veränderung ihres Selbstbildes führen und ihre Hemmschwelle gegenüber für sie neuen Lesestoffen verringern. Vgl. Böck 2008, S. 25.

15 Vgl. Philipp 2008, S. 124–127.

gendlichen und sind ein fester Bestandteil ihres Alltagslebens. Die Peers – hier die Lese-scouts – bestätigen das persönliche Leseinteresse und stärken die Motivation zum Lesen.

Der Schwerpunkt: die Interessen der Kinder und Jugendlichen

Eigenständigkeit ist bei der Planung der Aktionen in der Schule ein wichtiges Stichwort. Denn die Schüler/innen sollen die Gelegenheit erhalten, eigene Ideen umzusetzen und nach ihren Wünschen und Vorstellungen vorzugehen. So kann gewährleistet werden, dass ihre Lektüre- und Aktionsvorlieben zum Einsatz kommen. Die Lesescouts benötigen selbstverständlich Unterstützung vonseiten ihrer Lehrer/innen, dennoch gilt als Maßgabe die Orientierung an den Interessen der Schüler/innen. Jeder Lesescout kann sich dann mit seinen eigenen Fähigkeiten und Interessen einbringen. Der eine schreibt gerne Buchempfehlungen, die andere denkt sich lieber ein Buchquiz aus, wieder andere möchten vorlesen oder eine Umfrage zum Leseverhalten ihrer Mitschüler/innen gestalten. Diese Vielfalt eröffnet zahlreiche Möglichkeiten, sich zu beteiligen und verschiedene Zielgruppen zu erreichen. Das Organisationstalent oder der Vorlesespezialist können aktiv werden und mit ihren Ideen die Krimiliebhaberin oder den Rätselfreund ansprechen.

Die Anerkennung der Interessen und Bedürfnisse von Kindern und Jugendlichen und die Chance zu eigenständiger Handlung sind grundlegende Bausteine zur Stärkung der Lesemotivation. Darin ist der Erfolg der Lesescouts-Idee der Stiftung Lesen begründet. Projekte, die Jugendliche beispielsweise bei der Wahl eines Buchfavoriten einbeziehen, gehen in eine ähnliche Richtung. Auch sie überlassen Kindern und Jugendlichen die Entscheidung. Die Lesescouts gehen allerdings noch einen Schritt weiter. Denn sie tragen ihre Begeisterung in ihr Umfeld weiter und bleiben als Leser nicht unter sich. So haben sie eine nachhaltige Außenwirkung und können das Leseverhalten ihrer Freunde und Mitschüler/innen beeinflussen.

Bestehende Angebote wie der Tag der offenen Tür an der Schule oder der Vorlesewettbewerb, der vom Börsenverein des deutschen Buchhandels organisiert wird, bieten dafür sinnvolle erste Anknüpfungspunkte und können dazu beitragen, die Lesescouts möglichst reibungslos in den Schulalltag zu integrieren. Die Schüler/innen können dabei einen Aufgabenbereich übernehmen und beispielsweise mit einem literarischen Quiz auf sich aufmerksam machen. Sehr schnell folgt dann aber auch meist die Entwicklung und Umsetzung eigener Ideen.

Ihr Aktionsradius muss sich dabei nicht auf ihre Schule beschränken, sondern sie können auch mit anderen Institutionen vor Ort kooperieren. So treten sie aus ihrem Schulalltag hinaus und wenden sich an ihren gesamten Wohnort, indem sie z. B. ein Schaufenster einer Buchhandlung dekorieren und darin auf ihre Lieblingsbücher hinweisen. Oder sie präsentieren in der örtlichen Bibliothek thematische Buchtipps unter dem Motto „Herz – Schmerz", „Grusel pur!" oder „Der Ball ist rund – alles über Fußball". Bei einer Vorlesestunde in einem Kindergarten, einer Grundschule oder auch in einem Seniorenheim finden sie außerdem mit Sicherheit interessierte und dankbare Zuhörer.

Das Lesescouts-Projekt schafft damit Raum für einen individuellen Umgang mit Büchern, für unterrichtsbegleitende Aktivitäten wie für die Freizeit gleichermaßen, und bietet so „die Möglichkeit einer qualifizierten Anschlusskommunikation auf gleicher Augenhöhe"[16]. Gleichberechtigt, in einer entspannten Atmosphäre ohne schulischen Druck können die Schüler/innen sich mit Literatur beschäftigen und sich über für sie interessante Bücher oder Zeitschriften austauschen. So können sie schließlich Literatur und das Sprechen über Literatur „im besten Falle als persönlich *bedeutsam*"[17] erleben.

Diese Erfahrung entspricht oftmals nicht dem Schulalltag, wie Richter und Plath in ihrer Studie zeigen. Im Deutschunterricht werden vielfach nicht die Texte behandelt, die den Lesevorlieben der Schüler/innen entsprechen. Abenteuerliche Geschichten und Sachtexte stehen an der Spitze der Lesevorlieben unter den befragten Grundschülern. Erzählungen, die sich an der Realität orientieren, vereinen demgegenüber die wenigsten Nennungen auf sich.[18] In Bezug auf die im Unterricht behandelte und von Lehrern ausgesuchte Literatur kehrt sich das Bild um: „Wahre Geschichten" prägen die Auswahl.[19]

Die Ergebnisse der Studie „deuten darauf hin, dass der Deutschunterricht wenig Folgen für den Aufbau einer Lesemotivation hat, weil die Literaturauswahl und die Art der Literaturbehandlung an den Interessen junger Menschen vorbeigeht"[20]. Diese Untersuchung betrifft zwar lediglich den Bereich der Grundschule, doch ist davon auszugehen, dass die Auswahlkriterien für die Unterrichtslektüre auch in weiterführenden Schulen nicht deckungsgleich sind mit den Vorstellungen der Schüler.[21]

Eine Studie von Kurt Franz zum Lese- und Medienverhalten von Jugendlichen im Alter von ca. 14 Jahren bestätigt diese Einschätzung hinsichtlich der Genrepräferenzen der Schüler/innen und der untergeordneten Bedeutung der Lehrkräfte bezüglich der Literaturauswahl. Die befragten Jugendlichen bevorzugten in erster Linie Horror- und Abenteuergeschichten sowie lustige Bücher und Sachbücher.[22]

Auf die Frage, was die Schüler/innen veranlasst, ein Buch in die Hand zu nehmen, nennen 78,6 Prozent den spannenden Titel oder das interessante Thema. An zweiter Stelle steht mit 61,7 Prozent das Buchgeschenk, und bereits als Drittes wird die Empfehlung durch Freunde genannt, sie liegt bei 59,3 Prozent. Erst an der 14. Stelle von 18 möglichen Items folgt die Empfehlung durch die Lehrkräfte, die für 15,9 Prozent der Jugendlichen relevant ist.[23] Und „die Frage, ob sie schon vom Lehrer empfohlene Bücher gelesen hätten, beantworten 3 Prozent der Achtklässler mit ‚Schon öfter', 22 Prozent mit ‚Ab und zu' und

---

16 Philipp 2008, S. 136.
17 Ebd., S. 136.
18 Vgl. Richter/Plath 2005, S. 63 ff. Die Antworten der Kinder auf die Frage nach ihren Lieblingsbüchern zeigen zudem, dass sie bei der Literaturauswahl nicht lediglich die banalen Geschichten bevorzugen, sondern sich anhand von Genres orientieren, unabhängig von der ästhetischen Qualität. Vgl. ebd., S. 64.
19 Ebd., S. 76 ff.
20 Ebd., S. 77.
21 In der Schule Texte lesen zu müssen, die nicht dem eigenen Geschmack entsprechen, ist natürlich selbstverständlich und dient auch der Entwicklung persönlicher literarischer Vorlieben. Dennoch sollten die Interessen der Schüler nicht ausgespart werden.
22 Vgl. Franz 2002, S. 15.
23 Ebd., S. 18.

75 Prozent (!) mit ‚Noch nie'"[24], was den geringen Stellenwert der Schule in Bezug auf Lesetipps bei Jugendlichen bekräftigt.

Lesescouts kennen im Gegensatz zu ihren Lehrer/innen naturgemäß die Erfahrungswelt ihrer Mitschüler/innen und ihre Interessen wesentlich besser und können dementsprechend ihre Buchauswahl darauf ausrichten. Ausgehend von ihren eigenen Lesevorlieben und denen ihrer Freunde können sie über den Unterricht hinaus und unabhängig vom Lehrplan ein Angebot gestalten, das für andere Kinder und Jugendliche attraktiv ist und ihre Neugier auf neue Lektüre weckt. Sie stellen so in der Schule die Verbindung zu außerschulischen Kontexten her, die ihre Peers als relevant und sinnvoll erleben, und ermöglichen ihnen ein selbstbestimmtes Lesen.

Die Lesescouts in der Praxis

Die Einbeziehung von Schüler/innen in die schulische Leseförderung schafft im Sinne der sogenannten Peer Education in der Schule ein Angebot gegenseitiger Unterstützung durch Gleichaltrige.[25] Lesescouts, die sich mit ihren persönlichen Lesevorlieben und dem Wissen um die ihrer Mitschüler/innen einbringen, können hier als gefragte und glaubwürdige Ansprechpartner eine wirkungsvolle Brücke zwischen den kommunikationssuchenden Schüler/innen und den Lehrkräften darstellen. „Es bedarf gleichaltriger LeseverführerInnen, die die Bedürfnisse und Interessen ihrer Peers kennen und authentische Lesetipps geben. [...] Die Schule kann den Rahmen schaffen, indem hier aus Sicht der SchülerInnen interessante und passende Lesestoffe offeriert werden [...]."[26]

Grundsätzlich zeichnet sich das Projekt dadurch aus, dass es für alle Altersstufen und Schulformen geeignet ist, weshalb viele Schulteams aus Schüler/innen unterschiedlicher Alters- und Klassenstufen bestehen. Es unterscheidet sich jeweils lediglich in der Breite der Aktionen und in der Betreuungsintensität für die Lehrer/innen. Als Schwerpunkt haben sich die Klassenstufen sechs bis neun herauskristallisiert. In diesem Alter sind die Schüler/innen zunehmend in der Lage, eigene Ideen zu entwickeln und umzusetzen – zwar mit Unterstützung durch ihre Lehrer/innen, aber mit einem gewissen Maß an Eigenständigkeit.

Die Organisationsform der Lesescouts an den Schulen variiert und orientiert sich an den jeweiligen Möglichkeiten und Bedürfnissen. Mal kommen die Schüler/innen im Rahmen einer AG zusammen, mal in einem Neigungskurs, und gerade auch das Ganztagsangebot bietet geeignete Gelegenheiten für die Lesescouts. Denn zur Planung und Realisierung ihrer Ideen benötigen sie ein regelmäßiges Treffen zu einem bestimmten Termin und an einem festen Ort.

Die jeweilige Gruppengröße ist dabei unterschiedlich: Manchmal haben die Lesescouts regen Zulauf, manchmal wird das Projekt von einigen wenigen Schülern getragen. Ist die Lesescouts-Gruppe zunächst noch klein, kommen nach einigen erfolgreichen Aktio-

---

24 Ebd., S. 19.
25 Vgl. Nörber 2003, S. 111.
26 Philipp 2008, S. 135; vgl. auch Richter/Plath 2005, S. 83.

nen meist bald weitere Interessenten hinzu, die sich beteiligen möchten, sodass eine kontinuierliche Arbeit in unterschiedlichen Bereichen möglich wird.

Zu hohe Erwartungen sollten Schüler und Lehrer zum Start des Projektes allerdings vermeiden, denn es benötigt etwas Zeit zur Entwicklung und zum Aufbau einer stabilen Schülergruppe. Zu Beginn ist es ratsam, im Sinne einer pragmatischen Herangehensweise Einzelaktionen zu verfolgen, sich nach und nach zu steigern und auf Regelmäßigkeit ausgerichtete Projekte ins Leben zu rufen.

Die Zusammensetzung einer Lesescouts-Gruppe unterliegt naturgemäß einer gewissen Fluktuation wegen sich verändernder schulischer Anforderungen oder Interessen oder schlicht und ergreifend wegen des Schulabschlusses. Die Suche nach nachrückenden Lesescouts ist daher stets ein Thema. Vielfach wirkt das Vorbild der älteren Lesescouts: Jüngere Schüler/innen lernen sie bei den Aktionen kennen und möchten es ihnen gleichtun. Darüber hinaus ist die direkte Ansprache lesebegeisterter Schüler/innen im Unterricht natürlich besonders wirksam, um Interessierte für das Lesescouts-Team zu gewinnen, aber auch über einen Aushang am Schwarzen Brett können sie auf das Projekt aufmerksam gemacht werden.

Die Stiftung Lesen unterstützt in den beteiligten Bundesländern die Arbeit der Lesescouts mit verschiedenen Maßnahmen, um ihnen den Einstieg in das Projekt zu erleichtern und eine langfristige Fortdauer zu gewährleisten. Neben Broschüren mit Lesetipps und neuen Aktionsvorschlägen bietet vor allem der Workshop der Stiftung Lesen praxisnahe Anregungen und Ideen für Schüler/innen, die sich als Lesescouts engagieren möchten. Diese Seminare finden regional verteilt direkt an Schulen statt, unter Beteiligung interessierter Schüler mehrerer Schulen. Sie erhalten darin die Gelegenheit, abwechslungsreiche Spiele rund um Bücher selbst auszuprobieren und in einer großen Auswahl an Büchern nach passenden Leseempfehlungen zu stöbern. Außerdem können sie andere lesebegeisterte Jugendliche kennenlernen, was sie teilweise sogar zu einer Vernetzung der Teams untereinander anregt. Die vorgestellten Aktionen lassen sich ohne größere Schwierigkeiten an den Schulen umsetzen, sodass die Schüler/innen nach dem Seminar gut für ihren Einsatz als Lesescouts gerüstet sind.

Das Angebot beinhaltet auch Fortbildungen für Lehrkräfte, um die Grundprinzipien des Projektes zu erläutern und mit ihnen Möglichkeiten der Umsetzung zu diskutieren. Für eine wirkungsvolle Etablierung des Lesescouts-Projektes an den Schulen sind die Lehrkräfte als Ansprechpartner von großer Bedeutung, da sie die Schüler/innen bei der Entwicklung und Umsetzung der Aktionen sowie bei der Institutionalisierung der Lesescouts-Idee im Schulalltag unterstützen. Im Sinne des Projektgedankens stehen die Workshops für die Schüler aber im Vordergrund.

Neben der Vermittlung inhaltlicher Kenntnisse bietet der Workshop für die angehenden Lesescouts auch ein hohes Motivationspotenzial. Sie erleben, dass andere Jugendliche ihre Leseinteressen teilen. Gleichgesinnte zu treffen ist eine wichtige Erfahrung für die Schüler/innen. Auch die Teilnahme an einem Seminar, herausgelöst aus ihrem alltäglichen Schulablauf und mit einer außerschulischen Referentin, lässt sie spüren, dass sie an einer besonderen Aktion teilhaben und sich dabei mit ihren Ideen und Vorstellungen einbringen können. Die Workshops geben den Lesescouts daher entscheidende Impulse für ihren

Einsatz und sind von Beginn an ein elementarer Bestandteil des Lesescouts-Projektes. Eine Schule möchte eine neue Lesescouts-Gruppe gründen, jüngere Schüler, die sich am Vorbild der älteren Lesescouts orientieren und sich ebenfalls engagieren möchten, rücken nach – ein erster Schritt für sie ist vielfach die Teilnahme an einem Workshop.

Für erfahrene Lesescouts wird das Seminarangebot um Workshops rund um das Thema Sprecherziehung und Rhetorik ergänzt. Darin lernen sie Ausdrucksmöglichkeiten ihrer Stimme kennen, die z. B. bei Vorleseaktionen zum Einsatz kommen, oder sie erproben ihre Körpersprache und finden heraus, wie ein wirkungsvoller Auftritt gestaltet werden kann – auch dies eine wichtige Fertigkeit für Lesescouts, die ihre Projekte vor ihren Mitschüler/innen präsentieren und sie zum Mitmachen animieren möchten.

Per Handzettel, Information in einer Lehrerkonferenz oder auf dem Schwarzen Brett bzw. der Schul-Homepage machen die Lesescouts auf sich aufmerksam, stellen sich vor und weisen auf ihre Aktionen hin. Das Lehrerkollegium und die Schülerschaft sollten über das Lesescouts-Team Bescheid wissen, um bei Bedarf die betreffenden Schüler/innen ansprechen und um Unterstützung bei einer Lesenacht oder um die Vorstellung spannender Ferienlektüre bitten zu können. Zur Einbindung der Lesescouts in den Schulalltag ist diese öffentliche Präsentation eine wichtige Voraussetzung.

Ein gemeinsames Merkmal verstärkt die Identifikation der Lesescouts mit dem Projekt. Das kann beispielsweise ein T-Shirt, eine Kappe, ein Logo o. Ä. sein. Die Schüler/innen sind mit einem solchen Erkennungsmerkmal darüber hinaus bei ihren Aktionen sofort als Verantwortliche identifizierbar.

Eine Anerkennung für das besondere Engagement der Lesescouts sollte nicht fehlen, denn sie leisten einen wichtigen Beitrag für das kulturelle Leben an der Schule. Sie sollten erfahren, dass dies von der Schulleitung anerkannt und gewollt ist. Ein gemeinsamer Kinobesuch oder Grillabend, ein Buchgutschein sowie ein Hinweis im Schulzeugnis motivieren die Schüler/innen und stärken zudem ihr Gemeinschaftsgefühl.

In Rheinland-Pfalz wird das Projekt zusätzlich auf einer Website dargestellt. Schüler/innen und Lehrkräfte finden unter www.lesescouts.de die relevanten Informationen, um ein Lesescouts-Team an der eigenen Schule ins Leben rufen zu können. Eine Rubrik ist dabei den Lesescouts vorbehalten und ermöglicht es ihnen, Berichte über erfolgreiche Aktionen und Ideen zu veröffentlichen. Das bedeutet für die Jugendlichen, die einen Einblick in ihre Arbeit geben, eine wichtige Anerkennung ihres Einsatzes. Außerdem trägt die anschauliche Schilderung persönlicher Erfahrungen wiederum dem Vorbildgedanken Rechnung, indem andere Schülerteams von den vorgestellten Tipps profitieren können und zu einer Fortführung ihres Engagements ermutigt werden.

Ein Lesefest im Kultusministerium bot im Freistaat Sachsen den Lesescouts-Gruppen die Möglichkeit, ihre Arbeit persönlich zu präsentieren. Die Teams berichteten von ihren Aktionen und stellten einige Beispiele in einem Rollenspiel nach. Eine Plakatausstellung gab einen zusätzlichen Einblick in die große Bandbreite ihrer Ideen. Lesescouts, die sich in Sachsen besonders hervorgetan haben, wurden außerdem mit der Teilnahme an einem Lesecamp ausgezeichnet und konnten sich intensiv und kreativ mit Literatur auseinandersetzen. Sowohl die Präsentation als auch das Lesecamp waren ein wichtiger Motivationsimpuls für die Schüler/innen und bestärkten sie in ihrem Engagement.

Die begleitende Evaluation zum Projekt „Lesescouts in Sachsen" bestätigt die Akzeptanz unter den beteiligten Lehrkräften. Jeweils nach Ablauf der ersten beiden Jahre wurden sie zu ihrer Meinung dazu befragt. Sie beurteilten das Projekt als ideenreich sowie pädagogisch sinnvoll und wichtig und vergaben im Durchschnitt eine Beurteilungsnote von 1,7 (2007) bzw. 1,6 (2008). Die Zustimmung für die Lesescouts-Aktion ist damit sehr hoch.

Das spiegelt auch die Bandbreite der Aktionen wider, welche die Schüler/innen bereits durchgeführt haben. Am häufigsten wurden Buchvorstellungen, Lesewettbewerbe, Vorlesen, Durchführung einer Bücherrallye, Organisation einer Lesenacht sowie die Mitarbeit in der Schulbibliothek genannt. Darüber hinaus wurden aber auch Aktionen wie Büchertauschbörsen, Leseumfragen, die Gestaltung eines Buchkalenders oder ein Lesequiz angeführt. Diese Vielfalt der Ideen spricht unterschiedliche Zielgruppen an.

Sehr erfreulich ist der Anteil der Jungen, die in Sachsen als Lesescouts aktiv sind. Das Verhältnis von Mädchen und Jungen beträgt in Sachsen ungefähr 2:1; rund ein Drittel der beteiligten Schüler sind demnach Jungen. Die Mädchen bilden also, wie bei Leseprojekten üblich, die Mehrheit, aber auch die Jungen nehmen in großer Zahl an der Aktion teil.

Folgende Äußerungen zum Projekt zeigen die positive Resonanz der befragten Lehrkräfte:

— „Ich habe sehr gute Erfahrungen gemacht. Die Schüler wachsen über sich selbst hinaus, übernehmen Verantwortung."
— „Das Projekt Lesescout läuft an unserer Schule im Rahmen der Ganztagsangebote für die Klassen 5/6. Hier habe ich sehr positive Erfahrungen sammeln können. Selbst Kinder mit einer LRS beteiligen sich zumindest zeitweise am Projekt. Kinder, die sonst nie lasen, kamen so zum Lesen."
— „Mit viel Eigenengagement ist das Projekt ein guter Ausgleich zum herkömmlichen Unterricht."
— „Die Schüler haben in den Workshops sehr gute Anregungen bekommen und wurden dadurch aktiver."
— „Der Nutzen ist nicht nur für die sichtbar, auf die sich die Aktivitäten richten, sondern die Lesescouts selbst machen einen großen Schritt in der Entwicklung ihrer Persönlichkeit."

Das Engagement für das Projekt ist auf Nachhaltigkeit und Langfristigkeit ausgelegt. Denn der bisherige Erfolg der Lesescouts zeigt, dass sich der Einsatz sowohl von Schüler/innen als auch von Lehrkräften für diese Initiative lohnt. Trotz der bereits mehrjährigen Laufzeit besteht beispielsweise weiterhin eine große Nachfrage nach den Workshops, da sich immer wieder neue interessierte Schüler/innen engagieren möchten. Die Seminare bilden daher einen wichtigen Schwerpunkt der Aktion. Flankiert werden sie auch künftig von Maßnahmen, die den Lesescouts die nötigen Grundlagen für ihren Einsatz bieten, wie neue Ideen oder Lese- bzw. Medientipps. So überträgt sich die Begeisterung der Lesescouts auf ihre Mitschüler/innen, ihr positives Rollenvorbild setzt sich durch.

Die Lesescouts machen es vor: Lesen ist lustig, spannend und ganz und gar nicht langweilig!

Bewährte Ideen und Aktionen

Über das Angebot der Stiftung Lesen hinaus entwickeln die Lesescouts eigene Ideen und Aktionsschwerpunkte und gehen dabei sehr kreativ zu Werke. Ein Ausschnitt ihrer vielfältigen Aktivitäten wird zur Veranschaulichung in diesem Kapitel vorgestellt.

Lesescouts der 3. Mittelschule Hoyerswerda „Am Planetarium"

Der Lesescouts-Rap:

> Wer? Wo? – Lesescouts?
> Wir üben das Dichten
> und schreiben schöne Geschichten.
> Wir lesen spannende, lustige Bücher.
> Dafür haben wir den richtigen Riecher.
> Da haben wir viel Spaß
> und alle lernen was.
> Auch bei Regen und bei Sturm
> treffen sich die Leseratte und der Bücherwurm.
> Gern lesen wir den Kleinen etwas vor
> und die sind bei uns immer ganz Ohr.
>
> Hier! Da! – Lesescouts!
> Hoyerswerda ist unser Zuhaus.
> Uns gehen nie die Ideen aus.
> Wir haben Spaß das ganze Jahr
> und lesen viel, das merkt man ja.
> Mit Lesen und mit Singen
> kann man Menschen Freude bringen.
> Frau Rickers von der Stiftung Lesen
> ist auch schon bei uns gewesen.
> Ob bei Bücherrallye oder Lesebarometer,
> wir begeistern alle – früher oder später.

Lesescouts der Mittelschule „Am Flughafen", Chemnitz

Lesen gegen Gewalt:

Zum Welttag des Buches am 23. April führten die Lesescouts der Mittelschule „Am Flughafen" in Chemnitz das Projekt „Lesen gegen Gewalt" für Schüler/innen der Klassenstufe 8 durch, da sie im Alltag häufig mit verschiedenen Formen von Gewalt konfrontiert werden. Die Lesescouts haben sich daher überlegt, Bücher aus der Schulbibliothek herauszusuchen, die sich mit diesem Thema beschäftigen, Leseempfehlungen dazu zu schreiben und diese dann in der benachbarten Stadtteilbibliothek gemeinsam mit anderen Büchern in einer Ausstellung zu präsentieren.

In einem zweiten Schritt haben die Lesescouts den Roman *Mit aller Gewalt* von Margret Steenfatt in den Räumen der Bücherei vorgestellt und mit den teilnehmenden Schüler/innen über die Darstellung von Gewalt in dem Roman gesprochen. Zum Inhalt des Buches: Zwei wesensverschiedene Mädchen – Tessa und Frederika – haben sich zusammengetan und stehlen, betrügen, lügen und erpressen auch ihre Lehrerin, um der Langeweile zu entgehen. Als Frederika sich in ihren Mitschüler Daniel verliebt, muss sie sich zwischen ihm und Tessa entscheiden. Fast kommt es zu einer Katastrophe ...

Die Lesescouts wählten Textausschnitte aus, in denen die geschilderte Problematik deutlich wurde, zur besseren Verständlichkeit haben sie außerdem manche Passagen mit eigenen Worten ergänzend erzählt. Um die Spannung zu erhöhen, ließen sie den Schluss offen: Die Zuhörer/innen sollten angeregt werden, das Buch selbst zu lesen. Danach diskutierten sie miteinander über die Geschichte und das Thema Gewalt.

Eine Fragerunde zu dem Roman bildete den Abschluss. Die Fragen bezogen sich sowohl auf die Romanhandlung wie auch auf die dargestellten Probleme. Sie lauteten beispielsweise:
–   Könnten die Probleme, die die Autorin dargestellt hat, real sein?
–   Würdest du gerne mit Tessa oder Frederika befreundet sein?
–   Würdest du mit Frederika über ihre Probleme reden, wenn du ihre Freundin/ihr Freund wärest?
–   Wüsstest du, was du ihr raten könntest?

Folgende Bücher wurden u. a. rezensiert und ausgestellt:
–   Jan de Zanger: *Dann eben mit Gewalt.* Beltz & Gelberg
–   Margret Steenfatt: *Hass im Herzen.* Rowohlt
–   Frederik Hetmann/Harald Tondern: *Die Nacht, die kein Ende nahm.* Rowohlt
–   Mats Wahl: *Der Unsichtbare.* dtv
–   Dagmar Kekulé: *Das Blaue vom Himmel.* Rowohlt
–   Margret Steenfatt: *Mit aller Gewalt.* Rowohlt

Lesescouts des Freiherr-vom-Stein-Gymnasiums, Betzdorf
Bibliothekseinführung:
Ziel dieser Aktion ist es, den siebten Klassen die schuleigene Bibliothek näherzubringen. Die Lesescouts haben ein Spiel vorbereitet, bei dem es darum geht, Puzzleteile eines Bibliotheksplans zu gewinnen. Sie lesen dazu Schüler/innen aus verschiedenen Büchern vor und stellen zu den Ausschnitten Fragen. Für jede richtige Antwort erhält die Gruppe ein Puzzleteil und bei der nachfolgenden Führung durch die Bücherei muss der Bibliotheksplan beschriftet werden. Die Gruppe, die ihn richtig ausfüllt und pünktlich abgibt, gewinnt einen kleinen Preis.

Adventslesen:
Im Advent lesen die Lesescouts während einer Schulstunde jeweils einer der fünften oder sechsten Klassen weihnachtliche Geschichten vor. Sehr beliebt ist dabei z. B. das Buch *Oberschnüffler Oswald jagt den Weihnachtsmann.* Die Lesescouts schließen sich dabei zu zweit oder zu dritt zusammen, damit es für den Einzelnen nicht zu anstrengend wird.

Pausenlesen:

Das Pausenlesen eignet sich am besten für die kalte, feuchte Jahreszeit, da es die meisten Schüler/innen dann an einen warmen, trockenen Ort zieht. Eine Woche lang lesen die Lesescouts in der ersten großen Pause im großen Musiksaal aus Romanen zu einem bestimmten Thema vor. Nach einer kurzen Vorstellung des Buches werden einzelne Abschnitte oder ein längerer, zusammenhängender Text vorgetragen. Ein Anknüpfungspunkt kann auch der Start eines Kinofilms wie *Krabat* von Otfried Preußler sein.

Zusammenarbeit mit der öffentlichen Bücherei:

Die Lesescouts kooperieren mit der öffentlichen Bücherei Betzdorf, indem sie beispielsweise Buchvorstellungen ausarbeiten und dort ausstellen. Zum Jubiläum der berühmten Kinderbuchautorin haben sie dort eine Astrid-Lindgren-Nacht gestaltet. Durch die richtige Beantwortung von Quizfragen zu ihren bekanntesten Romanenfiguren wie Pippi Langstrumpf, Michel oder Ronja Räubertochter konnten die Teilnehmer Puzzleteile der jeweiligen Figur gewinnen, die sich am Ende zu einem Gesamtbild zusammensetzen ließen. Anschließend wurden in verschiedenen Ecken, die entsprechend der Geschichte dekoriert waren, einzelne Szenen aus den Büchern vorgelesen.

Seniorenheim:

Das Verständnis unter verschiedenen Generationen fördert das Treffen der Lesescouts mit einer Gruppe Senioren, die sich ebenfalls mit Literatur beschäftigt. Die Teilnehmer stellen sich gegenseitig ihre Lieblings-Lesestoffe vor. Während die Lesescouts z. B. aktuelle Fantasy-Geschichten mitbringen, darunter *Harry Potter*, *Tintenherz*, *Bartimäus* und *Märchenmond*, lesen die Senioren u. a. Gedichte vor, die auch den Lesescouts gefallen.

Lese-Activity:

In Eigenarbeit der Lesescouts entstand für das Schulfest zur Einweihung der neuen Turnhalle das Spiel „Lese-Activity", das sich an dem bekannten Brettspiel orientiert. Hier aber sind die Mitspieler die eigentlichen Spielfiguren. Bei ihrem Weg über das Spielfeld geraten sie auf verschiedene Aktionsfelder, auf denen Aufgaben wie Fragen zu Büchern, pantomimische Darstellungen, Vorsingen, Vorlesen von Zungenbrechern u. Ä. zu bewältigen sind. Wer zuerst das Feld in der Mitte erreicht, hat gewonnen und erhält als Preis selbstverständlich ein Buch.

Aktionen für die Lesescouts:

Auch für ihre Lesescoutsgruppe selbst überlegen sich die Schüler/innen immer wieder neue Aktionen. Dazu gehört z. B. eine Übernachtung in der Bibliothek oder der Kinobesuch zu der Verfilmung von *Krabat*. Außerdem planen sie die Aufnahme eines Hörbuchs zum Thema Vampire.

Lesescouts der Mannlich-Realschule, Zweibrücken

Die Büchersäule:

Mit einer besonderen Aktion startete die Lesescouts-AG der Mannlich-Realschule. Die Schüler/innen bestückten die „Büchersäule" in der Schulbibliothek mit spannenden Romanen und Sachbüchern. Jeder von ihnen schrieb eine kurze Zusammenfassung zu zwei bis drei Titeln, die zusammen mit den Büchern an der thematisch passend dekorierten Büchersäule präsentiert wurden. In einem Monat ging es beispielsweise um das Thema „Pferde", was besonders bei den Mädchen auf großen Anklang stieß. Im nächsten Monat waren Märchen und Sagen an der Reihe, und dann drehte sich die Buchauswahl um Gruselgeschichten, Vampire und Geister – die bisher erfolgreichste Ausstellung. Das Thema „Liebe, Liebeskummer und Schmetterlinge im Bauch" hat nicht nur die Mädchen überzeugt, sondern kam auch bei den Jungen gut an. Eine fünfte Klasse erklärte sich bereit, passende Bilder zum jeweiligen Thema zu malen, mit denen die Büchersäule zusätzlich geschmückt wurde.

Einmal wöchentlich ist darüber hinaus Zeit für die Vorlesepause in der Schulbibliothek, die sich an die fünften Klassen richtet und in der aus einem an der Büchersäule ausgestellten Buch vorgelesen wird. Diese Vorlesepausen werden von den Schüler/innen sehr gut angenommen, zwischen 30 und 40 Zuhörerinnen und Zuhörer sind meist dabei. Die Lesescouts weiten das Angebot daher künftig auf die sechsten Klassen aus.

Lesescouts der Mittelschule Eibenstock und der Mittelschule Lengenfeld

Lesescouts tauschen sich aus – die Lesemäuse und die Bücherkistenratten:

Die Lesemäuse, das sind die Lesescouts der Mittelschule Eibenstock. Und die Bücherkistenratten, das sind die Lesescouts der Mittelschule Lengenfeld. Getroffen haben sie sich bei einem Lesecamp für Lesescouts in Sachsen. Ihre Lehrer/innen kamen miteinander ins Gespräch und stellten fest, dass die Schulen nicht weit voneinander entfernt liegen. So wurde die Idee geboren, gemeinsam etwas zu unternehmen. Und gleich ging es los: Im Frühjahr 2008 wurden die Lengenfelder nach Eibenstock eingeladen. Im Gepäck hatten sie ein Buch aus ihrem Lesezimmer als Geschenk und eine eigens vorbereitete Bücherrallye. Auch die Lesescouts aus Eibenstock hatten sich einige Spiele ausgedacht, sodass beide Seiten neue Ideen kennenlernten. Außerdem tauschten sie sich darüber aus, wie die Schulbibliothek aufgebaut ist und wie die Ausleihe funktioniert, um so das eigene Angebot noch verbessern zu können. Im Herbst 2008 starteten die Eibenstocker den Gegenbesuch und kamen nach Lengenfeld. Die Lesescouts aus Lengenfeld präsentierten ihr Lesezimmer, lasen lustige Geschichten vor und überreichten selbst gestaltete Lesezeichen als Präsent. Im Gegenzug stellten die Besucher ihre Lieblingsbücher vor und hatten ebenfalls kleine Überraschungen parat.

Ein halbes Jahr später hieß es: Auf zur Buchmesse nach Leipzig! Gemeinsam fuhren beide Schülergruppen zur Messe und hatten dort viele spannende Erlebnisse. Mittlerweile hat sich ein regelmäßiger Kontakt zwischen den beiden Schulen entwickelt, der auch den Austausch von Briefen beinhaltet. Alle profitieren davon und bekommen immer wieder neue Anregungen und Ideen. Und: Die Lesescouts treffen Gleichgesinnte, die sich ebenso für Bücher interessieren und bei der Organisation der Projekte ähnliche Erfahrungen sammeln!

Lesescouts des Cusanus-Gymnasiums, Wittlich

Lesenacht ohne Fehl und Tadel:

Auf die Schüler/innen einer fünften Klasse wartete ein Bücherfest in Form einer Lesenacht, die von den Lesescouts des Cusanus-Gymnasiums Wittlich organisiert wurde. Nach einem gemeinsamen Abendessen im Klassenraum standen Spiele auf dem Plan, in denen Lieblingsbücher vorgestellt, Quizfragen zu berühmten Schriftstellerpersönlichkeiten beantwortet und Bücher alphabetisch oder nach der Seitenanzahl in die richtige Reihenfolge gebracht werden mussten – und zwar mit akrobatischem Anspruch, denn die Schüler mussten sich auf Stühlen hin und her bewegen! Ausgehend vom Titelbild eines Romans aus der *Level-4*-Reihe von Andreas Schlüter dachten sich die Fünftklässler zusammen mit den Lesescouts eine Geschichte aus, die zusätzliche Impulse durch das Vorlesen einiger Passagen aus dem Originaltext bekam. Es folgte ein Stationenparcours, auf dem Lustiges erschmeckt, Buchtitel und Buchhelden auf Papier gebracht und erraten sowie angelehnt an das Gesellschaftsspiel „Tabu" Begriffe aus allen Bereichen der Kinder- und Jugendliteratur vorgestellt und erkannt werden konnten. Eine Gutenachtgeschichte belohnte die Schüler/innen am Schluss für ihre Lesepower.

Frau Marion Merdon, Mittelschule Zschorlau

Die Lesescouts – so fing bei uns alles an:

„Als ich zu Beginn des Schuljahres auf das Projekt ‚Lesescouts in Sachsen' des Sächsischen Staatsministeriums für Kultus und der Stiftung Lesen aufmerksam wurde, kamen mir gleich die Möglichkeiten in den Sinn, die es bietet, um Kindern und Jugendlichen das Lesen näherzubringen. In meinem Unterricht habe ich viele lesebegeisterte Schüler/innen, aber auch solche, die aus verschiedenen Gründen nicht gerne lesen. Kindern mit einer Lese- und Rechtschreibschwäche (LRS) oder einem Aufmerksamkeitsdefizitsyndrom (ADS) fällt es besonders schwer, sich auf ein Buch einzulassen.

Einige meiner lesestarken Schüler/innen der 5. und 6. Klassenstufe lernten in einem Workshop für Lesescouts Methoden kennen, mit denen sie ihre Mitschüler/innen – vor allem die leseschwächeren – auf Bücher und Geschichten neugierig machen und sie zum Lesen animieren können. Wir griffen die Ideen auf und luden eine sechste Klasse zu Bücherspielen ein. Dabei entdeckte jede/r Schüler/in neue Bücher für sich. Vor allem die leistungsschwächeren Schüler/innen fanden Gefallen daran, da die Spiele nicht anspruchsvoll waren.

An einem schulfreien Tag im Advent erklärten sich außerdem fünf Schüler/innen der 5. und 6. Klassen bereit, in einen der umliegenden Kindergärten zu gehen, um den Kindern dort vorzulesen und Geschichten zu erzählen. Die jüngsten Zuhörer waren erst drei Jahre alt. Nach wie vor halten wir den Kontakt zu den Einrichtungen und haben auch einmal zusammen mit den Kindern gedichtet. Die Gedichte wurden gemeinsam mit der Erzieherin illustriert und als Projektarbeit den Eltern vorgestellt.

In einem zweiten Workshop bekamen wir wieder viele Ideen für unsere Arbeit, die wir im kommenden Schuljahr in einem Neigungskurs der Klasse 7 verwirklichen möchten. Dann haben wir auch eine festgelegte Zeit von 90 Minuten pro Woche für unsere Planungen. Wir möchten unser Betätigungsfeld erweitern und Kontakt zu unserer Grundschule und dem Seniorenclub der Gemeinde suchen. Die ortsansässige Bibliothek in Zschorlau unterstützt uns dabei. Die Ideen werden uns nicht ausgehen!"

Literatur

Böck, Margit: Das Lesen in der neuen Medienlandschaft. Zu den Lesegewohnheiten und Leseinteressen der 8- bis 14-Jährigen in Österreich. Innsbruck: Studien-Verlag 2000.

Böck, Margit: Förderung der Lesemotivation. Neue Ansätze für eine Aufgabe im Spannungsfeld der Anforderungen der Schule und der Erwartungen der SchülerInnen. Hrsg. vom Bundesministerium für Unterricht, Kunst und Kultur. Wien 2008.

Franz, Kurt: Lese- und Medienverhalten von Schülern und Schülerinnen der 8. Jahrgangsstufe. Ausgewählte Ergebnisse einer empirischen Untersuchung in vier Bundesländern. In: Franz, Kurt/Payrhuber, Franz-Josef (Hrsg.): Lesen heute. Leseverhalten von Kindern und Jugendlichen und Leseförderung im Kontext der PISA-Studie (= Schriftenreihe der Deutschen Akademie für Kinder- und Jugendliteratur Volkach e. V., Bd. 28). Hohengehren: Schneider 2002.

Franzmann, Bodo: Selektives Leseverhalten nimmt zu. Lesestudien der Stiftung Lesen im Zeitvergleich. In: Stiftung Lesen (Hrsg.): Lesen in Deutschland 2008. Eine Studie der Stiftung Lesen. Mainz 2009.

Füller, Christian: Undifferenzierte Lesepraxis. Kaum Lesestrategien gegen den PISA-Schreck. In: Stiftung Lesen (Hrsg.): Lesen in Deutschland 2008. Eine Studie der Stiftung Lesen. Mainz 2009.

Irle, Katja: Leselust und Lesefrust. Die entscheidenden Weichen für den Lese- und Bildungserfolg werden lange vor der Schule gestellt. In: Stiftung Lesen (Hrsg.): Lesen in Deutschland 2008. Eine Studie der Stiftung Lesen. Mainz 2009.

Medienpädagogischer Forschungsverbund Südwest (Hrsg.): KIM-Studie 2008. Kinder + Medien, Computer + Internet. Basisuntersuchung zum Medienumgang 6- bis 13-Jähriger in Deutschland. Forschungsberichte. Stuttgart 2009 (2009a).

Medienpädagogischer Forschungsverbund Südwest (Hrsg.): JIM-Studie 2009. Jugend, Information, (Multi-) Media. Basisuntersuchung zum Medienumgang 12- bis 19-Jähriger in Deutschland. Forschungsberichte. Stuttgart 2009 (2009b).

Nörber, Martin: Peers und Peer Education. In: Nörber, Martin (Hrsg.): Peer Education. Bildung und Erziehung von Gleichaltrigen durch Gleichaltrige. Weinheim: Beltz 2003.

Philipp, Maik: Lesen, wenn anderes und andere wichtiger werden. Empirische Erkundungen zur Leseorientierung in der Peergroup bei Kindern aus fünften Klassen. Literatur – Medien – Rezeption (= Studien zur Rezeption und Wirkung von Literatur und Medien, Bd. 2). Hamburg/Münster: LIT-Verlag 2008.

Pieper, Irene/Rosebrock, Cornelia/Volz, Steffen/Wirthwein, Heike: Lesesozialisation in schriftfernen Lebenswelten. Lektüre und Mediengebrauch von HauptschülerInnen. Reihe Lesesozialisation und Medien. Weinheim/München: Juventa 2004.

Rath, Matthias: Mediale Jugendkulturen (12–18 Jahre). In: Kreibich, Heinrich/Aufenanger, Stefan (Hrsg.): Medienkindheit – Wandel der medialen Lebenswelten von Kindern und Jugendlichen. Ergebnisse des 4. Round Table Leseförderung der Stiftung Lesen (= Schriftenreihe der Stiftung Lesen, Bd. 4). Mainz 2008.

Richter, Karin/Plath, Monika: Lesemotivation in der Grundschule. Empirische Befunde und Modelle für den Unterricht. Reihe Lesesozialisation und Medien. Weinheim/München: Juventa 2005.

Referenten und Autoren

Jennifer Bannert M. A. studierte Germanistik, Kunstgeschichte und Psychoanalyse. Nach verschiedenen freiberuflichen Tätigkeiten im Kunst- und Kulturbereich ist sie seit 2008 Mitarbeiterin des Börsenvereins des Deutschen Buchhandels im Bereich Mitglieder und Kommunikation.

Nicola Bardola M. A., 1959 in Zürich geboren, studierte Germanistik, arbeitete als Bibliotheks- und Verlagslektor und schrieb für die *Süddeutsche Zeitung* und *Die Zeit.* Er war Chefredakteur der Fachzeitschrift für Jugendmedien *Eselsohr* und schrieb u. a. den Roman *Schlemm* und die Biografie *John Lennon. Wendepunkte.* Er begründete die Reihe *Wegweiser durch die internationale Kinder- und Jugendliteratur,* betreute Buch- und Illustratorenausstellungen und war u. a. Juror beim Premio Sestri Levante H. C. Andersen und 2005 Juror beim Deutschen Jugendliteraturpreis für das Gesamtwerk eines Übersetzers. Seit 2005 erscheint sein Almanach *Lies doch mal! Die 50 besten Kinder- und Jugendbücher.* Bardola schreibt für verschiedene Feuilletons und Zeitschriften, bloggt für zvab.de und dreht Videocasts mit *Focus Schule.* Zuletzt veröffentlichte er *Bestseller mit Biss. Liebe, Freundschaft und Vampire – alles über die Autorin Stephenie Meyer* und gemeinsam mit Stefan Hauck, Mladen Jandrlic und Susanna Wengeler *Mit Bilderbüchern wächst man besser.*

Dr. Bernd Dolle-Weinkauff ist seit 1983 wissenschaftlicher Mitarbeiter und seit 1989 Kustos des Instituts für Jugendbuchforschung der Goethe-Universität Frankfurt. Arbeits- und Forschungsfelder: Geschichte und Theorie der Kinder- und Jugendliteratur und ihrer Medien, Historisches Kinder- und Jugendbuch, Märchen, Bildgeschichte und Comic, Neue Medien in der Kinder- und Jugendliteratur. Publikationen: *Comics: Geschichte einer populären Literaturform in Deutschland seit 1945* (1990), *Jahrbuch Kinder- und Jugendliteraturforschung* (zusammen mit Hans-Heino Ewers und Carola Pohlmann, seit 1999), *Comics made in Germany. 60 Jahre Comics aus Deutschland* (2008).

Constanze Drumm M. A. studierte Germanistik und Geschichte an der Freien Universität Berlin und in Wien. Sie ist Universitätsassistentin am Germanistik-Institut der Alpen-Adria-Universität Klagenfurt und arbeitet derzeit an einer Dissertation zur Kanonforschung im Bereich Angewandte Germanistik.

Prof. Dr. Hans-Heino Ewers, geboren 1949, hat seit 1989 den Lehrstuhl Germanistik mit dem Schwerpunkt Kinder- und Jugendliteratur an der Goethe-Universität Frankfurt am Main inne und ist seit 1990 Direktor des dortigen Instituts für Jugendbuchforschung.

Er ist Mitglied diverser wissenschaftlicher Fachverbände und hat zahlreiche Publikationen zur Kinder- und Jugendliteratur vorgelegt. Zuletzt erschien 2010 *Erfahrung schrieb's und reicht's der Jugend. Geschichte der deutschen Kinder- und Jugendliteratur vom 18. bis zum 20. Jahrhundert. Gesammelte Beiträge aus drei Jahrzehnten.*

Dr. Gabriele von Glasenapp ist Akademische Rätin am Institut für Jugendbuchforschung der Goethe-Universität Frankfurt am Main. Ihre Forschungs- und Veröffentlichungsschwerpunkte sind die Geschichte der Kinder- und Jugendliteratur und ihre Theorie, die Geschichte der jüdischen (Kinder- und Jugend-)Literatur und ihre Theorie sowie Erinnerungskultur. 2010 gab sie gemeinsam mit Gina Weinkauff den UTB-Band *Kinder- und Jugendliteratur* heraus.

Prof. Dr. Sven Hanuschek, geboren 1964 in Essen, Germanist und Publizist, lehrt Neuere deutsche Literaturwissenschaft an der Ludwig-Maximilians-Universität München. Nach dem Studium der Germanistik, Philosophie und Psycholinguistik in München, der Promotion 1993 und der Habilitation 2003 ist er seit 2004 Geschäftsführer des Departements für Germanistik, Komparatistik, Nordistik. Er veröffentlichte Bücher über Heinar Kipphardt, Uwe Johnson, Erich Kästner sowie eine Geschichte des westdeutschen PEN-Zentrums, zuletzt über Elias Canetti (2005), Heinrich Heines Lyrik (2007) und Laurel & Hardy (2010). Schwerpunkte zum Verhältnis von Literatur und Sozialpsychologie, Kognitionswissenschaften, Ethnologie, Film; Biografie; deutsche Literatur des 19. bis 21. Jahrhunderts.

Christine Knödler M. A., geboren 1967, studierte Theaterwissenschaft, deutsche und französische Literaturwissenschaften und Kunstgeschichte in München und Paris. Als freie Journalistin, Herausgeberin und Lektorin schreibt und ediert sie für verschiedene Verlage, Zeitungen und Zeitschriften. Ihre Rezensionen, Porträts, Interviews und Essays erscheinen u. a. in *1000 und 1 Buch* (Wien), *Süddeutsche Zeitung, Neue Zürcher Zeitung, Die Welt, Eltern* und *Eltern family.* Seit 2009 ist sie außerdem Lehrbeauftragte an der Ludwig-Maximilians-Universität München. Sie lebt mit ihren beiden Kindern in München.

Dr. Christoph Kochhan, Diplomkaufmann, war nach dem Studium der Betriebswirtschaftslehre in Trier als wissenschaftlicher Mitarbeiter am Lehrstuhl für Konsum- und Kommunikationsforschung der Universität Trier tätig. Von 1999 bis 2001 war er Projektleiter beim F.A.Z.-Institut · PRIME research. Seit 2001 hat er die Leitung der Marktforschung beim Börsenverein des Deutschen Buchhandels inne; zudem nimmt er verschiedene Lehraufträge im Marketingbereich an Universitäten und Fachhochschulen wahr.

Prof. Dr. Bärbel G. Renner studierte Germanistik und Geschichte an den Universitäten Tübingen und Wien. Nach 13-jähriger Tätigkeit im Verlagsbereich promovierte sie an der Universität München im Bereich Buchwissenschaft. Seit 2006 ist sie Professorin im Studiengang Medien und Kommunikation an der jetzigen Dualen Hochschule Baden-Württemberg in Stuttgart, seit 2009 Mitglied des Vorstands der DHBW. Im Jahr 2010 erreichte sie beim UNICUM-Wettbewerb „Professoren des Jahres" im Bereich Wirtschaftswissenschaften den 2. Platz.

Sarah Rickers M. A., geboren 1974, studierte Germanistik, Psychologie und Angewandte Kulturwissenschaft in Marburg, Wien und Münster. Seit 2002 ist sie Mitarbeiterin der Stiftung Lesen.

Philipp Schreiber, geboren 1973, begann zunächst ein Studium der Mathematik und Physik an der Columbia University, entschied sich jedoch bald für ein Studium in Produktdesign am Art Center in Vevey, Schweiz und Pasadena, Kalifornien. Anschließend arbeitete er als Designer für eine Agentur in London und einen Bootsbauer in Südfrankreich. Er lebt in Hamburg, wo er u. a. eine Agentur für Beratung in Produktentwicklung betreibt.

Rossi Schreiber M. A., geboren 1945, studierte Soziologie, Psychologie und Zeitungswissenschaft an der Ludwig-Maximilians-Universität München sowie Städtebau an der Technischen Universität München. Parallel zu beruflichen Stationen als Lektorin für Wirtschaft und Herausgeberin einer Management-Buchreihe gründete sie 1980 den Verlag Schreiber & Leser für Erwachsenencomics/Graphic Novel. Sie lebt in München und hat zwei erwachsene Kinder; der Sohn Philipp schickt sich an, den Verlag zu übernehmen.

Birgit Schulze Wehninck ist Geschäftsführerin der 2001 in Leipzig gegründeten Buchkinder Leipzig e. V., einer Buch- und Schreibwerkstatt für Kinder und Jugendliche im Alter von 4 bis 18 Jahren. Als Modellprojekt für die Arbeit mit Kindern wurden die Buchkinder e. V. unter anderem mit dem „startsocial"-Preis der Bundesregierung und dem Preis der PricewaterhouseCoopers-Stiftung „Jugend – Bildung – Kultur" ausgezeichnet. 2006 erhielten die Buchkinder e. V. von der Ostdeutschen Sparkassenstiftung den Titel „Verein des Jahres 2006 in Sachsen" verliehen.

Doz. Mag. Dr. Ernst Seibert, geboren 1946 in Salzburg, arbeitete im DFG-Projekt *Handbuch zur Kinder- und Jugendliteratur* an der Universität zu Köln mit und ist seit 2000 Vorsitzender der Österreichischen Gesellschaft für Kinder- und Jugendliteraturforschung. Habilitation 2005 an der Universität Wien zum Thema *Kindheitsmuster in der österreichischen Gegenwartsliteratur*. Er gibt die Fachzeitschrift *libri liberorum* und die Schriftenreihe *Kinder- und Jugendliteraturforschung in Österreich* heraus. Veröffentlichungen zu Geschichte, Theorie und Kritik des Kinder- und Jugendbuches in Österreich; zuletzt erschien 2008 der UTB-Band *Themen, Stoffe und Motive in der Literatur für Kinder und Jugendliche*.

Anke Vogel M. A., geboren 1977, studierte nach einer Ausbildung zur Buchhändlerin parallel zur Tätigkeit in einer Marketingagentur und für verschiedene Verlage Buchwissenschaft und Publizistik. Seit 2005 ist sie wissenschaftliche Mitarbeiterin am Institut für Buchwissenschaft an der Johannes-Gutenberg-Universität Mainz. Sie beschäftigt sich schwerpunktmäßig mit dem Buchmarkt als Kommunikationsraum, den Auswirkungen einer konvergierenden Medienumgebung auf das Buch und die Buchnutzung sowie mit den Charakteristika des aktuellen Buchmarkts.